경영지도사

2차 인적자원관리 한권으로 끝내기

제1과목 인사관리 / 제2과목 조직행동론 / 제3과목 노사관계론

2019 경영지도사 2차 인적자원관리
한권으로 끝내기

개정1판1쇄 발행일 2019년 5월 3일
개정1판1쇄 인쇄일 2019년 3월 27일
초판인쇄일 2018년 3월 15일

발 행 인 박영일
책 임 편 집 이해욱
편 저 임정수

편 집 진 행 김은영 · 김고은 · 유재홍 · 이 웅
표지디자인 김소은
본문디자인 표미영

발 행 처 (주)시대고시기획
출판등록 제10-1521호
주 소 서울특별시 마포구 큰우물로 75 [도화동 538 성지 B/D] 9F
전 화 1600-3600
팩 스 02-701-8823
홈 페 이 지 www.sidaegosi.com

I S B N 979-11-254-5716-9(13320)
가 격 30,000원

※ 저자와의 협의에 의해 인지를 생략합니다.
※ 잘못된 책은 구입하신 서점에서 바꾸어 드립니다.
※ 이 책은 저작권법에 의해 보호를 받는 저작물이므로 동영상 제작 및 무단전재와 복제를 금합니다.

머리말

현재 우리나라는 최저임금, 실업률의 증가, 저성장 시대, 고령사회 등의 여러 경영현안에 직면해 있고, 이러한 현안을 다룰만한 전문 인력의 양성이 매우 시급합니다. 경영현안에 따른 경영진단을 바탕으로 하여, 경영전략을 수립할 전문 인력은 바로 경영지도사(인적자원관리)입니다.

기업의 가장 중요한 속성은 영속성(永續性)입니다. 기업은 영속성을 높이기 위해서 미래의 환경을 예측해야 하고, 예측에 따른 불확실성을 줄이기 위해 다양한 분석방법을 활용해야 합니다. 그 분석의 중심에는 바로 전문가인 경영지도사가 있습니다.

경영지도사는 기업의 경영 전문가를 양성하는 시험입니다. 경영지도사는 경영자적 시각에서 경영을 바라보는 것으로, 이러한 시각으로 경영지도사 시험의 패러다임을 다시 생각해 보아야 할 것입니다.

그동안 경영지도사 분야 중 인적자원관리는 모든 과목을 한번에 체계적으로 공부할만한 교재가 없었습니다. 조직행동론과 인사관리론은 노무사 시험과목과 유사하기 때문에 노무사 교재를 활용하였고, 노사관계론은 근로기준법을 중심으로 노사관계를 적당하게 배분하여 기술한 교재를 학습해야만 하는 것이 현실이었습니다.

이러한 입장을 견지하여 〈경영지도사 2차 인적자원관리 한권으로 끝내기〉를 출간하였고 인사관리, 조직행동론, 노사관계론 순으로 모든 과목을 한 교재에 편성하였습니다.

개인, 집단, 조직 속의 구성원들의 행동방식을 담은 조직행동론, 경영전략적 접근방식인 노사관계론, 조직의 이론을 접목한 인사관리 등 세 과목이 하나의 패턴(논리적 사고)을 가진 한 권으로 구성되어 있습니다. 이러한 구성을 바탕으로 각 과목에서 출제되는 생소한 문제에 대한 해결능력과 논리적 사고를 기를 수 있도록 하였습니다.

앞으로 경영지도사(인적자원관리)가 한국 경제의 중추적인 역할을 할 것으로 전망되는 만큼, 지금 경영지도사 자격시험을 준비하시는 수험생 여러분들은 미래의 학문을 공부하고 있다는 자부심을 가지시기 바랍니다. 또한 본서와 함께 논리적인 사고를 바탕으로 미래의 학문을 학습하여 합격 가능성을 높이시길 바랍니다.

본서가 기업의 든든한 동반자인 경영지도사 자격시험에 응시한 여러분들에게 조금이나마 보탬이 되었으면 합니다. 마지막으로 성심정의(誠心正意)라는 말과 함께, 수험생 여러분들의 빠른 합격을 기원합니다.

경영지도사(인적자원관리, 29기) 임정수 드림

Guide

▌경영지도사 시험 안내

※ 경영지도사 시험의 세부사항은 변동될 수 있으며 최신 내용은 실시기관인 한국산업인력공단(www.Q-net.or.kr)에서 참조하시기 바랍니다.

▶ 시험과목 및 시험방법

구 분		시험과목	출제범위	시험방법
1차 시험 (6과목)	1교시	중소기업관련법령	중소기업기본법, 중소기업창업지원법, 벤처기업육성에 관한 특별조치법, 중소기업진흥에 관한 법률, 중소기업기술혁신촉진법, 여성기업지원에 관한 법률, 소상공인보호 및 지원에 관한 법률, 중소기업사업전환촉진에 관한 특별법, 중소기업인력지원특별법, 장애인기업활동촉진법	객관식 5지택일형
		경영학	–	
		회계학개론	–	
	2교시	기업진단론	경영분석, 기업진단	
		조사방법론	–	
		영 어	–	
2차 시험 (4개 분야 중 택일하여 3과목 실시)	인적자원 관리 분 야	인사관리	–	주관식 논술형 및 약술형
		조직행동론	–	
		노사관계론 (노동법 포함)	노사관계론, 노동법(근로기준법, 노동법의 기본이념 등 총론부분 포함)	
	재무관리 분 야	재무관리	–	
		회계학 (재무회계 · 관리회계 포함)	원가회계, 재무회계, 관리회계	
		세 법 (세무회계 포함)	국세기본법, 소득세법, 법인세법, 상속세 및 증여세법, 부가가치세법, 조세특례제한법, 국세징수법	
	생산관리 분 야	생산관리	–	
		품질경영	–	
		경영과학	–	
	마케팅 분 야	마케팅관리론	–	
		시장조사론	–	
		소비자행동론	–	

※ 회계 관련 문제는 한국채택국제회계기준(K-IFRS)을 적용하여 출제합니다.

※ 2018년 시험부터 법률 · 규정 · 회계처리기준 등의 적용일이 "시험 시행일"로 변경되었사오니 수험준비에 참고하시기 바랍니다.

▶ 시험시간

구 분	교 시	입실시간	시험시간	문항수
1차 시험	1교시	09:00	09:30 ~ 11:30 (120분)	과목당 40문항
	2교시	12:20	12:30 ~ 14:30 (120분)	
2차 시험	1교시	09:00	09:30 ~ 11:00 (90분)	과목당 논술형 2문항 약술형 4문항
	2교시	11:20	11:30 ~ 13:00 (90분)	
	3교시	13:50	14:00 ~ 15:30 (90분)	

▶ 응시자 및 합격자 현황

구 분	1차 시험				2차 시험			
	대상(명)	응시(명)	합격(명)	합격률(%)	대상(명)	응시(명)	합격(명)	합격률(%)
2012년	959	728	106	14.56	1,064	754	180	23.87
2013년	1,142	740	152	20.54	1,156	847	267	31.52
2014년	1,477	998	302	30.26	1,628	1,131	235	20.78
2015년	1,424	976	237	24.28	1,739	1,259	451	35.82
2016년	1,256	851	214	25.15	1,711	1,268	197	15.53
2017년	957	666	240	36.03	1,957	1,386	179	12.91
2018년	903	602	160	26.58	1,710	1,155	215	18.61

▶ 최근 5개년 2차 시험 분야별 응시자 및 합격자 현황

구 분	인적자원관리 분야			재무관리 분야			생산관리 분야			마케팅 분야		
	응시(명)	합격(명)	합격률(%)	응시(명)	합격(명)	합격률(%)	응시(명)	합격(명)	합격률(%)	응시(명)	합격(명)	합격률(%)
2014년	194	63	32.50	323	33	10.20	113	29	25.70	501	110	22.00
2015년	255	42	16.47	332	132	39.76	120	7	5.83	552	270	48.91
2016년	272	50	18.38	330	62	18.78	120	13	10.83	546	72	13.18
2017년	281	30	10.67	395	29	7.3	124	13	10.48	586	107	18.25
2018년	226	25	11.06	276	41	14.85	102	20	19.60	551	129	23.41

▌기출유형 분석 – 제1과목 인사관리

1. 총평 요약

- 2016년, 2017년에 비해 상당히 어렵게 출제되었습니다.
- 최근의 이슈를 다루는 문제들이 많이 출제되었습니다.
- 신문기사나 뉴스를 활용하여 최근 이슈에 대한 정리를 할 필요가 있습니다.
- 기본서에 충실한 공부가 필요하고, 답안지를 꼼꼼하게 작성할 필요가 있습니다.
- 3과목에 대한 연계적인 종합적 사고가 필요합니다.

2. 출제빈도표(2007~2018년)

[범례] ◎ 논술문제(30점), △ 약술문제(10점)

구 분	2007년	2008년	2009년	2010년	2011년	2012년	2013년	2014년	2015년	2016년	2017년	2018년
인사이론기초				◎		△	◎		△	◎◎	△	
직무분석·평가				△	△			◎	△	△		△
직무설계				◎						△	△	
인력확보 개관	◎	△	△			◎			△			
모집/선발			◎		△		◎	△	◎			△
평가관리 개관	△	◎	△				△				△	
인사평가	△	◎	△	△	◎△	◎		◎△	◎	△	◎	△
육성관리 개관												
경력개발	△				◎	△		△				
교육훈련			△	△	△						△	△
승진관리												◎
전환배치												
보상관리개관	◎											
임금관리		△△	◎	△			△	△△	△			◎
복리후생	△										◎	
근로관계		△				△	△					
인력방출 개관												
이직관리									△	△		
기 타												

▌기출유형 분석 – 제2과목 조직행동론

1. 총평 요약

- 조직행동론의 기본개념을 철저히 학습해야 합니다.
- 앞으로의 출제경향은 암기력 문제가 아닌 추론 문제 위주가 될 것으로 예상됩니다.
- 조직문화 등 조직에 관한 문제가 앞으로도 중요하게 출제될 것으로 보여집니다.
- 조직행동론의 난이도는 상당히 높아질 가능성이 있습니다.

2. 출제빈도표(2007~2018년)

[범례] ◎ 논술문제(30점), △ 약술문제(10점)

구 분	2007년	2008년	2009년	2010년	2011년	2012년	2013년	2014년	2015년	2016년	2017년	2018년
조직행동기초												
개인수준개관						△				◎	△	
성 격		△		△				△				
지 각			△	◎△				△	△	△		
태 도						△					△	
학 습	△			◎△								
동기부여이론	◎		◎△		△	◎	△	△	△△	△	◎	△
집단수준개관					△		◎		△			△
커뮤니케이션		◎									△	
감정·스트레스					△							
집단의사결정			◎				◎			△		◎
권력·정치		△				△						
갈등·협상		◎				△			◎		△	△
리더십이론	◎△	△		△	◎	◎		◎		△	◎	
조직수준개관			△		◎		△	◎△	◎	◎		
조직문화	△	△			△						△	◎
조직개발	△											
조직설계			△					△				△
기 타												

■기출유형 분석 - 제3과목 노사관계론

1. 총평 요약

- 다른 과목에 비해 쉽게 출제되고 있습니다.
- 법 이론의 전반적인 내용을 알아야 할 필요가 있습니다.
- 시사 이슈 판례 등에 대하여 꼼꼼히 살펴볼 필요가 있습니다.
- 앞으로 노사관계론은 난이도가 높아질 가능성이 있습니다.
- 노사관계론은 전략과목으로 공략이 가능하므로 고득점이 가능합니다.

2. 출제빈도표(2007~2018년)

[범례] ◎ 논술문제(30점), △ 약술문제(10점)

구 분	2007년	2008년	2009년	2010년	2011년	2012년	2013년	2014년	2015년	2016년	2017년	2018년
노사관계기초	◎									◎		
노동시장론												
노동조합이론	△	◎	△	△△	◎	△△		△	◎△	△		
단체교섭론		◎ △			△	△	◎△				△	
단체협약론		△△	△							◎		
부당노동행위		△	◎					◎			△	
노동쟁의이론	△△		△△		◎			△		△△	◎	△
노사협의회					△		△					
경영참가이론	◎											◎△
근로생활의 질					△		△					
임금관계쟁점				△	△			◎			◎	△
노동관계쟁점						◎			△		△	
복리후생				◎		△	△					
근로기준법	△		◎	◎△		◎	◎	△△	△◎△	△	△	◎△
근로자파견법												
기 타												

■나만 알고 싶은 합격 비법 ❗

1. 2015년 29회 경영지도사(인적자원관리) 1·2차 시험 동차합격

저는 2015년 3월부터 경영지도사(인적자원관리)를 공부하기 시작하였습니다. 당시 제 나이는 50세로 광주광역시에서 어렵게 사업을 하고 있었고, 경영학에 대해서는 전혀 모르는 상태였습니다.

당시 저에게는 삶의 돌파구가 필요한 상태였습니다. 이때 주변 사람들로부터 경영지도사를 추천받았고, 경영지도사 공부를 결심하였습니다. 주로 주말을 이용하여 서울 소재 경영지도사 학원 강의를 수강하였습니다.

당시에 저와 같이 수업을 듣는 수강생들 중 경영지도사 강의를 처음 수강하는 사람은 별로 없었고, 수강생 대부분은 상당량의 학습이 되어 있는 상태였습니다. 또한 강의 내용도 생소할 뿐 아니라 교재도 쉽게 이해하기 어려웠습니다. 특히나 저는 법학을 전공을 한 탓에 경영학을 이해하는 데 많은 어려움이 있었습니다.

그러나, 저는 비교적 짧은 기간 안에 2015년 29회 경영지도사(인적자원관리) 시험에 1·2차 동차합격하는 영광을 누렸습니다. 그 이후 경영지도사 시험에 합격한 당해에 대한민국산업현장 교수(HRD분야)에 위촉되는 등 컨설턴트의 길을 가게 되었고, 현재는 건실한 컨설팅 법인의 구축을 위해 노력하고 있습니다.

이렇게 적지 않은 나이와 어려운 조건 속에서도 단기간에 경영지도사 시험에 합격할 수 있었던 저만의 노하우를 공개하여, 본서로 경영지도사 시험준비를 하는 분들께 조금이나마 도움을 드리려고 합니다.

2. 학습 전략

서브노트를 최대한 빨리 작성할 것

사실 서브노트는 본인이 작성하는 것이 가장 좋습니다. 하지만 시간이 없다면 다른 사람이 작성한 부분을 그대로 오려 노트에 부착하는 형식으로 최대한 빨리 서브노트를 만드는 것이 좋습니다. 저의 경우 서브노트에 최대한 여백을 많이 남겨둔 다음, 이후 교재 등에서 정리한 내용을 포스트잇으로 만들어 추가 부착하는 방식으로 정리하였습니다.

특히 서브노트의 목차에 신경을 많이 썼습니다. 실제 시험장에서도 작성된 목차를 바탕으로 하여 내용을 채울 수 있도록 서브노트를 준비하였습니다. 그런 다음 주로 목차에서 그 내용을 연상할 수 있도록 하는 연습을 많이 하였습니다.

논리적으로 연관시키는 연습을 할 것

경영지도사(인적자원관리)는 편의상 3과목으로 되어있지만, 실제로는 3과목의 내용이 중복되는 경우가 많습니다. 따라서 3과목의 내용을 논리적으로 연관시켜 생각하는 것이 중요합니다.

특히 3과목의 총론에서 논리적으로 연관되는 개념들을 반드시 기억하시기 바랍니다.

고득점 과목을 선택하여 만일의 사태에 대비할 것

경영지도사 시험은 논술 2문제, 약술 4문제가 출제되는데, 특히나 논술 문제에서 의외의 문제가 출제되는 경향이 있습니다. 따라서 과락 및 저조한 성적이 나올 수 있는 가능성이 높으므로, 전략적으로 고득점 과목을 선택하는 것이 좋습니다.

우선 본인에 대한 SWOT분석을 실시한 다음, 본인이 강점이 있는 과목을 선택하는 방법을 추천드립니다.

참고로, 노사관계론을 고득점 과목으로 선택하는 것도 고려해 볼 사안입니다. 노사관계론은 노동조합 및 노동관계조정법, 근로기준법 2가지 법을 주로 학습하여, 비교적 정리할 내용이 적기 때문입니다. 대부분의 수험생들은 법 과목을 어려워하는 경향이 있는데, 사실 법 과목은 약간의 노력만으로도 고득점할 수 있는 과목입니다.

저의 경우를 말씀드리면 시험 당시 조직행동론의 점수가 저조하였지만, 노사관계론에서 고득점한 덕분에 무난히 합격할 수 있었습니다.

반드시 그룹 스터디를 할 것

경영지도사 시험은 의외의 문제가 출제되는 변수가 있으므로, 이에 대처하는 능력을 기르는 것이 중요합니다.

그룹 스터디에서 목차를 정리하는 연습을 통해 의외의 문제에 대처하는 능력을 어느 정도 기를 수 있습니다. 또한, 그룹 스터디에서 토론을 함으로써, 본인의 입에서 개념이 잘 나올 수 있도록 연습할 수 있습니다.

그 외에도 정리가 잘 된 서브노트를 참조할 수 있는 기회가 있고, 예상문제를 도출해본 다음 그 개념에 대한 목차를 메모하여 정리할 기회가 있는 것도 그룹 스터디의 이점이라고 말씀드릴 수 있습니다.

스터디를 할 때에는 음식물의 반입을 자제하여 집중력을 높이고, 반드시 스터디장을 선출하여 스터디에 대한 전반적인 사항을 관리하게 하는 것이 좋습니다. 여기서 스터디장은 예상문제 도출 및 목차 등을 정리하는 역할을 담당하기도 합니다.

쓰기 연습보다는 목차를 적는 연습을 더 중요시할 것

수험생 분들 중에는 답안지를 서술하여 쓰는 것에 대한 두려움 때문에 쓰기 연습을 해야 한다는 중압감을 가지는 경우가 많습니다.

하지만 사실 평상시에 쓰기를 연습한다고 해서 문제풀이 능력이 개선되는 데는 한계가 있습니다.

또한, 쓰기 연습을 한다고 하더라도 시험장에서의 긴장감이 나오지 않아 효과상으로도 크게 도움이 되지 않습니다.

따라서 답안지를 서술하는 쓰기 연습보다는, 목차를 적는 연습에 비중을 두는 것이 더 효과적인 방법입니다.

또한 필기도구는 자신에게 편한 것을 선택한 다음, 본인의 손에게 익혀두는 것이 좋습니다. 실제로 시험장에서 필기도구에 대한 불편함으로 시험에 집중하지 못하는 경우가 발생할 가능성이 있기 때문입니다.

시험 해당년도의 시사정보나 판례를 스크랩하여 정리할 것

경영지도사 시험은 시사적인 주제가 많이 출제되므로, 따로 신문 스크랩을 하여 주요내용을 정리하는 것이 좋습니다.

특히 노사관계론에서 중요판례의 경우에는, 그 판례의 전문을 확보한 다음 내용을 파악해두는 것이 좋습니다.

3. 학습 요령

📖 단기간의 집중학습을 통하여 집중력을 높일 것

경영지도사 시험은 단기간의 집중학습이 매우 중요합니다. 또한 경영지도사 2차 시험이 주로 휴가철에 잡혀 있어 자칫 집중력을 잃을 수가 있습니다. 따라서 휴가기간을 학습에 집중적으로 이용한다던가, 숙박시설 등에서 집중적으로 공부하는 방법도 참고할 만합니다. 저의 경우에는 시험 이틀 전에 서울에 도착한 다음, 숙박시설에 머물면서 학습한 내용을 집중적으로 정리하였습니다.

📖 본인에게 맞는 학습 환경을 찾을 것

본인에게 맞는 학습 환경을 찾는 것이 중요합니다. 저의 경우에는 특이하게도 지하철이나 열차와 같이 규칙적인 덜컹거림이 집중력에 도움이 되었습니다. 따라서 강의를 수강하려고 서울을 왕래하는 KTX 안에서의 시간을 학습하는데 주로 활용하였고, 매우 효과적이었습니다.

📖 절박한 마음을 유지하고, 당장 시험에 합격하는 것만 생각할 것

시험이 다 그렇지만, 합격해야 할 이유가 있는 수험생은 더 절실하게 학습할 것이고 마지막까지 최선을 다할 것입니다.
수험생 분들 중에는 경영지도사에 합격한 이후의 앞으로의 전망이 별로라는 생각이 들어, 마음을 다잡지 못하고 중요한 시간을 허비하는 경우가 발생하기도 합니다. 하지만 이는 합격을 한 이후 생각해볼 문제이고, 합격한 이후 본인이 스스로 겪어봐야 알 수 있는 문제입니다. 따라서 경영지도사 시험이 끝날 때 까지는 긴장감을 유지하고 학습에만 집중하는 것이 좋습니다.

📖 시험 당일, 점심시간을 잘 이용할 것

보통 오전에 인사관리론, 조직행동론 시험을 응시하고 점심시간 이후에는 노사관계론 시험을 보게 됩니다.
여기서 일부 수험생 분들이 오전 시험을 망쳤다는 생각이 들 경우 점심시간을 그냥 방만하게 보내는 경향이 있습니다. 하지만 오전 시험을 망쳤다는 사람들의 상당수는 나중에 시험결과를 보면 그렇게 낮은 점수가 아닌 경우가 많습니다. 따라서 점심식사를 빠르게 마친 다음, 노사관계론을 빠르게 1회독 하는 등 오후 시험을 차분히 준비하는 것이 좋습니다.
저의 경우에는 점심식사를 초스피드하게 끝내고 노사관계론 1회독을 하였습니다. 1회독을 하던 중 통상임금에 대한 대법원 판례를 읽었는데, 그 부분이 논술문제로 출제되어 쉽게 답안을 작성할 수 있었습니다.

📖 답안지 작성 시 글씨가 알아보기 힘든 경우, 사전에 보완책을 마련할 것

글씨가 알아보기 힘들다고 느끼는 수험생이 있다면, 답안지를 작성할 때 2줄을 쓰고 1줄을 띄우는 방법을 추천합니다. 이 방법은 작성된 답안지가 비교적 정갈하고 정돈되어 보이는 느낌을 줄 수 있습니다.
또한 연필로 좌우의 일정 여백을 그은 다음, 답안을 써내려가는 것도 정갈한 답안지를 작성하는 한 방법일 것입니다.
저의 경우에는 시험지를 작성하면서 글씨가 흔들리거나 쥐는 힘이 약해져 글씨가 나빠보일 경우를 대비하여, 30cm 자를 손 밑에 두고 답안지를 작성하는 연습을 하였습니다.

Contents

▌목 차

2018년
기출문제 및
모범답안

경영지도사 2차 인적자원관리
한권으로 끝내기

I wish you the best of luck!

2018년도 제33회 경영지도사 제2차 국가자격시험 문제지

교시	지도분야	시험과목	시험시간	수험번호	성명
1교시	인적자원관리 분야	인사관리	90분		

※ 다음 문제를 논술하시오.

【문제 1】 임금체계의 개념을 설명하고, 임금체계의 4가지 유형과 각 장·단점에 관하여 논하시오. (30점)

【문제 2】 승진(Promotion)의 의미와 중요성 및 승진 시 지켜야 할 원칙 3가지를 설명하고, 연공주의·능력주의 승진정책의 의미 및 각각의 근거를 3가지씩 논하시오. (30점)

※ 다음 문제를 약술하시오.

【문제 3】 내부모집과 외부모집이 필요한 상황을 설명하고, 각 모집방법의 장·단점을 설명하시오. (10점)

【문제 4】 평가센터(Assessment center)의 의미와 활용목적을 설명하고, 평가센터의 기법 중 3가지를 설명하시오. (10점)

【문제 5】 직장 내 교육훈련(OJT ; On-The-Job Training)의 의미 및 장·단점을 설명하시오. (10점)

【문제 6】 직무관리와 관련된 용어 중 과업(Task), 직위(Position), 직무(Job), 직군(Job family), 직종(Occupation)의 개념을 설명하시오. (10점)

2018년도 제33회 경영지도사 제2차 국가자격시험 문제지

교시	지도분야	시험과목	시험시간	수험번호	성명
2교시	인적자원관리 분야	조직행동론	90분		

※ 다음 문제를 논술하시오.

【문제 1】 조직 내 의사결정 시 고려하게 되는 3가지 윤리적 의사결정 접근법(기준)인 공리적 접근법(Utilitarian approach), 공민권적 접근법(Rights approach) 그리고 공정성 접근법(Justice approach)의 개념을 각각 설명하고, 각 접근법(기준)의 장점과 한계에 대해서 논하시오. (30점)

【문제 2】 코터(J. Kotter)의 조직변화 8단계를 각각 설명하고, 각 단계가 르윈(K. Lewin)의 조직변화 3단계 모형과 비교하여 어느 단계에 해당되는지 답하시오. (30점)

※ 다음 문제를 약술하시오.

【문제 3】 집단응집력(Group cohesiveness)의 개념을 기술하고, 집단응집력과 생산성 간의 관계를 집단의 성과관련 규범과 관련하여 설명하시오. (10점)

【문제 4】 조직사회화(Organizational socialization)의 개념을 기술하고, 대니얼 펠드먼(Daniel Feldman)의 조직사회화 3단계를 각각 설명하시오. (10점)

【문제 5】 직무특성모형(Job characteristics model)의 잠재적 동기부여지수(MPS ; Motivating potential score)의 내용을 설명하고, 잠재적 동기부여지수와 구성원의 성장욕구강도(GNS ; Growth need strength)를 활용한 효과적인 업무배치방안을 설명하시오. (10점)

【문제 6】 조직 내 개인의 갈등관리 5가지 유형을 기술하고, 각 관리유형에 적합한 상황을 설명하시오. (10점)

2018년도 제33회 경영지도사 제2차 국가자격시험 문제지

교시	지도분야	시험과목	시험시간	수험번호	성명
3교시	인적자원관리 분야	노사관계론	90분		

※ 다음 문제를 논술하시오.

【문제 1】 근로자 또는 노동조합이 경영결정권을 가지는지 여부를 기준으로 의사결정참가(협의의 경영참가)의 유형을 구분하고, 각 유형의 개념 및 특징, 장·단점을 논하시오. (30점)

【문제 2】 근로기준법상 근로자대표의 개념을 설명하고, 3개월 이내 단위 탄력제 근로시간제(제51조 제2항), 선택적 근로시간제(제52조), 재량근로시간제(제58조 제3항)의 개념 및 근로자 대표와의 서면합의에 포함되어야 하는 법정사항에 관하여 각각 논하시오. (30점)

※ 다음 문제를 약술하시오.

【문제 3】 공익사업과 필수공익사업의 개념과 쟁의권 제한 내용을 각각 설명하시오. (10점)

【문제 4】 주식매입 및 참가형태에 따라 종업원 지주제도의 유형을 구분하고, 각 유형의 개념과 장·단점을 설명하시오. (10점)

【문제 5】 통상임금의 개념 중 일률성과 고정성을 설명하고, 근로기준법상 통상임금이 적용되는 경우를 4가지만 기술하시오. (10점)

【문제 6】 근로기준법 제74조에 따른 출산전후 휴가, 출산전후 휴가의 분할사용 및 임신기간 근로시간 단축에 관하여 설명하시오. (10점)

본 답안은 현역 경영지도사의 모범 예시 답안이며, 채점자의 견해에 따라 표준 정답은 달라질 수 있으니 학습에 참고로만 활용하시기 바랍니다.

논술문제

문제 ① 임금체계의 개념을 설명하고, 임금체계의 4가지 유형과 각 장·단점에 관하여 논하시오. (30점)

1. 서 론

(1) 임금이란 근로자가 제공한 노동의 대가로 받는 금품 일체를 말한다. 임금의 공정성(Equity)은 자본과 노동 간의 가치배분에 관련되는 갈등을 줄이는 일에 결정적인 역할을 하는데, 보상은 공정성의 개념과 매우 밀접한 관련이 있다.

(2) 임금의 공정성 유형은 배분공정성, 절차공정성, 관계(상호)공정성으로 나눌 수 있다. 공정성의 문제는 기업이 창출한 성과(가치)를 자본과 노동 간에 어떻게 배분할 것인가의 문제이고, 아담스(Adams)의 공정성 이론에 따르면 이는 결국 비교의 문제로 연결된다.

(3) 아담스(Adams) 공정성 이론의 핵심은 종업원 자신의 임금이 공정한지의 여부를 타인과의 비교를 통해 인식한다는 내용으로, 종업원이 자신의 임금을 타기업과 비교하여 보는 임금의 외부공정성–임금수준–배분공정성과, 종업원이 해당 기업 내 종업원들 간의 임금수준에 있어서 격차가 과연 공정한가를 보는 임금의 내부공정성–임금체계–절차공정성으로 구분하여 설명한다.

(4) 결국 임금체계는 임금 내부공정성의 문제로 기업이 허용 임금총액을 종업원들에게 어떻게 배분하느냐의 문제라고 할 수 있다.

2. 임금의 내부공정성(임금체계)

(1) 개 념

임금의 내부공정성은 '기업이 어떤 배분기준을 가지냐'에 따라 달라진다. 종업원이 생각하는 임금기준과 그들이 속한 집단에 따라 그 배분기준이 달라지고, 그에 따라 임금제도의 공정성과 임금만족수준이 결정된다.

(2) 임금배분의 기준

직무가치를 임금배분의 공정성 기준으로 하는 경우에는 직무급, 종업원의 가치를 임금배분의 공정성 기준으로 하는 경우에는 연공급(종업원의 연공기준)이나 직능급(역량급, 종업원의 직능 내지 역량 기준), 결과가치를 임금배분의 공정성 기준으로 하는 경우에는 성과급으로 나눌 수 있다.

3. 임금체계의 유형 및 장·단점

(1) 직무급(직무가치)

① 개념 : 해당기업에 존재하는 직무들을 평가하여, 상대적인 가치에 따라 임금을 결정하는 제도이다.

② 방법 : 직무의 상대가치를 평가하는 방법으로 직무평가 방법인 서열법, 분류법, 점수법, 요소비교법이 있다.

③ 장 점
  ㉠ 능력주의 인사풍토가 조성된다.
  ㉡ 인건비의 효율성이 증대된다.
  ㉢ 개인별 임금 차이에 대한 불만이 해소된다.
  ㉣ 동일 노동에 대한 동일 임금이 실현된다.

④ 단 점
  ㉠ 절차가 복잡하다.
  ㉡ 학력, 연공주의에서 오는 저항이 있을 수 있다.
  ㉢ 종신 고용 풍토에 혼란이 올 수 있다.
  ㉣ 노동의 자유이동이 수용되지 않은 사회에서는 그 적용이 제한적이다.

(2) 연공급

① **개념** : 종업원의 근속년수에 따라 임금을 차별화하는 제도이다.

② **방법** : 숙련상승설(같은 직종에 오래 종사하면 숙련되어 노동생산성이 높아진다는 전제), 생계비 보장설(일본의 저임금 상황에서 성립된 것)이 전제가설이다. 연공급은 기계화·자동화 시대인 현대에서 합리적이고 공정한 임금제도라고 보기 어렵다.

③ **장 점**

ⓞ 생활보장으로 기업에 대한 귀속의식이 확대된다.

ⓛ 폐쇄적 노동시장에서의 인력관리가 용이하다.

ⓒ 회사 내 연공중심의 질서가 확립되고 직원들의 사기가 유지된다.

ⓔ 성과평가가 어려운 직무에 적용하기 용이하다.

④ **단 점**

ⓞ 전문기술 인력의 확보가 어렵다.

ⓛ 무사안일주의를 야기한다.

ⓒ 인건비의 부담이 가중된다.

ⓔ 능력 있는 젊은 종업원의 사기가 저하된다.

ⓜ 동일노동에 대한 동일임금의 실시가 곤란하다.

(3) 직능급

① **개념** : 종업원이 보유하고 있는 직무수행능력을 기준으로 임금액을 결정하는 제도이다.

② **방법** : 종업원의 직무수행능력을 합리적으로 구분하여 등급을 정하고 그에 상응하는 임금을 제공한다.

③ **장 점**

ⓞ 능력주의 임금관리를 실현할 수 있다.

ⓛ 유능한 인재를 계속 보유할 수 있다.

ⓒ 종업원의 성장욕구를 충족시킬 수 있다.

ⓔ 승진정체를 완화시킬 수 있다.

④ **단 점**

ⓞ 직능급을 적용할 수 있는 직종이 제한적이다.

ⓛ 직무의 표준화가 전제되어야 한다.

ⓒ 직능평가에 어려움이 있다.

(4) 성과급

① **개념** : 종업원이 달성한 성과의 크기를 기준으로 임금액을 결정하는 제도이다.

② **방법** : 성과에 따라 임금액이 달라지는 변동급, 생산량이 기준인 단순 성과급, 테일러식 복률 성과급, 메릴식 복률 성과급, 시간기준 성과급인 표준시간급, 할증급 등의 방법이 있다.

③ **장 점**

　　㉠ 본질적으로 생산성 향상, 낮은 인건비, 종업원의 높은 소득을 가져온다.

　　㉡ 성과급에서는 적절한 생산량을 유지하기 위한 감독의 필요성이 줄어든다.

　　㉢ 양질의 성과측정 기법이 주어진다면 인건비 측정을 보다 용이하게 할 수 있다.

④ **단 점**

　　㉠ 종업원은 생산량을 추구하고 관리자는 생산량과 품질수준을 동시에 원하기 때문에 품질관련 문제가 발생할 수 있다.

　　㉡ 표준과업량의 변경에 대한 불안감으로 인해 종업원은 기업의 신기술 도입에 저항할 가능성이 높다.

　　㉢ 생산기계에 고장, 정비불량 등 문제가 생겼을 때 종업원 불만이 고조된다.

　　㉣ 작업장 내 인간관계에 대한 문제가 생길 수 있다. (고성과자의 소외문제)

문제 ❷ 승진(Promotion)의 의미와 중요성 및 승진 시 지켜야 할 원칙 3가지를 설명하고, 연공주의 · 능력주의 승진정책의 의미 및 각각의 근거를 3가지씩 논하시오. (30점)

1. 승진의 의미 및 중요성

(1) 승진의 의미

승진은 기업조직에서 관리나 지휘권한의 상하관계에 있는 직책으로의 상승을 의미하며, 보다 나은 직무수행을 위해 권한과 책임의 크기가 증가되고 임금, 직위 등 보상의 증가가 수반된다. 승진은 종업원이 더 나은 보상을 받고 조직에서 스스로의 가치를 느끼게 해주는 방법으로 종업원의 자아실현의 욕구를 충족시키는 역할을 할 수 있다.

(2) 승진의 중요성

① 사회적 지위향상 : 개인이 승진함으로써 주위사람들로부터 인정받고 사회적 지위가 향상되기 때문이다.

② 보상증대 : 승진으로 임금이 상승하고 생활의 질을 높일 수 있다.

③ 권한의 증가 : 승진을 통해 부하직원이 늘어나고 지배 욕구를 충족시켜 준다.

④ 안정감 보장 : 사회적 지위가 향상되어 가족들에게 직장의 안정감을 보장해 준다.

⑤ 성장욕구 충족 : 승진함으로써 조직구성원의 성장욕구를 충족시켜 준다.

⑥ 직장 안전 : 승진은 직장에서 인정받은 것으로, 이는 직장 안전으로 연결되어 조직 내에서의 심리적 안정감을 가져다준다.

2. 승진의 기본원칙

(1) 적정성의 원칙

승진의 적정성은 승진기회를 어느 정도로 부여하느냐에 관한 원칙으로, 시간적 차원에서 해당기업이 과거 조직구성원 집단이 받았던 승진기회와 현재 유사한 구성원 집단이 받고 있는 승진기회를 비교하여 확인할 수 있고, 공간적 차원에서는 해당기업과 유사한 조직에서의 조직구성원이 받고 있는 승진기회와 해당기업의 승진기회를 비교하여 확인할 수 있다.

(2) 공정성의 원칙

승진의 기회를 올바른 사람에게 배분하였느냐의 문제이다. 이것이 잘못되면 조직갈등의 원인이 된다. 보상의 공정성에 관한 개념이다.

(3) 합리성의 원칙

목표달성을 위해 공헌한 내용을 정확히 파악하기 위해, 무엇을 '공헌' 내지 '능력'으로 간주할 것인가에 관련되는 원칙이다. 합리적 기준에 관한 개념이다.

3. 승진정책

(1) 연공주의

① 의미 : 연공이 높은 종업원을 우선적으로 승진시켜야 한다는 입장이다.

② 근 거

㉠ 연령을 바탕으로 하는 기업 내 질서유지가 매우 효율적인 것으로 인식된다. ⇨ 장유유서의 사회적 가치관에 바탕을 둠

㉡ 협동시스템을 구축하는 데 연령 내지 연공이 중요한 역할을 한다. ⇨ 연령 및 연공이 비슷하면 연대의식을 가지게 됨

㉢ 연공주의가 합리성을 가지고 있다는 믿음은 기업조직에서 개인의 숙련 내지 능력신장이 연공에 정비례한다는 가정을 포함한다. ⇨ 연공주의는 종업원의 능력을 객관적으로 식별할 수 있는 합리적인 도구임

㉣ 개인에 대한 평가시스템의 미비로 인해 우리나라에서 광범위하게 수용되고 있다. ⇨ 평가에 있어서 신뢰성 확보의 문제

(2) 능력주의

① 의미 : 승진의사결정에 있어서 승진후보자가 보유하고 있는 능력을 중시해야 한다는 입장이다.

② 근 거

㉠ 능력주의는 연공주의가 지니고 있는 불합리성을 근거로 등장했다. 즉, 창의력이 요구되는 분야 및 첨단기술 분야 등에서는 연공과 숙련이 정비례 관계가 아닌 경우가 많다는 것이다.

㉡ 기업의 경쟁력이 연공주의가 아닌 능력주의에서 나온다는 것이 선진국 기업과 경쟁에서 강조되고 있다.

㉢ 연공주의보다는 개인주의 지향적인 조직이 확산되고 있는 추세이다.

(3) 우리나라의 경우, 연공주의와 능력주의 중 하나만을 선택하는 것은 사회문화적·경제적·환경적 특성으로 인해 어려움이 있으므로, 두 방법을 병행하며 기업의 여건이 능력주의를 수용할 수 있도록 발전시켜 나가는 것이 중요하다.

약술문제

문제 ❸ 내부모집과 외부모집이 필요한 상황을 설명하고, 각 모집방법의 장·단점을 설명하시오. (10점)

1. 모집이 필요한 상황

(1) 기업의 전략에 따라서 인력계획이 필요하고 이러한 인력계획은 기업이 필요로 하는 인력의 수와 유형, 미래의 상황, 내부노동시장과 외부노동시장을 고려해야 한다.

(2) 기업이 특정시점의 필요인력에 대한 수요를 예측을 하여 필요로 하는 인적자원을 계획에 따라 충족시키기 위해 구체적으로 충원하는 작업을 '모집'이라고 한다.

2. 모집원천

(1) **내부모집** : 승진, 배치, 이동 등 기업 내부에서 필요한 인력을 충원하는 것을 말한다.

① 장 점

㉠ 모집에 드는 시간, 비용이 절약된다.

㉡ 조직 및 직무지식의 활용이 가능하다.

㉢ 외부 인력 채용에 따르는 위험부담이 제거된다.

㉣ 인건비 상승이 없다.

㉤ 승진기회 확대로 동기부여가 향상된다.

② 단 점

㉠ 인재 선택의 폭이 좁다.

㉡ 조직의 폐쇄성이 강화된다.

㉢ 훈련비 등 유지비용이 증가된다.

㉣ 패거리 문화가 형성된다.

(2) **외부모집** : 신규채용, 헤드헌팅 등 기업 외부에서 필요한 인력을 충원하는 것을 말한다.

① 장 점

㉠ 인재 선택의 폭이 넓다.

㉡ 외부 인력을 통해 조직 분위기가 쇄신된다.

㉢ 새로운 지식, 경험 등이 유입된다.

㉣ 경력채용 시 교육 훈련비 등이 감소한다.

② 단 점

㉠ 모집활동에 대한 시간, 비용이 증가된다.

㉡ 기존 직원의 승진 기회 축소로 인한 조직 분위기에 영향을 준다.

㉢ 외부 인력 채용에 따른 위험부담이 발생된다.

㉣ 경력자 채용에 따른 높은 인건비를 부담해야 한다.

문제 ❹ 평가센터(Assessment center)의 의미와 활용목적을 설명하고, 평가센터의 기법 중 3가지를 설명하시오. (10점)

1. 평가센터(Assessment center)의 의미와 활용목적

(1) 평가센터의 의미

평가센터는 종업원 선발방법의 한 종류로 주로 관리자급 직원을 선발하는 경우 도입된다. 다수의 지원자를 특정장소에 며칠간 합숙시키며, 여러 선발도구를 동시에 적용하여 지원자를 평가하고 선발하는 방법이다.

(2) 평가센터의 활용목적

상대적으로 긴 기간 동안 지원자를 관찰하며, 직무능력뿐만 아니라 조직에서의 적응력, 동료와의 친화력 등 지원자의 개인적인 면모까지 심층적으로 분석하여 기업의 인재상에 맞는 종업원을 선발할 수 있다.

2. 동원되는 평가센터의 기법

(1) 바이오데이터 분석

① 지원자의 이력서, 지원서, 면접 등을 통하여 획득된 개인의 신상에 관한 모든 것을 활용하는 것이다.
② 바이오데이터 분석결과를 선발 의사결정에 활용하는 이유는 개인의 바이오데이터와 직무성과가 상관관계가 있음이 발견되었기 때문이다.

(2) 프로파일링 기법(Profiling)

① 범죄심리학에서 사용하는 기법으로, 바이오데이터 분석기법을 보완하는 기법으로 사용된다.
② 성과가 높은 종업원의 표준적인 자질을 데이터화하여 이상적인 프로파일을 개발하고 이를 지원자와 비교하는 것이다.

(3) 능력검사

① 검사결과를 가지고 종업원의 미래의 직무수행 정도를 예측할 수 있는 가정에서 출발한다.
② 능력검사는 어떤 사람이 해당직무에 대해 적당한 훈련을 받을 경우, 그 직무를 배울 수 있는 능력 혹은 잠재적인 능력을 측정하는 것이다.
③ 능력검사는 지원자가 해당직무에 대해 경험이 없는 경우에 유용한 검사도구가 된다.

문제 5 직장 내 교육훈련(OJT ; On-The-Job Training)의 의미 및 장·단점을 설명하시오. (10점)

1. 직장 내 교육훈련(OJT ; On-the-Job Training)

(1) 의 미

① 직장 내 교육훈련은 신입사원이 앞으로 부여받을 직무를 그대로 수행하면서 직장의 상사나 선배, 동료로부터 제반 업무내용을 학습하는 방법이다.

② 해당 업무가 직접적으로 고객에게 서비스를 제공하거나, 업무내용에 대한 설명이 강의식 교육만으로 불충분한 업종에 효과적이다.

(2) 장·단점

① 장 점

㉠ 훈련이 추상적이지 않고 실무와 연결되어 매우 구체적이다.

㉡ 교육훈련 대상자와 동료 간의 이해와 협동정신을 제고시킨다.

㉢ 교육훈련 대상의 개인별 능력에 따라 훈련의 진도를 조정하기가 용이하다.

② 단 점

㉠ 교육훈련 담당자의 교습능력이 부족한 경우 그 학습효과가 불확실하다.

㉡ 한 번에 많은 수의 종업원을 교육시키기 어렵다.

㉢ 기술변화가 빠른 산업의 특성을 반영하기 어려운 경우에는 교육훈련의 한계가 있다.

문제 ⑥ 직무관리와 관련된 용어 중 과업(Task), 직위(Position), 직무(Job), 직군(Job family), 직종(Occupation)의 개념을 설명하시오. (10점)

1. 과업(Task)

(1) 어떤 특정 목적을 달성하기 위해 수행되는 하나의 명확한 작업활동이다.

(2) 한 개의 임무 중에 포함된 작업활동의 단위이다.

2. 직위(Position)

(1) 특정 개인에게 부여된 모든 과업의 집단을 의미한다.

(2) 특정 시점에서 특정 조직의 한 개인이 수행하는 하나 혹은 그 이상의 의무로 구성된다.

(3) 한 사람의 작업자에게 할당된 과업의 총합이다.

3. 직무(Job)

(1) 작업의 종류와 수준이 유사한 직위들의 집단이다.

(2) 직무는 유사한 직위가 없는 경우에는 하나의 직위만으로 직무를 구성하기도 한다.

4. 직군(Job family)

(1) 유사한 종업원의 특성 및 유사한 과업을 내포하고 있는 둘 이상의 직무의 집단이다.

(2) 영업직군, 관리직군 등을 예로 들 수 있다.

5. 직종(Occupation) : 직무의 특수성, 전문성에 따른 직무의 집합이다.

논술문제

문제 ❶ 조직 내 의사결정 시 고려하게 되는 3가지 윤리적 의사결정 접근법(기준)인 공리적 접근법(Utilitarian approach), 공민권적 접근법(Rights approach) 그리고 공정성 접근법(Justice approach)의 개념을 각각 설명하고, 각 접근법(기준)의 장점과 한계에 대해서 논하시오. (30점)

1. 서 론

(1) 기업행위의 동기는 이윤극대화라는 생각이 우리나라 경제체제를 지배해 왔고, 이로 인하여 우리나라는 1960년 이후 고도성장을 이룩할 수 있었다.

(2) 그러나 1990년 말부터 '기업의 사회적 책임이 기업의 이익을 증대한다'는 관념이 등장하며, 기업의 사회적 책임의 중요성이 부각되기 시작하였다.

(3) 이후 기업에 대한 사회적 책임(CSR)이 강화되기 시작하였고, 소비자도 윤리적 의무를 강조하여 자기 정체성을 반영한 소비행위를 보이기 시작함으로써 존 롤즈(John Rawls)의 정의 관념에 기초한 의사결정모형이 등장하였다.

(4) 목적론(공리주의)의 '동기보다 결과를 중심하는 전체중심의 사고'는 문제라고 보고, 이에 대한 반동으로서 자유주의 정의론, 평등주의 정의론이 등장하게 된다.

2. 윤리적 의사결정 접근법의 개념

(1) 윤리적 의사결정(Ethical decision making)은 윤리적 딜레마 상황에서 윤리적·비윤리적 행위를 선택하게 되는 의사결정 과정을 지칭한다.

(2) 윤리적 의사결정의 특성

① 윤리적 의사결정은 윤리적 딜레마 상황에서의 의사결정이라고 볼 수 있다. 즉, 윤리적 딜레마란 쉽사리 결정을 내리 못하는 결정 불능 상황에서의 갈등을 말한다.

② 윤리적 의사결정은 하나의 과정으로 이해할 수 있다. 윤리적 의사결정은 순차적으로 '도덕적 문제 인식, 도덕적 판단, 도덕적 행위의도의 형성, 도덕적 행위'의 4가지 단계로 이해될 수 있다.

③ 윤리적 의사결정은 문화적 환경, 전문적 환경, 산업 환경, 조직 환경, 개인적 특징 등의 영향을 받는다.

3. 윤리적 의사결정의 유형과 판단기준

(1) 윤리적 판단기준

개인 혹은 조직의 윤리적 의사결정은 결국 윤리적 판단기준들에 기초하여 이루어진다.

(2) 공리적 접근법(벤담, 존 스튜어트 밀)

① 공리론은 어떤 행동의 결과가 최대 다수의 사람들에게 최대한의 선을 가져온다면 윤리적이라고 주장하는 이론이다. 즉, 행위의 옳고 그름은 행위자 자신뿐만 아니라 그 행위에 영향을 받는 모든 사람에게 미칠 수 있는 결과를 고려해서 결정한다.

② 윤리적 문제해결을 위한 공리주의적인 접근법은, 행동에 의한 결과에 따라 윤리성을 판단하기 때문에 목적론이라고도 한다. 즉, 행동에 이르는 과정보다도 결과를 중요시 여기므로 결과가 수단을 정당화한다.

③ 공리적인 측면에서 각 개인에게는 자선의 의무가 있는 이론적 명료함은 있으나 결과에 이르는 수단을 정당화하기 때문에, 이 이론은 비윤리적 행위를 정당화하는 데 이용되는 한계를 보인다.

(3) 공민권적 접근법(권리론)

① 권리론에 의한 접근방법은 개개인의 행동이 타인의 권리를 침해할 경우에도 도덕적인 것이 될 수 있다는 공리주의의 한계를 비판하면서 비롯되었다.

② 모든 인간은 목적으로서 존중되며 보호받을 권리를 지니고 있는데, 이러한 권리를 침해하면 비윤리적이라는 것이다.

③ 공리주의가 도덕이나 윤리를 집단 또는 사회전체의 관점에서 다루는데 반하여, 권리론에 의한 접근방법은 개인이나 이들이 속한 집단 내의 개인적 판단 부분에 중점을 둔다.

④ 권리론은 도덕적 권리를 보호하고 증진함으로써 개인행동과 조직행동의 윤리적 판단기준을 마련하고, 개인의 권리를 보호하기 위한 법률제정과 재판과정에 크게 공헌한다.

⑤ 권리론은 권리의 구성과 보호의 순위 및 수준이 모호하고, 상이한 권리간의 갈등이 존재할 때 이를 해결하기 어렵다는 단점이 있다.

(4) 공정성 접근법(정의론)

① 정의론은 의사소통을 하는 데 있어서 사회의 정의원칙이 기준 되어야 한다는 이론이다. 정의는 한 사회가 가져야 할 제일의 덕목으로서, 혜택(이익)과 고통(비용)도 평등하게 배분되어야 한다는 이론이다.

② 정의론은 모든 사람은 기본적인 자유를 최대한, 똑같이 가져야 한다는 원칙(동등한 자유의 원리), 사회경제적 불평등(권력, 소득, 부의 불평등)은 모든 사람에게 개방되어 있는 직위의 책임에 상응하고 각자의 이익을 고려하여 적절하다고 인정되는 범위 내에서 조정되어야 한다는 원칙(차등대우의 인정)을 전제하고 있다.

③ 공정성 접근법은 개인이나 기업이 그들의 구체적인 행위에서 이를 적용하기 어려운 접근법이다.

4. 개인주의적 정의론과 평등주의적 정의론의 조화[존 롤즈(John Rawls)의 정의론 ; 윤리적 의사결정론의 조화로운 해결의 시도]

(1) 존 롤스(John Rawls)는 서로 대립되는 자유와 평등을 '평등한 자유의 원칙', '차등의 원칙'으로 압축했다.

(2) 존 롤즈(John Rawls)의 정의론의 두 가지 원칙

① 평등한 자유의 원칙 : 자유주의를 원칙으로 한 실질적인 평등을 요구했다. 기본적인 자유를 모두 보장하되, 생산재의 사유, 생산물의 배타적 점유, 재산의 상속과 증여의 자유는 배제하였다.

② 차등의 원칙

㉠ 약자 우선의 차등원칙 : 사회적 약자들이 받는 최소의 혜택에 한해서 불평등을 인정하고, 그 외의 경우에는 평등을 강조하였다. 사회적 약자인 최소 수혜자를 우선적으로 배려하는 자유주의이다.

㉡ 공정한 기회균등의 원칙 : 유사한 능력을 가졌다면, 직업의 기회를 포함한 모든 삶의 기회가 그들이 태어난 사회적 지위와 상관없이 보장되어야 한다는 것이다.

(3) 존 롤즈(John Rawls)의 정의론을 '계약주의'라고 부르는 것은 '공정으로서의 정의'라는 방법적 측면을 말하는 것이다.

문제 ❷ 코터(J. Kotter)의 조직변화 8단계를 각각 설명하고, 각 단계가 르윈(K. Lewin)의 조직변화 3단계 모형과 비교하여 어느 단계에 해당되는지 답하시오. (30점)

1. 문제제기

(1) 조직은 변화의 속도에 따라 혁명적 또는 진화적으로 변화하고, 혁명적·진화적 변화를 통해 조직은 다양한 환경에서 조직관리역량을 가지게 된다. 현재의 환경과 미래의 환경에 대한 역동적인 적합도를 동시에 유지하는 조직을 양손잡이 조직(Ambidextrous Organization)이라고 한다.

(2) 이러한 과도기적인 조직혁신의 문제점은 심리적 불안, 정치적 혼란, 통제의 상실 등의 위기를 겪게 되는데 이때 지도자는 리더십 역량이 필요하고, 이러한 지도자의 역량을 위한 것이 코터의 조직변화 8단계 모형(J. Kotter, 1996)이다.

2. 존 코터(J. Kotter)의 조직변화 8단계 모형

(1) **1단계 : 위기의식을 만들어라.**

① 형이상학적, 규범적 수준이 아닌 현실적 사업문제로부터 위기의식을 도출한다.

② 끓는 물속의 개구리를 예로 들었다.

(2) **2단계 : 강력한 주도세력을 형성하라.**

① 조직개혁에 필요한 세력에 대한 전폭적인 지원을 한다.

② 조직의 장기 비전을 제시하고 확산시킨다.

(3) **3단계 : 설득력 있는 비전과 전략을 개발하라.**

① 조직개혁의 이유와 목적에 대한 확신을 갖는다.

② 개혁방향과 일치된 언행을 하며 솔선수범한다.

(4) **4단계 : 비전에 대한 공감대를 형성하라.**

① 장래 모습에 대한 비전을 설득하고 공감대를 형성한다.

② 개혁목표와 내용에 대한 이해와 신뢰감을 구축한다.

③ 개혁추진 과정에서의 참여를 유도한다.

(5) **5단계 : 비전 담당자에 권력을 위임하라.**

① 개혁추진 담당자와 개혁전담 조직을 결성한다.

② 각 분야의 전문가의 자발적인 참여로 구성한다.

③ 개혁전담 조직은 업무, 제도, 규정, 예산 등 기존의 관료적 통제로부터 자유롭고, 창의적인 분위기에서 의사소통할 수 있는 분위기를 조성한다.

(6) 6단계 : 단기간 내에 작은 승리를 만들어라.

① 의식개혁, 제도개선, 조직구조 개편, 조직문화, 경영시스템의 변화가 같은 방향으로 동시에 이루어져야 성공한다.

② 다만, 개혁 프로그램의 우선순위에 따라 감당할 수 있는 범위에서 순차적으로 추진한다.
(작은 성공을 큰 개혁의 성공으로 유도)

(7) 7단계 : 성과를 통합하고 보다 큰 변화를 창출하라.

① 의사소통을 활발히 한다.

② 프로젝트를 조정하고 일치시킨다.

③ 문제를 함께 해결하고, 해답을 같이 창조하는 기회를 제공한다.

(8) 8단계 : 변화를 조직문화로 구체화하라.

① 변화가 대규모적일수록 변화가 반복하고 조직의 타 부문에도 전이될 수 있도록 교육·훈련·조직하는 인력이 필요하다.

② 변화의 내용과 과정, 운영적인 것과 정서적인 것을 모두 관리할 수 있을 때 변화가 성공할 가능성이 높다.

3. 코터의 조직변화 8단계 모형과 르윈(K. Lewin)의 조직변화 3단계 모형의 비교

(1) 해빙(Unfreezing) 단계

① 조직을 변화시키기 위해 조직이 변화해야 하는 이유를 설명하고, 변화하지 않으면 조직이 무너질 수도 있다는 위기감을 조성한다. ⇨ 존 코터의 1단계

② 조직변화는 강력한 힘과 리더십을 갖춘 부서에 의하여 주도되어야 하므로, 이를 주도할 변화부서를 만든다. ⇨ 존 코터의 2단계

③ 조직변화는 경영혁신을 위한 것이고, 핵심역량을 배양하기 위해서는 조직의 비전과 전략을 개발하고 수립한다. ⇨ 존 코터의 3단계

④ 개발된 비전을 조직구성원 모두 이를 공유하기 위해서 조직차원에서 교육, 홍보 등을 통하여 교육하고 이를 전파한다. ⇨ 존 코터의 4단계

(2) 변화(Change) 단계

① 비전 실행을 촉진하기 위해 부하 직원의 권한을 확대하고, 조직의 상층부로부터 말단부에까지 비전이 현실적으로 실행될 수 있도록 한다. ⇨ 존 코터의 5단계

② 비전을 실제 실행, 단기성과를 획득하고 이를 성사시킨 직원에 대한 포상 및 홍보를 실시하여 조직구성원으로 하여금 성취의욕을 고양시킨다. ⇨ 존 코터의 6단계

③ 조직의 비전에 후속변화를 주기 위해서 다른 성공사례를 통합하고 그 변화작업을 신속히 진행시키며, 그 변화작업에 가능한 한 전체 조직구성원을 참여시킨다. ⇨ 존 코터의 7단계

(3) 재동결(Refreezing) 단계

위와 같은 혁신이 단절되지 않고 지속가능한 조직문화로 정착하기 위해 새로운 조직문화를 정착시키는 것이 매우 중요하다. ⇨ 존 코터의 8단계

4. 결 론

(1) 조직변화는 작은 변화로 인한 성공을 빠르게 큰 개혁으로 이어나가는 것이 중요하다. 그래야만 조직변화가 조직문화로 자리를 잡을 수 있다.

(2) 존 코터(J. Kotter)의 8단계 이론은 조직변화에 따른 조직(양손잡이 조직)이 혁신조직으로 변화하는 과정을 구체적으로 보여주는 이론이다.

약술문제

문제 ❸ 집단응집력(Group cohesiveness)의 개념을 기술하고, 집단응집력과 생산성 간의 관계를 집단의 성과관련 규범과 관련하여 설명하시오. (10점)

1. 집단응집력(Group cohesiveness)의 개념

(1) 응집력은 집단구성원이 서로에게 매력을 느끼고 그 집단에 머물러 있기를 바라는 정도를 말한다.

(2) 응집력은 정서적 응집력(집단에 참여함으로써 더 큰 만족과 즐거움을 얻는 경우)과 도구적 응집력(집단이 자기이익 획득의 도구가 되기 때문에 생기는 소속의식)으로 나눌 수 있다.

2. 집단응집력과 생산성의 관계

(1) 일반적으로 집단응집력이 클수록 구성원의 조직 만족수준이 높고 이탈이 줄기 때문에 높은 성과를 얻을 수 있다. 하지만 집단응집력이 높은 구성원들이 모여 리더에게 저항하면 집단파업을 일으키는 등의 역효과가 커질 수 있다.

(2) 집단응집력의 역기능을 억제시키기 위해서는 규범이 필요하다. 구성원의 공통적인 규범은 집단의 성과에 대한 기준을 정하고, 조직이 바람직한 방향을 성과를 올릴 수 있도록 규율하는 것으로, 성과규범이 바람직하게 형성된 집단이라면 좋은 성과를 내고, 그 집단의 구성원은 그 성과규범에 알맞게 행동하도록 노력할 가능성이 높다.

문제 ④ 조직사회화(Organizational socialization)의 개념을 기술하고, 대니얼 펠드먼(Daniel Feldman)의 조직사회화 3단계를 각각 설명하시오. (10점)

1. 조직사회화(Organizational socialization)의 개념

(1) 조직사회화는 새로운 구성원이 조직에 참여하도록 허락하는 조직이 공유하는 가치, 규범, 행동방식 등을 학습하는 과정을 말한다.

(2) 과거의 습관, 태도, 행동방식, 가치관의 일부라도 포기하고 새로운 조직의 방식에 따라야만 집단 내에서 부딪칠 문제를 해결하고 서로 협동할 수 있다.

2. 대니얼 펠드먼(Daniel Feldman)의 조직사회화 3단계

(1) **선행적 사회화 단계** : 직무, 임금 및 승진 등 인사 관련 제반 이슈에 대한 가상적 기대가 생긴다.

(2) **대면적 사회화 단계** : 종업원을 사회화시키기 위한 방법으로 OT나 교육훈련을 하는 것을 말한다.

(3) **체질적 사회화 단계** : 주어진 주요 과업에 대한 숙달과 함께 역할갈등의 문제를 해결하도록 하는 과정을 말한다.

문제 ⑤ **직무특성모형(Job characteristics model)의 잠재적 동기부여지수(MPS ; Motivating potential score)의 내용을 설명하고, 잠재적 동기부여지수와 구성원의 성장욕구강도(GNS ; Growth need strength)를 활용한 효과적인 업무배치방안을 설명하시오. (10점)**

1. 해크만, 올드햄(Hackman, Oldham)의 직무특성모형

(1) 개념 : 직무특성이 종업원의 중요 심리상태를 유발시키고 이러한 심리상태가 개인의 동기와 직무만족에 영향을 미쳐, 생산성 향상과 기업의 목표 달성을 이루게 한다는 이론이다.

(2) 내 용

① **기술다양성** : 작업자의 다양한 능력을 요구하는 정도

② **작업정체성** : 시작부터 결과물의 마지막까지 작업수행 정도

③ **과정중요성** : 내외부적으로 얼마나 영향을 미치는지 인식하는 정도

④ **자율성** : 스스로 결정하고 선택할 수 있는 자유

⑤ **피드백** : 성과의 유효성에 대해 직접적이고 명확한 정보를 주는가에 대한 정도

〈결 론〉

MPS(동기부여지수 ; Motivating potential score) = (다양성 + 정체성 + 중요성) / 3 × 자율성 × 피드백

* 위의 결론에 따라 종업원의 긍정적 동기를 불러일으키기 위해서는 직무수행에서 다양한 방법을 사용할 권한을 주며, 담당하는 과업의 정체성 확인시키고 중요성을 인식시키는 동시에 자율성과 피드백을 주어야 한다. 이러한 직무설계는 직무충실화가 효과적인 업무배치 방안이라고 할 수 있다.

---

2. 직무충실화(직무설계를 통한 동기부여 전략) : 직무의 내용을 풍부하게 만들어 책임을 늘리며 능력발휘 여지를 크게 함

(1) 목 적

① 자유재량권 확대를 통한 직무수행자의 창의력 개발을 촉진한다.

② 직무의 완전성을 증대한다.

③ 작업자의 피로도, 단조로움, 싫증을 줄인다.

④ 작업자의 능력을 신장한다.

(2) 문제점

① 추가적인 교육훈련이 필요하다. (비용적인 측면)

② 자유재량권의 행사로 비효율적인 비용이 더 들어간다.

③ 관리자의 반발이 예상된다.

④ 성장욕구가 낮은 작업자에게는 직무충실이 오히려 독이 된다.

문제 ⑥ 조직 내 개인의 갈등관리 5가지 유형을 기술하고, 각 관리유형에 적합한 상황을 설명하시오. (10점)

1. 갈등관리

(1) **개념 :** 갈등을 효과적으로 해결하기 위해서는 어떤 의도를 통해야 하는가를 미리 인지해야 한다. 자신의 관심사를 만족시키려는 의도를 '자기주장(독단성)', 상대방의 관심사를 만족시키려는 '협조성'이라고 하는데, 이 두 가지 개념으로 갈등관리 유형을 나눌 수 있다.

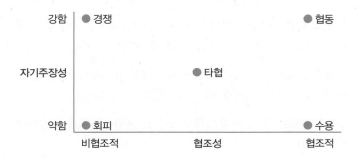

① **경쟁(Competition) :** 자기 집단의 관심사 충족을 위해 상대 집단을 압도해 갈등을 해결하는 의도를 갖는다. 확고하고 신속한 행동이 결정적일 때, 집단이 공식적인 권력을 많이 보유할 때 사용하는 것이 효과적이다.

② **수용(Accommodation) :** 자기 집단의 관심사보다 상대 집단의 관심사를 우선하는 의도를 갖는다. 상대방과 원활한 관계 유지를 위하거나 상대방의 사안이 더 중요할 때 효과적이다.

③ **회피(Avoidance) :** 자기 집단의 관심사나 상대 집단의 관심사를 아예 무시하려는 의도를 갖는다. 갈등 사안이 사소하거나, 정보가 적거나, 너무 흥분되어 진정할 필요가 있을 때 효과적이다.

④ **협동(Collaboration) :** 갈등 당사자의 관심사를 모두 만족시키려는 의도를 갖는다. 양측 모두에게 이득이 되며, 당사자들은 장기적으로 더 좋은 관계를 맺게 된다. 상대방에 대해 충분한 정보가 있을 시 효과적이다.

⑤ **타협(Compromise) :** 각 집단이 서로 부분적으로 교환, 희생을 통해 만족을 취하려는 의도를 갖는다. 동등한 권력을 소유한 당사자들의 갈등이나 협동/경쟁이 유효하지 못할 때 사용하는 차선책이다. 가장 흔하게 사용되는 방식이다.

2. 각 관리유형에 따른 갈등해결방법(갈등 해소 방안) : 집단 간의 갈등해결을 위해 사용하는 방법

(1) **직접 대면** : 집단끼리 직접 대면하여 문제를 분석하고 해결하는 방법으로써 이해와 타협으로 견해의 차이를 좁히는 것이 아니라, 근본적으로 문제를 해결하는 방법이다. 정면으로 대응하여 의사소통의 왜곡이나 오해 없이 문제해결이 가능하다.

(2) **상위목표의 제시** : 갈등을 초월하는 상위목표를 제시하여 갈등을 완화하고 집단 간 공동노력을 조성한다. 상위목표는 둘 이상의 부서가 노력하여 달성할 수 있는 성과를 의미한다.

(3) **자원의 확충** : 한정된 자원에 의한 갈등 시, 자원공급을 늘려 해소시키는 간단한 방법이다. 자원 확충에 시간과 비용이 소요된다는 현실적 제약이 존재한다.

(4) **완화** : 갈등 당사자의 차이점을 축소하고 유사성, 공동관심사를 부각시켜 갈등을 해소한다. 회피와 상위목표 제시의 혼합형이나, 임시방편적 방법이다.

(5) **구조적 변화** : 갈등을 유발하는 사람을 훈련시키거나 인사이동, 작업흐름의 변경 등을 통해 갈등을 해소시킨다.

경영지도사의 답안

논술문제

문제 ① 근로자 또는 노동조합이 경영결정권을 가지는지 여부를 기준으로 의사결정참가(협의의 경영참가)의 유형을 구분하고, 각 유형의 개념 및 특징, 장·단점을 논하시오. (30점)

1. 서 론

(1) 노사협조와 노사갈등, 근로자들의 경영참가는 노사관계에서 가장 빈번하게 등장하는 이슈이다. 따라서 근로자 또는 노동조합이 경영결정권을 가지느냐의 여부는 먼저 노사협조의 개념부터 정의해야 한다.

(2) 노사협조(Labor-management cooperation)는 1940년대부터 미국과 독일, 영국 등을 중심으로 연구되어 온 개념으로, '노사가 신뢰를 기초로 공동으로 노력할 수 있는 영역을 찾아 목표를 설정하고, 이 목표를 달성하기 위해 노사가 노력하여 조직의 성과 및 근로자의 생활의 질을 향상시키는 것'이라고 정의할 수 있다.

(3) 이러한 측면에서 보면, 노사문제는 결국 고용의 문제로 귀착되는데, 노사협조는 노사 양측이 과도한 갈등만을 야기할 경우, 양측 모두 교섭력을 상실한다는 측면에서 매우 중요하다고 할 수 있다.

(4) 노사협조가 고용관계의 태도적·정서적인 것에 비해 경영참가가 공식적·제도적인 점이라는 관점에서 볼 때, 경영참가에서 노조가 경영결정권을 가진다고 볼 것이 아니라 노사 쌍방이 협조하여 종래의 경영자의 권한으로 생각되어 온 경영권에 대하여 노사 쌍방의 이익을 증진시키는 목적으로 노사 간에 공동으로 경영관리 기능을 수행할 수 있다는 의미로 해석하는 것이 바람직하다.

2. 경영참가 일반

(1) 경영참가(Management participation) : 근로자가 경영에 참가하는 것으로써, 노사공동으로 경영관리 기능을 수행함을 의미한다. 이는 경영의 권한과 책임을 분담함으로써 의사결정상 자유를 제약하지만, 근로자의 자발성을 신장시키고 경영 안전화를 도모한다.

(2) 경영참가제도의 유형

① **자본참가(Participation in capital)** : 종업원을 자본의 출자자로 기업경영에 참여시키는 방식이다. 주식매입을 유도하는 '우리사주제도'와 일정 조건하에서 노동의 대가로 주식을 내주는 '노동주제도' 등이 있다.

② **성과참가(Participation in profit)** : 가장 이상적인 참가 형태로써, 노조/근로자가 적극적으로 참여하고 그 협력의 대가로 회사가 성과의 일부를 임금이외의 형태로 근로자에게 분배하는 방식이다.

③ **의사결정참가(Participation in decision)** : 경영의사결정에 참여하거나 경영기능에 대하여 영향력을 미친다. 경영내용이 되는 관리상 의사결정에 참여하는 형태이다.

3. 의사결정참가제도의 유형

(1) 의 의

① 의사결정참가제도는 좁은 의미의 경영참가이다.

② 경영의사결정에 근로자나 노동조합이 참여하여 경영기능에 대하여 영향력을 미치는 것이다. 경영의 내용이 되는 관리상의 의사결정에 참여하는 형태이다.

(2) 의사결정참가제도의 유형

의사결정참가제도는 참가근거, 참가정도, 참가수준, 참가영역, 참가시기, On-line 참가형과 Off-line 참가형, 효율성 지향 참가형과 형평성 지향 참가형으로 구분할 수 있다.

① 공식적/비공식적 참가

의사결정참가를 하게 되는 근거의 확보 여부에 따라 구분한다.

㉠ 공식적 참가 : 헌법, 각종 법규 및 시행령 등과 같은 법적근거, 노사 간의 단체교섭에서 체결된 쌍방적 협약사항에 근거, 경영자들의 일방에 의한 정책 및 제도로써 실시하는 등의 일정한 형식을 갖춘 기구를 통해 참여하는 것을 의미한다.

㉡ 비공식적 참가 : 위와 같은 공식적 형태가 아닌 하위자들의 조언이나 의견을 구하는 것을 말한다.

㉢ 일반적으로 유럽 국가들은 공식적 참가를 사용하는 반면 미국, 영국 등은 비공식적 참가를 실시하고 있다.

② 직접적/간접적 참가

　㉠ 직접적 참가 : 품질관리분임조(QC)나 제안제도와 같이 작업장에서 종업원 개개인이 의사결정 과정에 직접 본인의 의견을 내놓은 것을 말한다.

　㉡ 간접적 참가 : 노사협의회나 각종 위원회, 기타 의사결정기구에 종업원을 대표하는 노동조합이나 대표자를 통하여 이루어지는 참가형태를 말한다.

③ 참가강도에 따른 분류

　㉠ 의사결정에 관한 아무런 사전정보가 없는 경우 : 사용자의 의사결정에 의해 종업원의 경영참가가 결정된다.

　㉡ 사전에 정보를 제공받는 경우

　㉢ 의사결정에 의견개진이 가능한 경우

　㉣ 노동자 의견이 의사결정에 고려되는 경우

　㉤ 의사결정에 대한 거부권을 가지는 경우

　㉥ 의사결정이 전적으로 구성원들에게 달려있는 경우 : 전적으로 근로자들이 의사결정을 진행한다.

④ 참가내용에 따른 분류(Locke & Schweiger의 분류)

　㉠ 고용, 훈련규율 및 성과평가 등과 같은 일상적인 인사 관련사항에만 참가 인정

　㉡ 과업할당, 직무설계 및 작업속도 등의 작업 자체 사항

　㉢ 휴식, 작업시간, 작업의 배치 및 조명 등의 작업환경

　㉣ 해고, 이윤배분, 자본투자 및 전반적인 회사정책과 관련된 기업정책
　　일반적으로 의사결정참가는 자발적·비공식적·직접적인 경우에는 인사 관련사항, 작업환경에 한정하여 인정하는 경향이 있다.

⑤ 참가수준에 따른 분류(노사관계의 활동수준에 따른 분류)

　㉠ 전략적 수준의 의사결정 참가 : 기업의 장기정책 혹은 전략의 의사결정과정에 종업원 또는 종업원 대표가 참가하는 형태이다.

　㉡ 기능적 수준의 의사결정 참가 : 단체협상이나 기업의 인사, 노무관리에 노동조합을 통하거나 각종 위원회를 통하여 참가하는 형태이다.

　㉢ 작업장 수준의 의사결정 참가 : 실제 작업장에서 발생하는 일상적인 활동이나 직무 설계나 작업장 배치와 같은 종업원의 근무환경에 영향을 미치는 의사결정에 참가하는 형태이다.

⑥ 기존 의사결정 구조와의 관계에 따른 분류

　㉠ On-line 참가 : 기존의 작업조직과 의사결정 구조를 전면 개편하여 기존의 조직을 대체하는 형태의 의사결정참가 유형을 뜻한다. ⇨ 현장자율경영팀, 참여형 성과배분제, 근로자이사제 등

　㉡ Off-line 참가 : 기존의 의사결정 구조를 변경시키지 않고 기존의 조직에 병행하여 시행되는 종업원 참여제도를 뜻한다. ⇨ 종업원 설문조사제도 등

⑦ 참가의 목적에 따른 분류

    ㉠ 효율성 지향 참가 : 참여를 통해 노동자의 자율성과 창의성을 개발함으로써 조직성과의 향상에 기여할 수 있도록 설계·추진되는 경영참여이다. ⇨ 주로 사용자 주도로 이루어지며, 제안활동, 문제해결팀 등

    ㉡ 형평성 지향 참가 : 인간으로서의 삶을 보장받기 위한 고용의 최저표준 설정, 산업민주주의, 그 과정에의 적극적인 개입을 통해 절차 및 의사결정과정의 정당성을 확보하고자 하는 경영참여이다. ⇨ 인사위원회, 징계, 해고결정에의 참여

4. 의사결정참가의 주요 제도

(1) 근로자 이사제도(Employee representation on board)

① 노조대표 혹은 종업원대표가 기업의 이사회에 참석하여 공동적으로 최고 이사결정에 참여하는 제도이다.

② 실제로 이 제도가 생산성, 품질효율성 등에 미치는 영향은 미비하나, 이것은 실질적 효과보다는 산업민주주의 실현의 상징성이 더 큰 제도이다.

③ 장점 : 근로자 이사제도의 실시로 인하여 기업의 의사결정 방식이 피고용인의 전반적인 영향력이 강화된다.

④ 단점 : 근로자 이사제도는 산업민주주의의 상징이나, 실제 기업의 의사결정 구조에는 제대로 역할을 하지 못하는 것으로 보는 경향이 있다. ⇨ 그 예로서 근로자이사의 수는 이사회에서 소수에 해당하여 의사결정에 영향을 미치지 못하는 점, 이사회에 참석하는 전문경영인에 비하여 근로자이사들은 이사회에서 다루는 분야(회계, 재무, 마케팅 전략 등)에서 전문지식이 결여되어 있어, 실제 기업의 의사결정에 영향을 미치기 어렵다는 점 등이 있다.

(2) 현장자율경영팀

① 15명 미만 종업원이 팀을 구성하여 감독자 없이 생산결정을 내리고 독자적으로 생산활동을 수행하는 제도로써 협동시스템을 구축한다.

② 개개 종업원이 갖고 있는 노하우가 공동작업을 통해 구성원에게 공유될 수 있도록 하며, 개인 성장 욕구를 충족시켜 직무만족이나 기업 성과를 높이는 것이다.

③ 실제로 현장자율경영팀은 성과/생산성 향상에 긍정적 영향을 주고, 직무만족도가 현저히 상승되며, 결근율이 줄어들었다는 실증 결과가 존재한다.

④ 장 점

    ㉠ 경영참가제도 중 긍정적인 효과가 가장 강한 제도이다.

    ㉡ 생산성 향상에 긍정적인 영향을 준다.

    ㉢ 직무만족도를 높인다.

    ㉣ 결근율이 줄어든다.

⑤ 단점 : 의사결정참가의 범위가 생산활동에 한정하여 이루어지기 때문에 의사결정참가의 본래의 취지에 못 미친다.

(3) 품질관리분임조(QC)

① 같은 작업장 내에서 자발적으로 참여한 소수의 그룹이 품질개선이나 생산성 향상을 위해 주기적으로 모임을 갖는 비공식적 조직 활동이다. 조직구성원이 새로운 기술과 기법을 배우고, 잠재능력을 개발할 기회를 가지게 되며 상호신뢰를 가질 계기가 된다. 자발성, 자율성, 주체성을 가지고 활동을 한다.

② 자발적이라는 구축원리가 이루어지지 않으면 조직구성원의 참여라는 진정한 목표는 사라진다. 의무성을 띄는 순간 경영관리층의 관심을 끌기 위해 경쟁을 하게 되고, 이는 효과적인 품질관리분임조 활동을 저해한다. 따라서 자발성이라는 구축원리를 지키는 선에서 경영층의 지원이 중요하다.

③ 장 점

ㄱ) 구성원들이 조직 내의 문제점을 발견하고 이를 시행하는 과정에서 조직의 전반적인 생산과정, 작업수행 과정에 대한 안목이 넓어져 장기적인 생산성 향상을 도모할 수 있다.

ㄴ) 품질관리분임조는 하의상달의 의사소통 구조를 원활히 하여 기업의 의사소통 구조를 점진적으로 개선하는 효과가 기대된다.

ㄷ) 말단사원이 경영자의 방침과 고충을 이해하게 되고 회사의 당면 문제를 파악할 수 있어, 상의하달의 의사소통이 자연스럽게 이루어지게 된다.

ㄹ) 품질관리분임조의 구성원들은 문제해결, 대인관계 개선, 통계처리 방법 등에 대한 훈련을 통해 장기적인 종업원들의 생산성 향상에 기여한다.

(4) 노사합동위원회

① 노사합동위원회는 노조의 경영참가를 통하여 기업의 경쟁력을 높이고, 노조원의 고용안정을 도모하기 위한 제도이다.

② 노사합동위원회는 경영층과 노조의 대표로 구성된 위원회에서 생산성 향상, 품질향상, 근무환경 개선 등을 목표로 기존의 제도에 대한 문제점을 제기하고 이를 개선할 수 있는 방안을 찾는 노동조합이 주체가 된 경영참가제도의 일종이다.

③ 장 점

ㄱ) 노사합동위원회는 협조적 고용관계의 증진, 제품 및 서비스의 품질향상, 생산성 및 경쟁력 제고 등 기업과 근로자들에게 대체로 긍정적인 영향을 주는 것이다.

ㄴ) 노동조합이 전략적인 의사결정에 실질적으로 참여할 경우에는 경영성과와 고용관계의 증진에 긍정적인 기여를 한다.

④ 단점 : 노사합동위원회가 기존 조직의 의사결정 구조를 근본적으로 변경하는 것은 아니다.

(5) 노사협의회

① 근로자참여 및 협력증진에 관한 법률 제3조 제1호는 노사협의회를 '근로자와 사용자가 참여와 협력을 통하여 근로자의 복지증진과 기업의 건전한 발전을 도모하기 위하여 구성하는 협의기구'라고 정의한다. 즉, 노사협의회는 참여와 협력을 바탕으로 협동적 관계를 수립하기 위한 제도이다.

② 우리나라 노사협의회의 특징

    ㉠ 법령에 의하여 그 설치와 운영이 강제된다.

    ㉡ 노사협의회 기능은 경영관리 내지 경영참가의 성격을 갖는다.

    ㉢ 현행법에서는 근로자 과반수로 조직된 노동조합이 있는 경우에만 근로자 대표위원을 구성하도록 한다.

문제 ❷ 근로기준법상 근로자대표의 개념을 설명하고, 3개월 이내 단위 탄력제 근로시간제(제51조 제2항), 선택적 근로시간제(제52조), 재량근로시간제(제58조 제3항)의 개념 및 근로자 대표와의 서면합의에 포함되어야 하는 법정사항에 관하여 각각 논하시오. (30점)

1. 서 론

(1) 근로기준법의 연차휴가 대체, 탄력적 시간제 도입, 보상휴가제 실시, 경영상 해고 시 근로자대표와의 협의 등의 내용에서 근로자대표라는 개념을 사용하고 있으나, 근로기준법에서 근로자대표라는 개념에 대하여 정확한 규정을 한 적은 없다.

(2) 근로기준법의 취지상 노동조합이 있는 경우에는 그 대표, 노동조합이 없는 경우에는 근로자 과반수의 동의로 선출된 근로자라고 볼 수는 있겠으나, 근로자의 과반수 동의에 관한 규정이 없어 논란의 여지가 있다.

2. 근로자대표에 관한 논의

(1) 근로기준법상 근로자대표의 선출기준에 관한 명확한 기준이 없는데, 고용노동부는 탄력적 근로시간제와 관련하여 근로자대표에 관하여 근로자 과반수로 조직된 노동조합이 있는 경우에는 그 대표자 또는 노동조합으로부터 대표권을 위임받은 자, 과반수 노동조합이 없는 경우에는 근로자의 과반수 동의를 받은 자를 대표자로 선정하여야 한다고 했다.

(2) 이는 노동조합이 권리능력 없는 사단으로 해석된다는 측면에서 당연히 과반수의 정족수를 충당하여야 할 것이다.

3. 유연근무제

(1) **의의 :** 우리나라 근로시간 제도가 경직되어 있는 측면이 다소 강하므로, 이를 유연하게 적용하기 위해 유연근무제도가 도입되었다.

(2) **종 류**

① **탄력적 근로시간제도 :** 업무에 따라 근로시간을 유연하게 운영하는 제도이다. 바쁜 기간에는 근로시간을 늘리고 한가한 시간에는 줄여서, 이를 탄력적으로 배분하여 근로시간을 효율적으로 운영한다.

㉠ 주단위의 탄력적 근로시간제 : 2주 이내 기간 평균하여 1주간 근로시간 40시간 초과하지 않는 범위에서 특정 주에 40시간, 특정일에 8시간을 초과하여 근로하게 할 수 있다. 단, 특정 주는 48시간을 초과할 수 없다.

㉡ 단위의 탄력적 근로시간제 : 3개월 이내 기간 평균하여 1주간 근로시간이 40시간을 초과하지 않는 범위에서 특정 주에 40시간, 특정일에 8시간을 초과하여 근로하게 할 수 있다. 단, 특정 주 근로시간은 52시간을, 특정일 근로시간은 12시간을 초과하지 않아야 한다.

② 선택적 근로시간제도

 ㉠ 노사합의로 총 근로시간을 정하여 그 범위 내에서 매일의 종업시간을 근로자 스스로 자유롭게 선택할 수 있는 제도이다. 종업원의 사기를 증대시키고, 생산성이 증가되며, 퇴사율이 감소한다. 일정 조정이 어렵고 우리나라 직장문화상 적용이 힘들다는 한계가 있다.

 ㉡ 선택적 근로시간제도는 1개월 이내 정산기간 평균하여 1주간 근로시간이 40시간을 초과하지 않는 범위에서만 허용된다.

③ 재량적 근로시간제도

 ㉠ 업무성질에 비추어 업무수행 수단, 시간배분 등 결정에 구체적인 지시를 하기 곤란한 경우, 사용자가 수행방법을 근로자의 재량에 맡기고 근로시간은 서면합의로 정한 시간을 근로한 것으로 보는 제도이다.

 ㉡ 신기술 연구개발, 자연과학분야 연구업무, 정보처리 분석업무, 방송프로 제작·감독업무 등에서 적용된다.

4. 근로자 대표와의 서면합의에 포함되어야 하는 법정사항

(1) 사용자는 근로자대표와 다음 사항에 대하여 서면합의하여야 한다.

(2) 법정사항

 ① 대상 근로자의 범위

 ② 단위기간(3개월 이내의 일정기간으로 함)

 ③ 단위기간의 근로일과 그 근로일별 근로시간

 ④ 서면합의의 유효기간

약술문제

문제 ❸ 공익사업과 필수공익사업의 개념과 쟁의권 제한 내용을 각각 설명하시오. (10점)

1. 의 의

(1) 공익사업 : 국민경제에 미치는 영향이 큰 사업을 말한다.

(2) 필수공익사업 : 업무의 정지, 폐지가 공중 일상생활을 현저히 위태롭게 하고 그 업무의 대체가 용이하지 아니한 사업으로, 도시가스, 시내버스 운송사업, 수도, 전기, 가스, 병원, 은행 등이 포함된다.

2. 공익사업의 쟁의조정

(1) 공익사업은 조정신청이 있는 때로부터 공익성을 고려하여 15일간은 쟁의행위가 금지된다. ⇨ 일반사업은 10일

(2) 공익사업에 관한 노동쟁의 조정은 특별조정위원회 구성하여 일반사업보다 우선적으로 처리되어야 한다.

(3) 만약 조정기간 내에 완료되지 못할 경우는 쟁의행위 가능하나 필수공익사업에 대해서는 필수유지 업무를 운영하여야 하며(전면파업 금지), 파업자 절반(50%)에 대한 대체근로가 허용된다. 공익사업은 일반사업과 다르게 긴급조정이 인정된다.

3. 긴급조정

(1) 쟁의행위가 국민경제나 일상생활을 위태롭게 할 위험이 있는 경우에는 긴급조정을 행할 수 있다.

(2) 당사자의 의사를 묻지 않고 노동부장관의 결정 하에 강제적으로 개시되며, 중노위와 당사자에게 각각 통보한다. ⇨ 관할 중노위

(3) 긴급조정 결정 공표는 신문, 라디오 등 공중이 신속히 알 수 있는 방법으로 공표해야 한다.

(4) 중앙노동위원회는 지체 없이 조정을 개시하고, 조정가능성이 없는 경우 15일 이내 중재 회부를 결정한다. ⇨ 강제중재 - 긴급조정에서의 중재

(5) 긴급조정 결정이 공표되면 당사자는 즉시 쟁의행위를 중지하고, 30일(15일 이내에 조정, 15일 동안 중재) 경과 이전까지는 쟁의행위를 재개할 수 없다. 조정안이 수락되거나 중재가 결정되면 이는 단체협약과 동일한 효력을 가진다.

4. 필수유지 업무제도

(1) 국민의 일상생활에 중대한 영향을 미치는 필수공익사업의 근로자는 쟁의행위를 하더라도 업무를 일정 수준이상 유지해야 하는 제도이다.

(2) 필수유지 업무협정 : 필수유지 업무의 운영수준, 직무, 필요인원 등 노사가 자율적으로 체결하고 준수하는 협정이다. 업무협정은 쟁의행위의 기준이 되는 점에서 반드시 사전에 체결되어 있어야 한다.

(3) 노동조합은 쟁의행위 개시 시 협정에 따라 사용자에게 필수유지 업무를 수행할 조합원을 통보하고 사용자는 근무인력을 지정하게 된다. 필수유지 업무를 정당하게 유지·운영하지 않을 경우 3년 이하의 징역 또는 3천만 원 이하의 벌금이 부과된다.

문제 ④ 주식매입 및 참가형태에 따라 종업원 지주제도의 유형을 구분하고, 각 유형의 개념과 장·단점을 설명하시오. (10점)

1. 의 의

(1) 자본참가는 근로자로 하여금 자본의 출자자로서 기업경영에 참가시키고자 하는 것이다.

(2) 대표적으로 우리사주제도(종업원 지주제도)와 스톡옵션제도 등이 있다.

2. 자본참가제도의 종류

(1) 우리사주제도(Employee stock ownership plan, ESOPs-종업원 지주제도)

① 기업이 근로자에 자사주를 취득·보유하게 함으로써 근로자 스스로에게 경영, 이익분배에 참여하게 하는 제도이다. 안정주주 확보라는 기업 방어적 관점에서 강조되며, 협조적 노사관계 형성 및 부의 격차 해소책으로 사용된다.

② 우리사주제도의 특징

㉠ 경영방침으로서 자사 주식을 보유·취득하는 것으로, 근로자가 자발적으로 구매한 것은 해당되지 않는다.

㉡ 회사가 수수료 부담, 매입자금 대부 등의 특별한 편의를 제공해야 한다.

㉢ 장기보유를 목적으로 하는 것으로서, 이는 근로자의 재산형성과 동시에 회사의 주식안정 정책이 되기도 한다.

③ 우리사주제도의 중요성

㉠ 고용관계적 중요성 : 근로자에게 주주의 지위를 부여함으로써, 근로자가 경영과 분배에 참가할 기회를 가능하게 하여 사간의 협조를 촉진한다.

㉡ 재무관계적 중요성 : 재무관리적 중요성으로, 자본 조달의 수단으로 안정성을 도모하고 주가를 안정시키면서 근로자에겐 재산의 형성의 기회를 제공한다.

④ 우리사주제도의 실시현황 : 우리사주제도는 2017년 통계로 총 3,059개 기업이 도입했다.

(2) 스톡옵션제도(Stock option)

① 주식매입선택권이라고도 하며, 임직원에게 일정기간 내에 자기회사 주식을 사전에 약정된 가격으로 일정 수량만큼 매수할 권리를 부여하는 제도이다.

② 전문경영자가 주인의식을 갖고 경영할 수 있도록 하는 것이 목적이며, 최근에는 중소기업의 전문 우수인력 확보를 위한 기법으로 활용범위가 확대되었다.

③ 중소기업의 지원을 확대하고 유능한 인재 유치를 위함이며, 상대적으로 부족한 중소기업의 임금을 보상하고자 하는 취지도 포함되어 있다.

④ 스톡옵션제도의 중요성 : 주인 의식을 가지고 경영활동을 하도록 하며, 상대적으로 낮은 임금으로 인한 고급인력의 이직을 방지하고, 동기부여를 위한 측면으로써의 의미를 가진다.

문제 ❺ 통상임금의 개념 중 일률성과 고정성을 설명하고, 근로기준법상 통상임금이 적용되는 경우를 4가지만 기술하시오. (10점)

1. 통상임금의 개념

근로계약에서 정한 근로를 제공하면 확정적으로 지급되는 임금으로서, 명칭과 관계없이 통상임금의 법적 요건을 갖추면 통상임금에 해당한다고 한다.

2. 요 건

(1) 일률성

① 모든 근로자 또는 일정한 조건이나 기준에 달한 근로자에게 일률적으로 지급되어야 통상임금이 될 수 있다는 것으로, 모든 근로자에게 지급되는 것은 아니더라도 일정한 조건이나 기준에 달한 근로자들에게는 모두 지급되는 것이면 일률성이 인정된다.

② 부양가족이 있는 근로자에게만 지급되는 가족수당은 그 조건이 근로와 무관하므로 통상임금이 아니며, 다만 모든 근로자에게 기본금액을 가족수당 명목으로 지급하면서 실제로 부양가족이 있는 근로자에게 일정액을 추가로 지급하는 경우, 그 기본금액은 통상임금에 해당하고 추가지급 부분은 통상임금이 아니다.

(2) 고정성

① 초과근로 제공 당시 그 지급여부가 업적, 성과, 기타 추가적인 조건과 관계없이 사전에 확정되어 있는 것이어야 한다는 것으로, 고정적 임금이라는 명칭에 구애받지 않고 소정근로시간을 근무한 근로자가 익일 퇴직할지라도 근로의 대가로 당연히 확정적으로 지급받게 되는 최소한의 임금을 말한다.

② 이는 통상임금 여부를 판단하는 데 있어 핵심적인 쟁점으로서, 일반적인 정기상여금의 경우 이미 정기적인 지급이 확정되어 있다면 고정성이 인정된다. 결국 정기상여금은 정기성, 일률성, 고정성에 따라 통상임금에 포함된다고 할 수 있다.

3. 근로기준법상 통상임금이 적용되는 경우

(1) 해고예고수당

해고예고수당은 일반적으로 30일분 이상의 통상임금에 해당되는 금액을 지급한다.

(2) 가산임금

근로기준법 제56조에 따라, 연장근로는 통상임금의 100분의 50 이상을 가산하여 근로자에게 지급하여야 한다.

(3) 연차휴가수당

연차휴가는 취업규칙에서 정하는 통상임금 또는 평균임금을 지급하여야 한다.

(4) 산전후 휴가

출산 전후에 90일의 휴가를 주어야 하고, 이중 60일을 유급으로 한다.

문제 ❻ 근로기준법 제74조에 따른 출산전후 휴가, 출산전후 휴가의 분할사용 및 임신기간 근로시간 단축에 관하여 설명하시오. (10점)

1. 여성근로자의 특별보호

(1) 시간외 근로의 보호

① 산후 1년이 경과하지 아니한 여성에 대해서는 1일 2시간, 1주일 6시간, 1년에 150시간을 초과하는 근로를 시키지 못한다.

② 임산부의 피로회복에 충분한 휴식을 주고, 육아와 가사를 돌보는 시간적인 여유를 주려는 취지이다.

(2) 생리휴가(무급)

① 월 1회, 근로자가 청구하는 때에 주어야 한다.

② 임시직이나 일용직 근로자도 여성근로자인 한 포함된다.

③ 생리가 없는 여성근로자에 대해서도 생리휴가는 주어야 한다.

④ 생리휴가는 그 달에 사용하지 않으면 소멸한다.

⑤ 여성근로자가 생리휴가를 청구한 경우, 이를 주지 않으면 500만원 이하의 벌금형에 처해진다.

(3) 산전후의 임산부 보호

① 산전후 90일간 근로제공 의무를 면제한다. ⇨ 쌍둥이의 경우 120일

② 90일의 보호기간 중 산후에 45일 이상 되어야 한다. ⇨ 쌍둥이의 경우 60일

③ 휴가기간 중 최초 60일은 유급으로 한다.

④ 산전후 휴가는 상시 1인 이상을 사용하는 모든 사업장에 적용한다.

⑤ 유산, 사산의 경우에도 본인 청구 시에 보호휴가가 주어진다. ⇨ 인공 임신중절은 제외

⑥ 해고의 제한 : 보호휴가 및 그 후 30일간은 해고하지 못한다.

(4) 수유시간의 보장

① 생후 1년 미만의 유아를 가진 여성근로자의 청구가 있는 경우, 1일 2회 각각 30분 이상의 유급 수유시간을 주어야 한다.

② 생후 1년 미만의 유아를 가진 여성근로자는 기혼, 미혼을 불문한다.

(5) 태아 검진시간의 허용

사용자는 임신한 여성근로자가 모자보건법 제10조에 의거 임산부 정기 건강진단을 받는 데 필요한 시간을 허용해 주어야 한다.

(6) 육아휴직과 직장어린이집

① 기간 1년, 8세 이하 및 초등학교 2학년 이하 자녀 대상

② 남성근로자도 청구할 수 있다.

③ 육아기의 근무시간 단축제도 : 주 15~30시간으로 단축가능하다.

④ 직장어린이집 : 사업주는 근로자의 취업을 지원하기 위하여 수유, 탁아 등 육아에 필요한 직장 어린이집을 설치하여야 한다(남녀고용평등과 일·가정양립지원에 관한 법률 제21조 제1항).

2. 임신기간 중 근로시간 단축

(1) 사용자는 임신 후 12주 이내 또는 36주 이후에 있는 여성근로자가 1일 2시간의 근로시간의 단축을 신청할 수 있고, 사용자는 이를 허용하여야 한다.

(2) 사용자는 근로시간 단축을 이유로 근로자의 임금을 삭감해서는 안 된다.

여기서 멈출 거예요? 고지가 바로 눈앞에 있어요.
마지막 한 걸음까지 시대에듀가 함께할게요!

인사관리

경영지도사 2차 인적자원관리
한권으로 끝내기

I wish you the best of luck!

핵심이론

PART 1

인사관리의 기초

내 손으로 만드는 **합격 비법**

01 인사관리의 기초이론

2009년 약술문제   2013년 논술문제   2013년 약술문제   2015년 약술문제

▣ 인사관리의 정의

(1) 인사관리는 본질적으로 일(직무)과 사람과의 관계를 관리하는 것이다. 또는 인사관리 현상의 변화이다.

(2) 인사관리 현상의 변화는 '직무'의 변화를 의미하므로, 그 직무를 수행하는 사람의 기능 등이 변화하는 것을 의미한다.

(3) 인사관리 현상을 변화시키는 요인

　① **생산기술의 변화** : 공장 자동화, IT 고도화 등 작업환경의 변화

　② **교육기회의 변화** : 여성인력의 증대 및 중요성의 증가, 외국노동자의 유입 등

　③ **관리자 교육의 증가** : 노동의 유연화 등에 따른 관리자의 능력 필요 등

　④ **사용자(관리자) 가치관의 변화** : 윤리경영, 경영참가 등

　⑤ **종업원의 기대수준의 변화(니즈의 변화)** : 경력관리, 임금관리 등 욕구의 변화

▣ 인사관리에 대한 관리방향의 변화

(1) 인사관리 현상이 변화되는데 영향을 미친 결정적인 사건은 산업혁명이다.

(2) 산업혁명이라는 환경변화는 인사관리의 변화를 가져온 점을 구체적으로 살펴볼 수 있는 사례이다.

(3) 산업혁명 이전에는 가내수공업(가부장적 인사관리), 산업혁명 초기에는 착취적, 전제적 인사관리로, 이 시기부터 인사관리의 중요성이 강조되었다. 이 시기의 인사관리는 비용개념으로 기업은 인건비를 줄이는 것이 관심사항이었다.

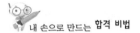

(4) 1980년 이후 인사관리는 인적자원관리(HRM) 개념으로 변화되었다.

　① 인적자원(Human Resource) : 기업 생산요소의 일부로 지속가능한 경쟁우위 확보를 위한 핵심요소

　② 인적자원관리(HRM ; Human Resource Management) : 전략적 가치를 지닌 인적 자원을 기업, 근로자의 욕구를 함께 충족시키는 방향으로 확보, 개발, 유지하는 일련의 관리활동

(5) 인적자원관리는 기업의 미션과 비전에 따라 선택적, 집중적으로 투입하는 전략적 인적 자원관리(SHRM) 개념으로 변화되었다.

❸ 산업혁명 시기 인사관리의 변화

(1) 산업혁명 이전 및 산업혁명 초기의 기업의 인사관리

　① 산업혁명 이전 인사관리는 가부장적 인사관리로서, 가내수공업적 형태를 가지고 있었으며, 조직적 차원에서는 초기 창업조직(창업주가 조직의 모든 것을 관리하는 조직형태, 가부장적 패턴) 형태를 가지고 있었다.

　② 당시 산업혁명이 발생한 영국은 직물생산이 늘어나면서 양모생산을 위한 초지가 대량으로 조성되었다. 농토가 초지로 변경되면서, 지방의 농노들은 일자리를 찾아 도시로 대거 유입되는 사태를 맞이하였다. 노동자들은 하루에 15시간 이상을 일하면서도 저임금에 시달리는 자본으로부터 소외, 인간관계로부터의 소외(k. Marx)가 발생하였다.

　③ 당시 기업들이 노동자들에게 저임금을 지급하는 등의 횡포가 가능하였던 것은 직물시설의 기계화로 노동력에 대한 수요는 줄어들고 있었지만, 노동자의 노동공급은 계속적으로 늘어나고 있어 임금은 계속적으로 내려갈 수 밖에 없는 악순환을 반복하였다.

　④ 노사관계의 발전형태로는 전제적 노사관계(노동자의 인권요소 무시), 온정적 노사관계(임금은 은혜적인 것)가 주로 형성되었다.

(2) 산업혁명 과정 중의 인사관리

　① 생산시설이 기계화되는 등의 산업화에 따른 대량생산은 소비자의 제품에 대한 욕구가 매우 다양화되는 등의 환경의 변화에 따라 제품의 질, 서비스의 강화 등의 변화를 요구하였고, 숙련된 노동자의 분업적, 전문적인 노동력이 필요하게 되었다.

　② 당시 노사관계의 변화에 있어 또 하나의 중요한 변수는 노동조합의 등장이다. 이때부터 노사관계는 완화적 노사관계로 사실상 전환 되었다.

내 손으로 만드는 **합격 비법**

4 인사관리(HRM)의 이론적 발전과정

(1) 기계론적 접근(고전관리이론, 과학적 관리기법)

① 테일러의 과학적 관리론(노동생산성을 높이기 위한 인사관리)

② 테일러의 4가지 원칙

　㉠ 적정한 하루의 성과 수준

　㉡ 표준적인 작업조건

　㉢ 성공에 높은 보수(차등성과급)

　㉣ 실패에 대한 작업자의 손실부담

③ 시간과 동작 연구(분업의 원리)

④ **차등성과급 제도** : 성공한 자에게 더 높은 임률을 적용

⑤ 경제적 동물이라는 관점에서 인간의 행동을 이해(인간은 생산의 한 요소 또는 기계의 부품으로 생각)

⑥ 비 판

　㉠ 인간 소외 문제가 대두됨(직무 전문화 추구로 작업자들의 일에 대한 자긍심의 상실이 큼)

　㉡ 노동생산성이 낮아지는 결과를 초래함

(2) 인간관계적 접근(HR)

① 기계론적 접근에 대한 반동으로 생김

② 호손공장실험(1924～1932년) : 당시 호손공장 실험은 과학적 관리론의 우수성을 입증하기 위하여 실시됨

③ 호손공장실험의 결과

　㉠ 작업능률은 작업자의 육체적인 능력이 아닌 사회적 능력에 의하여 좌우됨(인간은 사회적 동물이라는 관점)

　㉡ 직무는 너무 전문화(분업화)되어서는 안 됨

　㉢ 비공식적 집단의 존재를 확인

④ 비 판

　㉠ 지나치게 인간적 요소만을 강조

　㉡ 인간에 대한 체계적 지식의 바탕이 없어 경영성과에 연결시키지 못함

　㉢ 복잡한 인간행태 규명에 실패

　㉣ 근로자를 목적 달성을 위한 수단으로 간주

　㉤ 노동조합의 반발 : 기업이 금전적인 보상보다는 비금전적인(인간관계) 보상을 강조하는 것에 대한 반발이 발생

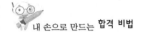

(3) 행동과학적 접근

① 1950년대 이론

ⓒ 인간관계적 접근으로 생산성의 하락이 발생

ⓒ 인간을 교육(강화)시킴으로서 인간의 행동을 수정하려는 이론이 등장함(자극 → 행동)

② 주요 이론 : 동기부여이론(욕구이론 등), 스키너의 강화이론

③ 위 행동과학적 접근이 미국을 중심으로 태동된 것은 제2차 세계대전 도중 나치의 핍박을 피해 미국으로 이주한 사회학자들의 영향이 큼

④ 비 판

ⓒ 행동과학적 이론 자체의 한계 : 인간의 모든 행동을 통제하는 것은 불가능

ⓒ 기업의 환경변화는 매우 유동적 : 행동과학적 접근은 그 변화를 제때에 반영하기 어려움

(4) 전략적 접근(핵심역량 기반 전략, 전략적 인적자원관리–SHRM)

① 전략의 정의

ⓒ 자원 배분의 우선순위를 결정하는 것

ⓒ 선택과 집중

② 자원기반이론(Barney) : 인적자원이 기업성과에 결정적인 요인이 되고 경쟁력의 원천이 된다는 인식을 가짐

③ 핵심역량(Core Competencies)

ⓒ 핵심역량은 경쟁자가 쉽게 모방할 수 없는 차별화된 기업의 자원 및 역량

ⓒ 핵심역량은 성과를 높이기 위한 것(vrio 분석)

ⓒ 핵심역량적 접근은 ERP(전사적 인적자원관리)로 연결

ⓒ 요 건

• Valuable(가치증진) : 기업이 보유한 자원으로 기회를 잡거나 위기요인 타파가 가능한가?

• Rare(희소성) : 자원을 보유한 기업이 적은가?

• Inimitable(모방이나 대체 불가) : 경쟁업체가 쉽게 모방할 수 없어 경쟁력이 계속 유지되는가!

• Oranization-specific(조직화) : 조직 내부에서 발전되어 조직에 체화되었는가?

내 손으로 만드는 **합격 비법**

전략과 인적자원관리의 통합

시장형(직무성과주의)	관료형(내부노동시장)
몰입형(고몰입작업시스템)	스타형(핵심인재관리)

- 시장형 : 전형적인 노동시장의 논리가 적용되는 조직으로서 직무성과에 따라 임금이 결정되는 자유경쟁체제(예 테일러의 과학적 관리원칙)
- 관료형 : 내부노동시장 요소가 드러나는 조직구조(예 조직 내 독특한 직무구조, 내부승진, 연공중시)
- 몰입형 : 높은 임금보다 안정적인 고용을 강조하는 가족과도 같은 회사 분위기(예 사우스웨스트 항공)
- 스타형 : 핵심인재에 의존하여 큰 성과를 이루는 조직(예 구글)

ⓜ 기업의 인적자원은 기업의 경쟁력 확보의 핵심요소이므로 조직적합성을 높여야 함

ⓗ 인적자원은 비용(cost)이 아닌 투자의 요소

④ 경쟁전략(M. Poter)

㉠ 원가우위전략

- 저비용 전략으로서, 비용최소화를 통해 제품의 가격경쟁력을 유지하려는 전략
- 원가우위전략은 산업 내에서의 기업의 위치가 상당한 우위에 있을 때 사용하는 전략
- 기업 내에서는 강력한 통제적 리더십이 존재
- 내부승진, 내부 공평성 등을 강조하는 경향

㉡ 차별화전략

- 제품의 차별화를 통해 경쟁우위를 확보하는 전략
- 유연한 조직지향의 인사자원관리 전략을 사용
- 조직형태로는 몰입형 HRM 구축(분권, 창의적 인재 채용, 다양한 경력관리, 외부적 공평성 강조)

⑤ 비 판

㉠ 인적자원관리 전략의 조직 적합에 대한 측정이 용이하지 않음

㉡ 인적자원관리 전략은 기업의 미션과 비전을 철저히 반영하여야만 유효성을 높일 수 있음

(5) 노동지향적 접근

① 등장배경

  ㉠ 독일 경영학의 이론적 접근 : 독일 특유의 독특한 이론으로, 제2차 세계대전의 여파로 노동계의 지지를 얻기 위해 등장하였다.

  ㉡ 독일 경영학의 핵심적인 요소 : 독일은 1951년 경영조직법, 1952년 공동의사결정법 등을 제정하였는데, 그 이유는 제2차 세계대전 이후 무너진 경제를 일으켜 세우기 위해 노동자의 힘을 빌려야 하는 위기상황에서 나온 것이기 때문이다.

  ㉢ 독일의 이러한 민주적 노사관리의 정신은 하르츠 개혁(Hartz Reforms)으로 이어진다.

  ㉣ 하르츠 개혁

   • 독일 하르츠 위원회에서 제시된 4단계의 노동개혁으로 2003년 1월에 시행되었다.

   • 실업률과 고용률을 안정시키기 위한 것으로, 파견근로자, 단기 노동자 등 고용의 유연화로 인해 비판받았다. 독일은 고용 유연화로 인한 이들 노동자의 임금이 계속 하락할 것을 염려하여 파견근로자 등 취약 계층의 임금이 하락하는 것을 막기 위해 2015년에 최저임금법을 시행하였다.

   • 독일은 2015년에 최저임금법을 시행한 것은 최저임금제가 국가복지정책 중의 하나이기 때문이다.

② 전 제

  ㉠ 기업은 이윤극대화 추구 대신에 사회에 대한 의무감, 도덕성, 근검절약, 청결성이 요구된다고 전제한다. (기업의 윤리경영, 기업의 사회적 책임-CSR)

  ㉡ 자본지향적 경영학에 대한 오류가 있다고 전제한다.

③ 주 장

  ㉠ 노동은 자본에 종속된 것이 아니라 자본과 대등한 것이다.

  ㉡ 자본지향적 인사관리제도에 대한 비판이 있다. (근로자는 노동으로 자기실현을 할 수 있도록 배려되어야 함)

  ㉢ 노동을 통한 소득보상 및 증대가 이루어져야 한다.

④ 비 판

  ㉠ 사회과학적 이론은 노동집단의 이익추구를 위한 도구로 사용해서는 안 된다.

  ㉡ 기업은 노동지향적 인사관리만으로 시장경제에서 생존하기 어렵다.

  ㉢ 우리나라의 최저임금제는 기업의 부담을 지나치게 가중시킨다는 비판이 있다.

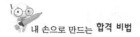
내 손으로 만드는 **합격 비법**

02 인사관리의 목표, 관리 차원

1 인사관리의 목표

(1) 인사관리는 기업조직의 목표를 달성하기 위한 수단이다.

(2) 인사관리의 목표는 경제적 효율성의 추구(회사 입장)와 사회적 효율성(종업원 입장)의 추구이다.

    ① **경제적 효율성** : 성과, 수익성, 노동성과를 극대화

    ② **사회적 효율성** : 종업원의 욕구충족을 통한 만족 극대화

(3) 인사관리의 목표인 경제적 효율성 추구와 사회적 효율성 추구는 상호 보완적 관계뿐만 아니라 상호 경쟁력 관계가 존재한다.

(4) 인사관리의 목표는 조직과 개인의 상생이다.

    ① 조직은 우수인재를 통한 지속가능한 경쟁우위를 확보하고, 경제적 효율성을 달성한다.

    ② 개인은 직장생활을 통한 자아실현, 보직 증진 등의 사회적 효율성을 달성한다.

2 인사관리의 기능적 차원

(1) **인력확보**

    조직의 목표달성에 적절한 인력을 획득하는 활동이다.

(2) **인력개발**

    확보된 인력의 능력을 최대한 개발함으로써 조직의 목표달성에 대한 유효성을 높이는 활동이다.

(3) **인력보상**

    종업원이 제공한 노동을 기업 목표 달성에 대한 공헌정도를 평가하여 보상을 제공하는 것이다.

(4) **인력유지**

    종업원의 성과창출 의지 및 능력을 계속 유지하도록 관리하는 과정이다.

(5) **인력방출**

    기업과 종업원 간의 관계가 끊어지는 경우이다.

(6) 인사관리의 제반 기능적 차원은 직무와 밀접한 관계를 가지고 있다. 투입적 차원에서 인력을 확보하고, 확보된 인력을 개발하고, 임금(인력보상)을 지급하고, 인력을 유지하고 방출하는 일련의 행위가 이루어진다.

③ 인사관리의 관리적 차원(ADDIE 모델 적용)

(1) 개 념

인사관리의 제 기능인 인력확보, 인력개발, 인력보상, 인력유지, 인력방출 등의 효율적인 수행을 위해서는 관리활동(계획, 실천, 통제)이 필요하다.

(2) 계획활동(분석 및 개발 ; A, D)

① 인력확보 : 인력 수요·공급의 예측

② 인력개발 : 종업원의 평가, 교육훈련 필요성 분석, 경력욕구 분석

③ 인력보상 : 보상에 대한 욕구분석

④ 인력유지 : 종업원의 개인 목표 및 욕구분석, 노사관계 시스템 분석

⑤ 인력방출 : 인력 수요·공급 예측, 이직 원인 분석

(3) 실천활동(실행 ; I)

① 인력확보 : 모집, 선발

② 인력개발 : 교육훈련, 전환배치, 승진

③ 인력보상 : 임금수준, 임금체계, 복리후생(카페테리아 식)

④ 인력유지 : 단체교섭, 모티베이션 전략

⑤ 인력방출 : 인력감축, 이직대책

(4) 통제활동(평가 ; E)

① 인력확보 : 모집활동의 효과분석, 선발활동의 타당성 분석

② 인력개발 : 교육훈련의 효과분석·전환배치. 승진에 대한 공정성 분석

③ 인력보상 : 보상수준의 적정성 분석, 임금체계의 적정성 분석, 복지후생프로그램의 효과 분석

④ 인력유지 : 종업원의 사기 수준 분석, 단체교섭결과 분석

⑤ 인력방출 : 인력감축 프로그램의 효과 분석, 이직감소 프로그램의 효과 분석

④ 인사관리의 제도적 차원

(1) 인사관리의 제도적 차원은 기업형태별 인사관리이다. (예 제조기업의 인사관리, 은행·보험기업의 인사관리 등)

(2) 병원 조직을 예로 들면, 병원 조직은 의료서비스를 제공하는 조직으로서 조직의 특성은 다음과 같다.

① 의료서비스 제공에 긴급성이 있어 인력확보의 측면에서 탄력도가 낮아 대체공급 가능한 인력확보에 어려움이 있다.

② 의료서비스는 높은 공공성과 윤리성을 가지고 있어 수익적인 측면을 고려하기 어렵다.

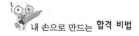

③ 의료서비스는 고도의 전문성을 가지고 있어 업무에 대한 표준화가 어렵고 고객에 대한 서비스도 일반화하기 어렵다.

④ 인력개발의 측면을 보면, 병원조직에서 의사 및 간호사들은 해당직무에 대한 전문자격을 취득한 후 의료서비스에 종사한다. 따라서 교육훈련은 CS교육과 같은 주로 서비스 질의 향상에 중점을 둔다.

⑤ 이러한 전문가 집단에 대해서는 평가상에 상당한 어려움이 있다. 공공의료의 경우 공익성과 수익성에 대한 딜레마가 존재하기 때문이다.

03 인사관리의 현대적 이슈

1 인사관리의 현대적 이슈는 환경적 차원에서 이를 이해하는 것으로, 인적자원관리(HRM)의 환경변화와 같은 맥락이다. 따라서 인적자원관리 전략도 변화하게 된다.

2 인력구성의 변화에 따른 인적자원관리 전략(다문화, 고령화, 저출산ㆍ저성장의 도래, 비정규직 문제)

(1) 고령화 문제

인력구성의 변화 트렌드 중 가장 중요한 변수는 고령화로, 이는 임금피크제, 정년보장법에 지대한 영향을 미치고 있다.

(2) 비정규직 문제

① 우리나라 비정규직의 경우 1990년대 금융위기 이후 확대되면서 가속화된 것으로, 당시에 노동시장 유연화를 통한 인건비 절감으로 기업이 회생하는데 결정적인 요인으로 작용하였다.

② 이러한 경험을 하면서 우리 사회는 사회의 유대감이 급격히 파괴되기 시작하였고, 현재의 양극화, 삶의 질 저하 등의 사회문제가 발생하였다.

③ 현재 비정규직 차별시정제로서, 사용자가 비정규직 근로자(기간제, 단시간, 파견근로자)를 비교대상 근로자(무기계약근로자, 통상 근로자, 직접고용근로자)에 대하여 임금 그 밖의 근로조건 등에 있어서 합리적 이유없이 불리하게 처우하는 것을 금지하고 차별적 처우에 대해서는 노동위원회를 통한 시정절차를 따르도록 하고 있다.

(3) 다양성 관리

① **다양성 경영**(Diversity management) : 서로 다른 구성원의 잠재적 장점은 최대화, 단점은 최소화하는 방향으로 계획하고 실행되는 경영을 말한다.

② **다양성의 유형** : 외적 다양성(외모, 인종 등), 내적 다양성(혼인관계, 성적 취향 등), 조직 다양성(직위, 소속 부서) 등

③ **다양성 경영의 배경**

　㉠ 외적 배경 : 사회 구성의 다양화(다문화), 법적인 영향(장애인고용법, 남녀고용평등법) 등

　㉡ 내적 배경 : 경제적 배경(우수한 인재확보), 윤리적 배경(사회적 책임) 등

④ **기대효과**

　㉠ 조직 : 기업경쟁력 강화, 사회적 책임의 준수, 기업 이미지의 제고

　㉡ 개인 : 조직문화의 개선, 동기부여, 개인의 삶의 질 개선

⑤ **비판** : 다양성에 대한 개념 정리(어디까지가 다양성인지) 미흡 및 성과에 대한 실효성 의문 제기

3 **근로가치관의 변화에 따른 인적자원관리 전략(근로의 질-QWL, 진정성 마케팅, 가치증대의 문제, 윤리경영, 경영참가)**

(1) 근로의 질에 관한 변화는 일·생활 균형(Work-life-balance, 워라밸)에 대한 법률이 제정됨(남녀고용평등법)에 따라 여성근로자에 대한 차별대우를 하지 말도록 규정하고 직장에서의 육아에 대한 보장 등 '저녁이 있는 삶'이 이슈되고 있다.

(2) 기업은 진정성을 담보로 한 마케팅을 통하여 제품이 아닌 가치경영에 중점을 두고 있다.

(3) 기업은 주주가치를 높이는 전략 대신에 이해관계자 가치를 높이는 전략으로, 에퀴티(Equity)를 높이기 위해 경영참가(자본참가, 이윤참가, 의사결정참가)를 확대하고 있는 추세이다. (경영참가 부분은 노사관계론의 경영참가편을 참고할 것)

(4) 이러한 근로가치관의 변화는 인사관리 측면에서 부정적인 영향도 있다. 우수인력의 직무몰입도가 떨어지고 업무강도가 높거나 근무환경에 따라 이직이 발생하는 등의 인력확보에서 어려움이 있고, 이러한 제도를 유지하기 위한 기업의 부담감이 높아질 것이다.

(5) 현재 정부는 근로시간(주 40시간, 연장근로 12시간, 휴일연장근로 16시간)에 대하여 근로시간을 52시간으로 단축하였다. 기업의 입장에서는 생산에 필요한 절대적 근로시간의 부족으로 탄력적 근무제 등 유연한 근무제를 확대 적용하는 보완대책이 필요하다는 입장이다.

4 글로벌 인재의 수요증대에 따른 인적자원관리 전략(VRIO 분석-핵심 역량)

(1) 글로벌 인재를 확보하기 위한 기업들의 치열한 쟁탈전이 이루어지고 있어 글로벌 인재의 모빌리티(Mobility) 증대가 기업 경영을 더욱 어렵게 만들고 있는 상황이다.

(2) 기업의 인적자원관리는 역량 있는 인재를 보유하기 위해 노력하나, 인건비의 상승 등 기업이 부담하는 인건비의 상승은 피할 수 없는 부분이다.

(3) 따라서 이러한 비용 부담은 결국 전략적 인적자원관리전략(SHRM)을 통해 '선택과 집중'이라는 전략을 통해 핵심인재를 고용하여 성과를 올리는 전략을 선택하여야 한다.

5 스마트워크의 확산에 대한 인적자원관리 전략

(1) 스마트 워크는 IT기술을 이용하여 장소와 시간에 구애받지 않고 일하는 방식으로 이동/현장근무, 재택근무, 원격 사무실 근무 등 장소와 시간에 관계없이 근무하는 형태이다.

(2) 스마트 워크의 도입은 사무공간 및 운영비의 절감 효과가 있고 재택근무 등이 가능함으로써 근로생활의 질을 높일 수 있다.

(3) 그러나 단점으로는 조직에 대한 몰입도가 줄어들고 조직원들간의 소통이 원활하지 않을 수 있다. 또한 교육참여가 어려워 역량개발의 기회가 줄어들고, 보안에 취약점이 있어 핵심기술의 유출 가능성이 있다.

6 윤리경영에 대한 요구 증대에 따른 인적자원관리 전략(기업의 사회적 책임-CSR)

(1) 윤리경영은 기업의 사회적 책임과도 같은 맥락으로 이해될 수 있다. 이는 기업이 이윤추구를 하는 목적으로서 주주가치를 높이는 측면과 함께 이해당사자인 주주, 종업원, 하청업체 등의 이해관계자의 가치를 높여 기업의 영속성을 높이는 것으로 이는 '기업의 지속가능경영'과도 일맥상통하다.

(2) 지속가능경영의 주요내용

① **경제적 수익성** : 지속적 이윤을 추구하는 경영활동(주주가치)

② **환경의 건전성** : 이윤추구 과정에서 환경파괴의 최소화

③ **사회적 책임성** : 이윤의 사회환원을 통해 사회적 책임의 증대(이해관계자 가치)

(3) 기업윤리

① 기업경영과정과 결과에 대한 윤리적 판단을 말한다.

② 기업의 제품을 구매하거나 판매할 경우, 다수에 피해를 입히는 제품을 구매, 판매하지 않는 공정무역의 경우도 기업윤리에 해당하고 이는 윤리경영의 기본이 된다.

③ 기업윤리는 사회분위기와 윤리경영을 통한 조직의 경제적 목적을 달성하는 관점과 윤리적 대우는 복지, 동기부여, 만족도 개선에 기여한다는 측면에서 중요하다.

④ 기업윤리의 근거

ㄱ 공리주의적 근거 : 최대 다수의 최대 행복(성과급 배분은 모든 종업원의 만족을 가져올 수 있음)

ㄴ 의무적 근거 : 기업의 사회적 책임, 종업원의 사회적 의무(조직을 위해 열심히 근로하는 것은 종업원의 사회적 의무이고, 이에 대한 적절한 보상은 기업의 사회적 책임)

ㄷ 교호적 근거 : 대화와 교섭을 통한 합의에 기초(이해관계자의 참여와 합의를 통한 성과급의 지급)

⑤ 기업윤리의 경영요소

ㄱ 책임성 : 기업은 신뢰를 줄 수 있도록 행동해야 하고, 최고 수준의 책임과 서비스 정신을 가져야 함

ㄴ 투명성 : 기업의 관리지침은 정책적으로 명시, 공표되어야 하고, 기업의 경영과정 및 재무제표 등의 경영자료는 기밀이 아닌 한 정직하게 공개되어야 함

ㄷ 공정성 : 기업 구성원에 대한 존엄성은 보장되어야하고, 차별은 금지되며, 절차 및 과정은 공개되어야 하며, 공평한 기회가 주어져야 함

7 지식경영과 인적자원관리 전략

(1) 개념 : 지식중심의 경영으로 지식관리(창출, 축적, 공유, 활용)의 활성화와 지식관리 촉진의 기반을 장려하는 경영으로 사회 전반적으로 전문서비스 종사자가 비약적으로 증가하며, 이에 따른 부가가치가 함께 증대하여 중요성이 크다.

(2) 중요성

① 학습조직을 통한 지식의 공유가 매우 중요하다.

② 위와 같은 지식의 공유는 지식관리(직원의 사고능력 등 무형자산을 조직이 창출, 축적, 공유하며 활용하는 방법)를 통하여 확산된다.

(3) 지식관리모형(노나카의 SECI모형)

① 사회화 : 암묵지 → 암묵지, 대화와 경험을 통한 암묵지를 생성(예 도제식 기술)

② 외부화 : 암묵지를 언어로 표출시켜 형식지로 전환(예 핵심기술의 매뉴얼화, 전통주를 만드는 비법을 매뉴얼화)

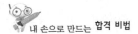

③ 종합화 : 형식지 → 형식지(예 매뉴얼화된 자료를 보고서 형식으로 객관화)

④ 내면화 : 형식지 → 개인의 암묵지(예 매뉴얼을 통해 자신이 가진 기술의 체화과정을 거침)

(4) 지식경영 위한 인적자원 관리방안

① 확보 : 창의력과 전문성으로 무장한 창조적 지식인 요구(새로운 인재상) 및 그에 대한 '소수 수시채용'으로 인재를 확보한다.

② 개발 : 개개인마다 다른 맞춤형 교육훈련(액션러닝 등), 개인의 전문성을 높이는 방향으로 경력개발을 실시한다.

③ 유지 : 능력과 성과에 따른 정당한 보상, 내재적 보상을 강화한다. (절차 및 배분의 공정성이 중요함)

8 업무과정 재설계(BPR ; Business process reengineering)에 따른 인적자원관리 전략

(1) 개념 : 기업핵심요소를 극적으로 향상시키기 위해 업무프로세스를 근본적으로 재설계하는 것으로 조직의 복잡성 증대로 조정 비용증가, 유연성저하 및 환경변화의 신속성으로 인한 지속적인 조직개선의 필요성이 증가된다.

(2) BPR의 목표

① 핵심성과 및 고객만족 : 조직생산에서 가장 중요한 요소(품질, 비용, 서비스)를 발견하고 변화를 시도한다.

② 극적(Dramatic) 향상 : 점진적인 것이 아닌 혁신적인 향상을 추구한다.

③ 근본적(Fundamental) 변화 : 기존의 관행, 절차에 대해 근본적인 재검토를 하여 근본적인 변화를 추구한다.

④ 급진적(Radical) 변화 : 혁신을 위해 현재의 모든 절차를 제거하고 새로운 업무처리 방법을 만든다.

⑤ 프로세스(Process) 개선 : 구조와 인간이 아닌 과정 중심으로 조직을 재설계한다.

(3) BPR의 절차 : 프로세스선정 → 프로세스 조사 및 분석 → 프로세스 재설계 → 피드백

(4) BPR의 장점

① 시장에 대한 민첩성 : 병렬적 업무수행을 순차적 업무수행으로 전환하여 시간, 자원을 절약한다.

② 제품생산시간의 단축 : 생산의 개시, 주문배달 등에 걸리는 시간을 단축한다.

③ 간접비의 절감 : 간접부서의 업무에 대한 관리를 경감하여 이에 대한 부담을 절감한다.

④ 고객확보 : 고객이 기대하는 이상의 서비스를 제공하여 고객의 충성도를 높인다.

(5) BPR의 단점

① **조직적 측면** : BPR은 각 기업마다 과정이 다르므로 기업마다의 정확한 기업진 단을 통해 도입의 필요성이 있다.

② **개인적 측면** : 새로운 것에 대한 거부감 및 기득권 유지를 하고자 하는 경향이다.

(6) BPR의 성공적 도입방안

① 최고경영자의 적극적인 관심과 변화선도의 노력으로 근본적 원인을 탐색한다.

② 종업원 참여를 통한 수용정도를 높여 임시방편이 아닌 최선의 방법을 모색한다.

③ 정보처리기술을 적극적으로 활용하여 매뉴얼 작성, 모범사례 등을 공유한다.

04 현재 직면한 인적자원관리의 난제에 대한 관리방안 2010년 논술문제

1 비정규직 관리방안

(1) 개 념

① 비정규직은 정규직 근로자와 노동관계가 다른 근로자로 통상적으로는 기간제, 단시간 근로자를 지칭한다.

② 1990년대 IMF 이후 비정규직 근로자의 비율이 높아졌다.

(2) 비정규직 고용형태

① 단시간근로자

㉠ 1주 동안 소정근로시간이 당해 사업장의 동종업무에 종사하는 통상 근로자 의 1주간의 소정의 근로시간보다 짧은 근로자를 말한다.

㉡ 사용자는 소정 근로시간 초과하여 근무를 시킬 때에는 동의를 구해야 하고 이 경우도 1주간 12시간을 초과할 수 없다.

② 기간제근로자

㉠ 기간의 정함이 있는 근로계약을 체결한 근로자로, 2년을 초과하지 않는 범위 에서 사용 가능하다.

㉡ 2년이 초과하는 경우에는 기간제약이 없는 근로 계약을 체결한 것으로 본다.

③ 파견근로자

㉠ 파견사업주가 고용한 근로자로, 근로자 파견의 대상이 되는 자이다.

㉡ 원칙적으로는 1년 이내이나, 1회 1년에 한하여 연장이 가능하며, 예외적으로 고령자에 대해서는 2년을 초과하여 계약이 가능하다.

(3) 비정규직 관리방안

① 인력확보

　ㄱ 자발적 비정규직 근로자(도급, 위임형태로 근무하는 보험설계사, 학습지 교사 등 특수고용직 및 재택근로자)에 대하여 우수인재를 유치하는 방법으로, 적극적 모집과 인사관리가 필요하다.

　ㄴ 비자발적 비정규직 근로자에 대해서는 노사관계의 상생적 관계 확립으로 정규직 전환에 대한 노사의 협력이 필요하다.

② 개발 · 유지

　ㄱ 교육훈련을 통한 훈련이수 평점, 자격증 취득 수당 지급 등 비정규직 근로자의 능력개발을 활성화한다.

　ㄴ NCS(국가직무능력)제도를 적극 활용한다.

③ 정규, 실업자 중심으로 설계된 능력개발 프로그램에 대한 비정규직에 적합한 프로그램의 전환 및 개발이 필요하다.

④ 조직에 대한 충성도를 높일 수 있는 방안을 강구한다.

⑤ 현재 비정규직에 대한 정규직 전환에 대한 현 정부의 노동정책이 이루어지고 있으나, 그에 대한 기업체의 경영적 부담 및 노동생산성의 저하 등의 부작용도 발생할 가능성이 있다.

2 여성 인력 관리방안

(1) 여성 인력은 경제성장을 이룩하는데 매우 중추적인 역할을 하였으나, 기업 내 여성인력에 대한 관리방안은 미흡한 것이 현실적인 문제이다.

(2) 피터 드러커는 20세기는 남성중심의 물리력이 중요하였다면 21세기에는 여성의 소프트 파워가 중요함을 강조하였다.

(3) 여성인력에 대한 기존의 문제점

① 남녀차별의 문제 : 경영자 대부분이 남성인 관계로 여성에 대한 차별이 존재한다.

② 사회적 문제

　ㄱ 남성중심의 사회에서 여성인력들은 상대적으로 소외된다.

　ㄴ 여성인력은 가사노동과 일을 병행하는 어려움에 노출된다.

　ㄷ 임신, 육아로 인한 경력단절 여성들은 저출산의 요인으로 작용한다.

③ 유리천장(Glass ceiling)의 극복문제 : 편견, 관행 등으로 인하여 여성인력은 기업 내 고위직으로 승진하지 못한다.

④ 개인적 문제 : 여성들 스스로 구조적인 불평등으로 인한 자신감 결여, 사회진출에 대한 적극적 노력이 부족하게 된다.

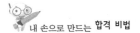

(4) 여성인력에 대한 관리방안

① 확 보

㉠ 기업 : 고용할당제, 경력단절 여성의 고용촉진, 기혼 여성 재고용 등으로 여성인력을 적극적으로 활용하는 방안 마련

㉡ 개인 : 직무재설계 및 직무분석을 통한 기업이 필요로 하는 직무지식, 기술을 겸비하려는 여성인력 스스로의 노력

② 개발 : 여성 관리자 육성을 위한 리더십 훈련 프로그램의 개발 및 멘토링 실시

③ 유지 : 일·가정 양립을 위한 가족친화적 복리후생, 출산·육아제도 정비, 유연근로제의 실시 등

❸ 청년실업에 대한 관리방안

(1) 개념 : 청년실업은 청년의 구직의사와 기업의 구직의사가 일치하지 않는 현상으로, 20대 노동자의 실업률이 상대적으로 높은 상태가 상당기간 지속되어 사회문제를 야기하는 것을 말한다.

(2) 청년실업의 원인

① 수요측면 : 저성장으로 인한 경기침체로 기업들의 신규채용의 기피, 노동집약적 산업의 퇴조, IT산업발전 등 산업의 고도화로 인재비용감축, 경력직 선호현상 등

② 공급측면 : 고학력자의 급증, 고학력에 따른 기대임금의 상승, 서비스업종의 선호

(3) 청년실업의 영향

① 긍정적 영향 : 고졸채용확대를 위한 사회풍조 변화, 마이스터 고교제도 도입, 공무원 시험과목의 변화

② 부정적 영향 : 하향 취업한 고학력자들에 대한 처우 및 직무설계의 문제, 취업난에 따른 교육기간의 장기화, 스펙열풍·고시열풍에 따른 사회적 비용의 증가

(4) 청년실업의 대응방안

① 국가 : 청년실업 해결을 위한 일자리 창출, 청년 창업의 적극적 지원, 산학연계의 강화

② 기업 : Work-sharing, 임금피크제 실시, 인턴제의 적극적 활용, 정확한 직무기술서에 근거한 채용의 확대

내 손으로 만드는 **합격 비법**

예/상/문/제

– 경영환경 변화에 따라 기업의 인적자원관리가 취해야할 대안에 대하여 기술하시오. (30점)

– 기업경영에 있어서 인사관리 기능의 목적에 대하여 기술하시오. (10점)

– 여성인력증가는 기업의 인적자원관리에 많은 변화를 초래하는데 이를 '확보 – 개발 – 평가 – 보상 – 유지' 측면에서 논하시오. (30점)

– 인구감소가 경영에 미치는 영향과 그에 따른 인사관리의 대응방안을 기술하시오. (30점)

※ 시험에 나올 가능성이 있는 문항 모음으로, 본문 이론을 바탕으로 스스로 답안을 작성해보는 연습에 활용하시기 바랍니다.

2 직무관리

PART

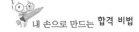
01 직무관리 개관 [2008년 논술문제]

1 직무관리

노동력을 극대화시키기 위한 직무의 합리적인 설계, 직무분석, 직무평가를 말한다.

2 직무와 인사관리 기능과의 관계

(1) **인력확보** : 인력의 수요공급의 예측의 전제는 직무에 해당

(2) **인력개발** : 직무가 요구하는 자격을 개발하는 것(교육훈련, 전환배치)

(3) **인력보상** : 직무가치를 기준으로 임금 수준을 결정(직무급), 임금의 공정성 확보

(4) **인력유지** : 직무분석 및 평가를 통한 종업원의 직무만족 실현

(5) **인력방출** : 인력의 방출은 직무의 수가 줄었음을 의미

02 직무분석과 직무평가 [2010년 약술문제] [2011년 약술문제]

1 직무분석

(1) **직무분석의 목적** : 직무를 수행하는 사람에게 직무수행과 관련되는 광범위한 정보를 제공하기 위해서 실시한다.

(2) **직무수집방법**

① 관찰법

㉠ 관찰을 통한 정보수집으로, 생산직 혹은 짧은 순환과정 직무적용에 용이하다.

㉡ 시간이 오래 걸리고, 내적인 사고과정을 확인할 수 없다.

㉢ 긴 순환과정을 가진 직무에는 사용불가하다.

② 면접법

㉠ 면접(Interview)을 통해 정보수집. 정신적 직무 혹은 긴 순환과정 직무에 적합하다.

㉡ 응답자가 방어·소극적 모습을 보일 수 있으므로 친밀감 형성이 중요하다.

③ 질문지법

㉠ 구조화된 질문지를 이용하여 짧은 시간에 대량의 정보수집이 가능하다.

㉡ 질문지 개발시 사전 정보가 필요하며 질문구성이 정보수집에 큰 영향을 준다.

㉢ 응답자의 성실성이 중요하다.

④ 중요사건 기록법(Critical incident methods)

㉠ 중요한 사건들을 체계적으로 기록해 직무수행에 효과적인 행동패턴을 추출한다.

㉡ 직무·성과 간 상관관계를 높일 수 있으나 시간과 비용이 많이 소요되고 포괄적 정보획득은 제한된다.

(3) 직무분석의 결과

① 직무기술서(Job description)

㉠ 직무분석의 결과에 의거하여 직무행동을 일정한 양식에 기술한 문서이다.

㉡ 직무개요, 내용, 책임, 조직관계 등 직무에 관한 정보가 기술된다.

㉢ 자료수집 → 관련집단 의사소통 → 직무명 확정 → 초안작성 → 직무기호 부여 → 최종결재 등의 과정이 이루어진다.

㉣ 직무기술서는 정확성, 완전성, 간편성, 객관성 등이 중요하다.

② 직무명세서(Job specification)

㉠ 직무분석의 결과에 의거하여 직무수행에 필요한 종업원 행동, 능력 등을 일정한 양식에 기술한 문서이다. 직무기술서가 직무 전반적인 것에 대해 기록했다면 직무명세서는 인적자원에 초점을 맞춰 기술. 교육수준, 기술수준, 지식, 육체적 능력 등에 초점을 맞추었다.

㉡ 지식, 기술, 태도 등 직무수행 자격요건이 있다.

③ 직무기술서와 직무명세서는 직무평가의 기초자료가 되며, 인적자원의 확보, 개발, 보상의 기준이 된다.

(4) 직무분석의 실패요인과 방지책

① 직무분석을 실시한 후 직무기술서 등에 대한 활용도가 낮다. (대책−결과묵인 직무기술서를 인사관리의 개별기능분야의 활동에 적용시키고 직무의 재분류를 통한 새로운 의미 있는 직무개발 등 보다 적극적 노력이 필요함)

② 종업원의 강력한 저항에 부딪치게 된다. (대책−종업원의 신뢰를 먼저 끌어내야 함)

③ 기업은 기술변화에 따른 직무변화가 항상 일어나므로 직무분석의 기간은 1년을 넘겨서는 안 된다.

② 직무평가

(1) 의 의

① 직무의 상대적인 가치평가이다. (직무평가는 임금의 공정성을 위한 수단)

② 직무평가는 산업화가 진행되는 과정에서 임금의 공정성 문제를 극복하는 과정에서 시작되었다.

(2) 목적 : 임금의 공정성 확보, 인력확보 및 인력배치의 합리성 제고, 인력개발의 합리성 제고

(3) 직무평가의 중요성

① 조직적인 측면 : 직무평가 기준으로 임금수준을 결정하여 임금의 공정성을 확보한다. 이를 통한 종업원 갈등을 최소화한다. 구성원의 능력개발을 위해 난이도가 낮은 곳에서 높은 곳으로 이동하도록 설계한다.

② 개인적인 측면 : 근로자는 직무평가에 대한 공정성을 느끼고, 이는 개인 능력개발 장려 및 자아실현 동기로 작용한다.

(4) 방법[서/분/점/요]

① 종합적 평가 : 포괄적 판단

　㉠ 서열법(상호 비교)

　　• 일괄서열법, 쌍대비교법, 위원회방법

　　• 직무들의 상대적 가치를 해당 직무들에 대해 기업의 목표달성 중요도, 난이도, 작업환경 등을 포괄적으로 고려하여 그 가치에 따라 서열을 매기는 방법이다.

　　• 주관 개입가능성이 큼, 서열간 직무가치를 파악하지 못함, 유사업무가 많은 때 한계, 소규모의 기업에서 도입이 가능하고, 대기업에서는 측정상의 신뢰도 확보하는데 어려움이 있다.

　㉡ 분류법(5 ~ 10개 등급으로 분류)

　　• 비용이 적게 든다.

　　• 주관적 판단이 개입될 소지가 많다.

　　• 주어진 등급에 분류만 하기 때문에 실시과정이 간단하고 용이하다.

　　• 각 등급에 대해 정의내리는 것이 어렵다.

② 분석적 평가 : 기초적인 요소 분석, 계량적 평가

　㉠ 점수법(평가요소를 선정, 평가요소에 대한 가중치 부여)

　　• 직무들 간의 비교를 구체적으로 할 수 있다.

　　• 평가자의 주관을 최소화한다.

　　• 평가자의 전문적 기술과 많은 준비, 비용이 필요하다.

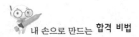
내 손으로 만드는 **합격 비법**

   © 요소비교법(서열법이 발전됨)
    • 점수법의 요소를 비교, 직무들간의 서열을 매기는 것, 임금과 바로 연결된다.
    • 몇 개의 기준직무 선정, 직무의 상대적 가치를 임금액으로 평가한다.
    • 기준 직무만 적절히 선정되면 점수법보다 훨씬 합리적이다.
    • 점수법은 기능직에 국한, 요소비교법은 사무직, 기술직, 감독직에 널리 이용이 가능하다.

(5) 문제점
 ① 평가결과에 대한 종업원의 저항 우려가 있다.
 ② 평가요소 선정에 대한 기업과 종업원의 마찰 우려가 있다.

(6) 대 책
 ① **직무평가위원회** : 기업이 직무평가를 실시하기 전에 종업원에 대한 홍보 및 외부전문가를 참여시키는 것이 좋다.
 ② **종업원의 참여** : 위 직무평가위원회에는 종업원의 참여도 보장하여야 한다.

03 직무설계

1 정 의
(1) 어떠한 업무가 수행되어야 하며 어떠한 업무가 현행 직무에 요구되는지 판단하는 과정이다.
(2) 다양한 과업을 서로 연결시키고 조직화 하는 과정이다.

2 직무구조설계
(1) 의 미
직무의 내용과 수행방법 등을 구체적으로 설계하는 것이다.

(2) 직무설계의 전통적 접근방법
 ① 테일러의 과학적 관리법(기계론적 인간관)
 ② 직무의 단순화, 표준화, 전문화

(3) 직무설계의 현대적 접근방법
 ① 전통적 직무설계가 기술적 욕구의 충족에 관심을 갖는 반면에, 현대적 직무설계는 사회적, 인간적 욕구의 충족까지도 관심을 둔다.

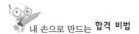

② 핵크만(Hackman), 올드햄(Oldham)의 직무특성모형
  ㉠ 직무특성이 종업원의 중요심리 상태를 유발시키고 이러한 심리상태는 개인의 동기부여와 직무만족에 영향을 미쳐 생산성 향상과 기업의 목표를 달성하게 된다는 이론이다.
  ㉡ 기술다양성 : 다양한 작업자의 능력을 요구하는 정도이다.
  ㉢ 작업정체성 : 시작부터 결과물의 마지막까지 작업 수행 정도이다.
  ㉣ 과정중요성 : 내외부적으로 얼마나 영향을 미치는지 인식하는 정도이다.
  ㉤ 자율성 : 스스로 결정하고 선택할 수 있는 자유이다.
  ㉥ 피드백 : 성과의 유효성에 대해 직접적이고 명확한 정보를 주는가의 정도이다.
  ㉦ 결론 : 동기유발점수(MPS ; Motivation Potential Score) = (다양성 + 정체성 + 중요성/3) × 자율성 × 피드백

③ 개인수준의 직무 설계

(1) 직무확대

① 직무의 범위를 수평적으로 확장하는 것이다.
② 기존에 세분화되어 여러 작업자들이 수행하던 작업을 통합하여 소수 인원이 작업을 하도록 직무내용을 재편성하는 것이다.
③ 과업의 수는 늘어나지만, 의사결정권한이나 책임의 증대는 동반되지 않는다.
④ 효 과
  ㉠ 단순반복 업무에서 발생하는 단조로움, 지루함, 싫증을 줄이고 직무만족을 향상시킨다.
  ㉡ 보다 많고 다양한 과업을 수행하게 함으로써 작업자의 학습 및 능력개발을 제고시킨다.
  ㉢ 구성원들의 다기능화로 기업에서는 업무배치의 범위 확대, 인력활용의 유연성을 제고한다.
⑤ 장 점
  ㉠ 다양한 직무를 수행하여 단조로움과 지루함을 줄이고, 경영환경에 능동적으로 대처 가능하다.
  ㉡ 근로자 입장에서는 경력다양화와 시장가치성이 증대된다.
⑥ 문제점(단점)
  ㉠ 추가되는 작업이 단조로울시 오히려 작업자의 실망이 커진다.
  ㉡ 작업자에 따라 새로운 과업을 귀찮아 하고 싫어하는 경우가 있다.
  ㉢ 성장욕구의 강도에 따라 태도가 달라진다.
  ㉣ 단조로운 과업만 추가될 수 있고, 책임의 증가는 수반되지 않으므로 내재적 동기부여를 이끌기는 어렵다.

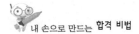

(2) 직무충실

① 직무충실은 직무설계를 통한 동기부여 전략이다.

② 직무의 내용을 풍부하게 만들어 책임을 늘리고 능력 발휘의 여지가 커진다.

③ 목 적

　　㉠ 자유재량권 확대를 통한 직무수행자의 창의력 개발을 촉진

　　㉡ 직무의 완전성을 증대

　　㉢ 작업자의 피로도, 단조로움, 싫증을 줄임

　　㉣ 작업자의 능력을 신장

④ 문제점

　　㉠ 추가적인 교육훈련의 필요(비용적인 측면)

　　㉡ 자유재량권의 행사로 비효율적인 비용이 더 들어감

　　㉢ 관리자의 반발이 예상됨

　　㉣ 성장욕구가 낮은 작업자에게는 직무충실이 오히려 독이 됨

4 집단수준의 직무 설계

(1) 직무순환

① 전제 : 작업자들이 수행하는 여러 가지 과업이 호환성이 있고, 작업자는 작업흐름에 큰 지장을 주지 않고 과업 사이를 순환 가능하여야 한다.

② 효 과

　　㉠ 동료들과 자리를 바꿔 가면서 일하기 때문에 지루함이 감소한다.

　　㉡ 작업자의 기능다양성을 제고한다.

③ 문제점

　　㉠ 비용의 문제가 발생한다. (잦은 교체로 인함)

　　㉡ 잦은 교체로 직무의 협동시스템의 훼손 가능성이 있다.

(2) 직무교차

① 타 작업자와 공동으로 수행, 상호협동의 제고, 단조로움의 감소, 직무범위의 확대가 이루어진다.

② 효 과

　　㉠ 직무의 일부분을 타 작업자의 직무와 중복되게 하여, 중복된 부분을 타 작업자와 공동으로 수행한다.

　　㉡ 작업자의 기능 폭 증가, 단조로움 해소, 협동을 통한 능률을 제고한다.

③ 문제점

　　㉠ 서로 직무에 대해 소홀하여 생산성 문제가 발생한다.

　　㉡ 직무실패의 경우 책임소재 문제가 발생한다.

(3) 준자율적 작업집단

① 팀에게 제한된 의사결정권한을 부여하고 작업에 대한 통제 및 조정기능을 위임한다.

② 장 점

㉠ 자율권이 주어지므로 기업의 공식 조직에 대한 통제 및 조정기능이 경감된다.

㉡ 자율에 따른 생산성이 향상된다.

㉢ 작업상의 노하우의 공유로 기업입장에서는 교육훈련비가 경감된다.

③ 문제점

㉠ 기업측과 자율적 집단 간에 갈등을 초래한다.

㉡ 작업집단 내 구성원 간의 갈등문제도 발생한다.

5 직무과정 재설계(BPR)

(1) 개념 : 업무프로세스 전 과정을 완전히 재고하여 근본적으로 재설계하는 것이다.

(2) 직무과정 설계 중 BPR의 절차 : 선정 → 조사분석 → 재설계 → 피드백

(3) 기대효과

① 리엔지니어링은 고객위주의 경영사고에 기초한다.

② 불필요한 대기시간 등을 줄임으로서 기업의 관리 효율성과 고객만족을 기대한다.

③ 기업의 경쟁력 축적에 기여한다.

(4) 유의사항

① 현상타파적 사고가 필요하다.

② 근본적인 원인을 추적하는 업무수행방식의 개혁이 필요하다.

③ 정보처리기술을 이용한 프로세스의 혁신 동반이 필요하다.

④ 최고경영자의 강력한 의지와 지원, 종업원에 대한 재교육이 필요하다.

6 근무시간 설계

(1) 고정적 근무시간제(1일 근무시간 설계, 주당 근무시간 설계)

(2) 변동적 근무시간제

① 개념 : 작업자 스스로 근무의 시작과 종료를 선택할 때 많은 재량권을 선택받는 것이다. (탄력·선택근무제) 협의 시에는 고정근무시간대를 선택해야 한다.

② 고정근무시간대(Core hours) : 집중적으로 업무에 종사할 시간을 정해놓고 근무한다.

③ 장점 : 결근율, 지각, 이직률의 감소

④ 단점 : 감독상의 문제, 협동의 문제(Core hours로 인하여)

(3) 근무시간계정제

① 계약근무시간과 실제 근무시간과의 차이를 계정에 산입한다. (운영−근로시간채권, 근로시간채무)

② 장점 : 시장수요변화에 따른 노동력 투입의 최적화, 초과근무수당이 없어 인건비 절약

③ 단점 : 계정운영에 따른 행정비용 발생, 회사 도산시 근로채권 상실

(4) 부분근무시간제(파트타임)

① 부분근무시간제가 늘어나는 이유(사회문제로 이슈될 수 있음)

② 정규근무시간제를 구하기 어려움

③ 취학아동을 가진 기혼여성의 사회진출

④ 대학생의 부분근무시간제의 선택

⑤ 정년퇴직자, 고령자가 선호함

[개인 및 집단별 직무확대화 모델]

확대화방법 \ 대상	개인대상	집단대상
수평적 직무확대화	직무확대	직무교차
		직무순환
수직적 직무충실화	직무충실	준자율적 작업집단

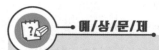

– 직무확대와 직무충실화를 설명하고 비교하시오. (10점)

– 직무분석시 직무에 관한 정보를 수집하는 방법에 대하여 기술하시오. (10점)

– 인사관리에 있어서 직무관리의 중요성 및 직무관리의 내용에 대하여 기술하시오. (30점)

– 직무분석이란 무엇이며, 직무분석의 목적과 활용에 대하여 기술하시오. (30점)

– 직무평가의 목적과 직무평가의 방법에 대하여 기술하시오. (30점)

– 직무분석이 인적자원관리에서 어떻게 활용되는지 설명하시오. (10점)

※ 시험에 나올 가능성이 있는 문항 모음으로, 본문 이론을 바탕으로 스스로 답안을 작성해보는 연습에 활용하시기 바랍니다.

3 PART

확보관리

01 인력확보 개관 [2007년 논술문제]

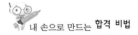

내 손으로 만드는 **합격 비법**

1 인력확보

(1) 인력 확보의 의의 : 인력확보는 인력계획을 수립하는 것이다.

(2) 인력계획

① 인력계획에는 계획전략과 적응전략이 있다. 기업은 계획전략의 수립이 실패하면 과잉인력이 발생할 수 있는데, 이러한 개념을 예측위험이라고 한다. 여기서 위험성을 줄여주는 것이 적응전략이다.

② **계획전략** : 기업이 미래의 어느 시점(t_1)에서 기업이 필요로 하는 인력을 확보하는 전략을 말한다.

③ **적응전략** : 계획전략을 수정하는 것으로, 기업이 확보한 인력을 감축하는 등(계획전략의 실패)의 현실을 감안한 전략을 말한다.

(3) 계획전략

① 장 점

㉠ 미래에 요구되는 직무의 자격요건을 갖추게 하는 인력계획을 예측, 수립함으로써 외부시장에의 의존력을 줄일 수 있다.

㉡ 미래시장에 대비, 종업원의 능력개발욕구를 충족시켜줄 수 있어, 종업원의 성장욕구를 충족할 수 있다. 이러한 측면은 종업원의 노동시장에서의 경쟁력을 높이는 결과와 연결된다.

② 단 점

㉠ 예측비용의 발생 : 기업이 미래환경을 예측하는데는 많은 인력과 비용이 수반된다.

㉡ 과잉자격의 문제 : 기업이 예측위험성을 최소화하기 위해 종업원을 다기능화(여러 자격을 갖추게 하는 것) 하는 것으로 이는 인사배치의 융통성을 높일 수는 있지만 실무에 적용할 기회가 없는 자격의 취득은 결국 과잉자격의 문제를 일으킨다. 이는 종업원의 불만도 발생하지만 기업이 그만큼의 비용을 허비한 것이다.

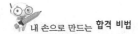

(4) 적응전략(계획전략의 실패)

① 장 점

  ㉠ 예측위험성이 가져다 주는 잘못이 없다. 즉 잘못된 인력투자를 막을 수 있다.

  ㉡ 구체적인 상황판단이 가능하다. 따라서 구체적인 기술적 상황에 대하여 판단하기 때문에 직무와 인력 간의 적합성을 극대화할 수 있다.

② 단 점

  ㉠ 시장기회 상실 : 기업이 특수한 자격을 예측하지 못하여 그에 해당하는 인력을 내부시장 및 외부시장에서 조달하지 못하게 됨으로서 기업이 계획한 경영활동을 하지 못하는 상황이 발생할 수 있다.

  ㉡ 종업원들의 기능노화 : 변화된 기술환경에 적응하지 못함으로써 종업원의 기능노화가 발생한다.

  ㉢ 조직의 효율성 저하 : 기술환경에 적응하지 못해 조직은 효율성이 저하되고, 그로 인해 종업원의 직무불만족이 발생된다.

2 인력확보의 중요성

(1) 기업의 목적달성에 필요한 직무에 대한 인적자원관리의 시작활동이다.

(2) 인력확보활동의 목적

① 기업 측면(경제적 효율성)

  ㉠ 경쟁력 제고 : 인력확보 활동을 통해 취득한 기업의 인적자원은 기업 경쟁력의 원천이 된다.

  ㉡ 조직의 안정성 제고 : 필요한 인력을 적기에 확보함으로써 기업의 안정성 유지에 크게 기여한다.

② 종업원 측면(사회적 효율성)

  ㉠ 고용기회 창출 : 기업은 인력확보활동을 통하여 신규인력을 더 채용함으로서 고용 기회를 창출하게 된다.

  ㉡ 승진욕구 충족 : 기업이 필요한 인력을 외부시장이 아닌 내부시장에서 충원할 경우 종업원의 승진욕구를 충족하게 된다.

(3) 인력확보방침

① 기업중심주의 : 기업문화 적합성을 중시한다. (이는 조직문화적합성, 또는 조직적합성과도 상통한 개념임) 신규인력은 해당기업의 조직문화에 적합해야 직무성과가 효율적으로 나타날 수 있다. 이는 핵심역량에 의한 인재주의 관점(스타형 HRM)과도 연결된다.

② 직무중심주의 : 직무 적합성을 중시한다. 기업의 핵심인재는 해당직무에 적합(FIT)해야만 직무 성과가 높다.

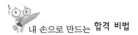
내 손으로 만드는 **합격 비법**

3 인력확보활동의 관리적 과정

(1) 계획활동 : 인력수요 및 공급예측. 기업은 해당시점(T)에서 필요한 인력의 수요와 공급에 필요한 인력을 파악하고 이를 예측하는 활동을 한다.

(2) 실천활동 : 모집과 선발. 기업은 필요한 인력을 노동시장에서 모집 및 선발하는 활동을 한다.

(3) 통제활동 : 모집 및 선발 활동에 대한 평가. 모집 및 선발활동을 평가하고 효율성을 높이는 활동이다.

02 인력수요/공급 예측 2008년 약술문제 2009년 약술문제 2012년 논술문제

1 인력계획

확보관리를 전제로, 기업이 필요로 하는 인력의 수와 유형을 사전 예측하여 계획. 내부 노동시장과 외부 노동시장을 고려한다.

2 인력수요계획

특정시점에서 기업의 필요인력 수요를 예측한다.

(1) 개 념

① 우리 기업은 미래시점에 얼마나 많은 인력을 필요로 하는가? (총 수요인력)

② 우리 기업은 미래시점에 얼마나 많은 인력을 채용해야 하는가? (순 수요인력)

③ 우리 기업은 미래시점에 얼마나 많은 인력을 채용할 능력이 있는가? (지불능력)

④ 위와 같은 세 가지의 질문을 통하여 인력수요계획의 필요성이 대두된다. 미래의 기업환경은 변화한다는 전제 하에, 기업은 미래의 어느 시점에 양적 질적 측면에서의 인력 수요를 예측해야 한다.

⑤ 미래시점에서의 총 수요인력은 해당기업이 보유해야 할 종업원의 정원(定員)이다. 따라서 인력수요예측 자체가 기업의 정원관리 도구인 것이다.

(2) 인력수요 예측활동의 필요성 측면

① **양적 측면** : 미래시점에 있어서 필요한 해당 기업의 종업원의 수 예측

② **질적 측면** : 미래시점에 있어서 종업원에게 요구되는 직무수행 자격요건의 예측

③ **시간적 측면** : 미래의 특정시점에 있어서 필요한 인력의 예측

④ **공간적 측면** : 미래시점에 있어서 특정한 장소(지역, 부서)의 직위 예측

내 손으로 만드는 **합격 비법**

(3) 인력수요 예측 방법

① 양적 방법

ㄱ 통계적 방법(생산성비율분석, 추세분석, 회귀분석)

- 생산성 비율 분석
  - 과거 해당기업의 생산성 변화에 대한 자료에 대비하여 미래시점에 생산라인에 직접 투입할 인력을 예측하는 것이다.
  - 생산성 비율 분석은 작업량에 따라 필요한 인력의 수가 비례적으로 증가한다는 가정하에 이루어진다.
  - 이는 학습곡선과 관련이 있는데 학습곡선의 가정도 생산성이 경험에 의하여 좌우된다는 것으로, 학습곡선을 이용한 생산비율분석은 인력수요 예측과 더불어 작업성과의 예측도 가능하다.
- 추세분석(Trend Analysis)
  - 과거의 자료를 활용하여 경향선(Trend line)을 도출, 미래로 연장하는 기법이다. 비교적 단순하고 쉽게 접근 가능하다.
  - 객관적이나 과거의 자료부족 시 사용이 어렵고 미래에 대한 정확도도 부족하다.
- 회귀분석(Regression Analysis)
  - 회귀모형을 작성하여 변수에 회귀계수 값을 부여하여 미래를 예측한다.
  - 정교하고 정확한 예측이 가능하나 모형에 포함되지 않은 변화는 고려하지 못한다.

ㄴ 노동과학적 방법

- 작업시간연구를 기초로 조직의 하위 개별 작업장별 필요인력을 산출하는 기법이다.
- 생산직종의 인력을 산출하는데 편리하다.

> 수요인력 = 연간 총 작업시간 ÷ 연간 1인당 작업시간

ㄷ 명목집단법(Nominal group method)

- 여러 분야의 사람을 명목상의 집단으로 구성하여 다양한 의견을 교환하는 것이다.
- 타인의 영향을 배제하며 독립적 의견교환이 가능하나 시간이 많이 걸리고 많은 문제를 한번에 고려하기 어렵다.
- 의견교환을 이끌어갈 리더의 역할이 중요하다.

ㄹ 델파이기법(Delphi technique)

- 집단토론에서 나타나는 여러 가지 약점을 극복하기 위해 개발된 방법으로 전문가들의 의견을 종합하는 방법이다.
- 전문가 선정 → 설문배포 → 응답정리 후 2차 설문배포 → 지속적인 질의 응답 반복 과정이 이루어진다.

- 특징 : 익명성(Anonymity), 반복(Iteration), 통제된 환류(Controlled feedback), 응답통계처리(Statistical group response) 등
- 익명을 통해 타인영향을 배제하고 반복 통해 지속적 관심을 유도하나, 시간비용 증가 및 극단적 의견에 대한 처리가 어렵다.

　　㊁ 화폐적 접근
- 미래시점에서 기업이 종업원을 보유할 수 있는 지불능력에 초점을 둔다.
- 화폐지불능력에 초점을 맞추기 때문에 매우 현실적이다.
- 기술 혁신이 빠르게 나타나고 기업의 환경변화가 빠른 업종에서는 화폐적 접근은 예측의 정확성을 확보하기 어렵다.

② 질적 방법

　　㉠ 자격요건 분석기법
- 기업의 환경과 구조가 미래시점에 매우 안정적이어서 기업의 직무내용, 조직구조, 생산기술이 거의 변화하지 않을 경우 자격요건 분석기법이 적용된다.
- 단기적 예측에 적합하다.
- 예측과정에 직무기술서 및 직무명세서를 사용한다.

　　㉡ 시나리오 기법
- 미래에 환경과 구조가 매우 불안정하고 복잡한 변화가 예상되어 해당기업의 조직구조, 직무구조, 생산기술의 변화에 대한 예측이 쉽지 않을 경우에 사용된다.
- 시나리오기법의 예측은 전문가집단의 브레인스토밍 등 미래의 예측활동에 사용된다.
- 시나리오 기법은 기업의 미래 경영환경의 변화를 예측하는 거시적 관점에서 출발한다.
- 장기예측에 사용된다.

② 인력수요예측에 사용되는 기법은 해당기업들이 가지고 있는 특성을 고려, 해당기업에 타당한 기업을 선택해야 한다.

3 인력공급계획

(1) 개 념
① 해당기업이 과거방식으로 인력관리를 계속할 경우, 미래시점에 몇 명의 종업원을 보유하게 될 것인가? (내부노동시장)
② 미래시점에 기업이 필요로 하는 인력수요가 공급을 초과할 때, 노동시장의 인력공급상황은 해당기업에 유리한가? (외부노동시장)

경영지도사 2차 인적자원관리 한권으로 끝내기

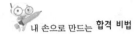
내 손으로 만드는 **합격 비법**

(2) 내부노동시장의 예측

① **질적 방법** : 해당기업이 미래에 어떤 기술 및 교육훈련프로그램을 도입할지를 모르기 때문에(이에 따라 자격수준이 달라짐) 구체적으로 예측하기 어렵다.

② **양적 방법**

　㉠ 기능목록(Skill inventory) : 개인 직무정보를 정확하게 찾기 위해 구성원의 보유 기능(스킬, 학력 등)을 정리해 놓은 자료로서, 인재에 대한 정확한 정보 파악이 가능하나 조직 전체에 대한 정보는 부족하다.

　㉡ 빈도분석 : 특정시점에서 발생하는 사건의 수를 통해 어떤 변수의 경향을 찾 아내는 방법, 해당기업의 종업원 연령구조, 이직, 결근에 대한 경향을 예측 하는데 유용하다.

　㉢ 추세분석 : 생산성 변화에 대해 과거의 자료를 통해 변화의 추세를 도출, 미 래시점에 적용하는 기법이다.

　㉣ 마아코브 분석

　　• 시간의 흐름에 따른 종업원들의 이동확률을 파악하기 위한 기법

　　• 승진, 이동, 이직 등의 전이행렬을 작성하여 예상 이동률을 도출하여 예측

　　• 장점 : 매우 정교함, 기존의 자료가 충분하면 쉽게 적용가능

　　• 단점 : 충분하고 일관성 있는 데이터가 있어야 하므로 변화가 심한 조직은 적용하기 어려움

(3) 외부노동시장의 예측

① 교육기관의 인력공급 추이분석, 노동부·통계청 등의 고용정보 파악 등 저비용 전략이 활용된다.

② 예측자료로서 경제활동인구, 실업률, 산업별 고용변화추세 등이 활용된다.

③ 혹은 안정적 환경의 조직일 경우는 내부노동시장을 활용하는 것이 좋고, 불안정적 이거나 변화지향적인 조직의 경우는 외부노동시장을 활용하는 것이 바람직하다.

4 인적자원 수요와 공급의 균형(인력부족·인력과잉)

(1) 의의 : 인적자원 계획을 세워도 현실에서 수요와 공급이 불일치하는 상황이 존재하 므로 이에 대한 대응방안이 필요하다.

(2) 인력부족의 경우(필요인력을 확보하지 못한 경우)

① **초과근로** : 근로시간 연장 및 초과근무수당을 지급한다. 추가적 보상에 대한 만 족을 제고하나 과로, 스트레스가 증가하는 단점이 있다.

② **임시직 고용**

　㉠ 기간제·단시간 근로자를 채용하여 고용유연성을 확보하고 노사분규 예방, 인건비절감의 효과가 있다.

　㉡ 단, 낮은 조직몰입 및 이로 인한 생산성/품질저하 등의 문제가 있다.

③ 파견근로 활용
  ㉠ 다른 기업의 근로자를 지휘함으로서 인건비를 절감, 계절수요 대응, 유연한 체계 활용 등이 가능하다.
  ㉡ 단, 노노갈등 및 파견근로자의 낮은 동기부여문제를 야기할 수 있다.

④ 아웃소싱 : 부가가치가 높은 핵심사업을 제외하고 부수적 업무를 외주하는 방식이다. 핵심업무에만 집중하고 불필요한 비용이 절감되나 외주업체 통제의 문제가 발생한다.

⑤ 단기적, 일시적인 경우는 초과·임시직 고용 활용, 장기적이거나 구조변화를 꾀하는 경우는 아웃소싱 등이 적합하다.

(3) 인력과잉의 경우(인력공급이 필요인력 수요를 초과하는 경우)

① 직무분할제(Job sharing)
  ㉠ 풀타임성 업무를 둘 이상의 파트타임으로 전환하여 활용한다.
  ㉡ 여성인력이 주로 선호하며 인건비가 절감되고, 경험의 폭을 확대한다.
  ㉢ 단, 기존 직원의 반발이 존재할 수 있다.

② 조기퇴직제도 : 정년 이전에 퇴직을 유도하는 것으로 희망퇴직, 선택정년제 등으로 표현 가능하다.

③ 다운사이징(Downsizing) : 다수의 인력을 계획적으로 감축하는 것이다. 인건비가 절감되고 환경 변화에 대응하나 노사갈등, 잔류직원의 보신주의적 행동 등이 따른다.

④ 정리해고
  ㉠ 긴박한 경영상의 필요에 의한 해고로 절차가 필요하다. (최후의 수단)
  ㉡ 경영상의 필요 → 해고회피노력(신규중지, 단축근로, 배치전환 등) → 공정성 및 기준확보 → 충분한 노사협의

⑤ 일시적 인력과잉인 경우는 직무분할, 중장기적 혹은 구조변화를 꾀하는 경우는 다운사이징 또는 조기퇴직제를 활용한다.

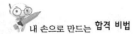
내 손으로 만드는 **합격 비법**

03 모집 2011년 약술문제

1 모집(Recruitment)

기업이 필요로 하는 인적자원을 수요계획의 충족을 위해 구체적으로 충원하는 작업이다.

2 모집원천

(1) 내부모집 : 승진, 배치이동 등 기업 내부에서 필요인력을 충원한다.

① 장 점
- ㉠ 승진기회 확대로 동기 부여 향상
- ㉡ 모집에 드는 시간, 비용 절약
- ㉢ 조직 및 직무지식의 활용 가능
- ㉣ 외부인력 채용에 따르는 위험부담 제거
- ㉤ 인건비 상승 없음

② 단 점
- ㉠ 인재선택의 폭이 좁음
- ㉡ 조직의 폐쇄성 강화
- ㉢ 훈련비 등 유지비용 증가
- ㉣ 패거리 문화 형성

(2) 외부모집 : 신규채용, 헤드헌팅 등 기업 외부에서 필요인력을 충원한다.

① 장 점
- ㉠ 인재선택의 폭이 넓음
- ㉡ 외부 인력을 통한 조직분위기 쇄신
- ㉢ 유입으로 인한 새로운 지식, 경험 보장
- ㉣ 경력 채용 시 교육 훈련비 등의 감소

② 단 점
- ㉠ 모집활동에 시간, 비용 증가
- ㉡ 기존 직원 승진 기회 축소로 조직분위기에 영향
- ㉢ 외부인력 채용에 따른 위험부담 발생
- ㉣ 경력자 채용에 따른 높은 인건비 부담

③ 모집방법

(1) 웹기반 모집(e-Recruiting) : 인터넷 등 온라인을 활용하여 풍부하고 유능한 인재를 모집하는 방법이다.

[전통적 모집과 외부모집의 특징 비교]

전통적 모집	외부 모집
• 상당한 시간과 비용 소요	• 실시간(Real time) 모집, 저렴한 비용
• 한 사람이 한 번 모집에 한 번 응모 가능	• 한 사람이 복수 모집에 복수 응모 가능
• 해당 기업 과거 경험 데이터에 의존	• 외부 전문화된 자료 벤치마킹 가능
• 주로 모집 tool을 해당 기업 자체에서 개발	• 모집전문회사의 솔루션 제공받음

① 장 점
 ㉠ 모집비용의 절감
 ㉡ 풍부한 인재풀 확보
 ㉢ 지원자들의 지원비용 절감

② 단 점
 ㉠ 지원자의 높은 불참률
 ㉡ 시스템 안정성 문제
 ㉢ 현실적 직무소개 부족으로 인한 지원자의 높은 기대수준

(2) 사원추천 모집제도(Employee referral) : 현직 종사자들이 적임자를 추천하도록 하여 신규직원을 채용하는 방법이다.

① 장 점
 ㉠ 조직적인 측면
  • 모집비용의 과감한 절감
  • 모집시간 단축
  • 현실적 직무소개가 이루어지므로 낮은 이직률
 ㉡ 개인적인 측면
  • 사원추천에 적극적인 근로자에 대한 보상으로 동기부여 자극
  • 기존 직원과의 친밀감으로 이직률이 낮고 기업문화 적응력이 높음

② 단 점
 ㉠ 조직적인 측면
  • 기존 직원과 유사성이 높으므로(학연/지연) 파벌조성의 가능성이 존재
  • 공정성 저하로 유능인재 진입의 장벽
  • 사회적 흐름에 반대하는 문제 야기
 ㉡ 개인적인 측면
  • 피추천후보자 탈락 시 추천자 반발 및 사기저하의 우려

③ 사원추천제도는 종업원 참여제도가 활발하나 핵심인재 확보가 어렵고, 강한 조직문화 정착 시 유용한 방식이다.

(3) 사내공모제도 : 내부노동시장에서 지원자를 모집하는 방법이다.

  ① 장 점

    ㉠ 상위직급의 경우 종업원에게 승진기회 제공 및 사기 진작

    ㉡ 지원자에 대한 평가의 정확성 확보

    ㉢ 저렴한 모집비용

    ㉣ 낮은 이직률

  ② 단 점

    ㉠ 외부인력의 영입이 차단되어 조직의 정체 가능성

    ㉡ 성장기업의 경우 사내공급의 불충분

    ㉢ 조직 내 파벌조성 가능성(특정부서 선발 시 연고주의를 고집할 경우)

    ㉣ 지원자의 소속부서 상사와의 인간관계의 훼손 가능성(배신감)

    ㉤ 지원자의 심리적 위축 고조(여러 번 사내공모에서 탈락할 경우)

4 모집활동에 대한 평가

(1) 평가내용

  ① 모집방법에 대한 평가 : 현실적인 직무소개의 필요성, 그것이 이직률을 줄이는 데 기여함

  ② 확보된 지원자의 수와 질 : 단순히 지원자가 얼마나 지원했느냐보다는 자격을 갖춘 지원자를 얼마나 확보했느냐가 중요한 판단기준임

  ③ 모집활동에 투입된 비용 및 효익을 분석

  ④ 공석을 채우는 데 걸리는 시간 : 경력자 채용에 있어서는 공석이 발생한 후 지원자를 확보하는데 소요되는 시간이 평가 기준임

(2) 평가의 목적은 평가 자체가 목적이 아니라 잘못된 원인을 찾아 수정하는 통제활동이다.

04 선 발 2013년 논술문제 2009년 논술문제

1 선 발

(1) 자격을 갖춘 지원자들의 숫자를 줄여 기업이 원하는 인적자원을 선택하는 과정이다.

(2) 선발활동은 모집활동을 통해 획득한 지원자를 대상으로 미래에 수행할 직무에 적합한 지원자를 식별하는 것이다.

2 선발방침

기업이 중시하는 인재상을 고려한다. (직무 중심, 기업문화 중심)

3 선발방법

(1) 종합적 평가법 : 각 단계에서 획득한 점수를 합계하여 선발하는 방식

(2) 단계적 제거법 : 각 단계마다 자격수준에 미달하는 지원자를 탈락시키는 방식

4 선발도구

(1) 지원서 분석

① 역량기반 지원서 분석 : 역량중심 면접(Competency Based Interview)

② 바이오데이터 분석 : 바이오데이터와 직무몰입, 또는 조직의 책무를 연결한 것임

(2) 선발시험

① 전문능력 : 지능 검사, 인적성 검사, 실무능력 검사

② 성취동기 : 성격 및 흥미도 검사, 태도 검사

(3) 선발면접

① 의 의

㉠ 면접자와 응답자 간의 언어적 상호작용을 통해 필요한 자료를 수집하는 방법이다.

㉡ 면대면(face-to-face)이라는 상호작용이 통한다는 점에서 다른 방법과 구분된다. 주요자료 수집 외에도 보조적으로도 이용된다.

② 면접법의 종류(구조화 정도에 따른)

㉠ 표준화면접(Standardized interview)

• 면접자가 표준화된 면접조사표를 만들어 상황에 관계없이 모든 응답자에게 동일한 절차와 방법으로 면접을 수행한다.

- 면접자는 임의의 내용 없이 기계적으로 자료수집을 진행한다.
- 장점 : 일관적 질문을 하므로 신뢰도가 큼, 언어구성에 따른 오류를 최소화함
- 단점 : 융통성과 깊은 정보를 얻을 수 있는 면접법의 장점을 살리지 못하며 응답자의 견해가 축소됨

    ⓛ 비표준화면접(Unstandardized interview)
- 질문의 내용, 형식, 순서 등이 미리 정해지지 않아 면접자가 상황에 따라 이들을 적절히 변경하여 면접을 수행하는 것이다.
- 장점 : 응답자의 특수상황을 고려하므로 융통성이 큼, 표준화 면접에 비해 타당성이 높음
- 단점 : 면접결과의 가변성으로 비교가능성을 잃기 쉬우며 면접결과 처리 또한 용이하지 않음

    ⓒ 반표준화면접(Semi-standardized interview) : 표준화면접과 비표준화면접의 장단점을 보완한 것으로, 일정수는 표준화하고 일정수는 비표준화한다.

    ⓔ 면접자와 피면접자의 수에 따라 : 집단 면접, 위원회 면접(집단면접), 스트레스(압박) 면접 등

③ 면접법 자체의 장단점
    ㉠ 장 점
- 면접 절차에 높은 신축성과 적응력을 가짐
- 다른 조사에 비해 응답률이 높음
- 질문 내용에 대해 재설명이 가능하고, 반응이 불분명한 경우 재차 질문이 가능하여 신뢰도가 높음
- 응답자가 문맹인 경우도 가능

    ㉡ 단 점
- 인력, 시간, 비용의 소모가 큼
- 면접자 훈련, 기술에 따라 성패가 좌우
- 익명성 확보의 이점이 면접법에선 얻기 힘듬
- 민감한 질문에 대한 응답을 얻어내기가 어려움
- 즉각적인 응답을 해야 할 압력으로 인해 부정확한 정보발생의 가능성

④ 면접은 많은 시간과 비용이 필요하므로 모든 채용에서 사용할 수는 없으므로 핵심 인재를 선발하는 등 신중하게 고려해야 할 상황에서 적절히 활용하는 것이 중요하다.

⑤ 선발면접의 신뢰도 저해요인
    ㉠ 첫인상효과 : 면접시험에서 지원자의 첫인상을 가지고 평가하는 경우
    ㉡ 후광효과(Halo effect) : 지원자의 특정항목의 점수가 아주 높거나 아주 낮을 때 이 항목의 평가결과가 다른 항목의 평가에 영향을 미치는 경우
    ㉢ 대비효과(Contrast effect) : 면접자가 여러 지원자를 평가할 경우 자질면에서 낮은 면접자를 면접한 후 바로 보통수준의 지원자를 면접한 경우 높게 점수를 주는 경우

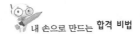

    ⓔ 면접자의 편견 : 선발면접이 주관적으로 보일 수 있는 우려가 제일 높은 부분

    ⓜ 비언어적 행동 : 지원자의 비언어적 행동 또는 의사소통이 선발면접에 있어서 평가에 영향을 주는 경우(메라비언 법칙)

    ⓗ 질문의 일관성 문제 : 지원자 각자에게 상이한 질문을 하는 경우에는 면접의 일관성에 문제가 발생함. 이런 이유로 구조적 면접을 실시

(4) 평가센터법

    ① 관리직원을 선발하는 경우 주로 도입하는 선발도구이다.

    ② 예를 들면 국가대표선발의 경우에서 볼 수 있고, 합숙을 실시한다.

    ③ 지원자의 능력 및 개인적 특성을 파악하는데 다른 선발도구보다 우수하다.

    ④ 선발비용이 많이 소요된다.

5 선발도구 평가(신뢰성, 타당성, 효용성)

(1) 선발의 예측변인과 준거변인

    ① 예측변인 : 지원자의 미래 근무성과를 예측하려는 목적으로 사용되는 모든 것

    ② 준거변인 : 직무성과지표

    ③ 인사선발 예측지와 준거지를 결합하는 의사결정이 이루어진다.

(2) 선발도구의 타당성

    ① 의의 : 특정 선발도구가 선발목적에 부합되는 정도(측정하고자 하는 것을 얼마나 정확하게 측정했는가?)

    ② 방 법

        ㉠ 동시타당도 : 현재 종업원 대상(예측변인과 준거변인을 동시에 수집)

           예 현재 종업원을 대상으로 시험 실시, 시험 성적과 업무 성과 비교

        ㉡ 예측타당도 : 상당기간 후(예측변인 먼저 수집 후 준거변인 나중에)

           예 입사 1년 뒤 자동차 판매실적, 입사시험 성적과 성과를 비교

        ㉢ 내용타당도(전문가의 판단) : 선발도구가 측정하는 내용이 실제로 근무하는데 있어서 작업상황과 직무행위에 얼마나 유사한 내용을 담고 있는지

        ㉣ 구성타당도(공인타당성) : 선발도구의 측정치가 이론적인 구성 또는 특징을 가지고 있는 정도, 얼마나 이론적 속성에 부합되고 논리적인지

(3) 선발도구의 신뢰성

    ① 의의 : 동일 환경에서 측정된 결과의 일관성 정도이다.

    ② 방 법

        ㉠ 재검사법 : 동일한 측정대상에 대하여 동일한 측정도구로 시간차를 두고 측정하여 상관계수를 비교

        ㉡ 복수양식법 : 동일한 측정대상에 대해 유사한 측정도구를 이용하여 측정하고 상관계수를 비교

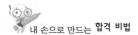

ⓒ 내적일관성 분석법 : 동일한 측정도구를 반으로 나누어, 검사를 구성하는 부분 검사나 문항들이 얼마나 일관성 있게 측정되었는지 비교. 그 반분 신뢰도를 이용, 크론바흐 알파계수 계산방법으로 내적 일관성을 구함

(4) 선발도구의 효용성

① 의의 : 선발도구가 조직에 유익함을 준 정도이다. (유용성)

② 선발의 효용성이 높으면 직무성과 예측 능력이 크므로 선발비용이 절감되고 우수한 사람을 식별할 가능성이 높다.

③ 일반적으로 선발을 통한 입사직원의 달성 직무성과를 선발에 투입된 총비용으로 나누어 계산한다.

(5) 선발도구의 실용성 : 비용편익분석을 활용한다.

6 경력직 선발

(1) 의의 : 회사가 도산한 경우, 자신의 경력관리를 위해 이동하는 경우의 선발을 의미한다.

(2) 경력직 선발 시 유의사항

① 인사부서가 주도적으로 선발하는 것이 아니라 해당 부서에 많은 부분을 위양한다. 해당 선발인원에 대한 평가는 해당 부서에서 평가해야 한다.

② 부서 내 동료직원들과의 협동문제가 발생하므로 선발인원에 대한 평판조회(Reference Check)를 할 필요가 있다.

– 기업에서 필요로 하는 적정 인력을 산정하기 위한 인력수요를 예측하는 방법에 대하여 기술하시오. (30점)

– 채용에 있어서 선발도구의 타당성의 의미와 타당성을 검증하는 방법을 기술하시오. (30점)

– 인력확보전략인 적응전략과 계획전략에 대하여 설명하시오. (10점)

– 인력계획의 의의 및 모집과 선발에 대하여 기술하시오. (10점)

– 평가센터(Access Center)법에 대하여 간단히 기술하시오. (10점)

– 선발 시 종합적 평가법과 단계적 제거법에 대하여 기술하시오. (10점)

– 사내공모제란 무엇인지, 그리고 그 장단점에 대하여 기술하시오. (10점)

※ 시험에 나올 가능성이 있는 문항 모음으로, 본문 이론을 바탕으로 스스로 답안을 작성해보는 연습에 활용하시기 바랍니다.

PART 4 평가관리

내 손으로 만드는 **합격** 비법

01 인사평가 개관

1 인사평가의 의의

(1) 근로자들의 실적, 능력, 태도 등을 체계적으로 분석, 기록, 활용하는 과정이다.

(2) 성과와 역량을 합리적이고 체계적으로 평가한다.

2 인사평가의 중요성

인사관리의 다른 기능과 연계하여 과학적 인적자원관리의 기초를 제공한다.

3 인사평가의 목적

(1) **전략적 목적** : 종업원의 행동과 조직목표 연결. 조직적인 측면에서는 인력배치, 능력개발, 보상, 조직개발에 활용하고, 개인적인 측면에서는 근로만족 및 자아실현의 기회를 제공한다.

(2) **관리적 목적(인적자원관리 제 기능과의 관계)**

① **인력확보 정보 제공** : 인력 수요·공급의 중요한 자료(질적판단자료로 활용함)

② **인력개발 계획** : 인력 배치·승진·이동의 중요한 정보(특히 승진에 대한 의사결정의 결정적인 기준이 됨)

③ **인력보상** : 임금결정 기준(노동의 질과 성과는 임금결정의 기준이 됨)

④ **인력유지** : 종업원들의 커미트먼트 등의 정보는 유지의 중요한 정보(인사평가는 종업원의 정신적 측면에 대한 정보를 제공함)

⑤ **인력방출** : 방출계획의 자료(인사평가는 직무설계의 중요한 자료가 됨)

(3) **발전적 목적** : 지식과 기술을 발전시키는 토대로 활용한다. (조직개발 및 근로의욕 증진)

경영지도사 2차 인적자원관리 한권으로 끝내기

내 손으로 만드는 **합격** 비법

4 인사평가 시행 시 고려사항

(1) 조직축소 등 숨겨진 목적이 없음을 명확히 하여야 한다.

(2) 그렇지 않을 경우, 종업원들의 강한 저항을 불러올 수 있다.

(3) 평가의 투명성, 공정성 확보를 위해 근로자 참여를 시행한다.

02 인사평가의 구성요건 및 오류 2011년 논술문제

1 인사평가의 구성요건(인사평가의 기준)

(1) **타당성** : 평가내용이 평가목적을 얼마나 잘 반영하였는가?

① 인사평가에서의 타당성 문제는 인사평가에서 추구하는 개별 목적에 맞는 평가
내용을 얼마나 많이 실제 평가내용으로 삼느냐에 따라 결정되는 것이다.

② 저해요인 : 평가내용과 평가목적이 부적합한 경우 발생한다.

③ 극복방안 : 목적별 평가 도입과 차별화된 평가요소(피평가자 집단 세분화)가 개
발되어야 한다.

(2) **신뢰성** : 평가내용이 얼마나 일관성 있게 측정되는가? (평가결과의 객관적 일관성
정도)

① 저해요인 : 평가자의 주관적 오류, 평가자가 인지 못한 오류, 정보부족 등으로
발생한다.

② 극복방안

㉠ 평가방법을 정교하게 하고 적절한 평가범위를 설정한다.

㉡ 이를 위한 평가자 교육을 실시하고, 평가결과를 공개한다.

㉢ 다면평가를 실시한다.

(3) **수용성** : 평가방법에 대해 피평가자들이 인식하고 동의하는 정도(수용 정도)

① 저해요인 : 평가목적에 대한 신뢰감 상실, 정보 부족, 내용 및 절차 비공개 등을
들 수 있음

② 종업원이 인사평가결과에 저항하는 이유

㉠ 평가제도의 목적에 대한 신뢰감 상실

㉡ 평가제도에 대한 정보부족

㉢ 평가제도의 도입으로 인해 종업원과 관리자의 종속적 관계가 더욱 강화될 것
이라는 점 때문

③ 극복방안

    ㉠ 평가제도 개발 시 그 목적과 필요성에 대한 투명성을 확보하여 종업원에게 이를 알리고, 필요한 경우 교육을 실시

    ㉡ 인사평가제도 개발 시에 종업원 대표 혹은 노조대표를 참여시킴

    ㉢ 인사평가제도에 대한 신뢰성을 높이기 위한 제도를 구비하고 평가자 교육에 대한 투자를 늘림(시스템보다는 운영을 통한 노력이 평가자에 대한 신뢰성을 증대)

(4) 실용성 : 평가제도 도입이 의미가 있는지, 비용–편익에 관한 것(조직 적합성)

  ① **저해요인** : 제도의 복잡성 및 종업원 간 평가차이가 의미있게 나타나는지, 평가시간은 적절한지, 편익이 더 많아야 하는지 등의 실익을 따져보아야 함

  ② **극복방안** : 단순성, 이해가능성, 경제성

  ③ **인사평가제도 실용성 관점의 조건(인사평가제도의 도입 필요성)**

    ㉠ 인사평가제도는 특정작업에서 종업원의 성과 차이가 의미있게 나타나는 경우 도입이 필요하다.

    ㉡ 인사평가제도는 고성과자, 저성과자를 식별할 수 있는 것이라야 한다.

    ㉢ 인사평가제도는 평가자가 쉽게 이해할 수 있어야 하고, 평가시간도 적절해야 한다.

    ㉣ 인사평가제도는 비용–편익 측면을 고려해야 한다.

  ④ **전략적합성** : 평가제도가 기업전략 달성에 얼마나 적합한가? (예 BSC)

  ⑤ **구체성** : 평가 기준이 얼마나 구체적인가? 종업원에게 어떤 측면을 원하고 어떻게 그것을 달성할 것인가? (예 BARS, BOS)

2 임금 등을 위한 성과평가 외에 역량평가를 하는 이유

(1) 역량평가의 필요성

  ① 적재적소의 배치

  ② 성과평가의 보완

  ③ 의도적으로 목표수준을 낮게 선정

  ④ 전 구성원의 행동을 일치시키는 지침(가이드라인)을 제공

(2) 역량평가는 핵심가치를 평가하는 것으로 이는 경영전략과 경영목표를 수립하는데 활용된다.

내 손으로 만드는 **합격 비법**

3 인사평가의 신뢰성 및 평가오류

(1) 인사평가의 신뢰성 : 측정하고자 하는 고과내용을 얼마나 일관성을 가지고 측정했는가?

(2) 오류의 원인 : 평가자의 의도적인 주관적 평가, 인지못하는 오류, 정보부족 등

(3) 인사평가의 오류 분류

① 평가자의 의도적인 주관적 평가 : 관대화 경향, 중심화 경향, 가혹화 경향, 상동적 오류, 연공오류, 평균화의 오류

② 평가자의 인지못하는 오류 : 후광효과, 대비오류, 유사성오류, 시간적오류, 상관편견

③ 정보부족 : 중심화 경향, 귀속과정 오류, 2차 평가자 오류

(4) 인사평가의 오류 종류

① **관대화경향** : 부하에 대해 지나치게 관대하게 평가하는 것, 대상의 입장을 고려하거나 의도적인 경우

② **중심화경향** : 부하에 대해 모든 평정요소가 중심적이어서 구분이 어려운 경우, 무의식 혹은 무정보일 경우

③ **가혹화경향** : 부하에 대해 지나치게 낮은 점수를 주는 것, 지나친 기대수준을 가질 경우

④ **상동적오류** : 개인이 소속된 집단 특성에 의해 평가

⑤ **연공오류** : 나이가 많거나 혹은 적다는 이유로 점수를 높거나 낮게 주는 것

⑥ **후광효과** : 대상의 어느 한 가지 특성에 대한 평가가 다른 특성의 평가에 영향을 미치는 것

⑦ **시간적 오류** : 최근화 경향, 과거보다 최근에 일어난 사건이나 업적을 토대로 평가하는 것

⑧ **상관편견** : 평가자가 평가항목의 의미를 정확하게 이해하지 못한 경우에 나타남

⑨ **대비오류** : 특정 평가자가 다음에 평가될 피평가자의 평가에 영향을 미치는 경우

⑩ **유사성 오류** : 평가자와 피평가자 간의 가치관, 행동패턴, 태도면에서 유사한 정도에 따라 평가결과가 영향을 받는 경우

⑪ **귀속과정 오류** : 귀속이론에 근거를 둠. '잘되면 내 탓(내적 귀속), 못되면 조상 탓(외적 귀속)'은 전형적인 귀속과정의 오류

⑫ **2차 평가자의 오류** : 2차 평가자는 인사평가를 실시할 때 1차 평가자가 이미 평가한 내용을 가지고 적당히 평가하는 경향이 있음

⑬ **평균화의 오류** : 평가자(상사)가 부하들에 대한 평가에 부담을 느껴 다년간에 걸쳐 골고루 나누어 평가를 하는 경우에 나타남

4 인사평가의 오류 극복방안

(1) 평가자의 의도적인 주관적 오류

① 절대평가는 평가자의 주관 개입으로 오류발생 가능성이 존재하고 상대평가는 관대, 가혹화 경향을 막을 수 있지만 평가자의 잠재적 능력평가에는 미흡하므로 절대평가와 상대평가의 적절한 사용으로 신뢰도를 높이는 노력이 필요하다.

② 평가방법을 정교화하여 오류를 방지하도록 노력한다.

③ **1차 평가결과의 존중** : 외국기업의 경우 2차 평가는 거의 실시하지 않고 있다. 그 이유는 2차 평가자의 오류를 염려하기 때문이다.

④ **업적중심 평가** : 가족주의 배제 등의 원칙을 지켜야 한다.

⑤ **편견요소의 제거와 평가자 훈련** : 평가, 지각에 영향을 주는 요소를 가능한 배제하고 오류를 막기 위해 평가자에 대한 훈련이 필요하다.

(2) 평가자가 인지하지 못한 오류

① 제도의 개선 및 평가자 교육을 통하여 개선이 가능하다.

② 평가자가 오류 수정에 협조하는 적극적 자세를 보이는 것이 중요하다.

(3) 정보부족으로 인한 오류

① 평가자가 필요한 정보를 충분히 제공하도록 한다.

② 평가자가 피평가자에 대하여 획득할 수 있는 정보만큼 평가내용의 범위를 축소해야 한다.

(4) 환경적 특성에 의한 오류

① 직무분석의 부족, 고과결과 미공개에 따른 불신, 조직분위기 유지목적에 따른 인사 평가의 신뢰성에 대해 오류가 발생하는 경우를 환경적 특성에 의한 오류라고 분류한다.

② 이러한 오류의 극복방안으로는 주기적인 직무분석을 하여 내용과 지표를 명확히 한 다음 평가자 주관과 편견을 방지하는 것이다.

경영지도사 2차 인적자원관리 한권으로 끝내기

03 인사평가의 방법 2009년 약술문제 2010년 약술문제 2012년 논술문제

❶ 인사평가의 방법

(1) 상대평가(소규모) : 서열화, 차별화를 주 목적으로 한다. (사람 대 사람)

① 장점 : 종업원간 성과 차이 구분이 용이, 가혹화/중심화를 방지할 수 있음

② 단점 : 종업원간 갈등 유발, 도구의 타당성이 없을 경우 차이 구분이 어려움, 역량과 성과의 차이 설명이 어려움, 성과피드백의 모호성

(2) 절대평가 : 일정 수준을 정하고 근로자 개개인을 그 수준에서 평가한다. (수준평가, 사람 대 기준)

① 장 점
  ㉠ 다른 집단과의 비교 용이
  ㉡ 개발과 육성에 활용 가능
  ㉢ 팀워크 유지

② 단 점
  ㉠ 객관적인 평가기준 설정이 어려움
  ㉡ 대다수가 일정수준 이상일 경우 자원제한의 문제가 발생함
  ㉢ 시간과 노력이 많이 필요함

(3) 평가기법

① **서열법** : 서열을 매기는 방법, 교대서열법, 쌍대비교법 등이 있다.
  ㉠ 타당성 측면 : 평가목적인 승진, 임금, 교육훈련, 인력공급예측에 대한 구체적인 정보를 제공하지 못함
  ㉡ 신뢰성 측면 : 평가오류인 관대화, 중심화, 가혹화 경향은 발생하지 않음(1등부터 줄을 세우므로)
  ㉢ 수용성 측면 : 서열을 매기는 구체적인 기준이 제시되지 않아 피평가자의 저항이 예상됨
  ㉣ 실용성 측면 : 평가가 용이하고 비용이 저렴함

② **평정척도법(분류법)** : 평가요소를 제시하고 이에 대한 단계별 차등을 두어 평가하는 기법이다.
  ㉠ 타당성 측면 : 평가목적별로 평가요소가 반영되므로 타당성 측면에서 양호함
  ㉡ 신뢰성 측면 : 후광효과, 관대화경향, 중심화경향, 가혹화 경향이 나타남(이는 심각한 문제를 야기함)
  ㉢ 수용성 측면 : 피평가자가 평가자의 주관적 평가에 문제를 제기할 수 있음
  ㉣ 실용성 측면 : 인사평가제도 개발에 노력과 비용이 소요됨

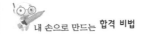

③ 체크리스트법 : 피평가자의 능력, 태도 등에 대한 표준행동을 제시하고 평가자가 해당서술문을 체크하여 평가하는 기법이다.

 ㉠ 타당성 측면 : 해당 서술물에 평가목적을 반영하므로 비교적 무난하다.

 ㉡ 신뢰성 측면 : 개별평가요소에 대한 가중치를 평가자가 모르므로 매우 우수하다.

 ㉢ 수용성 측면 : 개별평가요소에 의한 평가이므로 평가자의 개인의견은 반영되지 않으므로 수용성은 크게 문제될 것이 없다.

 ㉣ 실용성 측면 : 체크리스트법은 평가하기에는 용이하지만 비용은 많이 소요된다.

④ 강제선택서술법 : 쌍으로 된 평가항목의 서술문을 평가자에게 제시하고 평가자가 두 개의 서술문 중 반드시 한 곳에만 체크하게 하는 기법이다.

 ㉠ 타당성 측면 : 서술문의 평가항목에 평가목적이 반영되어 타당성은 양호하다.

 ㉡ 신뢰성 측면 : 다른 어떤 기법보다 매우 우수하다.

 ㉢ 수용성 측면 : 비슷한 두 개의 서술문에서 항상 하나를 선택하므로, 심리적 저항이 있을 수 있다.

 ㉣ 실용성 측면 : 상당한 비용과 평가상의 어려움이 있다. 쌍으로 된 서술문으로 이를 평가하는데 어려움이 있을 수 있다.

⑤ 중요사건기술법 : 평가자가 일상 작업생활에서 관찰 등을 통해 피평가자가 보여준 행동을 기록, 이를 평가시점에서 정리・평가하는 것이다.

 ㉠ 타당성 측면 : 중요한 정보를 제공하기 어렵다.

 ㉡ 신뢰성 측면 : 기록된 중요사건을 평가하였으므로 그 신뢰도는 매우 높을 것이다.

 ㉢ 수용성 측면 : 평가목적이 뚜렷하지 않아 수용성은 비교적 낮은 편이다.

 ㉣ 실용성 측면 : 비용이 많이 소요되지 않아 실용성은 높은 편이다.

⑥ 행동기준평가법(BARS ; Behavior Anchored Rating Scales) : 전통적 인사평가 방법에 기초하여 '어느 수준의 행동이 관찰되는가?'에 초점을 두고 측정, 업무수행과정에서 실제로 보이는 행동을 기준으로 평가

 ㉠ 절 차

  • 1단계 : BARS개발위원회의 구성(경험이 풍부하고 능력있는 직원으로 구성)

  • 2단계 : 중요사건의 열거(바람직한 행동/바람직하지 못한 행동의 나열)

  • 3단계 : 중요사건의 범주화(지식과 판단력, 정직한 업무수행)

  • 4단계 : 중요사건의 재분류

  • 5단계 : 중요사건의 등급화(점수화)

  • 6단계 : 확정 및 시행

 ㉡ 내용 : 평정척도법, 중요사건기술법

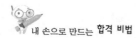

ⓒ 장 점
- 타당성 : 평가의 객관성/정확성/공정성을 높일 수 있다.
- 신뢰성 : 구체적인 행동패턴을 제시한다. 후광효과, 관대화효과, 중심화 경향, 가혹화 경향을 줄인다.
- 수용성 : 조직이 원하는 바람직한 행동을 표준화하여 제시, 평가결과를 피평가자에게 피드백하기 쉽다.

ⓒ 단 점
- 실용성 : 개발에 시간과 비용이 많이 소요된다.
- 직무와 조직의 변화에 따라 성과수준이 변화하면 평가의 타당성은 위협을 받는다.
- 소규모 기업에는 적용이 어렵다.

⑦ **행동관찰평가법**(BOS ; Behavior Observation Scales) : BARS의 실무적용이 어려운 문제를 보완한 것이다. 행동기준평가법의 성과수준별 패턴의 평가에서 나타나는 오류를 극복하고자 보완적으로 개발된 것이다.
ⓒ 구체적 행위에 대해 수행한 '빈도'에 관심을 둔다.
ⓒ '얼마나 관찰되었는가?'에 초점을 둔다.
ⓒ 행동관찰평가법은 빈도를 체크하는 것으로 단순직, 현장직 등에 적용된다.
ⓒ 장점 : BARS와 유사하나, 낮은 점수를 설명할 수 있는 명확한 근거를 가질 수 있음(관찰 결과)
ⓒ 단점 : BARS보다 더 많은 비용과 시간을 요구함
ⓑ 타당성/신뢰성/수용성은 양호, 실용성은 개발에 비용과 시간이 소요됨

⑧ **평가센터법** : 주로 관리자들의 선발을 위해 사용되는 방법(2 ~ 3일의 합숙)
ⓒ 특 징
- 복수의 참가자의 행동을 집단적으로 관찰/평가
- 관찰되고 행동되는 것은 행동
- 참가자의 전반적인 인간성 파악보다는 특정한 관리자의 직위에 대한 적성 파악
- 평가기준이 명확하기 때문에 주관적인 판단을 막을 수 있음
- 실제로 담당하게 될 직무와 관련된 사항을 가지고 평가
ⓒ 문제점
- 평가센터에서 제시된 상황이 관리자가 실제로 기업조직에서 봉착하는 상황과 차이가 있음
- 관찰자의 훈련 미흡(피평가자의 언어적 능력에 좌우되어 현혹효과가 나타날 수 있음)
- 표준화가 어려움
- 영향력이 큰 관찰자에 의해 결과가 좌우될 수 있음
- 시간과 비용이 많이 소요됨

⑨ 다면평가

　㉠ 상급자가 하급자를 평가하는 것을 보완. 상향식 평가, 동료들에 의한 평가, 자기 자신의 평가, 고객에 의한 평가 등

　㉡ 기존의 상급자 위주의 평가의 공정성, 객관성 확보의 차원에서 연공식 평정과 비계량적 평가의 문제점을 극복하고자 함

　㉢ 목적 : 조직활성화, 관리능력 향상, 평가의 신뢰성 확보, 구성원의 참여

　㉣ 장 점

　　• 조직 내 커뮤니케이션이 활성화된다.

　　• 평가자가 다양해짐으로서 피평가자의 장단점 파악에 효과적이다.

　　• 다양한 이해관계를 반영하여 평가의 신뢰성이 향상된다. (다수의 평가자)

　　• 조직구성원의 ·평가능력 향상에 도움된다.

　㉤ 단 점

　　• 평가가 인기투표 형식으로 전락할 위험이 있다. (특히 상향식 평가의 경우)

　　• 평가자 신원에 대한 기밀이 지켜지기 어렵다.

　　• 많은 시간과 비용이 소요된다.

　　• 동료에 대한 평가 시 주고받기 식으로 전락할 우려가 있다.

⑩ 목표관리제(MBO ; Management By Objectives)

　㉠ 6개월이나 1년의 기간 내에 달성할 특정목표를 평가자와 피평가자의 협의에 의해 설정한다.

　㉡ 리더십이론과 연계한다면 Locke의 목표설정이론과 연관되고, 상사와 부하의 리더십의 측면에서는 LMX이론, VDL이론과 연관된다.

　㉢ 목표설정의 SMART 원칙

　　• S(Specific) : 목표가 구체적이어야 한다.

　　• M(Measurable) : 측정이 가능해야 한다.

　　• A(Achievable) : 달성이 가능해야 한다.

　　• R(Realistic/result-orientide) : 현실적·결과지향적이어야 한다.

　　• T(Timely/Time-bounded) : 시기적절·시간제약적이어야 한다.

　㉣ 목표관리제의 실천단계

　　직무기술서 검토 → 성과표준개발 → 목표의 합의(상사와 부하) → 수행, 평가

　㉤ 목표관리제의 인사평가측면에서의 특징

　　• 평가내용은 성과평가에 한정된다.

　　• 평가과정에 피평가자(부하)가 참여한다.

　　• 목표설정과정과 평가과정에 상사와 부하간의 커뮤니케이션이 활발해진다.

　㉥ 타당성 측면 : 평가목적인 성과(임금)에 한정되어 타당성이 매우 높다.

　㉦ 신뢰성 측면 : 피평가자(부하)가 평가에 참여하기 때문에 신뢰도가 높다.

　㉧ 수용성 측면 : 상급자와 하급자의 커뮤니케이션이 활성화되므로 수용성이 높다.

ⓩ 실용성 측면 : 기간이 소요되므로 비용이 많이 든다.
ⓒ 장 점
- 전시적 목표 또는 조직의 목표와 개인의 목표를 연계한다.
- 관리자와 부하직원의 노력을 목표달성에 집중시킬 수 있다.
- 목표설정에 종업원을 참여시킴으로서 종업원이 동기부여된다.
- 권한위임이 빈번하게 발생한다.
ⓚ 단 점
- 경영환경 급변 시 목표설정에 어려움이 있다.
- 종업원들이 너무 쉬운 목표를 설정하고자 한다.
- 직무성격에 따라 적합하지 않은 직무와 직군이 존재한다.
- 비전형적인 업무가 많은 부서의 경우 이를 적용하기 어렵다.

⑪ **균형성과표**(BSC ; Balaced Score Card) : 과거 재무제표에 의한 경영성과 평가와는 달리 기업경영의 비재무적 요소를 널리 포함하고 있어 오늘날의 인사평가기법으로 사용하고 있다. (재무+비재무, 단기+장기, 내부+외부, 결과+과정)
ⓗ 성과측정시스템으로서의 BSC(장기적인 관점에서 전략의 수행과 관련된 측정지표 채택)
- BSC의 4가지 관점
  - 고객관점 : 시장과 목표고객관점에서 기업의 경영성과 평가(고객수/고객만족도), 고객서비스에 대한 비전을 평가(시장점유율, 만족도)
  - 내부프로세스관점 : 어떤 프로세스에서 탁월해야 하는지에 대한 관점(소요시간 단축률/반품수/사고율/신제품개발률), 무처리 과정 점검 및 재설계를 통한 조직경영 개선
  - 학습 및 성장관점 : 종업원의 잠재역량을 향상시키기 위한 목표(교육/훈련투자비용, 승진율, 이직률), 교육훈련을 통한 가치창출 및 성과증대
  - 재무관점 : 주주를 만족시켜야 하는 재무적 목표(자본수익률, 판매량)
- BSC 수립과정 : 비전, 미션 정립 → CSF(핵심성공요인) 분석 → 전략지도 작성 → KPI(핵심성과지표) 개발
ⓛ 장 점
- 사업 포트폴리오 최적화
- 균형적 평가를 통한 만족의 제고
- 협조적 문화의 활성화
ⓒ 단 점
- 직원교육 부족으로 인한 실패의 가능성 높음
- 다양한 관점의 평가로 비용 부담이 많음
- 성급한 도입 시 미숙한 운영으로 실패할 가능성이 높음

⑫ **팀 평가** : 개인의 업적평가 이외에 팀 내지 부문 활성화를 통한 조직업적을 높이려고 할 때 팀 단위로 업적을 평가해야 한다.

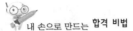

[팀 평가 단계]

- 팀 목표의 설정 : 팀 목표는 상위조직(부문, 조직 전체)의 경영전략으로부터 도출되어야 한다.

⇩

- KPI 개발
  - 핵심성과지표(key Perfomance Indicator ; KPI)를 개발하기 위해서는 핵심성공요인 (Critical Success Factor ; CSF)이 파악되어야 한다.
  - 핵심성공요인은 직무분석에 따라 업무의 요인으로 파악된다.
- KPI 선정 시 고려사항
  - KPI는 시장상황 및 팀전략에 따라 변화할 수 있는 유연성을 가져야 한다.
  - KPI는 방향성이 있어야 하고 평가의 어려움이 최소화되어야 한다.
  - KPI는 투명성과 측정가능한 내용을 갖추어야 한다.
  - KPI는 조직의 중·장기적 비전을 내포해야 한다.

⇩

- 목표수준의 설정 : 해당 팀의 역량, 주어진 업무여건 등을 고려해야 한다.

⇩

- 가중치 부여 : 가중치를 부여하는 기준으로서 상위부서의 경영목표, 팀의 존재목적과 관련성 등을 제시할 수 있다(업무의 우선순위를 부여하는 것이다).

⇩

- 평가실시 및 결과의 활용 : 팀 평가는 정기적으로 실시하고, 신뢰성을 높이기 위해 MBO식 평가를 한다.

 예/상/문/제

- 인사평가의 절대평가와 상대평가에 대하여 기술하시오. (10점)

- 인사평가의 필요성과 목적에 대하여 설명하시오. (10점)

- 목표관리제(MBO)에 대하여 기술하시오. (10점)

- 다면평가에 대하여 기술하시오. (10점)

- 성과평가를 위한 목표설정절차를 기술하시오. (10점)

- 인사평가의 타당성, 신뢰성, 수용성, 실용성의 의미와 각 요소의 개선방안에 대하여 기술하시오. (30점)

- 인사평가의 오류에 대한 내용을 기술하고, 개선방안에 대하여 기술하시오. (30점)

- BSC의 의의와 내용에 대하여 기술하시오. (30점)

※ 시험에 나올 가능성이 있는 문항 모음으로, 본문 이론을 바탕으로 스스로 답안을 작성해보는 연습에 활용하시기 바랍니다.

육성관리(경력개발/교육훈련/승진/배치)

내 손으로 만드는 **합격 비법**

01 경력개발　2007년 약술문제　2011년 논술문제　2012년 약술문제

1 경력개발의 의의

조직의 성과를 달성할 수 있는 구성원의 능력, 기술, 태도의 향상을 위한 체계적, 계획적 활동을 의미한다.

2 경력개발의 필요성

(1) 외부환경

① 최근에 들어 우리나라 기업은 성장이 둔화되었고 국제화에 따른 무한경쟁 시대에 접어들었는데, 이때 제일 중요한 것은 핵심인재의 보유이다.

② 사회 구성원의 가치관은 집단주의에서 개인주의로 매우 빠르게 변하고 있다. 종업원은 자기 자신의 삶을 위하여 기업을 수시로 옮겨 다닌다.

③ 삶의 질을 추구하는 경향으로 조직을 우선으로 강조하기 어렵게 되었다.

(2) 내부환경

① 직무환경의 변화로 전문인력의 필요성이 증대되었다.

② 분권화로 인한 업무방식의 변화로 팀 조직을 통한 업무활성화를 지향하고 있다.

3 경력개발의 목적

(1) 기업측면

① 종업원의 경력개발을 통해 인적자원을 확보할 수 있다.

② 조직의 노하우를 체계적으로 축적, 경쟁력을 제고할 수 있다.

③ 종업원의 기업조직에 대한 일체감을 높여 협동시스템의 구축이 원활해진다.

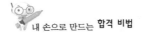

(2) **종업원 측면**

① 종업원의 성장욕구를 충족한다.

② 종업원에게 직업에 대한 안정감을 주고 비전을 제시한다.

③ 종업원에게 전문적 능력을 획득할 기회를 제공하고, 노동시장에서의 경쟁력 제고가 가능하다.

4 경력개발의 관리적 차원

(1) 계획 활동 (개인의 경력욕구 + 조직의 경력욕구 = 경력경로 설계)

⇩

(2) 실천 활동 (교육훈련, 전환배치, 승진)

⇩

(3) 통제 활동 (평가 및 개인의 경력욕구 및 조직의 경력욕구에 대한 피드백)

5 경력개발계획

(1) **경력욕구**

① **개인의 경력욕구**

㉠ 샤인의 경력의 닻

• 관리지향 : 일반관리자를 희망함. 책임수준, 리더십 발휘기회, 조직에 대한 공헌기회, 분석능력, 대인적 능력, 고도의 책임감을 필요로 함

• 기술-기능지향 : 특정분야의 전문가로서의 승진체계를 선호함. 도전할 만한 과업을 희망하고 그 분야 내에서 최대한의 자율성을 원함

• 안전지향 : 자신의 직업 안정, 고용안정에 관한 강한 욕구. 안정적이고 예측이 가능한 직무를 선호함

• 사업가적 창의성 지향 : 창의성을 중시함. 자신의 부(富)를 축적하기를 원하고 부의 축적을 사업성공의 척도로 본다

• 자율지향 : 자유로운 직업을 갖기를 원함. 상여금 등 성과에 의한 보상을 선호. 승진은 성과에 대한 보상개념으로 보고 승진을 자율성 확대로 봄

• 봉사지향 : 조직시민행동과 유사한 개념. 보수 자체는 중요하지 않고 공헌을 인정받고 승진하기를 희망함

• 도전지향 : 어렵고 힘든 문제의 해결기회를 제공하는 직무를 선호함

• 생활지향 : 경력은 생활 속에서 혼합되어 나타남. 경력이라는 것이 없다고 볼 수 있을 정도로 생활중심형임

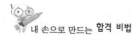
내 손으로 만드는 **합격 비법**

    ⓛ 홀의 경력단계
- 탐색단계 : 25세 이하에서 나타나고, 자아개념을 정립하고 경력방향을 결정하는 단계. 정체성이 형성되고 자신에게 적합한 분야를 탐색, 경력경로를 설계하는 시기임
- 확립단계 : 특정 직무영역에 정착함. 성과가 향상되며 친밀감과 귀속감을 가지게 됨
- 유지단계 : 일관성이 존재하고, 개인이 조직을 동일시하는 경향
- 쇠퇴단계 : 정신적으로 능력이 쇠퇴하는 단계. 경력개발에 대한 모티베이션도 줄어듦

② 조직의 경력욕구

    ㉠ 기업의 경영전략에서 파생된다. 조직의 경력욕구는 기업의 미래시점에 대한 인력 수요예측에서 비롯된다. 기업은 미래시점에 필요한 인력을 확보하려는 것이다(내부노동시장).

    ㉡ 조직의 경력욕구는 현직 종업원의 능력을 신장시켜 이를 성과향상과 연결시키고자 하는 것이다.

    ㉢ 종업원에게 미래에 대한 비전을 제시함으로써 심리적 안정감 및 이직률 감소를 추구하고자 한다.

③ 경력욕구 통합(개인 + 조직)

    ㉠ 개인과 조직의 경력욕구가 일치하는 경우에는 바로 경력경로를 설계할 수 있지만, 일치하지 않는 경우 개인과 조직의 경력욕구는 조정해야 한다.

    ㉡ 개인의 경력목표와 조직의 인력수요간에 갭(gap)이 발행하는 경우에는 기업은 종업원의 만족 극대화라는 '사회적 효율성'을 극대화하기 위해 노력해야 한다.

(2) 경력경로 설계

    ① 경력경로(Career Path)는 개인이 조직에서 여러 종류의 직무를 수행함으로써 경력을 쌓게 될 때 그가 수행할 직무들의 배열을 말한다.

    ② 경력경로 형태

        ㉠ 전통적 경력경로 : 개인이 경험하는 조직 내 직무들이 수직적으로 배열되어 있는 경우이다. 서양기업에서 주로 사용된다.
- 장점 : 직선으로 직무가 배열되어 있어 개인이 자신의 경력경로를 잘 알 수 있다. 특정분야에 대한 전문적인 경력을 쌓기 쉽다.
- 단점 : 기업합병, 기술변화 등에 대한 직업안전 위험 등으로 중간관리층이 슬림화된다. 기업환경 변화에 대한 종업원의 경력욕구 충족의 한계점을 보인다.

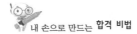

ⓛ 네트워크 경력경로(수평 + 수직) : 해당직급 내 여러 직무를 수행한 후 상위 직급으로 이동하는 경우이다. 우리나라, 일본에서 사용된다.
  • 장점 : 직급별 다양한 직무경험을 가질 수 있어 인력배치의 유연성을 높일 수 있다.
  • 단점 : 해당직무에 대한 체류기간이 짧아 특정분야에 대한 전문성을 극대화시키는데 제약이 있다.
ⓒ 이중 경력경로(Dual-career path)
  • 원래 기술직종 종사자들을 대상으로 개발되었다.
  • 기술직종 종사자들을 관리직종으로 보내지 않고 기술분야의 전문성을 높이도록 하는 설계이다.
  • 첨단연구소를 운영하는 기업에서 보이는 경로설계이다.

⑥ 경력정체의 원인과 방안

(1) 경력정체의 의의 : 개인 직위이동과 같은 승진이 멈추거나 더 이상 책임이 증가되지 않는 것을 말한다.

(2) 경력정체의 중요성 : 현대의 인사관리에서는 동기부여와 자발적 참여가 매우 중요한 기업의 성장요인이므로, 경력정체에 의한 의욕상실 등의 문제는 조직적으로 해결해야 할 과업에 해당한다.

(3) 경력정체의 유형
① **구조상 정체(객관적 정체)** : 조직 내에서 더 이상 상위계층으로의 이동이 불가능한 상태, 쉽게 해결이 어렵다.
② **내용상 정체(주관적 정체)** : 자신이 담당하는 직무상의 책임이 정해져 도전적 의지가 증가될 가능성이 낮은 상태이다(매너리즘에 빠진 상태). 즉, 개인이 가지고 있는 직무태도가 문제인 것이다.

(4) 경력정체의 원인
① **개인적 요인** : 직무수행에 적합한 능력이 없거나 내적 동기부여의 부족으로 경력정체를 인식한다.
② **조직구조적 요인** : 일반적 피라미드식 구조로, 모든 구성원이 상위직무를 부여받는 것에는 한계가 있다.
③ **경제적 요인** : 불안정한 경제 상황, 구조조정 등이 승진에 영향을 주고 있는 상황이다.
④ **조직적 요인** : 조직 내부 의사결정이나 조직문화, 분위기가 경력정체의 요인으로 작용한다.

내 손으로 만드는 **합격 비법**

(5) 경력정체 인력의 유형(경력정체가 발생하였을 때 보이는 종업원의 반응)

① **방어형 인력** : 왜곡된 인식성향을 보이는 것으로, 자신의 경력이 정체된 책임을 조직에게 전가하고 타인을 비난하고 조직에 대해 부정적 행위를 한다.

② **절망형 인력** : 경력정체의 책임은 조직에 전가하지만 수동적 성향으로 현실에는 무기력하다.

③ **성과미달형 인력** : 경력정체의 책임은 자신에게 있다고 생각한다. 스스로 현실에 안주하려는 성향을 가진다.

④ **이상형 인력** : 경력정체의 원인에 대한 정확한 인식 및 판단을 한다. 능동적인 행동성향으로 조직 및 자신에 대하여 최선의 노력을 다하는 자세를 보인다.

(6) 경력정체의 개선방안

① **구조상 정체의 개선방안**

㉠ 직능자격제도

- 승진의 개념에는 승직(직무), 승격(임금), 승진(신분)의 개념이 모두 포함되는데, 이는 조직성장이 둔화될 경우 대응 관계를 유지하지 못한다. (경력정체의 원인)
- 따라서 직급, 직위, 직책을 분리하는 직능자격제도를 활용함으로서 승진에 대한 욕구좌절로 인한 동기부여의 저하를 방지하고자 하는 제도이다.

㉡ 진로선택제의 도입 : 전문직 제도를 활성화한다. 따라서 종업원 본인이 선택하여 관리직으로만 몰리는 현상을 줄일 수 있다.

② **내용상 정체의 개선방안**

㉠ 직무재설계 : 구성원은 구조적 경력정체는 불가피한 상황으로 인식하지만, 내용상 정체는 경영진 의지로 극복할 수 있다고 본다. 따라서 구성원이 새로운 기술을 습득할 수 있는 프로그램을 개발, 다양한 도전적 업무를 부여함으로서 경력정체의 부정적 효과를 줄이고자 한다.

㉡ 순환보직 : 조직구성원에게 새로운 직무를 경험하게 하여 동기부여를 하도록 한다.

7 직능자격제도

(1) 개념 : 종업원의 직무수행능력 발전단계에 따라 일정 자격등급을 설정하고, 이를 기준으로 인사처우를 한다. (연공 + 능력주의의 결합형태)

(2) 직능자격제도의 등장배경

① **경제환경 변화** : 1970년대 대규모 신규인력 충원 이후 대규모의 승진보다는 적은 규모의 승진 등으로 패턴이 변화한다. 결과적으로 중간관리자가 비대해졌다.

② **사회환경 변화** : 노동인구 고학력화, 남녀고용평등법 등으로 새로운 자격제도의 필요성이 대두되었다.

(3) **직능자격제도의 특성** : 종업원 능력은 근속을 통해 향상됨을 전제하고(학습효과), 능력향상은 자격등급 향상과 승진을 전제한다.

① **승격 및 승진** : 승진과 승격을 분리하여 신분상승, 처우욕구 충족

② **보상** : 능력향상 결과를 급여제도와 직능급에 반영

③ **능력개발** : 능력발전이 신분·보상에 결정적인 영향, 종업원은 자기개발 욕구를 갖게 됨

(4) **직능자격제도의 문제점**

① 직능자격에 대한 명확한 정의가 어렵다.

② 계량화하는 것이 바람직하지만, 직무성격, 조직상 위치 등에 따라 보편화된 직능 점수 부여는 사실상 어려움이 있다.

(5) **성공적인 운영방안**

① 직능분류제의 확립으로, 능력분류를 위한 제도를 마련한다. 국가직무능력(NCS ; National Competency Standards)제도는 이러한 직능자격제도의 발전방향을 제시하고 있다.

② 신뢰성, 타당성 있는 기준을 마련, 연공주의를 보완하고 노사간의 신뢰를 확보하는 것이 관건이다.

02 교육훈련 2009년 약술문제 2010년 약술문제 2011년 약술문제 2015년 약술문제

1 교육훈련 개관

(1) 경력개발의 실천으로서, 구성원의 직무수행에 필요한 지식, 기술 등을 배양시켜 목적달성을 하도록 종업원의 능력을 향상시키는 활동이다.

(2) **교육훈련의 필요성**

① **기술변화** : 기술변화는 직무구조를 변화시키고 이로 인해 작업자의 직무수행 요건의 변화가 요구된다. 이러한 기술변화에 적응하기 위해 교육훈련이 필요하다.

② **노동시장의 구조변화** : 기업은 외부노동시장에서 인재를 구하기보다는 내부노동시장에서 인재를 양성하는 것이 인력수요예측활동에 적합하므로 종업원을 위한 교육훈련이 필요하다.

③ **종업원의 욕구변화** : 종업원은 노동시장에서의 자신의 가치를 높이기 위해 기업이 성장욕구를 충족시켜주기를 바라고, 종업원의 현재 능력은 기간이 경과함에 따라 자연적으로 감소할 수밖에 없어 직업의 안정성을 위해 교육훈련의 필요성이 제기된다.

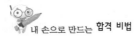

④ 결국, 교육훈련의 필요성은 기업의 변화에 적응하여 생존하기 위한 필수불가결한 것이다.

⑤ 교육훈련 필요성에 대한 조직수준, 직무수준, 개인수준 파악

    ㉠ 조직수준(= 조직요구, 전략적 HRD)

      • 조직목표와 인적자원 사이에 차이(GAP)이 발생하였을 때 조직수준에서의 교육훈련이 필요하다.

      • 조직수준에서의 교육훈련의 필요성은 경제지표(재무제표, 매출액 등)에서 확인할 수 있다.

    ㉡ 직무수준(= 수행요구)

      • 기술변화 등으로 기업환경이 변화되는 경우, 내부노동시장에서의 인재 확보는 기업의 사활이 걸린 사안이기 때문에 기업은 인재를 양성할 필요가 있다.

      • 따라서 개별직무에 대한 교육훈련의 필요성이 발생한다.

    ㉢ 개인수준(= 교육요구)

      • 종업원은 환경변화에 따라 이에 적응하고 노동시장에서의 경쟁력을 제고하기 위해서 교육훈련의 필요성이 대두된다.

      • 개인수준에서의 교육훈련프로그램의 필요에 따라 개인의 요구를 분석, 교육훈련 프로그램을 설계한다.

(3) 교육훈련의 목적

① 경제적 효율성(기업 입장)

    ㉠ 내부노동시장에서 필요한 인력의 확보

    ㉡ 인력배치 유연성의 제고 (직무능력이 배양되므로)

    ㉢ 사내 협동 및 커뮤니케이션의 제고 (교육훈련의 효과)

    ㉣ 조직목표와 개인의 목표와의 일치 지원 (조직적합도 제고)

    ㉤ 생산성의 향상

② 사회적 효율성(종업원 입장)

    ㉠ 노동시장에서의 경쟁력 제고 (직무능력의 향상)

    ㉡ 기술변화 등 불확실한 환경에 대한 적응력 제고

    ㉢ 성장욕구 충족에 따른 만족도 제고

    ㉣ 직무만족도의 증가

    ㉤ 조직적합도 및 직무적합도의 증가

(4) HRD 패러다임의 변화

① 초기 교육훈련은 타율적인 훈련(Training)중심이었으나, 자율적인 학습(Learning) 개념으로 변화하였고, 현재의 교육훈련은 기업의 성과를 올리기 위한 성과중심으로 패러다임이 변화하였다. (훈련중심 → 학습중심 → 성과중심)

② HRD 동향

　㉠ 성과중심의 HRD : 기업은 HRD를 통하여 현업에서의 실제적인 성과를 요구하고 있다. HRD는 교육을 통해 구성원들의 행동의 변화를 가져오고 이것은 성과로 연결된다는 것을 전제로 한다.

　㉡ 전략적 HRD : 기업의 목적을 달성하기 위한 전략 수립 → 교육프로그램의 준비 → 전략실행을 위해서는 핵심역량의 진단과 적합한 교육프로그램의 운영이 필요하다.

　㉢ 역량중심의 HRD : 역량은 기업의 전략을 실행하기 위한 필수적 요소로서 이는 역량기반 인사관리(HRM ; Human resource Management)의 기반이다. 이러한 역량을 찾아내는 것이 역량모델링으로, 이렇게 도출된 역량모델에 의하여 프로그램을 개발, 운영하는 것이 역량 중심의 HRD라고 할 것이고, 이를 기반으로 교육을 체계화한 것이 역량기반 교육체계(Competency Based Curriculum ; CBC)이다.

　㉣ E-learning, Action learning(경영문제의 해결), Blended learning(학습효과를 극대화하기 위하여 온라인과 오프라인을 합친 것, 혼합학습) : 이를 통하여 자기주도학습, 집합교육, 학습공동체의 효과를 도모할 수 있다.

③ 위와 같이 최근 HRD의 큰 흐름에 따라 핵심인재 육성, 경력개발프로그램(Career Development Program, CDP) 및 리더십 교육에 대한 관심이 부각되고 있다.

2 교육훈련의 설계

(1) 교수설계는 2차세계대전부터 지금까지 여러모형이 개발·진화하여 왔다. 교수체제설계(Instructional System Design, ISD)와 역량기반 교육과정(Compentency-Based Curriculum : CBC)개발, 요구분석기법, 교육과 관련된 다양한 기술 및 지식이 발전해 왔고, 그 대표적인 교수설계모형이 ADDIE 모델이다.

(2) **교수훈련의 설계 – 교수설계모형(ADDIE 모델)**

① ADDIE모델의 개념

　교육의 목적은 조직 구성원의 '현재의 수준'에서 '조직이 원하는 수준'까지 향상시켜 성과를 창출하는데 있다. 따라서 이를 위해 교육을 기획하는 체계로서 교수설계가 필요하게 되었고, 이러한 교수체계는 세계2차대전이후 여러 가지 모형이 발전되어 왔는데, 그 대표적인 교수설계모형이 ADDIE모형이다.

② 1단계 : A(Needs Analysis) – 교육 요구 분석(조직수준, 직무수준, 개인수준)

　㉠ 교육 요구 분석은 경영상의 요구, 직무분석 요구, 차이분석, 원인분석, 학습자 분석, 교육타당성 검토 등 단계를 포함하여 진행된다.

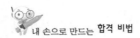

ⓛ 위와 같은 분석을 하는 방법은 다음과 같다.
- 수요조사 : 조직수준, 직무 및 과업수준, 개인수준의 수요를 분석
- 자료조사법
  - 기업이 보유한 자료(업적, 이직률, 고과 등)를 활용하여 교육훈련의 수요를 판단
  - 객관적 자료획득이 가능하나, 대부분 과거자료로서 미래파악이 어려움
- 작업표본법
  - 작업결과의 일부를 검토하여 교육훈련의 필요성을 판단
  - 잘못된 표본 선택시 판단오류가 발생할 가능성이 있음
- 질문지법
  - 설문을 이용하여 교육의 필요성 판단, 대상자에게 유용한 정보획득이 가능함
  - 질문이나 응답의 부정확성으로 왜곡된 결과 발생 가능성이 있음
- 전문가 자문법
  - 전문가에 의한 판단
  - 전문적 수요와 훈련실시의 장점을 파악
  - 단, 판단이 잘못될 가능성도 있음
- 면접법
  - 교육훈련 담당자가 종업원 및 집단을 대상으로 면접을 실시, 필요한 정보를 획득함
  - 정보획득에 매우 유용하나, 시간이 많이 소요되고 비구조화 면접의 문제점이 있음
- 델파이기법
  - 교육훈련 전문가 12 ~ 16명으로 구성된 전문가 집단의 자문을 통해 교육훈련의 중요성을 파악하는 기법임
  - 시간이 소요되므로 신속한 정보를 획득하기 어려움

③ 2단계 : D(Design) - 설계(학습형태의 결정)
ⓐ 교육에 대한 니즈가 도출되면 이렇게 도출된 니즈를 해결하기 위한 과정의 설계가 필요하다.
ⓑ 교육과정의 설계는 학습형태(OJT, OFF-JT, 집합교육, 합숙교육, E-Learning 등)의 결정을 하는 High Level Design, 교과과정 진행과 관련한 세부적인 내용을 결정(학습목표의 설정, 학습평가방법의 선정 등)하는 Low Level Design 이 있다.
ⓒ 과정의 학습목표를 설정하는 방법은 A(학습자-Audience), B(행위-Behavior), C(조건-Condition), D(수준-Degree), ABCD에 의한다.
ⓓ 과정설계단계에서 사례연구, 역할연기, 경험토의 등의 방법을 활용할 수 있다.

④ 3단계 : D(Development) - 개발(강사 매뉴얼 등을 개발)

   ㉠ 설계된 내용을 만들어가는 과정으로 강사 매뉴얼 등을 제작하는 단계이다.

   ㉡ 과정을 개발할 때에는 구체성, 논리성, 실용성, 독창성, 명확성을 가지고 개발하여야 한다.

⑤ 4단계 : I(Implementation) - 실행(교육기법)

   ㉠ 개발된 교육훈련프로그램을 실제로 활용하여 효과적인 교육을 실시한다.

   ㉡ 교육기법

     • OJT(현장직무훈련), 외부훈련(Off-JT ; Off-job training)

     • 최고경영층 : 인바스켓, 비즈니스게임, 사례연구

     • 중간관리층 : 역할연기법, 행동모델법, 교류분석법[어버이형(P), 성인형(A), 어린이형(C)]

     • 직무지식 : 대역법, 청년중역회의

     • 신교육기법 : E-learning, Action learning(경영문제의 해결), Blended learning(학습효과를 극대화하기 위하여 온라인과 오프라인을 합친 것)

⑥ 5단계 : E(Evaluation) - 커크패트릭의 교육효과측정 4단계(반응/학습/행동/결과 평가)

③ 교육훈련프로그램(교육기법)

(1) **OJT(On-the job training)** : 실제 업무를 수행하며 실시하는 훈련, 체험학습의 성격

   ① 장점 : 훈련이 구체적이고, 상사/동료 간의 협동정신을 제고시킨다.

   ② 단점 : 다수의 종업원을 훈련시키기 어렵고, 교육훈련 실시자(상사/동료)의 교습능력이 부족할 경우 학습효과가 제한적이며, 교육훈련의 범위에 한계가 있다.

(2) **외부훈련(Off-JT)** : 직장에서 벗어나 실시하는 훈련

   ① 장점 : 업무에 영향받지 않고 많은 사람을 동시에 교육이 가능하다.

   ② 단점 : 훈련참가로 인한 업무공백, 큰 비용이 소요되며 교육훈련이 개인수준을 고려하지 못한다.

(3) **멘토시스템** : 풍부한 경험과 전문지식을 갖고 있는 멘토가 부하직원(멘티)을 지도하여 조직에서 터득한 지혜와 경험을 전해주는 시스템을 말한다.

   ① 멘토링의 유형

     ㉠ 공식적 멘토링 : 인위적 발생, 멘토 통제 용이함, 양자 사이에 심리적 연대감 약함, 멘토링 효과에 대한 파악이 용이하다.

     ㉡ 비공식적 멘토링 : 자연적 발생, 멘토에 대한 통제가 어려움, 양자 사이에 심리적 연대감 강함, 멘토링 효과에 대한 파악이 어렵다.

내 손으로 만드는 **합격 비법**

ⓒ 1차적 멘토 : 어떤 이슈가 발생하였을 때 가장 먼저 연락하는 멘토이다. (선배, 가족)

ⓓ 2차적 멘토 : 특정 관심영역에 대하여 도움을 주는 멘토이다. (전문적 지식을 가진 멘토)

② 멘토링의 조직사회학적 기능

ⓐ 지도활동 : 신입사원은 멘토로부터 조직에 있는 의미있는 정보를 취득한다.

ⓑ 심리적 상담 및 개인적 지원활동 : 멘토는 신입사원에게 자신을 내보이며 상호간에 동화되는 단계로 신입사원의 어려움을 지원한다.

ⓒ 조직적 개입활동 : 멘토-멘티의 개인적 관계를 조직에 알리고, 멘토는 멘티를 조직구성원이 인정할 수 있도록 조직여건을 마련한다.

(4) 인바스켓 훈련

① 관리자의 의사결정능력을 높이고자 개발된 것이다.

② 모의상황을 하나의 바구니에 담아 훈련참가자에게 처리하도록 하는 것이다.

③ 장점 : 모의상황이 다양하고 실제와 같아 훈련참가자에게 흥미를 유발시킨다.

④ 단점 : 훈련의 효과를 측정하기 어렵다.

(5) 비즈니스 게임

① 기업의 경쟁상황에서 올바른 의사결정을 높이기 위해 개발된 것이다.

② 서로 다른 모의기업의 책임자들로서 상대방 기업을 이길 수 있는 의사결정을 하도록 하는 것이다.

③ '경영의사결정 - 결과분석 - 결과 피드백'의 과정을 여러 차례 거치면서 의사결정의 질을 높인다.

④ 장점 : 참가팀이 올바른 의사결정을 하였는지 정확하고 빠르게 알 수 있다.

⑤ 단점 : 참가팀이 상대방 기업을 이기는데만 몰두하여 실제 경영에 이익이 되는 결정을 하였는지 알기 어렵다.

(6) 사례연구

① 관리자의 의사결정 능력을 배양시키기 위해 개발된 것이다.

② 기업의 현실사례에 따른 문제점을 파악, 대안을 제시한다.

③ 장점 : 흥미롭고 학습동기를 유발시키며, 기업의 현실문가 대한 학습이 가능하다.

④ 단점 : 적절한 사례를 확보하는데 어려움이 있고, 이론에 대한 체계적 습득이 어렵다.

(7) 역할연기법

① 관리자 및 종업원을 상대로 인간관계에 대한 태도를 개선한다.

② 인간관계기술을 제고하기 위한 기법이다.

③ 장점 : 교육참가자에게 체험감을 주고, 교육참가자에게 아는 것과 실제 행동하는 것의 차이를 알 수 있다.

④ 단점 : 교육의 범위가 제한적이고, 역할연기하는데 시간이 많이 소요된다.

(8) 액션러닝(Action learning)

실제 경영현장에서 성과와 직결되는 이슈를 정해진 시점까지 해결하고 이를 통해 개인, 조직 역량을 동시에 향상시키는 기법이다.

① '가르치는 교육'에서 '배우는 학습'으로의 전환 필요성이 있다.

② 주입식 교육보다 참여식 기법을 사용하고, 교육생을 '적극적 참여자' 관점으로 본다.

③ 기업이 당면한 문제해결을 위한 구체적 대안을 제시한다. 성과와 직결되므로 참가자의 동기부여, 업무해결을 통한 넓은 시야가 제고된다.

4 교육훈련 평가

(1) 커크패트릭(Kirkpatrick)의 교육효과 측정 4단계 평가모델 : 교육평가를 계속할지 여부와 개선방향 등을 결정할 목적으로 활용되는 평가모델이다.

① 반응(Reaction)평가 : 교육과정에 대한 학습자의 반응, 만족도, 학습동기여부 등을 측정

② 학습(Learning)평가 : 얼마나 학습되었는지, 태도변화, 지식증가 등을 측정 (형성평가)

③ 행동(Behavior)평가 : 학습내용의 현장활용, 직무 적용에 따른 행동변화 등을 측정

④ 결과(Results)평가 : 매출액(성과측정), 학습자의 행동변화가 조직에 긍정적인 영향을 주었는가 등의 재무적·비재무적효과 등을 측정(ROI)

(2) ROI(Return on investment) : 인적자원 투자에 대한 객관적 지표, 비용대비 이익 정도, 인적자원 투자에 대한 효율성 측정, 인사 부서의 존재 가치, 교육에 대한 필요성을 입증하기 위해 등장하였다.

> ROI = 순효익/비용 × 100 (순효익 = 효익 − 비용)

① ROI의 도입으로 인사부서의 부가가치 측정이 용이해진다.

② 인사부서에 대하여 경영부서로서의 효익을 측정할 수 있는 계기가 마련된 것이다.

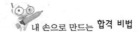
내 손으로 만드는 **합격 비법**

03 승진관리

1 승진관리

이동의 한 형태, 보다 높은 직무로의 이동이 이루어진다. (권한 및 책임의 증가, 임금/지위/보상의 증가)

2 승진의 중요성

(1) **사회적 지위 향상** : 개인이 승진함으로서 주위 사람으로부터 인정받고 사회적 지위가 향상되기 때문이다.

(2) **보상증대** : 승진으로 임금이 상승하고 생활의 질을 높일 수 있다.

(3) **권한의 증가** : 승진은 부하직원이 늘어나고 지배욕구를 충족시켜 준다.

(4) **안정감 보장** : 사회적 지위가 향상되어 가족들에게 직장의 안정감을 보장해 준다.

(5) **성장욕구 충족** : 승진함으로서 조직 구성원의 성장욕구를 충족시켜 준다.

(6) **직장 안전** : 승진은 직장에서 인정받은 것으로, 이는 직장안전으로 연결된다.

3 승진의 원칙

(1) **적정성의 원칙(보상이 아니라 선발의 개념)** : 승진은 개인의 권한 내지 보상의 크기를 변화시키는 것으로 승진기회가 적정해야 한다. (구성원의 성과와 승진방향)

(2) **공정성의 원칙** : 승진의 기회를 올바른 사람에 배분하였느냐의 문제이다. 이것이 잘못되면 조직 갈등의 원인이 된다. (보상의 공정성)

(3) **합리성의 원칙** : 목표달성을 위해 공헌한 내용을 정확히 파악하기 위해 무엇을 '공헌' 내지 '능력'으로 간주할 것인가에 관련되는 원칙이다. (합리적 기준)

4 승진의 유형

(1) **직급승진** : 구성원이 상위직급으로 이동하는 것이다.

(2) **자격승진** : 직무수행 능력에 따라 승진하는 것으로, 상위직 공석과는 무관하게 일정한 자격으로 승진하는 것이다. (직능자격제도)

(3) **대용승진** : 담당 직책이 없을 경우 인사체증, 사기저하 방지를 위해 '대우승진'하는 것이다.

04 전환배치

1 전환배치의 정의

전환배치란 다른 직무로 이동하는 것을 말한다.

2 전환배치의 원칙

① **적재적소주의** : 능력과 성격을 고려, 최적지위에 이동배치(가장 기본적인 요건)
② **능력주의** : 능력 발휘 영역을 제공, 평가하여 만족할 수 있는 대우를 제공
③ **인재육성주의** : 인적자원을 소모가 아닌, 성장을 중점으로 사용해야 한다는 원칙
④ **균형주의** : 상하좌우로 적재적소성을 고려할 필요가 있다는 원칙

3 전환배치의 유형

① **시기에 따른 분류** : 정기 및 수시로 인사 이동
② **범위에 따른 분류** : 부서 내, 부문 간, 조직 간 이동
③ **목적에 따른 분류** : 인재육성, 생산성향상, 조직분위기 쇄신, 교대근무 등
④ **교정적 재배치** : 종업원 배치에 문제발생 시 이를 치유할 목적으로 행하는 배치 (일종의 좌천 등)

4 전환배치의 문제점

① **조직적인 측면** : 순환보직위주로 이루어지는 전략상의 부재, 목적의식 부재, 수요조사 부재
② **개인적인 측면** : 경력개발과 어긋난 전환배치의 운영으로 인한 조직 구성원의 무관심, 이로 인한 개인의 의욕 부재

5 전환배치의 효율화 방안

① 합리적 직무분석과 평가를 통해 역량 및 능력을 인지하고, 욕구조사를 통해 개인의 존중 차원에서 실시해야 한다.
② 전환배치의 효율적 운영을 위해 공정한 인사평가를 실시하고, OJT 등을 사전에 실시하여 조직 구성원의 역량 등을 사전교육해야 한다.

목차1편 목차2편 목차3편 경영지도사 2차 인적자원관리 한권으로 끝내기

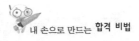
내 손으로 만드는 **합격 비법**

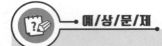

- CDP(경력개발제도)에 대하여 기술하시오. (10점)

- 교육훈련의 평가에 대하여 설명하시오. (10점)

- 이중경력경로의 개념, 특징에 대하여 설명하시오. (10점)

※ 시험에 나올 가능성이 있는 문항 모음으로, 본문 이론을 바탕으로 스스로 답안을 작성해보는 연습에 활용하시기 바랍니다.

PART 6 보상관리

01 임금관리

내 손으로 만드는 **합격 비법**

| 2007년 논술문제 | 2008년 약술문제 | 2009년 논술문제 | 2009년 약술문제 | 2010년 약술문제 |
| 2011년 약술문제 | 2012년 약술문제 | 2013년 약술문제 |

1 임금의 의의

노동의 대가로 받는 일체의 금품을 의미한다.

보 상	금전적(경제적) 보상	직접보상	기본임금 : 시간급, 일급 등
			변동급 : 상여금 등
		간접보상	복리후생 : 4대보험 등
	비금전적(비경제적) 보상	직무관련 보상 : 자기계발 기회, 기능 다양화	
		직무환경 보상 : 탄력근로, 재택근로	

2 임금관리의 중요성

(1) 기업측면

① 생산성 향상(동기부여) : 임금은 조직 목표달성의 핵심요소인 생산성 향상에 영향을 미친다.

② 제조원가 VS 이윤획득 : 임금은 제조원가의 상당부분을 차지하고 있어 기업의 이윤획득은 해당상품의 경쟁력을 결정하는데 중요한 요소가 된다.

③ 인력확보 : 임금은 기업이 노동시장에서 인력을 확보하는데 중요한 요소가 된다.

(2) 종업원 측면

① 소득원천 : 임금은 조직구성원의 생리적 욕구를 충족시키는 소득의 원천이다.

② 생활의 질 향상 : 임금은 조직구성원의 생활의 질을 향상시키는 중요한 요소이다.

③ 사회적 안정 : 임금은 조직구성원의 존경욕구를 충족시키는 중요한 역할을 한다.

(3) 위와 같이 임금은 분배적 특징을 가지고 있어 기업과 조직구성원 간에 갈등 및 이슈의 원인이 된다. 따라서 임금에 대하여 경제적 효율성과 사회적 효율성을 극대화시키고 노사간의 갈등을 최소화하기 위해서는 임금의 배분공정성과 절차공정성을 지키는 것이 매우 중요하다.

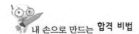

3 임금(보상)에 대한 거래차원(관점)

(1) 경제적 거래차원 : 임금이란 조직구성원을 생산의 한 요소로 보고 이를 사용하는데 대해 지불하는 가격을 말한다.

(2) 심리적 거래차원

① 보상은 고용에 대해 개인이 특정한 형태의 노동을 임금, 기타 직무 만족을 위해 조직과 교환하는 심리적 계약이다.

② 허즈버그의 2요인 이론과 같이 임금은 불만족요인이기도 하다. 같은 수준의 임금이라도 개인 임금이 개인에 따라서는 동기부여의 수단으로 작용하지 않을 수도 있다.

③ 심리적 거래차원은 임금에 대해 생산성 향상이라는 요소를 무시하고 욕구충족의 측면만 강조한다는 비판이 있다.

(3) 사회적 거래차원 : 개인이 받는 보상은 조직과 사회에 있어서 지위의 상징이다. 사회적 거래 관점은 개인, 조직, 개인이 속한 사회의 관점에서 그 상징적 지위에 초점을 맞추고 있다.

(4) 정치적 거래차원 : 임금을 조직구성원들의 권력과 영향력의 작용결과로 보고 있다. 노사관계에서 임금은 단체교섭을 통한 결과물로서, 기업이 갖는 경영권에 대한 협상력(정치력)의 산물이다.

(5) 윤리적 거래차원 : 임금을 자본과 노동 간의 경제원리가 작용되는 교환관계가 아닌 사회적이고 규범적인 시각에서 보는 관점이다. 임금의 공정성은 경제원리가 아닌 윤리적 측면이 강조된 것이다. 이는 인간의 존엄성에 기반을 둔 관점이다.

(6) 임금은 노동과 자본의 측면에서 노사관계의 갈등을 야기하는 것으로, 임금의 공정성 확보가 이와 같은 갈등을 최소화한다.

4 임금의 공정성

(1) 아담스의 공정성 이론

① 아담스의 공정성이론에서 조직구성원은 직무에 공헌한 바에 따라 조직으로부터 보상을 받는데, 이때 타인과의 비교를 통하여 공정성을 지각한다.

② 조직구성원은 불공정성을 지각하면 공헌(Input)을 줄임으로서 불공정성을 줄이려고 노력한다.

③ 공정성의 지각에 있어서 개인의 비교대상 위치에 따라 외부공정성과 내부공정성으로 나눈다.

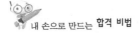

  ⊙ 외부공정성 : 해당 조직구성원이 받는 임금을 타 기업의 임금과 비교하여 공정성 여부를 판단한다.
  ⊙ 내부공정성 : 조직구성원은 해당기업의 타인과 직무가치, 직무수행능력, 성과를 비교하여 그 공정성 여부를 판단한다.

(2) 배분공정성
① 조직 안의 자원을 조직구성원들이 공평하게 분배하였는지를 말한다.
② 자신이 조직에 투입한 노력 및 기여의 정도와 그로부터 받은 보상 비율이 자신의 준거대상인 타인의 노력과 보상비율과 비교하여 얼마나 일치하는지의 여부를 말한다.

(3) 절차공정성
① 임금 결정이 이루어지는 절차가 임금액수만큼 중요한 요소이다.
② 절차공정성은 조직구성원의 임금제도에 대한 수용성을 높이는데 기여한다.
③ 절차공정성을 높이는 방안
  ⊙ 임금결정 과정에 조직구성원 대표를 참여시킨다.
  ⊙ 임금배분의 기준이 되는 업적을 정확히 평가하기 위한 인사평가 시스템의 개발이 필요하다.
  ⊙ 임금결정 기준을 공개한다.
  ⊙ 임금액수를 공개한다.

5 임금수준

(1) 임금수준(적정성) → 외부공정성
① 의 의
  ⊙ 임금의 외부공정성은 기업이 조직구성원에게 나누어 줄 임금총액의 크기와 관련된 것으로 이는 해당기업의 임금수준으로 반영된다.
  ⊙ 임금수준은 1인당 평균 임금액(기업의 임금총액÷조직구성원 수)을 의미한다.
② 임금수준의 결정요인
  ⊙ 기업의 지불능력 : 기업이 결정하는 허용 인건비의 한계를 말한다.
  ⊙ 생계비
    • 조직구성원이 문화생활을 영위하는데 필요한 소득이 기준이 된다.
    • 임금수준의 최대는 지불능력이고, 최저는 생계비 수준이다.
  ⊙ 노동시장(경쟁기업)의 임금수준 : 노동시장에서의 노동수요와 공급에 의하여 결정되는 임금 수준이다.
③ 임금수준의 관리방향 : 절대액 or 만족도

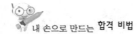

(2) 임금체계(합리성) → **내부공정성, 절차공정성**

① 의의 : 임금의 내부공정성은 기업이 허용임금 총액을 조직구성원들에게 어떻게 배분하느냐의 문제이다. (임금의 구성항목)

② 배부기준 : 직무가치, 조직구성원 능력, 성과 등

(3) 최저임금제도 : 국가가 노사간의 임금 결정 과정에 개입하여 임금의 최하수준을 정하고 사용자에게 이 수준 이상의 임금을 지급하도록 법으로 강제한 것으로, 저임금 근로자를 보호하는 제도이다.

① **도입목적**

㉠ 생계비 이하의 저임금으로 인한 빈곤을 퇴치한다.

㉡ 최저임금제는 임금의 부당한 하락을 방지하고 기업 간의 경쟁조건을 동일하게 유지하게 하여 공정한 경쟁을 유도한다.

㉢ 불황기에 임금수준의 하락을 방지하기 때문에 결과적으로는 구매력을 증대시키는 유효수효를 창출한다.

② **연 혁**

㉠ 1894년 뉴질랜드에서 최초로 시작된 최저임금제는 최근 2015년 독일에서 최저임금제법이 제정될 정도로 많은 선진국에서 시행하고 있는 제도이다.

㉡ 우리나라는 1988년에 도입하여 시행하고 있다.

③ **문제점**

㉠ 노동시장에서 노동력이 공급과잉일 때 기업은 최저임금제로 인하여 근로자의 고용을 회피할 가능성이 높아 결국 실업률의 증가로 이어질 수 있다.

㉡ 최저임금은 인건비 인상을 가져오고 기업은 이를 제조원가에 반영함으로서 결과적으로 소비자의 부담으로 전가될 가능성이 있다.

6 임금의 종류

(1) 직무급 : 해당기업의 현존하는 직무의 상대적 가치에 따라 임금을 결정하는 제도이다.

① 직무의 상대가치를 평가하는 방법으로는 직무평가방법인 서열법, 분류법, 점수법, 요소비교법이 있다.

② **직무급 도입의 전제조건**

㉠ 기업 내 직무의 상대가치를 평가할 수 있는 직무평가시스템이 존재해야 한다.

㉡ 조직구성원의 능력을 정확히 평가할 수 있는 인사평가시스템이 존재해야 한다.

㉢ 직무급에 대한 조직구성원의 수용성을 높이기 위해 배치의 공정성이 유지되어야 한다.

㉣ 기업 간 자유로운 노동이동이 사회적으로 수용되어야 한다.

③ 장 점
  ㉠ 능력주의 인사풍토가 조성된다.
  ㉡ 인건비의 효율성이 증대된다.
  ㉢ 개인별 임금 차이에 대한 불만이 해소된다.
  ㉣ 동일 노동에 대한 동일 임금이 실현된다.

④ 단 점
  ㉠ 절차가 복잡하다.
  ㉡ 학력, 연공주의에서 오는 저항이 있을 수 있다.
  ㉢ 종신 고용 풍토의 혼란이 올 수 있다.
  ㉣ 노동의 자유이동이 수용되지 않은 사회에서는 그 적용이 제한적이다.

(2) **연공급** : 조직구성원의 근속년수에 따라 임금을 차별화하는 제도이다.

① 전제가설
  ㉠ 연공에 따른 숙련상승설 : 학습이론으로 제품생산에 오래 종사하면 숙련되어 노동생산성이 높아진다는 전제이다.
  ㉡ 생계비 보장설 : 일본의 저임금상황에서 성립된 것으로 가장의 연령에 따라 증가하는 근로자 가구의 가계지출에 대응하는 임금제도이다.

② 비판 : 연공급은 기계화와 자동화가 급진전되고 있는 현재의 상황을 감안할 때 합리적이고 공정한 임금제도라고 보기는 어렵다.

③ 장 점
  ㉠ 생활보장으로 기업에 대한 귀속의식이 확대된다.
  ㉡ 폐쇄적 노동시장에서의 인력관리가 용이하다.
  ㉢ 연공존중의 유교문화적 풍토에서 질서 확립과 사기가 유지된다.
  ㉣ 성과평가가 어려운 직무에 연공급을 적용하기 용이하다.

④ 단 점
  ㉠ 전문기술인력의 확보가 어렵다.
  ㉡ 무사안일주의를 야기한다.
  ㉢ 인건비의 부담이 가중된다.
  ㉣ 능력있는 젊은 조직구성원의 사기가 저하된다.
  ㉤ 동일노동에 대한 동일 임금의 실시가 곤란하다.

(3) **직능급** : 조직구성원의 직무수행능력을 기준으로 임금액을 결정하는 제도이다.

① 생성배경
  ㉠ 일본은 2차에 걸친 석유파동으로 고성장에서 저성장으로 경제성장이 둔화되어 기업 성장이 완만해지면서 승진정체현상이 발생한다.
  ㉡ 1980년대경에는 고령화, 고학력화가 발생하고 정년연장에 따른 인력관리의 어려움이 발생하기 시작한다.
  ㉢ 경쟁에 대처하기 위해 유능한 인재관리가 필요하게 되면서 직능자격제도를 개발하게 된 것이다.

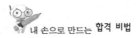

② 직능급에 대한 인식의 변화

　　㉠ 1990년대 들어와 직능급의 명칭이 역량급으로 바뀌고 있는 추세이다.

　　㉡ 직능급에서의 직무수행능력이 인재관리의 역량의 개념이 추가되면서 역량급의 개념이 등장한 것이다.

③ 직능급은 우수한 인재의 이직을 방지할 뿐 아니라 조직구성원의 적극적인 능력개발을 유도한다. 이러한 논리로 조직구성원의 임금에 대한 공정성 도구로 인식된다. 직능급의 성공의 관건은 합리적인 등급구분 및 조직구성원의 능력평가이다.

④ 장 점

　　㉠ 능력주의 임금관리를 실현할 수 있다.

　　㉡ 유능한 인재를 계속 보유할 수 있다.

　　㉢ 조직구성원의 성장욕구를 충족시킬 수 있다.

　　㉣ 승진정체를 완화시킬 수 있다.

⑤ 단 점

　　㉠ 직능급을 적용할 수 있는 직종이 제한적이다.

　　㉡ 직무의 표준화가 전제되어야 한다.

　　㉢ 직능평가에 어려움이 있다.

7 성과급 제도

(1) 개인성과급 제도

① 생산량기준 성과급

　　㉠ 단순성과급 : 개인이 생산하는 제품의 수량에 고정된 임률인 개당 임금을 곱하여 임금액을 결정하는 제도이다.

　　㉡ 테일러식 복률 성과급 : 표준과업량을 기준으로 2종류의 임률을 제시, 표준과업량을 달성한 조직구성원에게 유리한 임률을 적용하는 제도이다. (테일러가 고안함)

　　㉢ 메릭식 복률 성과급 : 테일러식 제도를 보완한 것으로, 83% 이하, 83 ~ 100%, 100% 이상의 세 단계로 나누어 상이한 임률을 적용하는 제도이다.

② 시간기준 성과급

　　㉠ 표준시간급 : 과업단위당 표준시간기준을 정하고 과업을 완수하면 표준시간에 임률을 적용하여 임금액을 지급하는 제도이다.

　　㉡ 할증급 : 조직구성원에게 작업한 시간에 대하여 성과가 낮더라도 일정한 임금을 보장해 주고 성과가 높은 조직구성원에게는 일정한 비율의 할증임금을 지급하는 제도이다.

내 손으로 만드는 **합격 비법**

　　ⓒ 연봉제 : 능력중시형 임금형태이다.
　　　• 기존 임금관리 문제점 : 연공중심, 성과와 연계 안 됨, 임금체계 복잡
　　　• 특징 : 평가결과와 연계, 임금체계 단순화, 호봉제 폐지
　　　• 연봉제는 업적기준으로 임금액을 결정하기 때문에 조직구성원의 수용성을 높이려면 직무수행에 재량권이 부여되어야 한다.

(2) 집단성과급 제도(경영참가의 유형 중 이윤참가의 형태)

　① 의의 : 기본임금 외 추가지급 임금
　② 목적 : 개인성과급의 단점 보완, 노사 간의 갈등을 줄임
　③ 수익배분제(Gain sharing)
　　ⓐ 개념 : 성과가 목표 이상일 경우, 이익과 관계없이 일정 부분 집단 배분
　　ⓑ 유 형
　　　• 스캔론 플랜 : 매출액 대비 인건비 절감액
　　　• 럭커 플랜 : 부가가치 대비 인건비 절감액
　　　• 임프로쉐어 플랜 : 소요되는 표준노동시간과 실제노동시간을 비교, 절약된 노동시간을 가지고 노사가 50:50 비율로 배분하는 제도
　④ 이익배분제(Profit sharing)
　　ⓐ 목표이익의 상회 부분의 일정액 지급
　　ⓑ 효과 : 노사관계 개선, 생산성 향상, 실질소득 향상

8 임금피크제

정년까지 고용을 유지하는 대신, 일정 연령이 되면 생산성을 감안해 임금을 줄이는 제도이다.

(1) 도입배경

　① 고령화 시대의 조기퇴직 확산 : 고령화 추세임에도 조기퇴직이 확산, 이에 중장년층 고용유지 대안의 필요성이 증대되었다.
　② 연공급의 단점 부각 : 장기 근속한 고령자일수록 임금부담이 높기 때문에 생산 대비 효율이 떨어진다.
　③ 새로운 인사, 급여제도의 필요성 : 조직구성원의 고용유지와 기업 인건비 부담을 동시에 해결하는 Win-Win 성격의 인사제도 필요성이 제기되었다.
　④ 고용 없는 성장시대 도래 : 지식집약산업의 확대에 따른 고용흡수력 저하로 '일자리 증가 없는 성장'이 지속되고 있다.

(2) 임금피크제의 종류

① 정년고용보장 모델

㉠ 정년보장을 전제로, 일정 연령부터 임금을 조정한다. 가장 활발하게 논의되는 유형이다.

㉡ 이를 도입할 땐 퇴직금 감소를 막기 위한 노력이 필요한데, 퇴직금 중간정산이나 퇴직연금제 도입이 필요하다.

② 고용연장형 모델

㉠ 정년을 연장하는 대신 정년 연장기간만큼 정년 전 임금을 조정하는 모델이다.

㉡ 재고용 방식을 통하게 되므로, 일단 퇴직하여 퇴직금을 수령한 후 계약직 등으로 고용을 연장하는 방법이다.

③ 정년연장형 모델 : 정년을 일정기간 연장하는 대신 그 기간만큼 정년 전에 임금을 조정하는 방식이다.

(3) 임금피크제의 기대효과

① 조직차원

㉠ 구조조정 효과발생 및 인건비 절감 : 구조조정 효과와 신규채용을 달성하고 장기 근속자 인건비 감소

㉡ 숙련인력 유지 및 기업이미지 제고 : 노사갈등을 피하고 저렴한 비용으로 숙련인력 유지, 이미지 상승

② 개인차원

㉠ 이직의 불안감 해소 : 명예퇴직, 정리해고 등의 스트레스에 시달리는 사람에게 정년을 보장함으로서 불안감 해소

㉡ 고용안정 따른 혜택유지 : 종업원 신분이 유지되므로 복리후생의 혜택 등을 누릴 수 있음

③ 정부차원

㉠ 고령화 대책의 일환 : 조기퇴직에 따른 인력손실을 막고 고용안정에 기여

㉡ 청년실업 해소의 기여 : 경감된 비용을 재원으로 신규인력 채용 시 청년실업 해소에도 기여

⑨ 퇴직연금

내 손으로 만드는 **합격 비법**

퇴직금의 연금화, 종업원의 퇴직 후 생활보장을 하기 위하여 지급되는 것이다.

(1) 도입배경

① 조직구성원 측면 : 노후소득 보장체계가 미비

② 경영자 측면 : 자금부담

③ 사회적 측면 : 다중적 보장체계가 필요

(2) 유 형

① 확정급여형(급부형 DB)

㉠ 의의 : 연금수준과 내용이 사전에 결정

㉡ 특징 : 위험부담을 사용자가 부담, 장기 근속자 유리

㉢ 장점 : 확정된 퇴직금 수령

㉣ 단점 : 기금고갈 우려, 기업부담 증가

② 확정기여형(갹출형, DC)

㉠ 의의 : 조직구성원이 자기책임으로 기금운영

㉡ 특징 : 위험부담을 근로자가 부담

㉢ 장점 : 연속성

㉣ 단점 : 퇴직 시 연금액 불확실

(3) 문제점

① 다른 제도로 전환 시 연계 미흡, 사회보장책 기능 미비

② 영세기업 및 비정규직 적용문제

[급여유형의 비교]

구 분	확정급여형(DB형)	확정기여형(DC형)
퇴직급여형태	연금 또는 일시금	연금 또는 일시금
급여수준	일시금 기준으로 퇴직금과 동일	근로자 각자의 운용실적에 따라 변동
사용자 부담	사용자의 적립금 운용실적에 따라 변동	확정(연간 임금총액의 1/12을 매년 1회 이상 납부)
적립방식과 수급권 보장	부분 사외 적립 수급권 부분 보장	전액 사외 적립 수급권 완전 보장
중도인출	불가	시행령에 정한 경우에 한해 가능
직장이동 시 연계	불가(개인퇴직계좌로 이전가능)	가능 (옮긴 회사의 확정기여형 연금 또는 개인퇴직계좌로 이전가능)
적립금의 운용	사용자	근로자

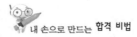

10 새로운 임금제도

(1) 스톡옵션제

① 의 의

㉠ 회사가 경영자 및 조직구성원들에게 장래의 일정한 기간(권리행사기간) 내에 사전에 약정된 가격(권리행사가격)으로 일정 수량의 자사주를 매입할 수 있는 권리를 부여하는 제도이다.

㉡ 창의적이고 우수한 인재 확보와 유지를 위함이다.

② 유 형

㉠ 인센티브 스톡옵션 : 세제상의 우대조치가 인정되는 스톡옵션(가장 일반적)

㉡ 비적격 스톡옵션 : 세제상의 우대조치를 받을 수 없는 스톡옵션

㉢ 주식평가보상권 : 일정기간에 있어서의 자사주의 시장가격 상승액을 보상으로 받을 수 있는 권리를 부여

(2) 기술급과 지식급

① 기술급 : 조직구성원이 수행하고 있는 기술이 아니라 보유하고 있는 기술의 종류와 수준에 따라 임금이 결정되는 제도

② 지식급 : 조직구성원이 보유한 지식의 종류와 수준에 의해 임금이 결정되는 제도

(3) 역량급

① 담당하고 있는 직무와는 상관없이 그들이 보유하고 있는 역량의 범위와 수준에 따라 임금이 결정되는 제도

② 장점 : 노동의 유연성 증대, 임금의 공정성 제고, 조직의 성과증대, 경력개발과 연계

③ 단점 : 역량의 정의가 어렵고 모호함, 역량의 측정과 타당성·신뢰성 검증이 어려움

(4) 브로드 밴딩

① 1997년도 외환위기이후 도입된 성과주의 인사체계를 보완하는 것으로 직급을 간소화하고 직급 내의 급여 범위는 개인의 역량에 따라 확대하는 것이다.

② 성과주의를 강조하면서도 정년보장 등을 내세워 고용을 안정화시키는 것이다.

02 복리후생

1 복리후생의 의의

(1) 복리후생제도란, 조직구성원의 생활수준 향상을 위해 시행하는 임금 이외의 간접적인 모든 급부, 현금 외에 현물이나 서비스 등 다양한 형태로 지급되는 것이다.

(2) 조직구성원의 생활수준을 안정시키고 노사관계의 안정과 근로조건의 개선기능을 담당한다.

(3) 조직구성원의 생활수준 향상을 위해 시행하는 임금 이외의 간접적인 모든 급부임금 총액의 약 40% 가까이를 차지할 정도로 임금관리의 중요한 요소이다.

복리후생	임금
• 수준의 차이는 존재하더라도 연공, 성과에 관계 없이 제공 • 필요한 경우 제공 • 필요한 내용으로 사용가능 • 다양한 형태(현금/현물)로 제공 • 부정기적으로 제공	• 연공, 성과에 기초하여 제공 • 필요성 여부와 상관없이 제공 • 자유의사에 따라 다양하게 사용가능 • 현금형태로만 제공 • 정기적으로 제공

2 복리후생 제공의 목적

(1) **경제적 목적** : 성과향상, 신체/정신적 성과창출 능력 유지, 조직몰입 증가, 노동시장에서 경쟁력 제고

(2) **사회적 목적** : 기업 내 주변인력 보호, 인간관계 형성 지원, 국가 사회복지 보완

(3) **정치적 목적** : 정부의 기업에 대한 영향력 감소 및 노조의 영향력 감소

3 복리후생의 기능

(1) 우수인력의 확보

(2) 이직 및 결근의 감소

(3) 동기부여 및 생산성 향상

(4) 원만한 인간관계와 협력적 노사관계 구축

(5) 기업의 사회적 이미지 개선

내 손으로 만드는 **합격 비법**

4 복리후생의 유형

복리후생	법정 복리후생	사회보험 : 건강, 산업재해, 고용, 연금
		퇴직금, 퇴직연금제도
		유급, 휴일, 휴가
	법정 외 복리후생	주거 지원 : 사택, 기숙사, 자금 지원 등 주거 지원 서비스
		생활 지원 : 급식관계, 구매, 가족 및 신생활 지원 등
		공제, 금융 지원 : 경조금, 재해부조금, 생활안정자금
		의료, 보건 지원 : 병원, 진료소 등 진료서비스
		문화, 체육, 레크레이션 지원 : 전시회, 강연회, 문화시설 관람 지원

5 복리후생의 새로운 경향

(1) **기존 복지제도의 문제점** : 기존 복지제도는 기업의 과중한 비용부담과 복지제도의 획일성으로 조직구성원의 욕구를 충분히 반영하지 못한다.

(2) **카페테리아식 복리후생(선택적 복리후생제도)** : 각각의 조직구성원들이 기업이 제공하는 복지제도나 시설 중 원하는 것을 선택함으로서 자신의 복리후생을 직접 설계하도록 하는 제도이다.

① 배경 : 종래 복리후생은 복지와 조직구성원의 욕구가 불일치함으로 효과가 불투명하였다. 따라서 조직구성원의 욕구를 정확히 파악하고 이에 대한 적절한 대책을 모색하여 수요자 위주의 차별적 복리후생의 필요성이 제시되었다.

② 유 형
ㄱ 선택항목 추가형 : 기본항목 + 추가
ㄴ 모듈형 : 여러 개의 패키지 중 선택(패키지형·레저형·교육형 등)
ㄷ 선택적 지출 계좌형 : 개인 예산범위 내 선택

③ 장점 : 조직구성원 동기부여와 자율성 강화, 예산의 합리적 배분, 노사협력증진, 조직구성원 선택의 폭 증가, 복리후생 프로그램 만족도 제고

④ 단점 : 관리비용 및 업무증대 유발, 조직에 대한 오해와 불신 야기, 조직구성원 간 갈등 야기, 실질적 비용 증가

PART 7 인력방출

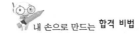

01 인력방출 개관

1 수급불균형 조정계획(인력부족/인력과잉)

(1) **인력 부족의 경우**

① 초과근로 활용

② 임시직 고용

③ 파견근로 활용

④ 아웃소싱

(2) **인력과잉의 경우(인원감축전략)**

① 초과근무시간 단축 : 비용이 가장 적게 발생하고, 도입이 용이하다.

② 신규채용의 억제 : 기업이 정년퇴직 및 자연발생적 이직을 이용하여 인력을 중·장기적으로 감축하는 것이다.

③ 조기퇴직제의 도입

　㉠ 정년에 도달하지 않은 조직구성원을 자발적인 의사에 따라 퇴직시키는 제도이다. (명예퇴직 제도)

　㉡ 명예퇴직제는 기업의 입장에서는 상당한 경제적 비용(퇴직금)을 부담하게 되고, 유능한 직원의 경우에는 회사 경쟁력이 손상된다.

　㉢ 조직구성원 입장에서는 조기퇴직하는 직원에 대한 인원 보충이 없을 경우 업무량 증가의 부담을 가져올 수 있다.

　㉣ 조기퇴직제도는 신규채용억제전략에 비하여 보다 적극적인 인력감축전략이다.

　㉤ 조기퇴직제도로 인하여 노사관계가 악화될 가능성이 높고 기업윤리적인 문제도 발생할 가능성이 있다.

④ **보상의 동결 및 삭감** : 기업이 조직구성원의 자발적 이직을 유도하기 위해서 임금 및 복리후생을 동결시키는 것이다.

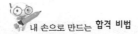

⑤ 정리해고(최후의 수단)

　㉠ 기업의 경제적 · 기능적 변화로 인해 종업원이 해고되는 것을 말한다.

　㉡ 우리나라의 경우 근로기준법 제24조에서는 정리해고에 대한 정당한 요건을 제시하고 있다.

　　• 경영상 긴박한 필요가 있어야 한다.

　　• 사용자는 해고를 피하기 위한 노력을 다해야 한다.

　　• 공정한 해고의 기준을 정하고 이에 따라 그 대상을 선정해야 한다.

　　• 사용자는 해고를 피하기 위한 방법 및 해고의 기준 등에 관하여 노동조합 내지 근로자 대표와 성실하게 협의해야 한다.

② Work sharing(일자리 나누기)

기업 내에 있는 모든 근로자 또는 일부 근로자의 근로시간을 줄여, 보다 많은 근로자들이 일자리를 갖도록 하는 제도이다.

(1) Work sharing의 도입 목적

① 조직적인 측면 : 인적구조조정의 최소화, 근로의욕 고취를 위한 조직효율성 제고, 공동체 의식을 고려하기 위함이다.

② 개인적인 측면 : 이직의 불안감을 해소, 근로시간 단축에 따른 여가활용 등 삶의 질을 제고하기 위함이다.

(2) Work sharing의 장단점

① 장 점

　㉠ 구조조정 비용의 최소화 : 잉여인력의 효과적인 재배치로 구조조정 비용 최소화

　㉡ 고용유지와 창출효과 : 기존 직원의 고용을 유지하면서, 새로운 인력에 대한 고용 창출 효과

　㉢ 근로생활의 질 향상 : 근로시간 단축에 따른 여가활용으로 근로생활의 질 향상

　㉣ 기업이미지 제고 : 기업의 대외적 이미지를 향상시킬 수 있고, 노사간의 신뢰도 향상 가능

② 단 점

　㉠ 구조조정의 역행 : 잉여인력에 대한 근본적인 해결방안이 아닌 미봉책

　㉡ 노동비용의 증가 : 노동비용 증가에 따른 경쟁력 약화와 고실업수준이 장기화될 수 있음

　㉢ 임금수준의 저하 및 저항 : 근로시간 단축에 의한 임금수준 저하와 그에 따른 저항이 있을 수 있음

02 이직관리

1 이 직

광의로는 노동이동을 말하고, 협의로는 조직으로부터 금전적 보상을 받는 개인이 조직에서 구성원 자격을 종결짓고 조직을 떠나는 것을 말한다.

2 이직의 구분

이직은 주체에 따라 자발적 이직(종업원에 의해 주도), 비자발적 이직(종업원의 의사에 반하여)으로 구분된다.

3 전직지원제도

사업구조조정 등 기업이 피치못할 사정으로 종업원을 퇴직시켜야 하는 경우 퇴직자에 대한 전직지원활동이다.

(1) **심리적 지원단계** : 기업이 상담자를 통해 퇴직자의 퇴직으로 인한 심리적 충격을 극복하도록 해 준다.

(2) **개인개발단계** : 퇴직에 대한 강점·약점 등을 분석, 향후 경력개발 방향을 모색한다.

(3) **구직활동단계** : 기업은 퇴직자의 구직관련 정보를 수집, 제공하여 구직활동을 돕는다.

(4) **지속적 상담과 지원단계** : 퇴직자가 재취업한 후에도 성공적인 적응을 하도록 지속적으로 지원한다.

4 자발적 이직

(1) **자발적 이직의 기능**

① 순기능적 이직 : 자발적 이직은 기업의 경쟁력에 오히려 도움이 된다.

② 역기능적 이직 : 기업에 비효율성을 가져다 주어 기업의 경쟁력을 훼손한다.

(2) **이직이 잔류자에게 미치는 영향**

① 부정적 영향

㉠ 작업집단의 응집력 약화 : 남아 있는 잔류자에게 심적 압박요인으로 작용한다.

㉡ 종업원 간의 협동관계가 훼손될 우려가 있다.

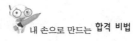

② 긍정적 영향

㉠ 잔류자에게 보다 나은 직무로의 이동 가능성을 높여준다.

㉡ 새로 영입되는 신규인력에 의한 긍정적인 집단 분위기를 가져올 수 있다.

(3) 자발적 이직의 효과

구 분	긍정적 효과	부정적 효과
기 업	• 무능한 인재 퇴직으로 조직능력 제고 • 신규인력의 신선한 아이디어 제공 • 조직활성화 계기	• 이직비용 발생 (신규채용 시 교육비용 포함) • 유능인재 상실 시 경쟁력 약화 • 조직의 불안정성 증가
이직자	경력개발, 소득 및 능력발휘 기회 부여	직장생활의 불확실성 증가
잔류자	• 이동 및 승진기회 증가 • 새로운 동료로부터의 자극 및 상호보완	• 조직 내 기존 사회적관계의 훼손 • 신규인력 확보 전까지 업무량 증가

기출문제 및 모범답안

2017년도 제32회 경영지도사 제2차 국가자격시험 문제지

교시	지도분야	시험과목	시험시간	수험번호	성명
1교시	인적자원관리 분야	인사관리	90분		

※ 다음 문제를 논술하시오.

【문제 1】 개인의 심리적·행동적 특성인 역량(Competency)의 5가지 구성요소와 역량모델을 수립할 때 활용되는 행동사건 면접(BEI ; Behavioral Event Interview)기법에 관하여 논하시오. (30점)

【문제 2】 카페테리아식(Cafeteria Style)이라고도 하는 선택적 복리후생 제도(Flexible Benefit Plans)의 등장배경과 개념, 3가지 유형(선택항목 추가형, 모듈형, 선택형 지출계좌형)을 설명하시오. 그리고 선택적 복리후생제도의 장·단점에 관하여 논하시오. (30점)

※ 다음 문제를 약술하시오.

【문제 3】 직무순환(Job rotation)의 개념, 조직에서의 성공요건, 직무순환의 문제점에 관하여 각각 설명하시오. (10점)

【문제 4】 성과관리(Performance management) 시스템 구축의 3가지 목적에 관하여 각각 설명하시오. (10점)

【문제 5】 홉스테드(G. Hofstede)의 다양한 문화를 구분할 수 있는 5가지 차원에 관하여 각각 설명하시오. (10점)

【문제 6】 교수체제설계(ISD ; Instructional System Design)를 구성하는 5가지 단계인 ADDIE(분석 → 설계 → 개발 → 실행 → 평가) 모형에 관하여 각각 설명하시오. (10점)

2016년도 제31회 경영지도사 제2차 국가자격시험 문제지

교시	지도분야	시험과목	시험시간	수험번호	성명
1교시	인적자원관리 분야	인사관리	90분		

※ 다음 문제를 논술하시오.

【문제 1】 고몰입 인적자원관리시스템(high-involvement HR system)의 등장배경과 정의, 성과제고를 위한 고몰입 인적자원관리시스템의 3가지 기제(인적자본 측면)와 기제별 구성요소(실행방안이나 제도)에 관하여 논하시오. (30점)

【문제 2】 21세기 급변하고 있는 환경변화에서 한국기업의 인적자원관리의 패러다임이 근본적으로 바뀌고 있다. 한국기업 인사관리의 패러다임의 변화에 관하여 5가지만 논하시오. (30점)

※ 다음 문제를 약술하시오.

【문제 3】 전직지원제도(outplacement)의 개념을 설명하고, 전직지원제도가 퇴직자 및 잔류구성원에 미치는 효과에 관하여 각각 설명하시오. (10점)

【문제 4】 근로자에 대한 보상(compensation)은 다양한 거래차원으로 접근할 수 있다. 경제적 거래차원 등 보상에 대한 5가지 거래차원에 관하여 각각 설명하시오. (10점)

【문제 5】 직무분석의 목적을 설명하고, 직무분석 방법 중에서 면접법 외에 3가지 방법만 설명하시오. (10점)

【문제 6】 직무공유제의 의미(job sharing)와 직무공유제의 장·단점을 각 4가지씩 설명하시오. (10점)

경영지도사의 답안

논술문제

문제 ① 개인이 심리적·행동적 특성인 역량(Competency)의 5가지 구성요소와 역량모델을 수립할 때 활용되는 행동사건면접(BEI ; Behavioral Event Interview)기법에 관하여 논하시오. (30점)

1. 서 론

(1) 기업의 환경이 변화함에 따라 인적자원관리의 패러다임이 변화되었고, 그 패러다임 중 하나가 전략적 인적자원관리(SHRM)이다. 전략적 인적자원관리는 핵심역량기반 전략이고 이는 전사적 인적자원관리(ERP)로 연결된다.

(2) 따라서 기업의 인적자원은 기업의 경쟁력 확보의 핵심요소이므로 조직적합성을 높여야 한다.

(3) 위와 같이 기업이 인재를 확보하기 위한 역량의 의의, 구성요소, 행동사건면접기법에 대하여 기술하고자 한다.

2. 역량의 개념과 구성요소

(1) 역량의 개념

역량이란 개념은 조직구성원이 직무를 수행하여 업무목표를 성공적으로 달성하는데 필요한 기술이나 능력을 말하는 것으로, 개인성과를 예측하거나 설명할 수 있는 다양한 심리적·행동적 특성이다.

(2) 역량의 구성요소

① 직무역량의 개념은 구성원의 성공적인 역할 수행을 위해 요구되는 성과물을 얻기 위해서 필요한 지식(knowledge), 기술(skill), 태도(attitude)의 총체로 정의된다.

② 위 직무역량은 외적인 요소(지식, 기술)와 내적인 요소(태도, 가치관, 동기)로 구성되어 있는데 그 구성요소를 5가지로 분류할 수 있다.

㉠ 동기(Motives) : 동기는 목표를 향해 특정한 행위나 행동을 촉발시키고 선택하도록 작용하는 것이다.

ⓛ 특질(Trait) : 특질이란 신체적인 특성, 상황, 정보에 대하여 일관성 있게 반응하는 개인적인 기질을 의미한다.

ⓒ 자기개념(Self-Concept) : 자기개념에는 태도, 가치관 등이 포함된다.

ⓔ 지식(Knowledge) : 지식이란 정보의 집합체이며, 경험과 연구를 통하여 생성된 데이터, 개념, 이론, 사실추론, 결론 등을 의미한다.

ⓜ 기술(Skill) : 기술이란 특정한 신체적, 정신적 과제를 수행할 수 있는 능력으로 정신적·인지적 기술은 분석적 사고와 개념적 사고를 포함한다.

3. 행동사건 면접

(1) 개 념

행동사건 면접은 직무등 조직구성원으로서 요구되는 역할을 성공적으로 수행하기 위해 필요한 행동을 파악하는 역량모델링을 위한 면접기법이다.

(2) 행동사건 면접의 구체적인 내용

① 행동사건면접법은 특정인물에 대한 선입견을 배제하고 우수한 성과자에게 초점을 맞추어 진행된다. 즉 우수한 성과자가 겪은 사건과 경험에 대한 심층분석과정을 통해 주어진 역할을 성공적으로 수행하기 위해 필요한 행동을 파악하는 방법이다.

② 이를 위해 고성과자인 임원 3~4명 또는 우수성과자를 피면접자로 선정하여, 피면접자가 약 18~24개월 내의 비교적 최근에 겪은 사건과 경험에서 드러난 역량과 수준에 대한 심층분석 과정이 이루어진다.

문제 ❷ 카페테리아식(Cafeteria style)이라고도 하는 선택적 복리후생제도(Flexible benefit plans)의 등장배경과 개념, 3가지 유형(선택항목 추가형, 모듈형, 선택형 지출계좌형)을 설명하시오. 그리고 선택적 복리후생제도의 장·단점을 논하시오. (30점)

1. 선택적 복리후생제도의 등장배경 및 개념

(1) 등장배경

① 전통적 복리후생제도는 조직구성원의 의사에 관계없이 일률적이고 고정적인 표준적 복리후생제도로서 기업에는 과중한 비용부담이 발생했고, 조직구성원의 다양한 욕구를 충족하기도 어려웠다.

② 위와 같이 기업은 많은 복지비용을 지출하였음에도 조직구성원의 욕구만족도가 높아지지 않는 문제점을 극복하기 위해서 조직구성원의 욕구에 맞는 복리후생프로그램의 개발이 필요하다는 인식을 가지게 되었다.

③ 그래서 각각의 조직구성원들이 기업이 제공하는 복지제도나 시설 중 원하는 것을 선택함으로서 자신의 후생복지를 직접 설계하도록 하는 카페테리아식 복리후생이 탄생된 것이다.

(2) 개념 : 선택적 복리후생제도는 조직구성원의 의사 및 요구에 관계없이 일률적이고 고정적으로 복리후생을 제공하는 표준식 복리후생제도가 아닌, 조직구성원의 선택에 따라 선택적으로 복리후생을 지원하는 제도이다.

2. 카페테리아식 복리후생제도의 유형

(1) 선택항목 추가형

① 기업이 조직구성원에게 꼭 필요하다고 판단되는 복리후생 항목(기본항목)을 선택, 제공한 후 추가적으로 조직구성원이 자기가 원하는 것을 선택하는 것이다. (기본항목 + 추가)

② 조직구성원에게 추가항목에 대한 선택권을 부여한 것이다.

(2) 모듈형

① 여러 개의 패키지 중 선택하도록 하는 것이다. (패키지형, 레저형, 교육형 등)

② 조직구성원에게 선택의 폭이 넓지 않다.

(3) 선택적 지출 계좌형

조직구성원 개인이 주어진 복리후생 예산범위 내에서 자유로이 복리후생 항목을 선택할 수 있는 제도이다. (개인 예산범위 내 선택)

3. 선택적 복리후생제도의 장·단점

(1) 장 점

① 조직구성원의 욕구를 반영하기 때문에 동기부여에 효과적이다.

② 복리후생에 대한 예산의 합리적 배분이 가능하다.

③ 노사협력증진 제고가 가능하다.

④ 조직구성원의 선택의 폭이 증가하여 타율적 조직분위기를 줄일 수 있다.

⑤ 복리후생 프로그램 만족도 제고가 가능하다.

(2) 단 점

① 관리비용 및 업무증대가 유발된다. (선택의 역기능)

② 선택을 잘못한 경우, 조직에 대한 오해와 불신 야기 및 복리후생 효과가 반감된다.

③ 프로그램의 관리가 복잡하고 운영비용이 많이 발생한다.

약술문제

문제 ❸ 직무순환(Job rotation)의 개념, 조직에서의 성공요건, 직무순환의 문제점에 관하여 각각 설명하시오. (10점)

1. 직무순환의 개념
직무순환은 집단을 대상으로 하여, 다양한 직무를 순환하여 수행하게 하는 직무설계 방법이다.

2. 직무순환의 조직에서의 성공요건
(1) 작업자들에 의해 수행되는 여러 가지 과업이 호환성이 있어야 한다.

(2) 작업자는 작업 흐름에 큰 지장을 주지 않고 과업 사이의 순환이 가능하여야 한다는 것이다.

3. 직무순환의 문제점
(1) 잦은 직무 교체로 인한 비용의 문제

(2) 잦은 직무 교체로, 직무의 협동시스템의 훼손 가능성

문제 ❹ 성과관리(Performance management) 시스템 구축의 3가지 목적에 관하여 설명하시오. (10점)

1. 성과관리 시스템의 개념
성과관리 시스템은 조직과 조직 구성원들의 현재와 미래의 능력과 업적을 평가하고, 인적자원관리제도 및 정책에 필요한 기초자료를 획득·활용하기 위한 인사평가제도를 말한다.

2. 성과관리 시스템 구축의 목적
(1) **전략적 목적** : 조직구성원의 행동과 조직목표 연결. 조직적인 측면에서는 인력배치, 능력개발, 보상, 조직개발에 활용하고, 개인적인 측면에서는 근로만족 및 자아실현의 기회를 제공한다.

(2) **관리적 목적(인적자원관리 제 기능과의 관계)**
 ① 인력확보 정보 제공 : 인력 수요·공급의 중요한 자료(질적판단자료로 활용함)
 ② 인력개발 계획 : 인력 배치·승진·이동의 중요한 정보(특히 승진에 대한 의사결정의 결정적인 기준이 됨)
 ③ 인력보상 : 임금결정 기준(노동의 질과 성과는 임금결정의 기준이 됨)
 ④ 인력유지 : 조직구성원들의 커미트먼트 등의 정보는 유지의 중요한 정보(인사평가는 조직구성원의 정신적 측면에 대한 정보를 제공함)
 ⑤ 인력방출 : 방출계획의 자료(인사평가는 직무설계의 중요한 자료가 됨)

(3) **발전적 목적** : 지식과 기술을 발전시키는 토대로 활용한다. (조직개발 및 근로의욕증진)

문제 5 홉스테드(G. Hofstede)의 다양한 문화를 구분할 수 있는 5가지 차원에 관하여 각각 설명하시오. (10점)

1. 홉스테드의 문화 연구

(1) 홉스테드는 글로벌 기업인을 대상으로 그들의 가치관, 직무관련 행동에 대한 설문조사를 통하여 5가지의 비교문화적 측면을 중심으로 각국의 문화를 비교분석하였다.

(2) 글로벌 시장에서 인적자원관리에 가장 중요한 영향을 미치는 것은 문화이다.

2. 5가지의 문화적인 차원

(1) 개인주의 · 집단주의

① 이는 한 개인이 다른 구성원들과 갖게 되는 관계의 정도를 의미한다.

② 개인주의적인 문화에서는 자신을 하나의 개인으로 생각하고 행동하는 성향이 있다.

③ 집단주의적인 문화에서는 사람들이 자신을 집단의 구성원으로 인식하여 공동체의 이해를 위해 자신을 희생하며 개인의 문제에 직면하면 공동체가 보호해 줄 것으로 기대한다.

(2) 권력격차

① 이는 권력의 불평등한 분포에 대하여 인지하는 것으로, 어느 정도의 불평등을 정상적인 것으로 간주하는가를 의미한다.

② 다른 사람들과 나누는 대화에서 권력격차를 쉽게 관찰할 수 있다.

(3) 불확실성 회피성향

① 이는 문화가 미래의 불확실성에 대하여 어떻게 대처하는가를 의미한다.

② 불확실성 회피성향이 높은 경우에는 구조화된 상황을 선호한다.

(4) 남성 · 여성성

① 이는 문화적으로 강조하는 특성들이 전통적인 의미에서 남성적인가 여성적인가의 문제이다.

② 남성적인 문화는 성취감, 돈 버는 것, 독단적인 성향, 경쟁을 중시하고, 여성적인 문화는 대인관계, 봉사, 약자에 대한 관심, 환경보존과 같은 이슈를 중시한다.

(5) 장기적 · 단기적 성향

① 이는 미래에 가치를 두는가(장기적) 또는 과거나 현재에 가치를 두는가(단기적)를 의미한다.

② 장기적 성향 문화는 절약과 인내를 중시하여 미래에 보상받을 것을 기대한다.

③ 단기적 성향 문화는 과거를 중시하며 현재의 사회적인 의무를 이행하는 것을 중요하게 생각한다.

문제 ⑥ 교수체제설계(ISD ; Instructional System Design)를 구성하는 5가지 단계인 ADDIE(분석 → 설계 → 개발 → 실행 → 평가) 모형에 관하여 각각 설명하시오. (10점)

1. 교육훈련의 설계

(1) 교수설계는 제2차 세계대전부터 지금까지 여러 모형이 개발·진화하여 왔는데, 교수체제설계(Instructional System Design ; ISD)와 역량기반 교육과정 개발(Compentency-Based Curriculum ; CBC), 요구분석기법, 교육 관련한 다양한 기술 및 지식이 발전해 왔다.

(2) 교육훈련을 위한 기획체계 설계가 교수체계설계(ISD)이고 그 중 대표적인 교수설계모델이 ADDIE모델이다. (ADDIE모델은 ISD 모델 중 하나인 것으로 ISD의 구성요소는 아님)

2. 교수훈련의 설계(교수설계모형, ADDIE 모델)

(1) **1단계 : A(Needs Analysis) – 교육 요구 분석(조직수준, 직무수준, 개인수준)**
  ① 교육 요구 분석은 경영상의 요구, 직무분석 요구, 차이분석, 원인분석, 학습자 분석, 교육타당성 검토 등 단계를 포함하여 진행된다.
  ② 위와 같은 분석을 하는 방법에는, 수요조사, 자료조사법, 작업표본법, 질문지법, 전문가 자문법, 면접법, 델파이기법이 있다.

(2) **2단계 : D(Design) – 설계(학습형태의 결정)**
  ① 교육에 대한 니즈가 도출되면 이렇게 도출된 니즈를 해결하기 위한 과정의 설계가 필요하다.
  ② 과정의 학습목표를 설정하는 방법은 A(학습자-Audience), B(행위-Behavior), C(조건-Condition), D(수준-Degree), ABCD에 의한다.

(3) **3단계 : D(Development) – 개발(강사 매뉴얼 등을 개발)**
  ① 설계된 내용을 만들어 가는 과정으로 강사 매뉴얼 등을 제작하는 단계이다.
  ② 과정을 개발할 때에는 구체성, 논리성, 실용성, 독창성, 명확성을 가지고 개발하여야 한다.

(4) **4단계 : I(Implementation) – 실행(교육기법)**
  ① 개발된 교육훈련프로그램을 실제로 활용. 효과적인 교육을 실시한다.
  ② 교육기법에는 OJT(현장직무훈련), 외부훈련(off-jt : off-job training), 인바스켓 훈련, 비즈니스게임, 사례연구, 역할연기법, 행동모델법, 교류분석법이 있다.

(5) **5단계 : E(Evaluation) – 커크패트릭의 교육효과측정 4단계(반응, 학습, 행동, 결과 평가)**

본 답안은 현역 경영지도사의 모범 예시 답안이며, 채점자의 견해에 따라 표준 정답은 달라질 수 있으니 학습에 참고로만 활용하시기 바랍니다.

논술문제

문제 ① 고몰입 인적자원관리시스템(high-involvement HR system)의 등장배경과 정의, 성과제고를 위한 고몰입 인적자원관리시스템의 3가지 기제(인적자본 측면)와 기제별 구성요소(실행방안이나 제도)에 관하여 논하시오. (30점)

1. 고몰입 인적자원관리시스템(HPWS)의 등장배경과 정의

(1) 고몰입 인적자원관리시스템의 등장배경

① 과학적 관리론 이후 인사관리가 인적자원관리(HRM)로 변경되는 시점에 시장은 산업화시대에서 지식정보화 시대로 변화하며 무한경쟁의 시대로 접어들게 되었다. 기존의 산업화 시대에서 경쟁 우위를 확보하였던 방안들이 더 이상 쓸모가 없어지면서 새로운 시장은 기업의 지속적인 혁신을 요구하는 방향으로 변화하게 되었다.

② 또한 종업원의 기대수준의 변화(니즈의 변화)로 경력관리, 임금관리 등의 욕구의 변화로 전략적 인적자원관리, 전사적 인적자원관리(ERP), 지식경영, 윤리 경영 등 다양한 이슈에 의한 인적자원 관리가 등장하게 되었다.

③ 고몰입 인적자원관리시스템(HPWS ; High-Performance Work System)은 독립된 구성모델로 등장한 것이 아니라 여러 이론들이 결합하면서 고몰입 인적자원관리시스템으로 발전한 것이다.

(2) 고몰입 인적자원관리시스템의 정의

① 전략적 인적자원관리에서 조직의 성과 향상에 기여하는 인적자원관리 방법들을 묶어서 고몰입 (High Commitment ; Arthur, 1994) 인적자원관리라고 정의한다.

② 또는 연구자에 따라 고성과(High-Performance ; Huselid, 1995), 고관여(High Involvement ; Lawler, 1992) 인적자원관리라고 정의하기도 한다.

2. 성과제고를 위한 고몰입 인적자원관리시스템의 3가지 기제

(1) 조직체의 성과제고 관점에서 인적자본의 세 가지 측면을 강화함으로써 조직의 성과향상에 기여할 수 있다.

(2) **조직체 성과제고를 위한 3가지 기제**

① **지적자본** : 조직구성원들의 업무수행역량을 지속적으로 향상시키는데 초점을 맞춘다.

② **정서적 자본** : 업무수행동기와 조직에 대한 정서적 몰입을 높이는데 관심을 둔다.

　직원들의 정서적 몰입은 자신들의 역량 발휘 요건이 조성될 때 더욱 강화되고 직원들의 정서적 몰입 향상은 창의력을 발휘하도록 자극함으로써 상호상승작용을 한다.

③ **사회적 자본** : 상호신뢰를 바탕으로 한 직원들의 사이의 팀워크와 협업을 향상시키는데 초점을 맞춘다.

3. 성과향상을 위한 기제별 실행방안 및 제도

(1) 고몰입 인적자원관리의 핵심구성 요소는 조직구성원들의 내재적 욕구를 충족시키고 직장생활의 질을 높이면서 동시에 조직체의 인적 자본의 질을 제고할 수 있는 인적자원관리제도나 실행방안들이라고 할 수 있다.

(2) **지적자본 향상제도**

① 조직체의 지적자본을 지속적으로 향상시키기 위해 활용되는 구성요소로는 체계적인 우수역량 확보 유지 방안들과 체계적인 역량개발 방안들을 들 수 있다.

② 선별적 모집 및 선발 프로그램, 평생학습 프로그램, 경력개발 프로그램, 고임금 등이 위 구성요소에 포함된다.

(3) **정서적 자본 향상제도**

① 조직체의 정서적 자본을 지속적으로 향상시키기 위해 활용되는 구성요소로는 내재적 동기 강화 방안들, 조직체와 개인의 목표 및 가치 일체화 방안들, 현장 직원들의 참여 촉진 방안들이 있다.

② 동기부여적 직무재설계를 통한 직무충실화 노력, 비전과 핵심가치 공유를 위한 사회화 프로그램, 조직성과 연동 성과급제, 제안제도, 분권적 의사결정제도, 광범위한 정보공유, 열린 소통채널 등이 포함된다.

(4) **사회적 자본 향상제도**

① 조직체의 사회적 자본을 지속적으로 향상시키기 위해 활용되는 구성요소로는 조직 구성원들 간 공동이해기반 구축방안들, 팀워크 및 협업장려 방안들을 들 수 있다.

② 이득공유제, 이윤배분제, 응급지원기금제도, 다방향 의사소통채널 구축, 협업인센티브, 각종 차별 철폐, 임금격차 완화, 자율팀제 활용 등이 포함된다.

문제 ❷ 21세기 급변하고 있는 환경변화에서 한국기업의 인적자원관리의 패러다임이 근본적으로 바뀌고 있다. 한국기업 인사관리의 패러다임의 변화에 관하여 5가지만 논하시오. (30점)

1. 서 론

인사관리의 현대적 이슈는 환경적 차원에서 이를 이해하는 것으로, 인적자원관리(HRM)의 환경변화와 같은 맥락이고 이에 따라 인적자원관리 전략도 변화하게 된다.

2. 인력구성의 변화에 따른 인적자원관리 전략(다문화, 고령화, 저출산·저성장의 도래, 비정규직 문제)

(1) 인력구성의 변화 트렌드 중 가장 중요한 변수는 고령화로, 이는 임금피크제, 정년보장법에 지대한 영향을 미치고 있다.

(2) 기업의 인력구성에 대한 또 하나의 중요한 변수는 비정규직의 문제이다. 우리의 경우 1990년대 금융위기 이후 비정규직이 확대되면서 가속화된 것으로, 당시 기업의 노동시장 유연화를 통한 인건비 절감은 기업이 회생하는데 결정적인 요인으로 작용하였다. 사실상 위와 같은 금융위기를 경험하면서 우리 사회의 유대감은 급격히 파괴되기 시작하였고, 이는 현재의 양극화, 삶의 질 저하 등의 사회문제를 발생케 하는 요인으로 작용하였다.

(3) 현재 비정규직 차별시정제로서, 사용자가 비정규직 근로자(기간제, 단시간, 파견근로자)를 비교대상 근로자(무기계약근로자, 통상 근로자, 직접고용근로자)에 비해 임금 및 그 밖의 근로조건 등에 있어서 합리적 이유없이 불리하게 처우하는 것을 금지하고, 차별적 처우에 대해서는 노동위원회를 통한 시정절차를 따르도록 하고 있다.

3. 근로가치관의 변화에 따른 인적자원관리 전략(근로의 질(QWL), 진정성 마케팅, 가치증대의 문제, 윤리경영, 경영참가)

(1) 근로의 질에 관한 변화는 일·생활 균형(Work-life-balance, 워라밸)에 대한 법률이 제정됨(남녀고용평등과 일·가정 양립 지원에 관한 법률)에 따라 여성근로자에 대한 차별대우를 하지 말도록 규정하며 직장에서의 육아에 대한 보장 등으로 '저녁이 있는 삶'이 이슈화되고 있다.

(2) 때문에 기업은 진정성을 담보로 한 마케팅을 통하여 제품이 아닌 가치경영에 중점을 두고 있다.

(3) 기업은 주주가치를 높이는 전략 대신에 이해관계자의 가치를 높이는 전략으로, 에퀴티(Equity)를 높이기 위해 경영참가(자본참가, 이윤참가, 의사결정참가)를 확대하고 있는 추세이다(경영참가 부분은 노사관계론의 경영참가편을 참고할 것).

(4) 이러한 근로가치관의 변화는 인사관리 측면에서 부정적인 영향도 있다. 우수인력의 직무몰입도가 떨어지고 업무강도나 근무환경에 따라 이직이 발생하는 등 인력확보에서 어려움이 있고, 이러한 제도를 유지하기 위한 기업의 부담감이 높아질 것이다.

(5) 현재 정부는 근로시간(주 40시간, 연장근로 12시간, 휴일연장근로 16시간)에 대하여 근로시간을 52시간으로 단축하려는 움직임을 보이고 있어, 기업의 입장에서는 생산에 필요한 절대적 근로시간의 부족으로 탄력적 근무제 등 유연한 근무제를 확대 적용하는 보완대책이 필요하다는 입장이다.

4. 글로벌 인재의 수요증대에 따른 인적자원관리 전략(VRIO 분석-핵심역량)

(1) 글로벌 인재를 확보하기 위한 기업들의 치열한 쟁탈전이 이루어지고 있어 글로벌 인재의 모빌리티 (Mobility) 증대가 기업 경영을 더욱 어렵게 만들고 있는 상황이다.

(2) 기업의 인적자원관리는 역량 있는 인재를 보유하기 위해 노력하나 기업이 부담하는 인건비 상승은 피할 수 없는 부분이다.

(3) 따라서 이러한 비용 부담은 결국 전략적 인적자원관리전략(SHRM)을 통해 '선택과 집중'으로 핵심인 재를 고용하여 성과를 올리는 전략을 선택하여야 한다.

5. 스마트워크의 확산에 대한 인적자원관리 전략

(1) 스마트워크는 IT기술을 사용, 장소와 시간에 구애받지 않고 일하는 방식이다. 스마트워크의 근무형태 는 이동·현장근무, 재택근무, 원격 사무실 근무 등 장소와 시간에 관계없이 근무한다.

(2) 스마트워크의 도입은 사무공간 및 운영비의 절감 효과가 있고 재택근무 등이 가능함으로써 근로생활 의 질을 높일 수 있다.

(3) 그러나 단점으로는 조직에 대한 몰입도가 줄어들고 조직원들간의 소통이 원활하지 않을 수 있다. 또한 교육참여가 어려워 역량개발의 기회가 줄어들고, 보안에 취약점이 있어 핵심기술의 유출 가능 성이 있다할 것이다.

약술문제

문제 ❸ 전직지원제도(outplacement)의 개념을 설명하고, 전직지원제도가 **퇴직자** 및 **잔류구성원**에 미치는 효과에 관하여 각각 설명하시오. (10점)

1. 전직지원제도의 개념

사업구조조정 등 기업이 피치못할 사정으로 종업원을 퇴직시켜야 하는 경우 퇴직자에 대한 전직지원활동 이다.

2. 전직지원 제도의 진행

(1) 심리적 지원단계 : 기업이 상담자를 통해 퇴직자의 퇴직으로 인한 심리적 충격을 극복하도록 해 준다.

(2) 개인개발단계 : 퇴직에 대한 강점, 약점 등을 분석, 향후 경력개발 방향을 모색한다.

(3) 구직활동단계 : 기업은 퇴직자의 구직관련 정보를 수집, 제공하여 구직활동을 돕는다.

(4) 지속적 상담과 지원단계 : 퇴직자가 재취업한 후에도 성공적인 적응을 하도록 지속적으로 지원한다.

3. 전직지원제도의 효과

(1) 퇴직자

① 퇴직자의 심리적 안정을 도모할 수 있다. 전문심리상담사를 통해 심리상담 및 퇴직자의 강점, 약점, 적성 등을 체계적으로 분석, 경력개발의 방향성을 정립해 주기 때문에 심리적 안정을 도모할 수 있다.

② 퇴직자의 효율적인 경력전환을 이루어낼 수 있다. 구직, 창업 등 퇴직자가 원하는 정보를 제공, 체계적으로 구직활동을 지원한다.

③ 퇴직자의 전 직장에 대한 이미지를 제고할 수 있다.

(2) 잔류구성원

① 조직에 대한 신뢰가 회복된다.

② 생산성이 향상된다.

③ 조직몰입 증가의 효과가 있다.

문제 ④ 근로자에 대한 보상(compensation)은 다양한 거래차원으로 접근할 수 있다. 경제적 거래차원 등 보상에 대한 5가지 거래차원에 관하여 각각 설명하시오. (10점)

임금(보상)에 대한 거래차원(관점)

(1) **경제적 거래차원** : 임금이란 종업원을 생산의 한 요소로 보고 이를 사용하는데 대해 지불하는 가격이다.

(2) **심리적 거래차원**

　① 보상은 고용에 대해 개인이 특정한 형태의 노동을 임금, 기타 직무 만족을 위해 조직과 교환하는 심리적 계약이다.

　② 허즈버그의 2요인 이론과 같이 임금은 불만족요인으로, 같은 수준의 임금이라도 개인 임금이 개인에 따라서는 동기부여의 수단으로 작용하지 않을 수도 있다.

　③ 임금을 생산성 향상이라는 요소를 무시하고 욕구충족의 측면만 강조한다는 비판이 있다.

(3) **사회적 거래차원** : 개인이 받는 보상은 조직과 사회에 있어서 지위의 상징이다. 사회적 거래 관점은 개인, 조직, 개인이 속한 사회의 관점에서 그 상징적 지위에 초점을 맞추고 있다.

(4) **정치적 거래차원** : 임금은 조직구성원들의 권력과 영향력의 작용결과로 보고 있다. 노사관계에서 임금은 단체교섭을 통한 결과물로서 기업이 갖는 경영권과의 협상력(정치력)의 산물이다.

(5) **윤리적 거래차원** : 임금을 자본과 노동 간의 경제원리가 작용되는 교환관계가 아닌 사회적이고 규범적인 시각에서 보는 관점이다. 임금의 공정성은 경제원리가 아닌 윤리적 측면이 강조된 것이다. 인간의 존엄성에 기반을 둔 관점이다.

문제 ⑤ **직무분석의 목적을 설명하고, 직무분석 방법 중에서 면접법 외에 3가지 방법만 설명하시오. (10점)**

1. 직무분석의 목적

직무를 수행하는 사람에게 직무수행과 관련되는 광범위한 정보를 제공하기 위해서 실시된다.

2. 직무분석 방법

(1) 관찰법

① 관찰을 통한 정보수집으로, 생산직 혹은 짧은 순환과정직무 적용에 용이하다.

② 시간이 오래 걸리고, 내적인 사고과정을 확인할 수 없다.

③ 긴 순환과정을 가진 직무에는 사용불가하다.

(2) 면접법

① 면접(Interview)을 통해 정보수집하는 것이다. 정신적 직무 혹은 긴 순환과정 직무에 적합하다.

② 응답자가 방어, 소극적 모습을 보일 수 있으므로 친밀감 형성이 중요하다.

(3) 질문지법

① 구조화된 질문지를 이용하여 짧은 시간에 대량의 정보수집이 가능하다.

② 질문지 개발 시 사전 정보가 필요하며 질문구성이 정보수집에 큰 영향을 준다.

③ 응답자의 성실성이 중요하다.

(4) 중요사건 기록법(Critical Incident Methods)

① 중요한 사건들을 체계적으로 기록해 직무수행에 효과적인 행동패턴을 추출한다.

② 직무・성과 간 상관관계를 높일 수 있으나, 시간과 비용이 많이 소요되고 포괄적 정보획득은 제한된다.

문제 ❻ 직무공유제(job sharing)의 의미와 직무공유제의 장·단점을 각 4가지씩 설명하시오. (10점)

1. 직무공유제의 의미

(1) 직무공유제(Job-sharing, 직무분할제)는 하나의 정규(Full-time)업무를 둘 이상의 파트타임(Part-time) 업무로 전환시키는 것을 말한다.

(2) 이 경우, 근로자는 직무에 대하여 동등한 책임을 지는 수평적 분할로서, 복수의 근로자가 하나의 직무를 공유하게 됨을 말한다.

(3) 위와 같은 직무공유제는 일자리 창출이라는 정부시책과도 부합한다.

2. 직무공유제의 장·단점

(1) 장 점

① 하나의 직무를 여러 명이 나누어 일하는 것으로 고용유지 및 고용창출효과가 있다.

② 저렴한 비용으로 우수한 인력을 활용할 수 있어 비용대비 효율적이다.

③ 근로시간의 단축으로 근로자의 근로생활의 질(QWL)이 향상된다.

④ 동일 직무를 둘 이상의 근로자가 수행하는 과정에서 서로의 경험 및 지식이 보완되어 직무성과를 높일 수 있다.

(2) 단 점

① 분할되는 직무에 대하여, 근로자 상호 간에 서로 업무를 미루는 등의 갈등이 발생할 가능성이 있다.

② 직무분할을 하는 경우, 임금 이외에 교육훈련비, 복리후생비를 감안하면 인건비가 더 증가하고, 업무의 계속성이 떨어져 생산효율성은 감소될 수 있다.

③ 직무분할로 인한 근무시간의 축소로 직무공유 인원의 조직에 대한 소속감이 감소될 수 있다.

④ 우수 인력의 경우, 직무공유제로 인하여 근로시간이 줄어 결과적으로 임금감소를 초래할 수 있어 조직을 이탈할 수도 있다.

여기서 멈출 거예요? 고지가 바로 눈앞에 있어요.
마지막 한 걸음까지 시대에듀가 함께할게요!

조직
행동론

경영지도사 2차 인적자원관리
한권으로 끝내기

I wish you the best of luck!

핵심이론

PART 1 조직행동의 이해

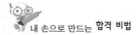
내 손으로 만드는 **합격 비법**

01 조직과 조직행동론의 기본 개념 [2009년 논술문제]

1 기본개념

(1) **조직(Organization)** : 특정한 목적을 가지고 그 목적을 달성하기 위하여 구성원 간에 상호작용하는 인간의 협동집단을 의미한다.

(2) **조직행동론(Organizational behavior)**

① 조직 내 행동에 영향을 미치는 개인, 집단수준 및 조직구조에 대해 살펴보고 이것이 조직유효성에 어떤 영향을 미치는지 연구하는 학문이다.

② 사람의 관점에서 조직구성원을 파악하는 사람 중심의 학문이다.

(3) **조직유효성(Organization effectiveness)** : 목표달성 정도나 희소가치가 있는 자원의 획득 등 조직이 얼마나 효과적으로 운영이 되는지 성과를 나타내는 정도를 의미한다.

2 조직행동의 체계

(1) **개인수준** : 가치관, 태도, 지각, 학습, 성격, 동기부여, 개인의사결정 등

(2) **집단수준** : 집단과 팀의 개념, 의사소통, 갈등, 집단의사결정, 리더십 등

(3) **조직수준** : 조직문화, 조직변화 및 개발기법 등

3 조직행동과 경영학

(1) 경영학에서 조직행동을 배워야 하는 이유는 무엇인가?

① 경영학은 실천과학이다. 실천이 없는 경영은 존재하지 않는다. 문제에 대한 원인을 찾으려 하지 않는다면 해결방안을 찾을 수 없다. 해결방안을 제시하여야만 기업의 영속성이 보장될 것이다.

② 경영학은 실천과학이고 조직의 목적을 효과적이고 효율적으로 달성하기 위한 일체의 과정을 연구하는 학문이다. 조직이 성과를 내지 못하는 이유는 무엇인지 조직의 효율성을 이해하고 법칙과 이론을 구축한 다음 향후 효율적이고도 효과적인 조직을 구축할 수 있도록 한다.

(2) 조직행동은 주로 인간의 행동에 나타난 현상을 이해하고 이론을 구축한 다음 향후 조직이 올바른 방향으로 나갈 수 있도록 한다.

(3) 따라서 조직행동은 경영학 분야에서 기본적인 학문의 지위를 가지고 있다.

02 현대 조직행동의 추세

1 환경 패러다임의 변화

(1) **안정에서 변화로의 변화** : 최근의 소비문화는 무작정 제품을 사는 것이 아니라 기업이 제품을 만들어도 사지 않을 수도 있는, 팔리지 않는 시대로 변화하고 있다. 이제 기업은 원가로 승부를 보는 것이 아니라 차별화된 제품이나 서비스로 승부를 해야 하므로 조직과 조직구성원은 끊임없는 변화와 개발이 필요한 시대에 직면하고 있다.

(2) **통제에서 위임으로의 변화** : 최근의 조직문화는 조직구성원의 욕구에 대하여 조직에의 참여와 권한을 위임하는 방향으로 바뀌었다. 위로부터의 통제가 아닌 아래로부터의 조직구성원의 욕구를 충족시키는 방향으로 변화한 것이다.

(3) **경쟁에서 협동으로의 변화** : 현대사회는 공유의 사회로 지식의 공유가 매우 중요하다. 지식의 공유는 협동에 의해서만 가능한데, "어떻게 지식을 공유할 것인가?"가 지식경영의 화두라고 할 것이다.

2 조직행동 연구의 변화추세

(1) **고전이론(합리성을 강조한 이론)** : 테일러의 과학적 관리론, 베버의 관료제론, 페욜의 일반관리론 등

① 고전이론은 합리성, 효율성, 표준화를 중시한 이론으로 획일적 지시와 규칙에 의한 통제를 통해 조직의 효율성을 극대화한다.

② 고전이론은 조직효율성의 극대화라는 목적을 이루지 못하였고, 종업원의 만족을 증진시키는 것이 조직성과를 향상시킬 수 있다는 인간관계론이 등장하게 되었다.

내 손으로 만드는 **합격 비법**

(2) 인간관계론(인간성을 강조한 이론) : 인간관계론, 사회적 인간론 등

① 메이요는 1927년부터 1932년까지 GE의 호손 공장을 대상으로 실험을 실시하였다.

② 실험을 통하여 얻은 결론은 다음과 같다.

　㉠ 종업원들은 특별한 대우를 받거나, 가치있는 존재라고 인정받을 때 높은 성과를 보여준다.

　㉡ 집단의 동료에 의하여 인정을 받는 것이 보상을 더 많이 받는 것 보다 중요하다.

　㉢ 종업원의 만족이 직무성과와 연결된다.

③ 호손 공장에 대한 연구결과, 인간관계론이 성립되었다.

④ 인간관계론의 등장은 조직에서 인적자원의 중요성을 깨닫게 한 이론이지만, 조직에서의 통제와 지시는 여전히 존재하였다. 따라서 고전이론의 패러다임이 변화한 것은 아니었다.

(3) 행동과학의 출현

① 1950년 포드재단은 조직의 문제(인간관계론의 한계-노동생산성이 높아지지 않는 점)을 해결하기 위해서 인간의 행동을 연구하였다.

② 인간의 행동을 총체적이고 종합과학적으로 연구해야 할 필요성이 대두되었다.

(4) 시스템이론과 상황이론

① 조직은 환경과의 상호작용을 통해서만 생존이 가능하고, 환경은 불확실성이 지배하고 있어 이러한 환경에 적응하기 위해서는 조직을 하나의 유기체로 보아야 하고, 조직의 부분들을 조정, 통합하여 환경에 알맞은 구조로 설계하거나 조직에 알맞은 환경을 창출하는 것이 필요하다.

② 시스템이론

시스템이론은 환경에 적응하는 조직의 적응기에 해당한다. 전체를 이루는 부분들이 어떻게 전체로서 기능할 수 있는가의 측면에서 부분들 간의 조정과 통합의 중요성을 인식하게 된다. 또한 이러한 조정과 통합으로 인하여 유연성의 중요성을 인식하게 된다.

③ 상황이론

조직을 설계함에 있어서 조직성과를 높이는데 상황(환경)에 따라 그 조직 설계 방식이 달라지는 것이다. 예를 들면, 리더가 부하에게 리더십을 발휘함에 있어서 부하의 성과를 극대화하는 보편적인 리더십이 존재하는 것이 아니라 상황(부하의 특성, 과업의 특성, 환경의 특성 등)에 따라 그 리더십의 효과도 달라지는 것이다.

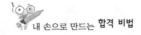

(5) 팀제이론과 학습조직이론

① 경쟁에서 협동으로, 통제에서 위임으로 패러다임이 변화함에 따라 구성원들에게 어떻게 권한을 위임할 것인가가 중요해졌다.

② 팀제이론은 조직원들이 어떻게 함께 일하고 팀원들 스스로 권한과 책임을 가지고 일을 할 것이냐의 방안을 제시한다.

③ 학습조직이론은 조직의 잠재력을 최대한도로 발휘하기 위하여 구성원들이 함께 공동으로 일하는 조직으로서 정보사회에 필요한 지식을 창출, 획득, 공유, 전달하는 것을 강조한다.

2 PART
개인수준(인간행동의 이해)

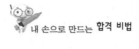
내 손으로 만드는 **합격 비법**

01 개인차

1 인구 통계적 특성

(1) 나 이

① **나이와 생산성** : 나이가 들수록 경험, 판단력, 업무의 질에 대한 강한 몰입도가 있는 반면 유연성, 창의력, 변화에 대한 수용력은 떨어진다.

② **나이와 직무만족** : 20~30대까지는 나이가 들수록 직무만족도가 점점 낮아졌다가, 40대부터는 직무만족도가 점차 증가한다.

(2) 성 별

① 성별에 따른 고정관념은 현대 기업조직의 생산성과의 상관관계는 매우 낮다.

② 여성의 차별을 금지하고 있다. (양성 평등)

(3) 근속년수

① 근속년수가 길수록 이직율은 낮다.

② 그러나 생산성과의 관계는 직무별로 다르다.

(4) 결혼여부

① 결혼여부가 생산성에 미치는 연구는 일관성이 없다.

② 기혼자가 미혼자보다 결근율과 이직율이 낮고 직무만족도 높다는 의견이 있기도 하다.

(5) 외 모

① 외모는 대인관계와 직장관계에 영향을 준다.

② 외모는 직무몰입과 업적을 올려 승진에 영향을 준다.

02 성격 | 2008년 약술문제 | 2010년 약술문제 | 2013년 논술문제 | 2016년 논술문제 |

1 성격(Personality)의 의의

(1) 개인을 다른 사람과 구분하는 심리적 특성의 집합으로, 개인행동에 직접적인 영향을 주는 요소를 의미한다.

(2) 개인별로 다른 모습을 관찰할 수 있고, 그 차이에 따라 관리함으로써 효율적인 조직성과를 낼 수 있다.

2 성격에 영향을 주는 요인(성격결정 요인)

(1) 유전적 요인 : 유전은 개인 통제영역 밖의 요인으로, 신체 및 심리적 특성 형성에 중요한 역할을 한다.

(2) 문화적 요인 : 사회마다 독특한 특성을 지닌 공동가치·생활양식 등을 가지며, 이를 사회적 차원의 유전이라 볼 수 있는 문화(Culture)라고 한다. 이는 동일 사회의 구성원간 성격의 공통성을 형성한다.

(3) 가족과 사회집단 : 유아의 사회화(Socializtion)라는 어머니와의 접촉을 시작으로 선생, 친구 등 여러 성원집단에 의하여 사회화를 이룩한다.

(4) 상황적 요인 : 개인의 성격은 상황에 따른 상호작용이 존재한다. (예 장기적 실업에 의한 의기소침)

3 성격이론

대표적 이론으로는 성격특성이론, 정신분석이론, 성격발달이론이 있다.

(1) 성격특성이론 : 성격이 독특한 특성으로 구성되어 개인의 행동을 결정한다고 보는 이론이다. 개인 성격을 구성하는 기본적 특성이 무엇인가를 밝혀내려는 이론으로, Allport는 성격을 일반화할 수 있는 3가지 특성으로 분류하였다.

① **기본특성** : 일반화된 성향으로. 개인의 생활을 체계화함

② **중심특성** : 기본 특성보다 행동을 적게 지배함

③ **이차특성** : 개인의 행동에 제한된 방식으로 영향을 줌

(2) **정신분석이론**

① 개인 성격이 내부에 존재하는 상황과 갈등에 의해 발전한다는 것을 전제한다.

② 프로이드는 개인행동을 지배하는 근본적 동기는 무의식적 요소라 하였고, 이는 사고·욕망 등 개인의 의식적 사고와 행동을 지배한다고 보았다.

③ 이런 기본적 충동을 처리하는 방식이 개인마다 다르기 때문에 성격차이가 존재한다.

④ 성격은 원초아(id), 자아(ego), 초자아(superego) 세 부분으로 구성된다.

  ㉠ 원초아(id) : 성격의 무의식적인 부분으로, 기본 욕구의 저장고이며 성격의 기초가 된다. 내면 깊숙이 자리잡으며, 즉각적 충족을 요구하는 원시적, 무의식적 측면이다.

  ㉡ 자아(ego) : 원초아에서 분화된 것으로, 원초아, 양심, 현실의 요구를 중재하는 조직적이고 현실지향적인 부분이다. 적당한 대상과 방법이 발견될 때 까지 본능적 충족을 지연시키는 작용이다.

  ㉢ 초자아(superego) : 도덕, 가치관 등을 포함하는 일반적인 '양심'을 의미한다. 용납될 수 없는 충동을 차단하고, 효율성이 아닌 도덕성으로 가도록 자아에 압력을 가한다.

  ㉣ 원초아와 초자아는 끊임없는 갈등상태에 있으며, 자아는 이것을 조정하고자 한다.

(3) **성격발달이론** : 아지리스(Argyris)의 성숙·미성숙 이론이 대표적이다. 인간은 초기에는 미성숙한 존재이나, 성장하면서 점차 성숙해진다. 미성숙한 인간은 나태하고 게으르며 관리가 필요하다는 관점이나, 성숙한 인간은 성취지향적 특징을 가지고 자기통제를 실시하므로, 자율적 리더십을 행하여야 한다고 주장한다.

4 조직행동에 영향을 주는 성격유형

조직 내에서는 구성원의 성격유형에 따라 조직성과가 달라진다.

(1) **A유형/B유형(type A/type B)** : 성격을 건강과 연결시킨 것을 의미한다.

① A유형은 과업지향적이고, 시간에 대한 압박을 받는다. 적대적인 경쟁을 하고, 높은 표준을 설정한다.

② B유형은 시간에 압박을 받지 않고 덜 경쟁적이다.

③ A유형은 B유형에 비해 일을 많이 하고 어렵고 복잡한 과업에 도전하나, 항상 A유형이 좋은 성과를 거두는 것은 아니다. 최고경영자 등이 여러 가지 문제를 차분히 해결하여야 하는 경우 B유형이 효과적이다. 결론적으로는 두 유형은 상호보완적 관계이다.

(2) 내향성/외향성 : 상황에 대한 반응에 있어서 개인의 에너지가 '내부/외부 어느 쪽을 더 지향하는가?'에 따라 분류된다.

① 내향성 : 반응에너지가 개인감정이나 사고로 내면화되는 행동경향이다. 집중력 있고 조용한 것을 좋아하며 세밀한 것에 주의를 기울인다. 재무, 회계, 기술직에 적합하다.

② 외향성 : 반응에너지가 외적으로 더 많이 나타나는 행동경향이다. 활동적이며, 갈등과 스트레스를 비교적 잘 수용한다. 판매, 영업, 일반관리직에 적합하다.

(3) 통제의 위치(Locus of control) : 개인이 사건을 통제해서 운명에 영향을 미칠 수 있다고 믿는 정도를 의미한다.

① 내재론자(Internalizer) : 본인의 운명을 스스로 통제할 수 있다고 믿으며, 스스로의 행동이 결과에 영향을 준다고 생각한다. 동기부여 수준이 높으므로 창조적 직무를 맡기고, 노력에 의해 보상을 하는 참여적 리더십이 유용하다.

② 외재론자(Externalizer) : 본인이 운명을 통제하지 못하고, 외부환경이 운명을 통제한다고 믿는다. 자발적으로 활동하지 않고 낮은 성과수준을 보이므로 완전한 통제 하에 규정대로만 하면 되는 직무에 유용하다. 지시적 리더십이 적당하다.

(4) 성취지향성(Achievement orientation)

① 높은 성취목표를 선호한다. 높은 수준의 과업에 관심을 두고 도전적인 기술과 문제해결에 성취 동기가 강한 성향을 보인다.

② 성취동기가 높은 개인에게는 높은 수준의 목표, 결과에 대한 신속한 피드백, 통제가 허용되는 책임 등을 제공하면 과업 수행에서 높은 성과가 나타난다.

③ 따라서, 조직구성원 성취동기를 측정하여 과업 난이도에 맞게 배치한다면 동기부여가 증가한다.

④ 높은 성취인(High achievers)

　㉠ 문제해결에 적극적으로 관여함으로써 개인적으로 책임지는 것을 좋아함

　㉡ 성취여부가 우연적인 것, 통제할 수 없는 상황 등은 좋아하지 않음

　㉢ 일에 대한 분명한 피드백을 원함

⑤ 낮은 성취인(Low achievers) : 높은 성취인과 대조적인 성격으로 소극적, 방관적, 비성취적, 무계획적인 것이 특징

(5) 위험선호 성향(Risk-taking)

① 개인의 행동에서 위험을 감수하거나 회피하고자 하는 성향으로, 위험을 감수하고자 하는 의지 정도는 개인마다 다르게 나타난다.

② 위험선호 성향이 높은 사람은 신속한 의사결정을 필요로 하는 직무(해외시장 침투 등)에 적합하며, 위험선호 성향이 낮은 사람은 감사업무나 회계업무를 선호한다.

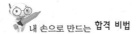

(6) 프레스더스(Presthus)의 성격유형론

① 성격을 외적상황에 적응해 나가는 일관성 있는 행동양식으로 개념화함으로써, 사회화 과정임을 강조한다.

② 개인이 대규모 관료제조직에 종사할 때, 개인은 자신의 성격 특징에 의해 다른 생활양식을 보인다.

③ **상향형** : 조직목표와 규범에 잘 적응하고, 개인적 영달과 출세를 극히 중요시한 다. 권력지향적이며 승진방안에 큰 관심을 가지며 매사 자신감을 과시한다. 그 러한 부분에서 대인관계 부적응을 초래하기도 한다.

④ **무관심형** : 조직의 모든 일에 냉담한 반응을 보이며, 비교적 많은 유형임에도 조직에 잘 적응한다. 이는 욕구좌절을 느끼지 않는 범위에서 적당하게 규범과 환경에 적응하고 내재적 보상보다는 경제적 수단을 만족의 수단으로 이용하기 때문이다. 변함없는 직장생활을 유지함으로써 원만한 인간관계를 유지한다.

⑤ **불투명형** : 성장·발전을 거부하지는 않으나 노력을 적극적으로 하지도 않는 모 호함이 있다. 안전욕구는 강하나 적응력은 약하며, 조직 자주력에 지극히 부정 적이고 고집에 의해 일을 하려고 한다. 불만과 적대감에 빠져있고 심리적으로 지극히 불안함을 느낀다.

(7) 마키아벨리즘

① 자신의 목표를 달성하기 위해 다른 사람을 이용하거나 조작하려는 성향을 말 한다.

② 마키아벨리즘이 높은 사람은 현실적이고 감정적으로 냉정한 성격이다. (움직이 는 것이면 모두 이용하라)

5 성격 측정

(1) Big-Five 성격 특징 : 조직과 관련된 다섯 가지 성격 특성으로, 조직 내 개인행동 정의의 근본적 특징이다. 구성원 성격 특징을 이해하고 배치하는 관리자는, 이를 고려하여 높은 직무성과를 내도록 사원배치가 가능하다.

① **친화성(Agreeableness, 포용성)** : 타인과 잘 지낼 줄 아는 성향이다. 전체적 화 합을 중시하고, 협조적이며 친절하다.

② **성실성(Conscientiousness, 신중성)** : 개인이 초점을 맞추는 목표의 개수이다. 성실성이 높은 개인은 적은 숫자의 주요 목표에만 초점을 맞추어 구체적이고 체 계적 목표를 수립한다.

③ **정서적 안정성(Emotional Stability)** : 스트레스에 대처하는 개인의 능력이다. 정서적 안정성이 높은 개인은 침착하고 쾌활하며 스트레스나 긴장에 극단적 변 화 없이 안정적으로 극복 가능하다.

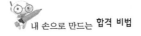

④ **외향성(Extroversion)** : 타인과 관계를 맺는 것에 편안함을 느끼는 정도이다. 타인과 대화하는 것을 즐기며 자기주장과 자기표현을 잘하고 새로운 관계로 발전한다.

⑤ **개방성(Openness)** : 개인 호기심과 관심의 범위이다. 다양한 영역에 대한 호기심으로 새로운 정보를 추구하며 변화에 대한 높은 수용도를 보인다.

(2) MBTI

일상생활에 유용하게 활용할 수 있도록 고안한 자기보고식 성격유형 지표로, 자기보고 문항을 통해 선호하는 경향을 찾고 인간의 행동에 어떠한 영향을 미치는가를 파악하여 실생활에 응용한다.

① **외향형(Extroversion) – 내향형(Introversion)**

　㉠ 에너지 방향이 외부에 있는지 내부에 있는지의 지표이다.

　㉡ 외향형은 폭넓은 대인관계를 유지하며 사교적이고 정열적이다.

　㉢ 내향형은 깊이 있는 대인관계를 유지하며 조용하고 신중하다.

② **감각형(Sensing) – 직관형(Intuition)**

　㉠ 무엇에 의존하여 인식하고, 어떤 측면을 표출하는지의 인식 지표이다.

　㉡ 감각형은 오감에 의존하여 실제 경험을 중시하며, 현재에 초점을 맞추고 일처리를 한다.

　㉢ 직관형은 이론적·개념적인 정보를 더 잘 받아들이며 미래지향적이고 가능성을 추구한다.

③ **사고형(Thinking) – 감정형(Feeling)**

　㉠ 개인이 어떻게 결정하는가에 따른 판단적 지표이다.

　㉡ 사고형은 진실과 사실에 관심을 갖고 판단한다.

　㉢ 감정형은 사람과 관계에 관심을 갖고 판단한다.

④ **판단형(Judging) – 인식형(Perceiving)**

　㉠ 채택한 생활양식에 대한 지표이다.

　㉡ 판단형은 분명한 목적과 방향이 있으며 기한을 엄수하고 사전계획적이다.

　㉢ 인식형은 목적과 방향은 변화가능하고 상황에 따라 일정이 달라지며 자율적이고 융통성이 있다.

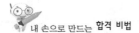
내 손으로 만드는 **합격 비법**

6 개인성격과 조직과의 관계

(1) 개인 – 직무적합성 : 홀랜드의 6가지의 성격 유형(현실적, 탐구적, 사회적, 전통적, 진취적, 심미적)은 직무적합성과 연관이 있다.

(2) 개인 – 조직적합성 : Big-Five 모형을 조직에 적용하면 다음과 같다. 외향성이 높은 사람은 공격적이면서 팀 중심적인 문화에 적합하고, 친화성(포용성)이 높은 사람은 지원적인 조직 분위기에 맞고, 개방성이 높은 사람은 표준화보다는 혁신을 강조하는 조직에 잘 맞다고 볼 수 있다.

예/상/문/제

– MBTI의 4가지 차원과 한계점에 대해 기술하시오. (10점)

– 통제의 위치에 대하여 설명하시오. (10점)

– 마키아벨리즘에 대하여 설명하시오. (10점)

※ 시험에 나올 가능성이 있는 문항 모음으로, 본문 이론을 바탕으로 스스로 답안을 작성해보는 연습에 활용하시기 바랍니다.

03 지각 2010년 논술문제 2009년 약술문제

1 지각(Perception)

(1) 의 의

① 환경에서 오는 자극을 선택(Selection), 조직화(Organization), 해석(Interpretation)하는 총체적인 심리적 과정이다.

② **지각의 과정** : 대상투입(Input) → 지각매커니즘(S.O.I processing) → 지각산출(Output) → 반응(Reaction)

③ **지각선택** : 지각은 같은 자극이라도 사람마다 다른 반응을 보이는데, 이는 지각선택의 요소의 차이에 의해서 발생한다.

(2) 지각의 주체(Perceiver)

① 개인태도, 성격, 동기, 과거경험 등 그 사람의 개인적 특성에 영향을 받는다.
예 급한 성격의 상사는 일처리가 늦은 부하직원을 쉽게 지각)

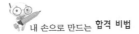

② 지각선택의 내적요인

　⊙ 동기(Motivation) : 인간 욕구계층에 입각하면 낮은 동기부터 고차원적 동기는 지각의 강도가 다르다.

　ⓛ 성격(Personality) : 개인의 특성, 사소한 사항까지 신경쓰는 관리자는 부하의 자잘한 사항까지도 모두 지적한다.

　ⓒ 학습(Learning) : 개인이 경험한 학습내용에 따라 달라진다.

(3) 지각의 대상(Target)

① 감각기관을 자극하는 대상의 움직임, 크기, 친숙성 등 지각대상이 지닌 특성에 영향을 받는다. (**예** 시끄러운 사람은 더 눈에 띄기 쉬움)

② 지각대상의 외적요인

　⊙ 강도(Intensity) : 자극이 강할수록 느끼는 지각은 커진다.

　ⓛ 규모(Size) : 객체가 클수록 지각이 잘 된다. (**예** 광고판 면적)

　ⓒ 대비(Contrast) : 색채, 배경에 의한 외적 자극이다. (**예** 검은 배경에 빨간 경고문)

　② 반복(Repetition) : 자극이 반복적인 경우 주의환기에 효과적이다. (**예** 반복적인 광고)

　ⓜ 운동(Motion) : 정태적인 상태보다 동태적인 상태가 더욱 집중하기 좋다. (**예** 네온사인)

(4) 지각의 상황(Situation) : 지각대상, 위치, 장소 등 시간 등에 따른 상황요인에 영향을 받는다. (**예** 동일한 상황에서 '1 대 1'은 충고로 받아들일 수 있지만, '1 대 다'인 경우에는 비난으로 인식함)

2 사회적 지각

(1) 의 의

개인이 타인의 행동을 이해하기 위해 정보를 결합하고 통합시키고 해석하는 것을 의미한다.

(2) 귀인이론

① 어떤 행동에 대해 원인을 추론하고자 하는 경향을 의미한다.

② 자신 또는 타인 행동에 대해 원인·결과를 밝히는 것을 귀인이라고 한다.

(3) Weiner의 귀인이론 : 귀인을 내적요인, 외적요인으로 인한 것으로 나눌 수 있다.

① 내적요인 : 사람의 능력이나 기술 등 개인 내부적 요소

② 외적요인 : 직무 특성이나 상급자의 특성 등 외부적, 환경적 요소

③ 보는 사람에 따라 통제능력, 경험 등 내적요인을 원인으로 여기는 경우도 있고 외적 요인을 원인으로 생각하는 경우도 존재한다.

내 손으로 만드는 **합격 비법**

(4) Kelly 모형 : 내적, 외적요인을 좀 더 발달시켜 합의성, 특이성, 일관성 세 가지 요소로 귀인이론을 형성한다.

① 합의성(일치성) : 한 사건의 결과를 다른 사람들이 얻은 결과와 비교하여 귀인하려는 경향이다. 모든 개인이 동일한 반응을 보이면 합의성이 높은 것으로 본다.

② 특이성 : 한 사건의 결과를 비슷한 다른 사건의 결과와 비교하여 귀인하려는 경향이다. 상황과 여러 상황에 대한 반응을 지켜보고, 이를 통해 개인 행동이 정상인지 아닌지를 판단한다.

③ 일관성 : 개인 행동이 규칙적이며 일관적으로 나타나고 있는가의 문제이다. 시간이 경과했음에도 동일 행동 등을 보일 경우 일관성이 높다.

3 지각과정에서 발생하는 오류

(1) 의 의

① 타인과 상호작용하는 과정에서 오해하거나 행동상의 과오를 범하는 경우를 말한다.

② 의도적이거나 인지체계가 불안정한 상황에 따라 달라진다.

(2) 관대화 · 가혹화 · 중심화 경향(범위제한에 따른 오류)

① 개인을 평가할 때 긍정적으로 관대하게 평가하여 평가결과가 위로 편중되게 하거나, 가혹하게 평가하거나, 양 극단을 피해서 대다수 평가가 가운데로 몰리도록 하는 경향이다.

② 평가결과가 나쁜 경우의 여파를 우려하거나 피평가자 관찰 부족으로 잘 모르고 평가한 경우를 말한다.

③ 의도적으로 유리 · 불리하게 평가한 경우에 발생한다.

(3) 후광효과(Halo effect)

① 지각대상의 어느 한 특성을 중심으로 대상 전체를 평가하는 오류를 말한다.

② 상급자는 하급자 행동 중 일부분이 눈에 띄는 부분이 관찰되면 다른 것으로 보완하기 어려운 일이 발생한다. (예 인사를 잘하는 직원은 일도 잘할 것이라 생각함)

(4) 유사효과

① 자신과 유사한 사람을 더 호의적으로 평가하는 오류를 말한다.

② 개인은 자신과 유사한 사람을 좋아한다. (예 입사 면접시 면접관과 동일 학교 출신에 긍정적으로 평가함)

(5) 대조효과 : 시간적으로 이전의 것, 공간적으로 옆의 것과 대조해 현재 대상을 지각하는 데 영향을 미친다. (예 면접시 두 평가자가 들어올 경우, 최하위 성적 평가자가 존재하면 다른 평가자는 더 좋은 추가점수를 줌)

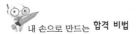

(6) **투영(투사)효과**

① 자기 자신이 갖는 감정이나 특성을 다른 사람에게 투영시킴으로써 발생하는 지각의 착오를 의미한다.

② 다른 사람이 자신과 같을 것이라 가정한 다음, 자신의 주관적 감정을 객관화하여 다른 사람에게 적용한다.

(7) **지각방어** : 불쾌한 감정이나 이전의 고정관념과 흐름을 달리하는 상황이 발생할 때 이를 회피함으로써 자신을 보호하고 방어하는 경향에서 일어나는 오류를 의미한다.

(8) **상동적 태도(Stereotyping)**

① 사람을 하나의 독특한 특징으로 평가하는 태도이다.

② 타인에 대한 평가가 그가 속한 특정 사회적 집단에 대한 지각을 기초로 이뤄진다.

③ '일반화' 된 속설을 이용하고자 하며 이러한 부분에서 상동적 태도는 평가과정을 단축시킴으로써 경제적 이점이 발생한다. 단, 부정확한 평가가 발생할 수 있다.

(9) **자성적 예언(Self-fulfilling)**

① 인간이 자신이 소망하는 것을 이룩할 수 있다는 확신을 의미한다.

② 개인이 가진 기대로 무비판적으로 사실을 지각하는데 이는 타인의 기대나 관심으로 인하여 기대치에 맞는 긍정적 효과를 가지고 온다.

4 지각의 오류를 줄이는 방법

(1) **자기이해(Self-understanding)와 자기인정(Self-acceptance)**

조직 구성원은 누구나 지각오류가 발생할 수 있음을 알게 한다. 자신이 완전한 인간이 아니라는 것과 바람직하지 않은 특성을 지니고 있음을 인식하게 함으로써 지각오류를 감소시킨다.

(2) **의식적 정보처리**

많은 지각오류가 무의식적 지각과정과 해석에서 발생하므로, 과정을 명확하게 함으로써 오류발생을 줄일 수 있다.

(3) **객관적 테스트**

지각해석을 다른 측정치와 비교하여 자신의 지각해석이 정확한지를 결정할 수 있도록 하는 방법이다.

내 손으로 만드는 **합격 비법**

04 감정과 스트레스 〔2011년 논술문제〕 〔2016년 약술문제〕

1 감정의 의의

감정은 어떤 사람 또는 사물을 향한 강렬한 느낌을 의미하며, 반응행동을 촉발한다.

2 감정노동

(1) 개 념
직무상 사람을 대하며 상호작용이 이루어지는 일을 수행할 때, 조직에서 바람직하다고 여기는 감정을 일부러 표현해야 하는 일을 의미한다.

(2) 감정표현의 분류
① **표면행동** : 실제로 경험하고 있지 않은 감정을 마치 경험하고 있는 것처럼 보이기 위해 언어적 단서 및 비언어적 단서(표정, 몸짓, 목소리 등)를 주의 깊게 조절하는 것을 의미한다.

② **내면행동**
　㉠ 서비스 근로자가 자신에게 기대되는 감정상태를 실제로 경험하려고 시도하는 것을 의미한다.
　㉡ 이 과정에서 서비스는 적극적으로 자신의 감정을 유도하거나 억제 또는 형성되는 과정을 거치게 된다.

③ **순수감정**
　㉠ 행위자가 자신을 표현하기를 원하는 감정을 실제적으로 느끼는 것을 의미한다.
　㉡ 순수감정을 느끼는 감정노동자는 그 역할에 감정 이입을 하려고 시도하지 않아도 실제로 그 감정을 가지고 있기 때문에 노력없이 역할에 맞는 감정을 표현할 수 있다.

(3) 감정노동의 부정적 결과
① 감정노동은 구성원을 소외감에 빠지게 한다.
② 감정노동의 강도와 스트레스 간의 관계는 정(+)의 상관관계를 보여준다.
③ 감정노동의 강도가 높을수록 직무만족과 자기존중감이 낮아진다.
④ 감정노동의 강도가 높을수록 직무몰입, 조직몰입, 조직시민행동의 정도가 낮아진다.
⑤ 감정노동은 약물남용, 알코올중독, 결근율을 높이게 한다.

(4) 개선대책

① 감정노동의 부정적 결과의 핵심원인이 감정 부조화인데, 이를 극복할 수 있도록 조직의 지원이 있어야 한다.

② 감정노동 상황에서 행동을 할 수 있는 훈련프로그램을 제공한다.

③ 감정노동에 노출되어 있는 구성원들에게 현실성 있는 수당 지급 등 보상제도를 개선하고 추가적인 휴가 등 심리적인 회복의 기회를 가지도록 지원한다.

3 감성지능 [2015년 약술문제]

(1) 개 념

자신의 감정을 잘 알고, 타인의 감정을 잘 파악하여 감정적인 자극과 정보를 간파하고 관리하는 능력을 의미한다.

(2) 구성요소

① **자기인식능력** : 자신의 감정상태를 잘 아는 능력

② **자기관리능력** : 자신의 감정을 조장, 억제, 조절하는 능력

③ **자기동기부여능력** : 평상시나 어려움 속에서도 긍정적 감정을 유지하는 능력

④ **타인인식능력** : 타인의 감정에 관한 단서와 정보를 잘 파악하는 능력

⑤ **타인조절능력** : 파악된 타인의 감정을 조장, 억제, 조절할 수 있는 능력

(3) 시사점

① 감성지능이 조직에서의 다양한 성과변수(직무성과, 조직시민행동, 직무만족) 등에 영향을 준다.

② 감성지능의 중요성이 대두된다.

(4) 감성지능의 한계점

① 감성지능은 측정하기 어렵고, 측정방법이 아직 구체화되거나 과학적이지 않다.

② 감성지능은 일반적인 지능과 구별하기 어렵다.

내 손으로 만드는 **합격 비법**

4 스트레스

(1) 스트레스(Stress)의 의의 : 개인에게 주어진 각종 요구들이 개인이 해결할 수 있는 능력을 넘어선다고 생각될 때 나타나는 흥분, 걱정 및 신체적 긴장상태를 의미한다.

(2) 스트레스의 일반적 증후군(General adaptation syndrome) : 스트레스가 점차 명확해지는 생리적 반응을 의미한다.

① **경고단계(Alarm stage)** : 외부 자극에 의해 호르몬이 분비되고 심장박동수와 혈압이 증가한다.

② **저항단계(Resistance stage)** : 경고의 다음단계로서 신체가 충격대체에 필요한 준비를 하여 신체항상성을 유지한다.

③ **고갈단계(Exhaustion stage)** : 저항단계 기제가 고갈되어 직무에 대한 긍정적 강화요인이 결여된다.

(3) 스트레스의 특징

① 스트레스는 건설적 순기능과 파괴적 역기능을 동시에 가진다.

② 스트레스는 지각·경험을 통해 발생하며, 지각된 스트레스는 실제적 스트레스이고 그렇지 않은 것은 잠재적 스트레스이다.

③ 스트레스는 받는 상황이 동일하더라도 개인 간 반응 방법과 정도는 다르다.

④ 스트레스는 부적합, 불균형 상태에서 발생하므로 균형을 맞추기 위한 적응적 반응이 강조된다.

5 직무스트레스

(1) 의의 : 업무상 요구사항이 구성원 능력, 흥미와 일치하지 않을 때 생기는 유해한 신체적·정서적 반응을 의미한다.

(2) 직무스트레스 원인

① **개인적 차원** : 조직구성원 개인적 변수, 성격, 역량, 개인성장에 대한 압력 등

② **조직적 차원** : 조직관련, 직무관련, 역할관련, 대인관계 차원 등

③ **조직관련** : 조직구조, 조직풍토와 같은 조직에 관련된 특성 (**예** 조직정치에 관련된 스트레스)

④ **직무관련** : 소음, 조명 등 물리적 작업환경과 과업특성, 반복성 등과 관련된 직무특성

⑤ **역할관련** : 개인이 처리하기에 많거나 힘든 역할과부하, 목표가 불분명한 역할모호성, 두 가지 이상의 행동요구로 인한 역할갈등 등

⑥ **대인관계** : 조직 내 상사, 동료 등과의 관계에서 갈등이나 낮은 신뢰도에서 발생

내 손으로 만드는 **합격 비법**

(3) 직무스트레스 반응 결과

① 생리적 반응 : 혈압상승, 소화기관 증상(위궤양 등)이 발생

② 심리적 반응 : 분노, 좌절, 흥분 등의 정서상태와 탈진, 피로 등 우울감이 발생

③ 행동적 반응 : 직무행동(직무수행사고), 반사회적 행동(직장이탈, 직장 내 이탈)이 발생

(4) 스트레스 관리

① 개인 차원의 관리 : 신체조건에 맞는 규칙적인 운동, 명상 · 요가 등 긴장이완 훈련, 상황을 통제함으로써의 자기조절 등

② 조직 차원의 관리 : 직무분석 통한 개인의 욕구에 적합한 직무설계, 기대역할 · 규정역할을 명확히 규정하는 역할분석, 분권화를 통해 자율성 · 계획수립을 수행하는 조직구조 변화, 정신 · 물질적 자원 등 사회적 지원을 수반

(5) 스트레스 관리의 중요성과 유스트레스와 디스트레스

① 유스트레스(Eustress) : 바람직하고 긍정적 측면의 스트레스로 건설적 결과로 나타나는 현상

② 디스트레스(Distress) : 바람직하지 않고 부정적 측면의 스트레스로 유해한 결과로 나타나는 현상

(6) 스트레스가 적정수준까지 증가한다면 성과개선의 단계에 도달하여 긍정적 효과를 유발하나(유스트레스), 스트레스가 적정 수준을 초과하면 성과는 다시 감소하게 된다(디스트레스). 따라서, 적정 수준의 스트레스를 유지하도록 조직, 개인차원에서 체계적으로 관리하는 것이 중요하다.

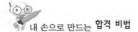
내 손으로 만드는 **합격 비법**

05 능 력

① 능력(Ability)

(1) 의 의

① 능력이란 어떤 일(정신적, 육체적)을 할 수 있는 최대한 한계를 나타내는 것이다. 이는 선천적일 수도 있고 후천적으로 학습될 수도 있다.

② **능력과 성과와의 관계** : 능력이 높을수록 성과가 높다. 따라서 기업은 능력을 위주로 사람을 선발하고 직원들의 능력을 향상시키려고 하는 것이다.

(2) **능력과 직무적합도** : 조직 구성원의 성과는 그의 능력에 맞는 직무에 배치되었을 때 높아진다.

② 창의력(핵심역량과 유사)

(1) **개념** : 창의력이란 비범한 대안을 찾아내는 능력을 말한다.

(2) **창의력의 구성요소**

① **전문성** : 모든 창의적인 업무의 기본요소이다. 창의력은 개인의 능력, 지식, 숙련과 자신의 분야에서 비슷한 전문성을 가지고 있을 때 발휘된다.

② **창의적으로 생각하는 기술** : 친숙한 것을 다른 시각으로 바라볼 수 있는 능력뿐만 아니라 창의력과 연관된 개인의 특성과 유추해낼 수 있는 능력이다.

③ **내적 동기** : 창의적인 사람은 내재적으로 과업에 대해 동기부여함으로써 자신의 직무를 좋아한다.

④ **근로 및 사회적 환경** : 조직 내 구성원들의 창의력 발휘는 조직상황과 관계 속에서 이해되어야 한다(조직 적합도). 아무리 창의적이라고 하더라도 조직에서 이해되지 않으면 안 된다.

⑤ 조직 내에서 창의력을 발휘하기 위해서는 상사의 역할이 매우 중요하다. 상사는 창의력을 발휘하려는 직원들에 대하여 적극 지원적이고 열린 관계를 유지할 필요가 있다.

③ 긍정심리자본 2013년 약술문제   2014년 약술문제

(1) 개 념

개인 심리의 강점을 바탕으로 목표를 달성하고 성과를 향상시킬 수 있는 긍정적 심리상태를 의미한다.

(2) 구성요인

① 자기효능감

　⊙ 주어진 상황에서 특정 목표를 성공적으로 수행하는데 필요한 동기부여, 인지적 자원과 행동적 과정을 동원할 수 있다는 능력에 대한 확신과 믿음을 의미한다.

　⊙ 사회적 학습이론에 근거한다.

② 희 망

　⊙ 목표를 직접 추구하고자 하는 의지(Will-power)와 목표의 달성경로(Pathways)에 근거하여 긍정적으로 동기부여된 상태이다.

　⊙ 희망은 목표달성을 위한 다양한 방법을 모색하고, 장애물을 예측하고 만일의 사태에 대비한 계획을 준비할 수 있게 한다.

③ 복원력

　⊙ 복원력이란 역경, 불확실성, 갈등, 실패뿐만 아니라 긍정적 변화, 진보 및 책임감의 증가 등으로부터 되돌아 올 수 있는 또는 회복할 수 있는 긍정적 심리역량이다.

　⊙ 복원력에서 의미하는 회복이란 단지 이전 상태로의 복귀가 아닌 보다 높은 수준의 성과로 나아가고, 삶의 과정 속에서 의미와 가치를 발견하는 것을 의미한다.

④ 낙관주의

　⊙ 낙관주의는 목표달성과 같은 긍정적인 사건들을 내적이고 지속적이며 포괄적인 것으로 귀인(Attribution)하며, 목표달성 실패와 같은 부정적인 사건들에 대해서는 외적이고 일시적이며 특수한 것으로 귀인하는 형태를 의미한다.

　⊙ 낙관주의는 목표추구에 대해 동기를 부여하고 미래에 대한 긍정적 기대를 형성한다.

(3) 전통적 자본과 심리적 자본의 비교

① 심리적 자본은 전통적 자본(경제적 자본, 인적자본, 사회적 자본)이 가지는 양적 한계를 가지지 않는다. 심리적 자본은 지속적으로 확대시킬 수 있다.

② 전통적 자본은 배타성으로 인한 경쟁 또는 불평등의 문제가 나타나나, 심리적 자본은 이러한 현상이 나타나지 않는다.

③ 심리적 자본은 조직구성원의 성과에 직접 영향을 미친다.

내 손으로 만드는 **합격 비법**

(4) 심리적 자본의 개발

① **자기효능감** : 사회적 학습방법(긍정적인 모델링, 직접적 경험, 성과달성)

② **희망** : 목표설정 훈련, 권한의 위임, 커뮤니케이션의 채널, 정보, 신뢰를 통한 희망의 강화

③ **복원력** : 위기중심전략, 프로세스 중심전략, 자원 중심전략

④ **낙관주의** : 과거에 대한 관용, 현재에 대한 감사, 미래 기회에 대한 탐색, 현실적이고 유연한 시각 등

06 학 습 `2007년 약술문제` `2010년 약술문제`

1 학습(Learning)의 정의

개인행동 형성의 기초적인 내용으로 반복적 연습이나 경험을 통해 이루어지는 영구적인 행동변화이다.

2 학습의 속성

(1) 행동변화(Behavioral change) : 태도, 지각, 동기 등 긍정적 변화 뿐 아니라 나쁜 습관, 편견 등 바람직하지 않은 부분도 내포한다.

(2) 영구적 변화(Permanent change) : 학습의 영구적인 성격을 의미한다.

(3) 연습과 경험(Practice and experience) : 실제 연습과 실습, 경험에 의한 행동변화를 의미한다. 연습이나 경험에 의한 것이므로 신체 성장에 의한 행동의 변화와 본능적 행동 등은 학습으로 간주하지 않는다.

(4) 강화작용(Reinforcement) : 일시적인 행동의 변화는 자극에 대한 반응일 뿐, 학습이라 볼 수 없다. 자극이 사라지면 원점으로 돌아가기 때문이다. 따라서, 행동을 영구적 변화로 정착시키려면 반복되는 강화작용이 존재해야 한다.

❸ 학습이론

(1) 고전적 조건화(Classical conditioning)

① 심리학자 파블로프의 실험과 같이 반사적으로 나타나는 것에 대한 개념이다.

② 개에게 주어진 음식(고기)은 무조건 자극으로서 훈련이 없이 초래된 자극이며, 이에 의한 반응(침)은 무조건 반응이다.

③ 종소리에 의한 반응은 "학습을 통한 조건 자극에 대한 무조건 반응"으로서 이는 조건반응으로서, 음식물은 강화요인이 된다. 이런 반응을 얻도록 자극을 주는 것을 강화(Reinforcement)라고 한다.

(2) 조작적 조건화(Operant conditioning)

① 하버드 대학의 심리학자 스키너에 의해 개발된 개념이다.

② 행동을 그에 따른 함수의 결과로 보는 것이다. (f(결과) = 행위)

③ 고전적 조건화와는 달리 학습은 개인의 행동에 의해 초래된 것으로, 개인이 행동을 이성적으로 인식하고 바람직한 결과를 위해 환경에 작용하는 것을 의미한다. (행동주의)

④ 보상의 경험이 조작적 조건화의 핵심이다.

⑤ 조작적 학습이론의 이론적 기반

　㉠ 효과의 법칙 : 손다이크에 의하면 호의적 결과가 따르는 행동은 반복될 가능성이 높고 호의적이지 않은 결과가 나타나는 행동은 반복되지 않을 가능성이 높다는 것이다.

　㉡ 강화의 법칙 : 효과의 법칙에 나타난 행동이 지속적으로 반복되기 위해서는 강화물이라는 매개체가 필요하는데 이러한 강화물이 행동을 유도해 내는 과정을 강화라고 한다.

(3) 고전적 조건화와 조작적 조건화의 공통점과 차이점

① 공통점

　㉠ 두 이론 모두 인간의 행동을 직접적인 경험의 결과로 생성된다고 본다.

　㉡ 두 이론 모두 행동주의 학습이론이다. 행동주의란 소위 '정신'이라는 유기체 내부에서 일어나는 것들을 언급하지 않고 관찰 가능한 외현적 행동만을 가지고 학습을 설명한다.

② 차이점

　고전적 조건화에서는 보상으로 작용하는 무조건 자극이 항상 제공되지만, 조작적 조건화에서는 학습의 주체가 옳은 반응을 보일 때만 보상이 제공된다.

제1과목

제2과목

제3과목

경영지도사 2차 인적자원관리 한권으로 끝내기

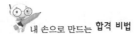
내 손으로 만드는 **합격 비법**

(4) 인지주의 학습이론

① 20세기 초에 자극과 반응의 관계를 인간의 학습에 적용한 행동주의 이론이 심리학계를 장악했다면 20세기 중반부터는 인지주의가 행동주의를 대신한다.

② 인지주의는 학습자가 기억 속에서 학습상황에서 일어나는 여러 가지 사상에 관한 정보를 보존하고 조직하는 인지구조를 형성함으로써 일어난다고 주장한다.

③ 톨만의 잠재학습

㉠ 미로학습 : 쥐들의 머릿속에 미로의 학습효과를 측정한다. (인지도)

㉡ 인간의 행동을 결정하는 유기체의 기대, 목적, 인지도의 내부 인지 인지과정을 역설한다. (즉, 쥐의 미로학습의 경우, 먹이가 있을 것이라는 단서와 먹이를 먹을 수 있다는 기대를 연계하여 학습함)

④ 쾰러의 통찰학습

㉠ 독일의 형태주의는 유기체가 환경을 있는 그대로 받아들이는 것이 아니라 환경을 능동적으로 구조화하고 조직화함으로써 형태를 구성한다는 것이다.

㉡ 강화이론으로는 고등동물의 인지과정을 설명하기 어렵다. (침팬지가 단번에 어떤 행동을 성취해내는 것에 대해 실패할 때마다 강화물을 줘야 하는 강화이론으로는 설명할 수 없음)

㉢ 통찰학습은 문제 상황에서 관련 없는 여러 요인이 갑자기 완전한 형태로 재구성되어 문제를 해결한다는 것이다.

(5) 행동주의와 인지주의의 비교

① 행동주의의 학습자는 수동적인 존재이지만, 인지주의의 학습자는 능동적인 주체이다.

② 행동주의는 백지상태의 인간관을 표방하여 자극과 반응의 결합이지만 인지주의는 인지구조의 변화로 다양한 반응을 보인다.

③ 행동주의는 학습효과는 점진적이라고 보지만, 인지주의는 학습은 급진적·종합적으로 발생한다고 본다.

(6) 사회적 학습이론(인지·모방학습, 반두라의 이론)

① 사람들은 다른 사람에게 일어나는 것을 관찰하거나 듣는 것과 같은 간접적인 경험을 통해서 학습한다. (사회적 학습)

② 사회적 학습의 단계

㉠ 관심(Attentional process) : 개인이 단순히 모델에 관심을 가지고 주의를 기울이는 과정이다.

㉡ 유지(Retention process) : 모델이 없어진다 하더라도 모델의 행위를 얼마나 잘 기억하는가의 과정이다.

㉢ 재생(Reproduction process) : 모델을 관찰하여 새로운 행동을 인식한 다음, 이러한 관찰은 실제 행동으로 바뀐다.

㉣ 강화(Reinforcement process) : 긍정적인 유인이나 보상이 제공되면 모델의 행동을 수행하는 과정이다.

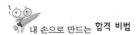

③ 사회적 학습이론은 행동주의와 인지주의를 통합한 이론

ⓐ 대리학습 : 학습자는 관찰대상을 정하고(모델링), 그 행동과 결과를 보고 학습하는 것이다.

ⓑ 이러한 학습방법은 자신이 설정한 어떤 목표가 성공적으로 달성되는 것 자체가 자기강화를 시켜 일에 몰두하게 하는 자기통제를 발생시킨다.

ⓒ 이러한 목표에 성공적으로 달성될 수 있다고 하는 것에 대한 스스로의 믿음이 자기 효능감이다.

(7) 조직행동 수정(Organizational behavior modification)

① 조작적 조건화의 개념 또는 강화이론을 대규모로 도입하여 조직구성원에게 새로운 행동을 학습시키고 강화시키는 것을 의미한다.

② 조직행동수정은 다음과 같은 근거를 가진다.

ⓐ 행동수정의 지지자들은 개인이 기본적으로 수동적 반응을 보인다는 입장을 보인다. 개인은 행동을 주도하기보다는 환경에서 들어오는 자극에만 반응한다고 생각한다.

ⓑ 행동수정의 지지자들은 관찰가능하고 측정 가능한 행동에만 초점을 준다 생각한다.

ⓒ 행동수정에서는 강화의 결과에 의해서만 변화가 가능하다고 주장한다. 강화가 안 된 행동들은 사라지게 된다.

4 행동형성(행동변화)

(1) 행동형성은 강화라고도 하는데, 강화물을 첨가하고 제거하는 방법에 따라 4가지의 행동형성방안이 구성된다.

구 분	첨 가	제 거
유쾌한 강화물	긍정적 강화(행동이 증가함)	소거(행동이 중단됨)
불쾌한 강화물	처벌(행동이 중단됨)	부정적 강화(행동이 증가함)

(2) 강화(Reinforcement) : 조건화(Conditioning)를 통해 개인의 행동을 증가하거나 소멸시키는 행동변화의 방법으로, 행동변화를 위해 학습자에게 일정 자극을 주는 것을 의미한다.

ⓐ 긍정적 강화(Positive reinforcement)

• 바람직한 행동의 빈도나 범위를 증가시키기 위해 사용된다.

• 보상이 성과와 결부되어야 하며, 보상은 직무대행자의 욕구와 결부되어야 한다.

• 적극적 강화는 1차적 강화와 2차적 강화로 분류가 가능하다.

– 1차적 강화 : 요인 자체로 인간의 욕구를 충족시키고 직접적으로 행동을 강화하는 요인 (생리적 욕구 및 애정적 욕구)

– 2차적 강화 : 학습과 경험을 통해 만족감을 느끼게 하는 요인(금전, 칭찬, 및 지위상승 등)

목차표 / 제2과목 / 제3과목 / 경영지도사 2차 인적자원관리 한권으로 끝내기

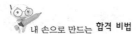

       ⓛ 부정적 강화(Negative reinforcement)
- 불쾌한 결과로, 벌을 제거함으로써 어떤 행동의 빈도를 증가시키기 위해 사용된다.
- 벌의 제거나 불편한 자극이 강화하고자 하는 행동과 결부되어야 하고, 특정행동 후 제거될 불쾌한 결과가 존재해야 한다. (예 상사의 잔소리를 듣고 부하직원이 성과를 개선한 결과 그 잔소리가 줄어드는 것, 사면, 탕감)

       ⓒ 벌(Punishment)
- 바람직하지 못한 행동에 대해 불쾌한 결과를 주는 것이다.
- 인간은 처벌을 수반한 과거의 경험이 존재할 경우 회피학습(Avoidance learning)을 습득하게 된다. (예 지각한 학생의 지각행위를 근절하기 위하여 화장실 청소를 시키는 것)

       ⓔ 소거(Extinction)
- 긍정적 강화물을 중단하는 것으로, 강화작용의 결여로 조작적 행동이 유지되지 못하는 현상이다.
- 행동이 보상받지 못하면 빈도가 줄어들어 마침내는 사라진다.
- 단, 소거를 중단할 경우 바람직하지 않은 행동이 회복될 수 있으므로 바람직할 행동을 유도하는 다른 전략과 혼합하여 사용해야 한다. (예 지각하는 직원에게 연장근무 수당을 받을 수 있는 기회를 제거하는 것)

5 강화주기

(1) 강화의 방법과 관리 : 강화는 일정시간을 두고 하는 것과, 반응을 보고 하는 것이 있다.

(2) 연속강화법(Continuous reinforcement schedule)
   ① 종업원들이 정확한 반응을 보일 때마다 강화요인을 적용한다.
   ② 정확한 행동은 즉시 강화되고, 부정확한 행동은 억제되므로 정확한 방법이다.
   ③ 단, 한계 효용의 법칙에 의한 포만효과(Satiation effect)가 발생하여 싫증이 나기 쉽고, 매번 보상을 하는 것에 대한 현실적 문제가 발생한다. 따라서, 연속강화법보다는 단속강화법을 주로 사용한다.

(3) 단속강화법(Intermittent reinforcement schedule) : 조직의 보상을 관리하는데 사용한다.
   ① 고정간격법
       ⊙ 요구되는 행동이 아무리 많이 발생했더라도 일정기간(고정된 시간)을 간격으로 강화요인(보상)이 적용된다.
       ⓛ 구성원은 즉시 보상이 따르지 않는다는 것을 알고 있으므로 모티베이션 수단으로는 효과가 적다. (예 임금)

② 변동간격법

    ⊙ 일정한 간격을 두지 않고(불규칙한 시간 간격) 연속적으로 강화한다.

    ⓛ 시기예측이 어려우므로 종업원은 항상 바람직한 태도를 보이고자 노력한다.

    ⓒ 강화요인을 소거했을 때도 바람직한 행동이 지속되는 경향이 많다.

      (예 시기가 정해지지 않은 성과급 등)

③ 고정비율법

    ⊙ 바람직한 행동이 일정한 수만큼 발생했을 때 강화요인을 적용하는 것이다.

    ⓛ 이는 사람들은 보상을 받기 위해 가능한 빨리 업무를 달성하려고 반응한다.

      (예 생산량 비례급이 대표적)

④ 변동비율법

    ⊙ 일정 비율을 두지 않고 변동적인 비율을 두고 강화요인을 적용한다.

    ⓛ 높은 생산성 유지를 위해 일정 수준까지는 낮은 임률을, 일정수준 이상은 높은 임률을 적용한다. (예 일정 비율이 없는 보너스, 커미션)

(4) 강화 스케줄 중 가장 효과적인 것은 변동비율이다.

① 변동비율법이 가장 효율적이고 고정간격법이 가장 효율성이 떨어지나, 실제 사회에서는 고정간격법을 가장 많이 사용한다.

② 이는 구성원의 안정성 측면으로, 급여를 변동법으로 사용하면 많은 사회적 문제 등이 야기되기 때문이다. 따라서, 급여의 일부분을 변동급으로 지급하는 등 적절한 시행을 고려하는 것이 중요하다.

예/상/문/제

– 행동주의 이론과 인지주의 학습이론을 비교, 설명하시오. (10점)

– 사회적 학습이 일어나는 과정을 설명하시오. (10점)

– 고전적 조건화와 조작적 조건화의 공통점과 차이점을 기술하시오. (10점)

– 조직에서 기본급 이외에 성과급을 지급하는 이유를 강화이론을 이용하여 설명하시오. (10점)

※ 시험에 나올 가능성이 있는 문항 모음으로, 본문 이론을 바탕으로 스스로 답안을 작성해보는 연습에 활용하시기 바랍니다.

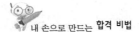
내 손으로 만드는 **합격 비법**

07 가치관

1 의 의

(1) 여러 대안 중 하나의 행위를 택할 때 사용되는 판단의 기준이나 지표이다. 가치는 하나의 태도를 형성하도록 밑받침된 하나의 기준으로서 비교적 안정적, 지속적 특징을 가진다.

(2) 가치관은 어떤 것이 옳고 선하며 바람직한 것인지에 대한 판단을 내리는 개인적인 신념을 담고 있다.

2 가치관의 속성

시간을 두고 형성되었기 때문에 비교적 안정적이고 지속적인 속성이다.

(1) 가치관의 유형

① **로키치(Rokeach)의 분류** : 개인의 가치는 최종적 가치와 수단적 가치로 분류된다고 주장한다.

  ㉠ 최종적 가치(Terminal value) : 개인에 의해 선호되는 최종상태로, 살아가는 동안 획득하고자 하는 존재 양식이나 지표(예 성취감, 자유, 행복, 쾌락, 편안한 삶 등)

  ㉡ 수단적 가치(Instrumental value) : 개인에 의하여 선호되는 행동양식으로 최종적 가치를 얻기 위한 과정으로서의 가치(예 지능, 정직, 능력, 근면 등)

② **Allport & Vernon의 분류** : 가치관을 타인과 비교할 수 있는 6가지 범주로 분류한다.

  ㉠ 이론적인 사람 : 진실의 발견을 최대의 가치로 삼으며 경험·비판적, 지식의 체계화를 추구함

  ㉡ 경제적인 사람 : 유용성을 최대의 가치로 삼으며, 사업과 경제적 실리판단을 추구함

  ㉢ 미학적인 사람 : 조화와 미의 추구를 최대의 가치로 삼으며, 미적 경험에서 충만성 모색을 추구함

  ㉣ 사회적인 사람 : 이타성을 최대의 가치로 삼으며, 친절하고 동정적 행위를 추구함

  ㉤ 정치적인 사람 : 권력과 영향력을 최대의 가치로 삼으며, 리더십을 모색하고 경쟁, 투쟁 등을 추구함

  ㉥ 종교적인 사람 : 단일성, 통일성 등을 최대의 가치로 삼으며, 신앙성을 추구함

(2) 가치관의 중요성

① 가치관은 개인이 갖는 태도와 동기부여의 밑바탕을 형성한다.

② 사람들의 지각에 영향을 미친다.

③ 개인의 가치관을 이해하는 것은 사람을 정확하게 이해하는 열쇠이다.

08 태 도 [2012년 약술문제] [2010년 약술문제] [2013년 약술문제]

1 태도(Attitude)의 의의

(1) 자신이 처한 환경에 대응하여 행동하려는 개인의 감정, 사고 및 경향 등의 규칙성을 보여주는 인식을 의미한다.

(2) 감정, 행동성향의 총체적 특징이다.

2 태도의 형성요소

이들은 분리되지 않고 서로 상호작용한다.

(1) 인지적 요소(Cognitive component)

① 대상 혹은 사건에 대해 갖고 있는 정보를 의미한다.

② 직무와 관련시켜 보면, 본인이 하는 일은 자율성이 없고 장래가 없다고 인지하면, 앞으로의 전망은 어렵다는 정보를 가질 것이다.

③ 인간이 지니고 있는 주관적 지식, 사고, 아이디어, 신념 등으로 구성되는 것을 의미한다. (태도의 핵심요소)

(2) 정서적 요소(Affective component) : 대상 혹은 사건에 대한 개인의 감정 또는 느낌이다.

(3) 행동적 요소(Behavior intention component)

① 대상 혹은 사건에 대해 특별한 방식으로 행동하려는 의도를 보인다.

② 정서적 요소에 영향을 받아, 하기 싫다는 감정은 곧 일을 열심히 하지 않거나 이직 의도로 변하는 형태를 보인다.

목차1편 목차2편 목차3편

경영지도사 2차 인적자원관리 한 권으로 끝내기

내 손으로 만드는 **합격 비법**

3 카츠(Daniel katz)의 태도유형

(1) 적응적 기능(Adjustment function) : 목표에 이르기 위한 방법이나 바람직하지 못한 결과를 회피하는 수단으로서의 기능이다. (예 출세에 도움이 된다고 생각하는 상사에게 좋은 태도를 보이는 것)

(2) 자기방어적 기능(Ego-defensive function) : 태도는 위험의 현실에 직면하는 것을 피하도록 도움을 주는 기능이다. (예 자신이 불행하다고 느끼는 사람이 더 불행한 사람을 투영하여 심리적 위안을 찾음)

(3) 가치표현적 기능(Value-expressive function) : 개인이 가진 중심가치와 자아개념에 긍정적 표현을 하는 기능이다. (예 여성지위 향상에 관심을 가진 사람은 출산휴가, 육아문제 등에 의사를 표현)

(4) 탐구적 기능(Knowledge function) : 태도는 우리 주변의 정보나 사건을 판단하며 해석하는 기준이 된다. (예 악성고객에 대해 대응법을 학습하면, 새로운 고객 대응 시 시행착오 없이 바람직한 대응)

4 태도변화의 이론

(1) 행동주의이론(Behavioral theory)

① 학습이론에 기반을 두며 태도의 변화도 자극과 반응의 원리에 의해 학습된다는 것이다.

② 설득 등의 자극이 주어지면 특정한 태도가 형성되고, 그 결과가 이롭다면 태도가 새로운 방향으로 변화한다. 즉, 새로운 학습이 없는 한 개인의 태도는 불변인 채 지속되지만 자극을 하면 새로운 태도를 갖게 할 수 있다.

(2) 인지부조화이론(Cognitive dissonance theory)

① 패스팅거(Festinger)에 의해 제시된 이론이다. 태도와 행동이 일관되지 못한 상태를 보일 때, 개인은 불안감을 느끼게 되는데 이 때 행동과 태도를 일치시켜 불안감을 해소하고자 하였다.

② 인지적 부조화를 줄이려는 욕망의 강도는 세 가지 속성에 의해 결정된다.

㉠ 부조화를 만드는 요소의 중요성 : 부조화를 일으키는 요소가 중요하다면 부조화를 줄여야 한다는 부담도 높아진다. (예 주말근무를 상사가 강요할 경우, 쉬고 싶은 욕구가 강하지만 출근을 해야 하는 상황에서 부조화 발생. 하지만, 해고당할 수 있다는 중대성이 있으므로 부조화인 상태를 감수)

㉡ 해당요소에 대해 행사할 수 있는 영향의 정도 : 자신이 통제할 수 있는 정도가 작다면 태도를 변화시켜야 한다는 생각이 작아진다. (예 주말에 상사에게 출근하기 싫다고 말하기 어려우면 시도조차 하지 않게 됨)

ⓒ 부조화로 인하여 얻는 보상의 크기 : 부조화로 인해 얻는 보상이 클수록 부조화를 줄이고자 하는 욕구가 줄어든다. (예 흡연이 좋지 않다는 것을 알지만, 흡연으로 인한 심리적 위안이 크다면 계속 담배를 피게 됨)

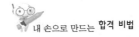
내 손으로 만드는 **합격 비법**

5 태도변화의 과정

(1) 태도변화는 기존의 태도에 새로운 정보가 들어오면, 일차적으로는 저항을 하나 그러한 저항이 불가능할 경우 인지적 요소와 정서적 요소의 불균형을 일으키는 요인을 분리시켜 처리한다. 또한 태도를 수용함으로써 태도의 일관성을 유지하려 한다.

(2) 태도의 변화는 르윈(Lewin)의 장의이론(Field Theory)이 유명하다.

(3) 해빙(Unfreezing) : 개인이나 집단의 태도에 대하여 변화 필요성을 느끼고, 새로운 태도를 받아들일 준비단계로, 지금까지 고정화된 태도가 잘못되었음을 깨닫고 개인의 사고, 습관 등을 서서히 녹이는 과정을 의미한다.

(4) 변화(Changing)

① 해빙단계를 거치며 태도의 잘못을 인식한 후 태도를 변화시키기 위해 어떠한 조치를 취하는 단계를 의미한다.

② 순응(보상을 기대하거나 처벌회피를 위해 타인의 영향력 수용), 동일화(다른 사람이나 집단과의 관계에 만족하고 동화되어 일체감을 느끼는 것), 내면화(타인의 주장 등의 가치체계를 수긍하여 받아들임으로서 자신의 행동을 변화)의 세 가지 과정을 통해 일어난다.

(5) 재동결 : 새로 획득된 태도·지식·행동 등이 개인 성격에 고정되는 단계이다. 태도변화가 내면화되어 정착되고 시간이 지나도 소멸되지 않도록 반복적으로 강화해야 한다.

6 직무와 관련된 태도

(1) 직무만족(Job satisfaction) : 직무의 평가결과에 대한 긍정적 감정 및 정서상태이다.

(2) 직무만족의 중요성

① 가치판단적 측면에서 만족의 기회를 제공하고, 정신건강적 측면에서 삶을 만족시키고, 신체건강적 측면에서 불만족에 의한 스트레스로 발생하는 질병을 예방한다.

② 직무만족은 성과로 이어지며, 이직·결근율 감소로 조직 비용을 절감한다. 이로 인하여 생산성 증가의 효과를 올릴 수 있고, 조직의 이미지가 상승된다.

제1과목

제2과목

제3과목

경영지도사 2차 인적자원관리 한권으로 끝내기

내 손으로 만드는 **합격 비법**

(3) 직무만족과 행동과의 관계

① 직무만족과 이직·결근은 반비례적 현상을 보인다.

② 직무만족 보상관계에서 공정한 보상체계를 수립하여 구성원이 공정하다고 판단하고 만족을 느끼게 한다.

③ 직무만족이 조직심리행동에 긍정적 영향을 주는 것으로 나타난다.

7 조직몰입(Organizational commitment)

(1) 의의 : 조직에 애착을 가짐으로써 조직에 더 노력하고, 가치와 목표를 수용하게 되는 심리적 상태를 의미한다.

(2) 조직몰입의 구성요소 : 크게 3가지로 나눌 수 있다.

① **정서적 몰입** : 조직에 대한 개인의 진실한 참여를 열망하며, 일체감을 가지고 몰입하는 참여의 정도

② **지속적 몰입** : 조직에 머무르는 것이 실보다 득이 많다고 판단하여 계속 머무르려는 정도

③ **규범적 몰입** : 조직을 자아의 핵심요소로 여겨, 조직에 머물러 있어야 하는 의무감에 기초한 몰입 정도

(3) 조직몰입에 영향을 주는 요인

① 개인적 요인

㉠ 나이, 성취욕구, 근속기간 등

㉡ 연령이 많거나 근속기간이 높을수록 조직몰입이 높음

② 역할관련 요인

㉠ 역할갈등, 역할모호성 등

㉡ 구성원이 역할에 대해 갈등을 느끼거나 명확하지 않을수록 조직몰입 수준이 낮아짐

㉢ 반대로, 직무충실화 등이 이루어질 경우 직무몰입도가 높아짐

③ 조직특성 요인

㉠ 조직 크기, 노조 존재, 분권화 정도 등

㉡ 조직이 분권화 될수록 의사결정 참여 가능성이 높아지고, 조직몰입 수준이 높아짐

④ 작업경험 요인

㉠ 개인이 조직에서 근무하는 동안 일어나는 개인적 느낌 의미

㉡ 수행 직무가 조직에 중요하다 느낄 때, 조직몰입 수준에 영향 미침

내 손으로 만드는 **합격 비법**

(4) 조직몰입을 통한 기대효과

① **참여도** : 조직 목표나 가치를 잘 받아들이는 구성원은 조직활동에 적극적으로 참여하게 됨

② **잔류의도** : 조직몰입이 높은 구성원일수록 잔류 욕망도 크므로, 이직률과 조직 몰입도는 역의 관계 가짐

③ **조직목표 달성** : 구성원이 조직에 일체감을 느끼고, 목표를 신뢰할수록 직무에 보다 몰입하게 됨

④ **직무노력** : 조직몰입이 큰 구성원일수록 조직을 위해 노력을 기울이게 됨

8 조직시민행동(Organizational Citizenship Behavior) 2014년 약술문제

(1) 개 념

① 구성원의 공식적 업무와는 무관하게 자유재량에 의해서 행하며, 그것이 다른 사람이나 조직에 도움이 되는 행동 혹은 조직의 공식적 보상시스템과는 관련없이 조직의 이익을 증대시킬 수 있는 일련의 행동을 말한다.

② 상사나 동료를 자발적으로 도와주고 조직의 발전을 위해서 협동하는 성향이다.

(2) 구성요소

① **이타적 행동** : 타인을 도와주려는 친사회적 혹은 친밀한 행동

② **양심적 행동** : 각 구성원들이 자신의 양심에 따라 조직의 명시적·암묵적 규칙을 충실히 준수하려는 행동

③ **예의적 행동** : 다른 사람에게 기본적인 배려를 하는 행동으로 타인에게 피해를 주지 않으려는 행동

④ **신사적 행동** : 정정당당한 행동(예, 타인과 조직에 대한 험담을 하지 않음)

⑤ **공익적 행동** : 조직이나 팀을 위해 솔선수범하고 책임지려는 행동

(3) 조직시민행동의 동기

① **조직관심 동기** : 자신이 속한 조직이 잘되기를 바라고 조직에 대한 자부심을 가지고 있을 때 갖는 동기

② **친사회적 동기** : 남을 돕고 또한 다른 사람과 좋은 관계를 맺기를 희망하며 이러한 행동을 함으로써 만족과 보람을 느끼는 것

③ **인상관리 동기** : 조직 내 개인이 동료 및 상사에게 좋은 면을 보여줌을 통하여 어떤 보상을 얻으려는 동기

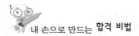
내 손으로 만드는 **합격 비법**

(4) **조직시민행동의 증가요인**

　① **긍정적 정서** : 긍정적 정서가 다른 사람을 돕는 행동이나 친사회적 행동의 빈도를 높임

　② **조직이 구성원을 공정하게 대우하는 인지적 평가** : 종업원은 조직이 자신들을 공정하게 대우하고 있다고 지각하면 조직시민행동을 수행함으로써 조직에 보답하고자 함(아담스의 공정성 이론)

　③ **성향과 성격 특성** : 어떤 사람들의 성격이나 성향을 본래 다른 사람들을 잘 돕는 경향이 있음

예/상/문/제

　－ 가치관의 개념과 특징, 구성요소, 시사점에 대해 기술하시오. (10점)

　－ 태도의 구성요소와 행동에의 영향력에 대해 기술하시오. (10점)

　－ 직무만족의 의의, 직무만족의 선행요인, 성과에 미치는 영향을 설명하시오. (10점)

　－ 조직몰입의 개념과 그 3가지 형태를 설명하시오. (10점)

　－ 조직시민행동의 의의와 구성요소를 설명하시오. (10점)

　※ 시험에 나올 가능성이 있는 문항 모음으로, 본문 이론을 바탕으로 스스로 답안을 작성해보는 연습에 활용하시기 바랍니다.

09 동기부여 개관　2012년 논술문제　2007년 논술문제　2014년 약술문제　2017년 논술문제

1 동기부여의 기본개념

(1) **동기부여(Motivation)**

　① 자신의 욕구를 충족시키면서 동시에 조직목표 달성을 위해 구성원 능력을 최대한 발휘시키고자 하는 노력과정이다.

　② 개인적 노력과 조직목표가 같은 방향일 때 진정한 동기부여가 가능하다.

(2) **동기부여의 중요성**

　① 구성원의 동기부여는 새로운 환경에 적응으로 촉진시킨다.

　② 구성원의 동기를 알면 행동을 예측할 수 있다.

　③ 욕구에 대해 충분한 연구를 하고 관리하는 것이 조직의 유효성에 영향을 주므로 동기부여는 조직관리자가 이해하고 활용해야 할 중요한 부분이다.

2 동기부여의 과정

(1) 불만족 욕구(결핍) → 증가된 긴장 → 노력(외적 활동) → 만족된 욕구(목표 달성) → 감소된 긴장 → 불만족 욕구

(2) 위 과정을 반복한다.

3 동기부여의 구성요소

(1) **자극(Arousal)** : 자극은 인간행동에 숨은 에너지를 가동하고 동력화하는 것으로, 목표를 달성하도록 동기부여한다. (예 타인에게 좋은 인상을 주고 좋아하는 일을 수행하며 성공하는 것에 흥미를 보임)

(2) **방향설정(Direction)** : 어떻게 동기를 유발할 것인지에 관한 것으로, 개인목표 달성 경로를 인식한다. (예 종업원이 상사에게 좋은 인상을 심어주기 위해 어떻게 해야 할지 고민)

(3) **유지(Maintaining)**
　① 얼마나 오랫동안 목표달성을 위한 시도를 할 것인가의 문제이다.
　② 목표달성에 도달하지 못했다면 높은 수준의 동기유발이 없다는 의미이다.

4 내용이론과 과정이론

(1) 동기부여는 연구 초점에 따라 내용이론(Content theory)과 과정이론(Process theory) 으로 구분이 가능하다.

(2) 내용이론은 무엇을 원하고 무엇을 필요로 하는지를 연구한 것으로 주로 인간 내부에 존재하는 욕구종류와 욕구충족 여부에 초점을 맞추며 과정이론에 비해 단순하고 정태적이다.

(3) 과정이론은 동기부여가 어떤 과정에 의해 일어났는지에 관심을 두며 내용이론에 비해 복잡하고 동태적이다.

내 손으로 만드는 **합격 비법**

10 동기부여(내용이론)

1 욕구단계이론

(1) Maslow의 욕구계층론(Need hierarchy theory) : 단계적 원리와 결핍원리를 기초로 5가지 단계로 인간의 욕구를 분류한 이론으로, 인간 동기부여에 대해 가장 잘 알려진 이론이다.

(2) 욕구계층론의 기본 전제
① 인간은 다양한 욕구를 가지고 있으며, 이런 욕구충족에 의해 동기화 된다.
② 충족되지 않은 욕구는 행동에 영향을 미치고, 충족된 욕구는 행동에 영향을 미치지 않는다.
③ 인간욕구의 중요성은 계층에 따라 기본적인 욕구(생리적)부터 최상위 욕구(자아실현)까지 연속적으로 연결된다.
④ 낮은 차원의 욕구가 최소한으로 충족되면 그 다음 욕구로 옮겨간다. 욕구가 동시에 충족되지는 않는다.

(3) 욕구의 단계
① 생리적 욕구
　　㉠ 의식주 등 삶을 유지하기 위한 기초적 욕구로 생리적 욕구가 만족하지 못하면 다른 어떠한 욕구도 만족될 수 없다.
　　㉡ 조직에서 고려해야 할 요소 : 기본임금, 휴식 등
② 안전의 욕구
　　㉠ 외부로부터 자신을 보호하고자 하는 욕구로서, 신체·심리적 안정을 찾고자 한다.
　　㉡ 각종 보험에 가입하려는 행위나 연금계획을 통한 노후대비 등이 이에 속한다.
　　㉢ 조직에서 고려해야 할 요소 : 직무안정, 직업보장, 작업환경의 안전 등
③ 소속·애정의 욕구
　　㉠ 동료집단에 소속되고 우의·애정을 받고자 하는 욕구로 사회적 욕구라고도 한다.
　　㉡ 동아리활동을 하거나 결혼을 원하는 것 등이 이에 속한다.
　　㉢ 조직에서 고려해야 할 요소 : 작업집단 분위기 조성 및 조직 내 단체를 통해 소속감과 동료애를 높여주는 방법 등
④ 자존(존경)의 욕구
　　㉠ 자존심을 갖고, 자신을 존중하며, 타인으로부터 존경받기를 바라는 욕구를 의미한다.

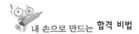

ⓛ 자존(존경) 욕구가 충족되지 않으면 신경이 과민해지거나 무기력해지고 열등감에 사로잡히게 된다.

ⓒ 조직에서 고려해야 할 요소 : 직위상승, 동료보다 높은 성과급, 승진 등이 있음

⑤ 자아실현욕구

ⓐ 자기발전을 위해 잠재능력을 극대화하려는 욕구로서, 목표에 반드시 도달하려는 욕구이다.

ⓑ 자아실현은 개인마다 구체적 모습이 다르다. (예 김연아 같은 세계적 선수 또는 빌게이츠 같은 CEO 등)

ⓒ 조직에서 고려해야 할 요소 : 도전적 직무의 제공, 개인의 기술 향상 지원 등

(4) 욕구계층론의 한계 : 몇 가지 논리상의 약점이 존재한다.

① 욕구를 저차원, 고차원으로 분리할 수는 있으나 5단계로 분류할 이론적 증거가 없다.

② 자아실현, 존경욕구만이 상관관계가 입증되고, 다른 욕구는 상관관계가 입증되지 않았다.

③ 욕구간의 경계가 불분명해 중복성을 나타낼 수 있다.

④ 미국의 개인주의 문화를 전제로 하고 있다는 점에서 집단문화가 발달된 국가에서는 적용이 어렵다.

(5) 이론적 가치

욕구계층론은 요소분석에 의해 정립된 점에서 설득력이 있고, 욕구상태를 파악하고 욕구에 따른 행동을 이해한다.

2 ERG이론 [2014년 약술문제]

(1) Alderfer의 ERG이론 : 매슬로우의 욕구범주의 간결화로, 인간이 직면한 욕구를 실존(E ; Existence), 관련(R ; Relatedness), 성장(G ; Growth)으로 분류

① **실존욕구(E)** : 공복감, 안식처 등 생리적 욕구와 봉급, 작업안전 등 안전욕구와 비교되는 욕구

② **관계욕구(R)** : 타인과의 친교관계에 관련되는 모든 욕구를 포괄, 소속욕구와 비교되는 욕구

③ **성장욕구(G)** : 인적 성장과 관련된 모든 욕구 포괄. 자존 및 자아실현과 비교되는 욕구

경영지도사 2차 인적자원관리 한권으로 끝내기

(2) 욕구계층론과의 차이

① 욕구의 욕망 순서는 존재하지만, 모든 욕구는 동등하게 자극적이고 우월성이 중요한 요인으로 작용하지 않는다.

② 각 욕구가 분리된 상태가 아닌 동시에 진행도 가능하며, 욕구가 만족되지 않거나 좌절되면 좌절-퇴행의 개념도 도입된다.

(3) ERG이론의 한계

① 정확성이나 유용성 면에서 실증자료가 별로 없다.

② 주장 원리 중 일부는 타당성이 입증되었으나, 일부 경로는 타당성이 입증되지는 않는다.

③ 욕구중심이론이 갖는 한계점에서 벗어나지 못한다.

3 성취동기이론

(1) McClelland의 성취동기이론(Achievement motivation theory) : 동기는 사회문화와 상호작용하는 관점에서 얻어지고, 학습을 통해 동기가 개발된다는 전제 하에 연구된 이론이다.

① 성취욕구(Need for achievement) : 일정한 표현을 설정하고, 이를 달성하고자 하는 욕구이다.

② 친교욕구(Need for affiliation) : 다른 사람과의 친근하고 밀접한 관계를 맺으려는 욕구이다.

③ 권력욕구(Need for power) : 타인에게 영향력을 행사하려는 욕구이다.

(2) 이론과 조직경영

① 일반적으로 높은 성취욕구와 보통의 권력욕구를 가진 경영자가 최고의 성과를 달성하며, 높은 성취욕구와 높은 권력욕구를 가진 경영자는 낮은 기업성과를 나타낸다.

② 지나치게 높은 권력욕구는 유능한 인력의 효율적 활용을 방해하는 독재적 리더십을 발휘한다.

(3) 성취동기이론의 한계

① 성취욕구가 학습되는 것이라는 것에 대한 비판으로, 성취욕구는 어릴 때 결정되며 성인이 되어서는 쉽게 변하지 않는다고 주장한다.

② 습득된 욕구가 지속되는가에 대한 의문점이 제기된다.

③ 동기측정 사용법인 TAT기법(Thematic Apperception Test, 주제통각검사)이 과학적으로 문제가 있다는 주장이 제기된다.

4 **2요인이론** 2011년 약술문제 | 2016년 약술문제

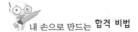

(1) **Herzberg의 2요인이론(Two factors theory)** : 직무를 통해 만족을 느끼는 요인과 불만족하는 요인을 구분정리하여, 두 가지 요인으로 분류하였다.

① **동기요인(Motivators-satisfiers)** : 개인을 열심히 일하게 자극하여 성과를 높여 주는 요인, 인간성장의 욕구이며, 직무의 내재적 성격을 가진다. (예 성취감, 안정감, 책임감, 성장성 등)

② **위생요인(Hygiene factors-dissatisfiers)** : 직무에 만족을 느끼지 못하게 하는 요인, 개인의 직무환경과 관련한 직무의 외재적 성격을 가진다. (예 근무조건, 임금, 지위 등)

(2) **2요인이론의 관점**

① 2요인이론에서 중요한 것은, '직무만족'의 상대적 용어는 '직무불만족'이 아닌 '직무만족 상태가 아닌 것', '직무불만족'의 상대적 용어는 '직무만족'이 아닌 '직무불만족 상태가 아닌 것'이다.

② 동기요인이 충족된다 해서 위생요인이 충족하는 것이 아니라는 두 개의 요인을 확실한 분리된 관점으로 바라보는 것이다.

(3) **직무확대와 직무충실화**

2요인이론에 기초하여, 직무내용을 개선하여 내재적 동기부여를 이끄는 방안이 존재한다.

① **직무확대(Job enlargement)** : 수평적 차원으로 과업의 숫자는 늘리되 권한 내 책임 수준의 정도는 증가하지 않는다.

㉠ 장점 : 다양한 직무 수행하여 단조로움과 지루함을 줄이고, 경영환경에 능동적으로 대처 가능하며 근로자 입장에서는 경력 다양화와 시장가치성이 증대된다.

㉡ 단점 : 단조로운 과업만 추가될 수 있고, 책임의 증가는 수반되지 않으므로 내재적 동기부여를 이끌기는 어렵다.

② **직무충실화(Job enrichment)** : 수직적 차원으로 직무확대에 더불어 권한과 책임 부여한다. 2요인 이론에 기초한다.

㉠ 장점 : 책임감 부여를 통한 바람직한 근무태도 도모, 권태감 감소, 조직분위기 개선 등의 목적을 도모한다.

㉡ 단점 : 종업원의 교육훈련에 많은 시간과 비용이 소요되며, 종업원 개인 차이로 성장욕구가 낮은 작업자는 부담스러워하고, 능력이 따라가지 못하면 좌절감을 느낄 수 있다.

③ 직무충실화의 단점을 극복하고자 해크만&올드햄의 직무특성이론이 고려된다.

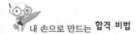
내 손으로 만드는 **합격 비법**

(4) 2요인이론의 한계

① 방법론의 한계성(**예** 사람은 잘되면 자신 탓을 하고 잘 안되면 환경 탓을 함)

② 방법론의 신뢰성 문제, 유사한 반응을 서로 다르게 해석한다. (**예** 급여 등도 상황에 따라선 동기요인으로 작용)

③ 상황변수(연령, 성별, 개인차이 등)를 간과한다.

④ 만족–생산성 간 관련성에 대한 가설을 같이 세웠으나, 생산성은 고려하지 않고 만족도에만 집중한 이론이다.

(5) 평 가

2요인이론에서 종업원에게 작업을 계획하고 통제할 수 있도록 책임을 부여해야 한다는 직무충실화 개념을 강화하였다는 점에서 그 시사점이 크다.

5 직무특성이론 `2013년 논술문제` `2017년 약술문제`

(1) Hackman & Oldham의 직무특성이론(Job characteristic theory)

① 직무특성이 수행자의 성장욕구수준에 부합할 때 긍정적 동기유발을 초래한다는 이론이다.

② 직무충실화와 개인수준의 만족의 조화이다.

(2) 직무특성이론에는 다섯 가지 요소가 존재

① **직무다양성** : 직무수행에 있어서 얼마나 다양한 기술과 재능을 사용해야 하는가의 정도

② **직무정체성** : 직무가 독립적으로 완성되는가 아니면 전체 일의 일부분만 관여하는가의 정도

③ **직무중요성** : 직무가 다른 사람의 삶이나 직무에 얼마나 중대한 영향을 미치는가의 정도

④ **자율성** : 개인이 자신의 직무에 대해 허용된 자유, 독립, 재량권의 허용 정도

⑤ **피드백** : 직무 수행시 직무성과에 대해 직접적이고 명확한 정보를 획득할 수 있는 정도

(3) 동기잠재력지수(Motivating Potential Score)

> MPS = (다양성 + 정체성 + 중요성) / 3 × 자율성 × 피드백

(4) 성장욕구 수준과 생산성 관계

성장욕구수준이 높을 경우 자율성과 책임감을 증대시켜 내재적 동기를 유발하여 생산성을 향상하고, 성장욕구 수준이 낮을 경우 단순한 직무를 제공하여 생산성을 높이는 것이 중요하다.

(5) 직무특성이론의 한계
① 성장욕구 강도의 타당성에 대하여 많은 논란이 있다.

② 성장욕구 강도 외에 많은 다른 요인이 조절변수로 제시된다. (예 나이, 성 등의 요소 혹은 가치관)

③ 직무특성이론의 현상을 진단하도록 개발된 설문지(직무진단조사, JDS)에 대한 타당성 문제가 있다.

6 XY이론

(1) Douglas McGregor의 XY이론
인간의 본성에 대하여 설정한 이론으로, 인간을 두 가지 관점으로 바라보는 개념이다.

① X이론(Theory X) : 인간은 욕구에 수동적이며, 관리가 적극적이지 않으면 일을 적게 하려고 하고, 변화에 저항을 한다. 따라서 설득과 보상, 처벌, 통제가 이루어져야 한다.

② Y이론(Theory Y) : 인간은 선천적으로 조직적 요구에 능동적이고 자아통제와 자아감독을 시행함으로 자율성을 통해 관리해야 한다는 관점이다.

(2) XY이론과 조직관리
① 만약 X이론이 옳다고 생각하는 관리자는 권위적이고 강제적인 지시 위주의 관리가 이루어질 것이다. 이에 조직구성원은 자연스럽게 수동적이고 의존적이 되어 시키는 일만 하게 된다.

② Y이론이 옳다고 생각하는 관리자는 자유, 자율을 인정하고 참여적인 경영을 하여 적극적이고 창의적인 조직구성원을 양성하게 된다.

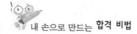
내 손으로 만드는 **합격 비법**

11 동기부여(과정이론)

1 기대이론 〔2009년 논술문제〕

(1) **Vroom의 기대이론(Expectancy theory)** : 동기부여이론 중 가장 널리 수용되는 이론으로, 모티베이션의 정도는 행위로서 나타날 수 있는 결과에 대한 결과의 가능성(기대), 성과에 대한 보상 가능성(수단성), 매력의 정도(유의성)의 함수에 의해 결정된다고 주장한다.

(2) **기대이론의 과정**

> 개인 노력 → 개인 성과(1차 결과) → 조직 보상(2차 결과) → 개인 목표
> (기대성)   (수단성)   (유의성)

① 기대성(E ; Expectancy) : 일정 수준의 노력을 하면 성과향상이 되리라고 생각하는 개인의 주관적 확률

② 수단성(I ; Instrumentality) : 일정 수준의 성과가 원하는 보상을 가져올 것이라 생각하는 개인의 믿음 정도

③ 유의성(V ; Valence) : 조직의 보상이 개인목표나 욕구를 충족시키는 잠재적 매력 정도

$$동기부여(M) = \sum 기대 \times \sum (수단성 \times 유의성)$$

(3) **기대이론의 내용**

① 기대감, 수단성, 유의성에 의해 노력의 강도가 결정되며, 이들 모두가 높으면 동기부여는 높아지지만, 이들 중 하나라도 0이면 동기부여가 되지 않는다는 것을 의미한다.

② 기대성을 높이기 위해서는 능력과 자신감 향상을 위한 교육, 훈련프로그램, 코칭, 직무설계 등을 유의한다.

③ 수단성을 높이기 위해서는 보상에 대한 약속을 정확히 지키고, 직무수행 성과를 정확하고 공정하게 측정한다.

④ 유의성을 높이기 위해서는 욕구체계를 명확히 파악하고, 보상내역이 개인목표와 결부하는가를 파악한다.

⑤ 기대이론은 사람의 선택행위를 예측하고, 욕구와 목표가 어떻게 노력과 연결되는가에 대해 체계적으로 설명한 점에서 의미가 있고, 기업이 종업원이 일정한 노력을 기울이면 달성될 수 있다는 합리적 성과수준을 제시해야 하고 이에 따른 보상을 명확히 정의해야 한다는 것에 대한 의미를 제시한다.

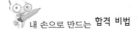

(4) 기대이론의 한계

① 원론적으로 너무 복잡하다. 인간은 완전한 합리성이 아닌 제한된 합리성에 따라 의사결정을 한다는 점을 고려하지 못했다는 비판이 있다.

② 유의성, 기대감의 곱셈공식으로 동기부여의 효과가 과장되었다는 것을 의미한다.

③ 만족이 가장 큰 방향으로만 동기부여가 이루어진다는 쾌락주의를 가정한다. (모든 사람은 주관을 가짐)

④ 변수에 대한 정의가 정확하지 않다.

2 공정성이론 [2017년 논술문제]

(1) Adams의 공정성이론(Equity theory)

① 자신의 산출, 투입의 비율이 타인과 비교하여 형평성을 유지하는 방향으로 동기부여가 된다는 것이다.

② 종업원은 이 비율이 공정하다 느끼지 못할 경우 불쾌감과 긴장을 느끼며, 이것을 줄이기 위해 노력한다.

(2) 투입요소(Input) : 시간, 노력, 교육 등

(3) 산출요소(Output) : 급여, 승진, 안정 등

(4) 불공정을 느낀 개인의 대안

① 투입변경 : 과소 보상시에는 휴식시간 등을 길게 갖고, 과대보상일 경우는 직무노력을 증가

② 산출변경 : 종업원의 직무상의 보상을 가감할 수 있다.

③ 준거인물의 투입, 산출 변화유도 : 과소 보상시 비교대상에게 좀 더 노력하라고 요구하고, 과대 보상시 비교대상에 투입을 줄이라고 압력을 행사하는 경우

④ 투입, 산출 왜곡(인지적 변경) : 인지적으로 투입, 산출을 왜곡하여 심리적으로 공정하다고 합리화

⑤ 준거대상의 변경 : 비교대상인 준거그룹의 수준을 변경하여 불공정성을 회복

⑥ 장이탈 : 불공정을 느낀 현장을 떠남으로서 문제를 해결. 타 부서 이동하거나 이직을 시도

(5) 공정성이론의 한계와 평가

① 비교대상 선정의 어려움으로, 준거대상을 어떻게 선정하는가에 대한 분명한 설명이 없다.

② 공정성 정도를 판단하는 기준이 되는 투입·산출요인을 정하는 것도 주관적이다.

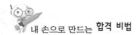

③ 투입과 산출을 구성하는 각 항목 가중치를 어떤 방식으로 조합하여 전체 비율을 만들어 내는가의 문제가 발생한다.

④ 공정성이론은 많은 실증적 연구가 진행되었고 강한 지지를 받는 사회적 비교이론으로서 종업원 동기부여에 대해 중요한 시사점을 제공한다.

(6) 조직 정의(Organizational justice) : 산출물에 대한 공평한 분배를 기초로 한 공정성이론의 토대이다.

① 분배적 정의

ㄱ 조직에서 산출(임금, 승진 등)의 분배에 대한 인지적 공정성이다. 투입과 산출을 어떻게 생각하는지에 대해 설명하는 개념이다.

ㄴ 투입/산출을 비교하여 분배적 정의를 느끼면 만족을, 불공정성을 느끼면 만족을 느끼지 못하는 방향으로 회복하게 된다.

② 절차적 정의 : 산출을 배분하는데 사용한 절차에 대한 인지된 공정성이다. 어떻게 성과수준을 평가하고, 불평과 논쟁점을 취급하는가의 문제이다.

③ 분배적 정의와 절차적 정의의 균형에 의하여 종업원들은 높은 동기수준을 유지할 수 있다.

3 목표설정이론 〔2013년 약술문제〕

(1) Locke의 목표설정이론(Goal-setting theory)

① 목표달성의 의도가 동기부여의 원천이 된다는 것으로, 과거 성과에 대한 기억·상황판단으로 목표를 설정한다.

② 목표는 기본 전제로 과거의 인지, 평가과정이 존재한다. 그러면 그에 맞춰 미래에 대한 목표를 의식적으로 설정하고 그에 맞게 행동한다.

(2) 동기유발에 도움 되는 좋은 목표설정방법 및 영향을 미치는 요소

① 구체적 목표 : 막연한 목표보단 구체적인 목표를 설정한다. 인간에게 노력의 방향을 제시하고 심리적 불확실성 제거를 강조한다.

② 어려운 목표 : 능력이 동일하고 목표를 수용하기만 한다면 어려운 목표일수록 성과 달성시 도움이 된다.

③ 피드백 : 피드백은 진행과정상 문제를 확인하고, 행동을 안내한다. 피드백이 존재할 때 성과는 상승한다.

④ 목표몰입 : 지속적으로 목표를 달성하려는 결심과 심리적 애착이다. 수용목표 달성을 위해 헌신하는 정도이다.

⑤ 개인능력 : 개인의 능력이 실제 목표달성에 적합한 수준이어야 한다.

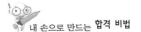

(3) 목표설정이론의 한계

① 복수목표의 경우 중요도와 우선순위를 조율하는 문제가 발생한다.

② 목표설정의 효과를 유지하는 문제가 발생한다. 초기에는 성과가 높다가 수개월이 지나면 이전 수준으로 낮아진다.

(4) 평 가

① 목표설정이론은 개념이 쉽고 간단하므로 직무분석, 인사고과 등 다양한 분야에서 적용이 가능하다.

② 목표설정이론과 유사한 이론으로는 MBO가 있다.

4 인지평가이론(자기결정이론) `2015년 약술문제`

(1) 데시(Deci)의 인지평가이론

자기귀인이론에 근거하여, 어떤 직무에 대해 내재적으로 동기 유발된 상태에서 외재적 보상이 주어지면 내재적 동기가 감소된다는 것이다.

(2) 유능감과 자기결정감

개인의 행위는 자신에 대한 믿음인 유능감(Competence)과 자기 스스로 선택했다 믿는 자기결정감(Self-determination)에 의해 결정된다고 가정하고, 이것이 내적 동기화를 이끈다고 여긴다.

(3) 내·외적동기와 과제수행

내적동기로 인한 과제수행을 하는 사람은 과제수행을 수단이 아닌 목적으로 여기며, 과제수행을 더 즐기고 많은 노력을 한다. 그러나 외적 동기로 과제수행을 하는 사람은 과제수행을 목적달성을 위한 수단으로 여기게 된다.

(4) 내재적 보상과 외재적 보상의 상호관계

① 내재적으로 동기 유발된 상태에서 외재적 보상이 주어지면 내재적 동기가 감소한다.

② ①과 같은 상황에서 외재적 보상을 주었다가 이 외재적 보상을 제거했을 때 본래의 내적 동기가 되살아나지 않는다. (인지적 평가이론의 핵심)

(5) 시사점

① 인지적 평가이론은 자기결정이론(SDT)로 발전하였다.

② 인간의 행동의 통제원천이 내면인가 아니면 외부인가에 초점을 맞춘다. 인지평가이론에서 개인은 완전히 내적통제(흥미, 호기심)에 의해서 행동할 때 동기가 가장 높으며, 내적인 이유가 전혀 없는 상태에서 순전히 외적인 통제(강제)에 의해서 행동하게 되었을 때 동기가 가장 낮다는 명제에서 출발한다.

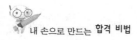

(6) 인지평가이론의 한계

① 유능감이나 자기결정감의 증감이 어떻게 영향을 받는지 알 수 없다.

② 내적 동기가 유능감이나 자기결정감만으로 결정된다는 주장에 대한 비판이 존재한다.

③ 다른 요인에 의해서도 내재적 동기가 발생할 수 있다.

(7) 평 가

① 내적 동기이론을 촉진시킨 촉매제 역할을 하였다.

② 연구결과 양을 보더라도 가장 영향력 있는 이론으로 평가되어 소비자 행동 등 다른 영역에서도 활발하게 연구되고 있다.

3 집단수준(인간행동의 이해)

PART

01 집단 개관 [2015년 약술문제]

1 집단의 유형

(1) 공식집단
① 명령집단 : 조직의 공식적인 상하관계가 있는 집단
② 과업집단 : 특정한 과업을 수행하기 위한 집단

(2) 비공식집단
① 이익집단 : 조직의 구성원들이 자신들의 개인적인 목표나 이익을 얻기 위하여 형성된 집단
② 우호집단 : 조직의 구성원들 사이에서 공통된 특성(연령, 취미 등)을 위하여 형성된 집단(예 동호회)

(3) 소속집단 · 준거집단
① 소속집단 : 실제 조직원
② 준거집단 : 조직원이 자신의 신념, 가치, 행동을 결정하는 데 기준으로 잡고 있는 사회집단

2 집단발달의 단계(5단계 모형)

(1) 형성기 : 집단의 목적, 구성원 행동, 권한관계 등을 모색하는 단계

(2) 격동기 : 집단규범과 기준 등을 확립하기 위해 책임자를 선정하는 단계

(3) 규범화 단계 : 집단이 여러 제도와 방법을 규범화하는 단계

(4) 성과 달성기 단계 : 집단이 과업수행을 충실히 발휘하는 단계

(5) 해체기 : 집단이 목표달성으로 해체하는 단계

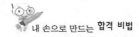

내 손으로 만드는 **합격 비법**

3 집단의 속성

(1) **규모** : 집단 구조에 가장 영향을 미치는 것으로, 집단 규모가 커질수록 참여도는 줄어든다.

① **사회적 태만**

㉠ 혼자 일할 때 보다 함께 일할 때 노력을 하지 않는 개인 성향이다.

㉡ 링겔만 효과 : 집단의 크기가 증가함에 따라 집단이 점점 더 비효율적으로 되는 경향을 말한다.

② **사회적 태만의 극복방안**

㉠ 개인별 평가 : 과제가 집합적으로 수행되어 자신들이 노력한 정도가 드러나지 않아 사회적 태만이 발생할 가능성이 높다. 개인별 평가를 하면 생산성이 증가된다.

㉡ 무임승차를 최소화한다.

㉢ 집단목표의 설정 : 명확하고 달성 가능한 목표를 지닌 집단들은 자신들의 목표의식이 결여된 집단보다 성과가 좋다.

㉣ 참여의 증가 : 재미있고 도전하며 개인적으로 몰입한다면 덜 태만하다.

㉤ 집단에의 정체감 형성 : 구성원들이 자신이 속한 집단에서 소속감을 갖고 있다면 구성원들은 사회적 태만 대신에 사회적 노력을 추가로 하게 된다.

(2) **역할** : 역할이란 어떤 사회적 단위에서 특정한 직위를 가진 사람에게 기대되는 일련의 행위를 의미한다. 예를 들면 노조위원장이 관리직이 되면 노조에 비판적이 된다. 구성원에 대하여 역할에 대한 집단 내의 합의가 이루어지지 않으면 역할모호성 등이 나타난다.

① **역할모호성** : 역할모호성은 개인이 역할을 어떻게 수행하여야 하는가에 대하여 충분한 정보가 주어지지 않을 때 나타난다.

② **역할갈등** : 한 사람이 여러 가지 역할을 수행하는 과정에서 어느 한 역할을 수행할 경우 다른 역할 수행이 어려운 경우에 발생한다.

㉠ 가정과 직장 간의 갈등 : 맞벌이 부부의 경우, 여성의 육아를 위한 시간과 근무시간 간의 충돌

㉡ 역할모호성으로 인한 갈등

㉢ 역할 인식 오류로 인한 갈등 : 역할을 부여하는 사람이 생각하는 역할과 역할을 받는 사람이 지각하는 것이 일치하지 않을 경우 발생한다.

㉣ 역할과 가치관의 가치로 인한 갈등

㉤ 역할 수행 여건으로 인한 갈등

㉥ 역할갈등의 최소화 방안

• 역할모호성을 줄이기 위해 직무기술서에 바탕을 두고 역할을 부여해야 한다.

• 역할 인식으로 인한 갈등은 집단 내 상하 커뮤니케이션을 보다 활성화시킴으로써 줄일 수 있다.

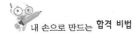

- 역할 과부하로 인한 갈등을 줄이기 위해서는 역할을 재조정하거나 조직의 지원이 필요하다.

(3) 규범 : 모든 집단에는 규범이 있다.

① **호손연구** : 호손공장의 실험(1930년대), 작업집단의 규범이 작업자의 행동에 영향을 미친다는 사실을 확인하였다.

② **순응** : 집단의 구성원이 되고 싶은 사람들은 집단규범에 쉽게 순응한다.

③ 규범을 지키는 것은 조직원의 행동을 통일시키기도 하지만, 엄격한 규범은 창의적 집단운영을 방해한다.

(4) 지위 : 특정 집단 내 구성원들에 대한 사회적 서열을 말한다.

① **지위와 규범** : 지위가 높은 구성원은 규범으로부터 이탈할 수 있는 자유를 다른 구성원보다 더 많이 갖는다.

② **지위와 집단 상호작용** : 지위가 높은 구성원들은 더 공격적인 경향이 있다.

③ **지위 불공정성** : 집단 구성원이 지위의 위계구조가 공정하다고 믿는 것이 중요하다. 하지만 지위의 불공정성이 지각될 경우 불균형이 초래되어 이것을 수정하려는 다양한 행동이 유발된다.

(5) 응집성 : 집단이 서로에게 매력을 느끼고 그 집단에 머물러 있기를 바라는 정도를 말한다. 응집성이 높은 집단은 집단성과도가 높다.

02 팀

1 팀의 개념

(1) 팀(Team)

① 개인으로서의 개별적 목적과, 집단으로서의 공동의 목표달성을 위해 일하는 사람으로 구성된 소규모 그룹을 의미한다.

② 직장 내에서는 작업팀(Work team)으로 호명된다.

③ 팀은 팀원 간 협력과 상호 보완적인 기술을 통해 개별적 투입보다 더 많은 성과를 달성한다.

(2) 작업팀과 작업집단의 구별 : 작업집단은 개인책임의 영역 이내에서 과업을 수행하도록 서로 정보를 공유하는 등의 활동을 하는 집단 작업팀과는 다르게 공동작업을 수행할 필요나 기회가 적어, 그 성과의 시너지효과는 매우 빈약하다.

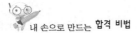
내 손으로 만드는 **합격 비법**

[팀과 작업집단의 차이]

작업 집단(Work group)	구분 기준	팀(Work team)
정보 공유	목 표	단체 성과
중립(때때로 부정적)	시너지	긍정적
개인적	책 임	개인적, 상호적
다양함, 임의적	기 술	보완적
일방적, 지도적	리더십	횡단적, 공유적
리더 주도형 의사결정	의사결정	참여적 의사결정

2 팀 유형과 속성

(1) 팀의 기능에 따른 유형분류

① 제안팀

　㉠ 조직 내에 있는 문제를 탐색하고, 해결책을 제안하기 위해 구성된 팀

　㉡ 목표 일정을 설정하고 한시적으로 활동하며, 목표 달성시 해산 (**예** 임시위원회, 프로젝트팀)

　㉢ 문제해결에 필요한 협력시스템을 구축하고, 과업을 성취하고, 후속조치 수단에 대해 조속히 익혀야 함

② 경영팀

　㉠ 팀이나 그룹을 관리할 공식적 책임이 있는 사람들로 구성된 팀

　㉡ 복잡한 문제를 다루기 위한 기회와 방법 찾고, 조직목적·목표·가치 등을 구성하고 제시함

③ 개발팀

　㉠ 마케팅, 상품제조 등 과업의 효과적 수행을 위해 구성된 팀

　㉡ 효율적 관계와 견고한 운영체제를 유지해야 하고, 적절한 외부지원을 획득해야 함

　㉢ 고성과를 위해 여러 상황에 도전해야 함

(2) 팀의 목적에 따른 유형분류

① 문제해결팀(Problem-solving team)

　㉠ 제품/서비스 품질, 작업효율 및 환경개선방법 토의 위해 구성된 팀

　㉡ 주로 동일한 부서에서 구성됨

　㉢ 문제의 개선 방법을 토론하고 제안할 수 있지만, 권한부여 정도가 상대적으로 낮아 실행권한은 거의 없음

　㉢ 품질관리조, 태스크포스팀 등

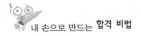

② 자기관리팀(Self-managed work team)

　　㉠ 상호 관련성이 높은 직무를 수행하는 종업원으로 구성된 팀, 전통적 조직의 감독자의 역할을 자체적으로 수행함

　　㉡ 작업기획, 업무할당, 문제해결의 의사결정 등 광범위한 과업을 수행함. 권한 부여의 정도가 가장 높은 팀

③ 기능횡단팀(Cross-functional team)

　　㉠ 어떤 과업달성을 위해 상이한 업무 종사자들로 구성된 작업팀

　　㉡ 복잡한 프로젝트 조정에 효과적이며, 팀 구성원이 신뢰와 팀워크를 구축하는데 많은 시간과 노력이 필요함

④ 가상팀(Virtual team)

　　㉠ 네트워크기술을 이용해 물리적으로 분산된 종업원을 연결하여 만든 팀

　　㉡ 기능적으로는 모든 팀의 역할수행이 가능

　　㉢ 가상팀의 특징

　　　• 비언어적 소통이 불가능

　　　• 직접적인 상호작용이 어려움(친밀감 형성의 어려움)

　　　• 시공간의 제약이 없으므로 물리·시간적 차이가 극복될 수 있음

3 팀의 효과성

(1) **팀 구축(Team building)** : 팀구축은 팀워크를 개선하고 집단효율을 증진시키기 위한 체계적 과정으로 집단 기능에 대한 데이터를 모으고 분석하기 위한 공동 노력으로 정의

(2) **중요한 이유** : 팀이 새롭게 구성되면 작업팀은 멤버들이 통합되는 과정에서 발생하는 도전에 대처해야 함

(3) **효과적인 팀의 구축을 위한 요인**

① **상황** : 조직에게 받는 충분한 지원, 구성원 사이의 역할배분과 리더십, 상호간의 신뢰, 성과와 보상체계

② **구성** : 팀원들의 능력, 친화·협동적인 성격, 다양한 기술과 지식, 효과적인 팀의 규모(약 7~8인)

③ **직무설계** : 함께 일하고 결과를 책임지는 설계적 권한이 중요함, 과업정체성, 중요성, 다양성, 자율성, 피드백 등

④ **프로세스** : 공동의 목표에 대한 방향, 구체적인 추진력, 자신의 팀에 대한 믿음, 무임승차 없는 책임감 등

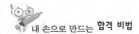
내 손으로 만드는 **합격 비법**

❹ 작업팀 구축과정

(1) 작업팀 구축과 개선을 위한 과정은 명확하게는 나눌 수 없지만, 단계에 따른 행동패턴이나 전략이 필요하므로 적절히 구분하는 것이 필요하다. 일반적으로는 작업팀 구축을 5단계로 나눈다.

(2) 작업팀 개발과 개선을 위해서는 경영자를 포함한 조직구성원 모두가 상호작용하여 몰입구축을 기반으로 해야 한다.

(3) 작업팀 구축 5단계

① 형성기(Forming)
  ㉠ 팀의 목표를 구성, 목표달성을 위한 절차개발에 집중
  ㉡ 구성원 친밀감 형성이 중요

② 격동기(Storming)
  ㉠ 구성원 사이 책임배분, 목표 우선순위, 과업관련지침 등 다양한 갈등으로 구성
  ㉡ 팀을 이탈하는 구성원도 발생
  ㉢ 이 단계에서 가장 중요한 것은 갈등을 표면화해 공개적으로 관리하는 것
  ㉣ 갈등을 회피하거나 억압하는 것은 작업팀 실패의 지름길

③ 규범화 시기(Norming)
  ㉠ 팀의 전반적 운영을 위한 규칙을 구성
  ㉡ 공감, 관심 등 덕목에 대한 재구성을 시도

④ 성과창출기(Performing)
  ㉠ 효과적인 목표달성을 위해 몰입함
  ㉡ 적극적으로 상호작용하며 다양한 경험과 학습함
  ㉢ 이전 단계에서 규범이 구축되지 못한 팀은 최소한의 성취만을 얻게 됨

⑤ 휴식기(Adjourning)
  ㉠ 과업 목표를 달성하고 해산하거나 다음 목표를 위해 활동을 중지
  ㉡ 피드백을 통해 다음 단계를 조직적으로 준비

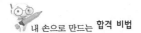
내 손으로 만드는 **합격 비법**

5 팀워크와 팀플레이

(1) 팀워크(Team work)

① 팀 구성원 간의 연대를 통한 협동을 의미한다.

② 팀워크에 대한 구축은 고성과팀을 위한 전제가 된다.

(2) 고성과팀(High performance team) 구축을 위한 요소

① 조직의 목표 수립 : 개인과 조직의 목표는 팀의 목표 · 행위에 영향

② 성과달성 분위기 조성 : 팀 구성원이 개인, 집단적으로 책임있는 활동의 기반을 마련

③ 위기에 대한 인식 공유 : 외부환경에 대한 인식은 작업팀 긴장감을 유지하는데 중요한 요소

④ 자신에 대한 확신 공유 : 구성원 모두 각자 목표달성 위해 충분한 능력과 기술을 가지고 있다는 확신 공유

⑤ 행위에 대한 규칙 제시 : 팀을 위한 행위에 대해 규칙을 제시하고, 성과에 대한 명확한 보상 제시

⑥ 팀 정신 구축을 위한 교류 : 자주 교류의 시간을 가져, 지속가능성을 확대하고 정서적 동질감을 형성

(3) 시스템적 팀

고성과팀의 요소들이 갖춰지면, 팀 구성원은 단순한 집단을 넘어 시스템적 팀(Systematic team)으로 발전한다.

(4) 팀플레이(Team play) : 팀이 구성되면 구성원들은 개별적인 역할을 하게 되는데, 세 가지 유형이 있다.

① 과업지향적 역할 : 과업관련 의사결정을 조정하고 촉진 → 새로운 아이디어 제공, 핵심적 사실 위한 정보탐색, 다른 구성원 아이디어의 효과적 대안 형성 등

② 관계지향적 역할 : 감정과 사회적 상호작용 구축 시도 → 구성원 아이디어 수용, 갈등 중재, 적극적 참여 유도 등

③ 자기지향적 역할 : 팀을 희생시켜 자신의 이익을 취하려는 자기중심적 행동 추구 → 항상 자신에게 주의를 집중시키려는 강한 욕구, 명령과 통제, 타인의 성과 기여, 방해 등

(5) 효과적인 팀 구성

과업지향 · 관계중심적 역할을 수행하는 구성원이 많아야 한다.

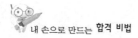

6 팀의 역기능

(1) 집단사고(Group think)

① 의 의

ㄱ 팀 구성원이 개인 희생을 감수하고 집단의견, 목적에 일방적으로 동조하는 것이다.

ㄴ 개인목표, 조직목표의 일치라는 전략적 통합보다는 개인목표가 조직목표에 일방적으로 종속되는 현상을 의미한다.

② 집단사고의 특징

ㄱ 불패의 환상 : 근거없는 낙관주의의 형성으로, 극단적으로 위험한 행위 추구, 어떠한 수단도 정당화하며 다른 팀을 적대하는 경향을 보인다.

ㄴ 조직적 압력 : 팀 목표나 철학에 반대하는 구성원에게 직·간접적 압력을 가하며 심할 경우 적대시한다.

ㄷ 자기검열 : 팀의 지향과 다른 견해 형성을 스스로 억제하며, 자신의 생각이 잘못된 것이라는 자기억압 형태를 의미한다.

(2) 무임승차

① 의의 : 팀 구성원이 자신의 역할과 노력을 다하지 않고 집단이익에 편승해 개인의 이득을 취득하는 것을 말한다.

② 투자대비 많은 성취결과를 얻으려는 행위, 봉효과(Sucker effect)가 나타날 수 있다.

③ 봉효과(Sucker effect) : 무임승차 행위에 대한 역작용으로, 누군가가 무임승차할 것이라 생각하고 팀 내 구성원들이 노력을 다하지 않는 현상이다.

④ 팀이 무임승차와 봉효과를 통제하지 못한다면 효과성 상실로 인한 존재의 위기가 올 수 있다.

(3) 신뢰의 부재

① 팀 효율성과 목표달성을 위해서는 상호신뢰의 유지가 중요하다.

② 약점과 실수를 감춘다거나, 경쟁의식으로 피드백을 하지 않는다던가, 이타성이 부족한 경우 등의 경우가 있다.

③ 신뢰가 형성되지 못하면 팀목표가 성공적으로 달성되기 어려우며 팀이 사라지게 될 수 있다.

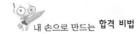
내 손으로 만드는 **합격 비법**

03 커뮤니케이션 ┃2008년 논술문제┃ ┃2017년 약술문제┃

1 커뮤니케이션의 기본개념

(1) 커뮤니케이션(Communication)

① 발신자가 수신자에게 어떤 유형의 정보를 전달하는 과정을 의미한다.

② 개인과 집단 사이에 정보교환, 의미전달의 과정을 말한다.

(2) 커뮤니케이션의 기능 : 커뮤니케이션에는 여러 기능이 존재하지만, 핵심적인 기능은 지식 제공, 동기유발, 조정통제, 정서적 기능 등이 있다.

① 지식제공기능(정보전달)

  ㉠ 직무수행을 효율적으로 하기 위한 정보제공

  ㉡ 이직자의 사회화 과정에서 핵심적임

  ㉢ 과업수행방법, 조직의사결정방법, 여러 의사결정에 필요한 대안을 파악

② 동기유발기능 : 조직구성원에 구체적이고 명확한 목표 설정하고, 바람직한 행동 유지하도록 함

③ 조정, 통제기능 : 조직구성원 행동이 특정한 방향으로 움직이도록 통제

④ 정서적 기능 : 감정을 표현하고 사회적 욕구 충족시키는 역할

2 커뮤니케이션 방향과 네트워크

(1) 집단 간의 의사소통은 공식적 커뮤니케이션과 비공식적 커뮤니케이션으로 이루어진다.

(2) 공식적 커뮤니케이션 : 업무와 관련된 것으로, 수직(상향 – 하향)적, 수평적, 대각선 커뮤니케이션으로 구성된다.

① 상향적 커뮤니케이션

  ㉠ 정보가 하급자에서 상급자로 전달되는 것

  ㉡ 조직규모가 비대할수록 약해짐(예 고충처리제도, 품의서 작성 등)

② 하향적 커뮤니케이션

  ㉠ 지시사항이 공식적 경로를 거쳐 하급자에 전달

  ㉡ 언어뿐 아니라 서신, 이메일을 포함

  ㉢ 명령·지휘의 일원화와 책임소재 확실성을 위해 사용되는 커뮤니케이션

③ 수평적 커뮤니케이션

  ㉠ 동일 수준의 지위나 위계에 있는 구성원의 커뮤니케이션

  ㉡ 정보의 공유 등에 따라 효과적

  ㉢ 한편, 국내기업 20 ~ 30대 직장인들은 '협의를 통해 의견을 조율하는 수평적 기업문화'를 가장 선호

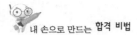

④ 대각선 커뮤니케이션 : 조직도에서 집단, 계층을 달리하는 사람들의 의사소통 (예 생산부서-인사팀 등)

(3) 비공식적 커뮤니케이션 : 조직 내에서는 비공식적 경로를 통해서도 커뮤니케이션 존재 (예 그레이프바인)

① 그레이프 바인(Grape vine) : 조직 내에서 정보가 원래 뜻과는 다르게 전달되는 것을 뜻하지만, 이를 통해 조직변화의 필요성을 경고하고 집단응집력을 높이며 구성원 아이디어의 전달 경로가 된다.

② 순기능
  ㉠ 공식적 의사소통의 보완
  ㉡ 정신적 긴장감 해소
  ㉢ 새로운 정책이나 정보의 빠른 전달
  ㉣ 조직변화에 대한 저항 약화

③ 역기능
  ㉠ 조직의 비효율성의 증가
  ㉡ 비공식 채널로 전달되는 정보를 신뢰함

(4) 커뮤니케이션 네트워크 : 구성원 간 커뮤니케이션 경로(Path) 구조이며 속도, 정확성, 만족도, 권한집중의 차이가 있다.

① 사슬형(Chain type)
  ㉠ 공식적 명령계통에 나타나는 단순한 형태(조직의 라인형)
  ㉡ 환경의 불확실성에 대해 대처하기 위해 수직적 구조에서 탈피하려는 경향 존재

② Y형
  ㉠ 집단 내에 특정의 리더가 있는 것은 아니나, 비교적 집단을 대표할 수 있는 인물이 있는 경우에 나타남
  ㉡ 단순한 문제를 해결하는데 있어서의 정확도는 비교적 높음

③ 수레바퀴형(Wheel type)
  ㉠ 집단구성원 간 대부분 정보가 중심인물에 집중되고, 중심 인물이 개개인에 정보전달
  ㉡ 구성원 간 커뮤니케이션은 적음
  ㉢ 일상적 의사소통엔 유효하지만 비일상적인 경우 비효율 (예 작업현장에서 감독에게 보고하는 형태)

④ 원형(Circle type)
  ㉠ 집단 내 서열이 분명하지 않은 경우로 구성원 간 상호전달
  ㉡ 구성원 만족감이 높으나 정보전달, 상황파악, 문제해결에 많은 시간 소요 (예 위원회 구성)

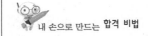

⑤ 완전연결형(All channel type)

    ㉠ 집단구성원 전체가 서로 의견이나 정보 교환

    ㉡ 정확성이 높고 복잡하고 어려운 문제에 효과적

    ㉢ 상황의 파악과 문제해결에 소요되는 시간이 많음

(5) 커뮤니케이션 네트워크 비교

① 문제해결을 위한 속도 : 수레바퀴·사슬형(빠름) → 원형·완전연결형(느림)

② 정확성

    ㉠ 단순한 문제의 경우 원형·완전연결형(비효율) → 수레바퀴·사슬형(효율)

    ㉡ 복잡한 문제의 경우 원형·완전연결형(효율) → 수레바퀴·사슬형(비효율)

③ 구성원 만족도 : 원형·완전연결형(높음) → 수레바퀴·사슬형(낮음)

④ 리더의 권한

    ㉠ 수레바퀴형 : 중심자

    ㉡ 사슬형 : 최상위자

    ㉢ 원형과 완전연결형 : 리더 없음

3 커뮤니케이션 장애요인과 효율화 방안

(1) 커뮤니케이션 장애요인

발신자가 전하는 메시지가 수신자에 제대로 전달되지 못하는 상황을 말한다.

① 여과(Filtering)

    ㉠ 발신자가 의도적으로 메시지의 사실을 조작함

    ㉡ 조직계층 수가 많을수록 여과기회가 많아짐 (예 상급자가 하급자에게 듣기 좋은 칭찬만 하거나, 하급자의 보고를 중간관리자가 바꿔 최상급자에 보고)

② 선택적 지각(Selective perception)

    ㉠ 수신자가 발신내용을 100% 모두 지각하지 못함

    ㉡ 개인의 욕구, 경험 등 개인적 특성에 영향을 받음

③ 시간과 정보량 : 정보의 과중으로 시간이 촉박하거나 정보량이 많을 경우 과정이 생략되거나 무시됨

④ 반응피드백의 결여

    ㉠ 수신자가 반응하지 않거나 부적당하게 반응함

    ㉡ 이는 의사소통의 실패를 가져옴

⑤ 감정과 언어 : 발신·수신자의 감정상태에 따라 전달과 해독이 달라짐 (예 상급자 기분에 맞춰 보고)

경영지도사 2차 인적자원관리 한권으로 끝내기

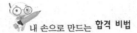

(2) 장애요인의 극복 : 발신・수신자에 초점을 둠(무궁무진함)

　① **발신자의 노력** : 내용전달에 적합한 매체를 선정하거나 전달 내용이 중요한 경우 매체를 중복하고, 그레이프 바인 등을 통해 의사소통의 활성화라는 순기능을 활용함

　② **수신자의 노력**

　　㉠ 발신인의 입장으로 감정이입을 하는 등 적극적인 경청

　　㉡ 발신자의 의도를 충분히 이해하고 이에 대한 피드백

　　㉢ 발신・수신자 공통으로 감정의 억제를 하는 것이 추후 해독에 용이함

(3) 조직커뮤니케이션 활성화 방안 : 신뢰적인 조직분위기를 조성하고, 최고경영자의 현장경영, 문호개방 등 소통하고자 하는 모습을 보여주는 것이 중요함

04 집단의사결정

1 의사결정의 본질(개인의사결정)

(1) 의사결정(Decision making) : 바람직한 상태를 위하여 여러 대안 중 하나를 선택하는 의식적 과정이다.

(2) 무의식적, 반사적 행동이 아닌 의식적 행동이며, 여러 대안들 중 하나를 택하며, 문제를 지각하며 의사결정을 시작한다.

2 의사결정의 과정

문제해결을 위한 행동을 결정하는 과정을 의미한다.

(1) 문제의 정의

　① 현재 상태와 바라는 상태의 차이가 있을 때 문제가 발생함

　② 문제의 정의 규명 위해 원인을 규명하고 현상 진단이 필요함

(2) 대안의 탐색과 선택

　① 정보수집, 자료분석 후 문제해결 가능한 대안 작성 후 검토

　② 각 대안들 중 기준을 정하여 최선의 대안을 선택

(3) 대안의 실행 및 평가

　① 대안선택 후 구체적인 행동계획 수립, 실행

　② 최종적으로는 대안의 결과를 평가하여 만족스럽지 않을 경우 즉시 피드백하여 의사결정 첫 단계인 문제 정의부터 다시 시작

내 손으로 만드는 **합격 비법**

3 의사결정의 유형

(1) 구조화된 의사결정과 비구조화된 의사결정 : 의사결정의 구조화 정도에 따라 정형적·비정형적으로 구분됨

① **구조화된 의사결정** : 이미 설정된 대안을 기준으로 일상적·반복적으로 이루어지는 의사결정 (예 조직구성원이 이직한 경우, 모집계획을 수립하여 충원하는 것)

② **비구조화된 의사결정** : 사전에 알려진 해결안이 없는 경우 이루어지는 의사결정 (예 최고경영자가 비전 달성을 위해 실행하는 전략적 의사결정)

[구조화/비구조화 의사결정 비교]

구조화된 의사결정	구분 기준	비구조화된 의사결정
단순하고 일상적인 과업	과업유형	복잡하고 창의적인 과업
조직 규정 등의 가이드라인 의존	조직정책 의존성	처음 실행을 위한 해결안 창조
일반적으로 하위계층 담당자	의사결정의 주체	일반적으로 최고경영자

(2) 의사결정의 행동모형 : 가장 대표적으로 완전한 합리성 모형과 제한된 합리성 모형으로 나누어짐

① **완전한 합리성 모형**

> 합리적인 의사결정 위해 목표설정 → 가능한 행동대안 열거 → 어떤 결과 가져올지 예측 → 결과의 바람직성 평가 → 대안 선택

ㄱ 최소의 비용으로 최대의 효과를 올리려 하는 모형으로 5가지 과정을 거침

ㄴ 경쟁이 완전하다면 비합리적 경쟁자는 생존할 수 없다는 '완전경쟁'을 중요시함

ㄷ 현실에서는 완전경쟁을 찾기가 어려우며, 단기적으로는 완전경쟁의 조건이 성립하지 않는 경우가 많음

② **제한된 합리성 모형**

ㄱ 정보의 부족, 인지능력의 한계, 시간의 부족 등의 요인 때문에 부분적으로 합리적이라는 모형

ㄴ 의사결정자는 최적화가 아닌 만족을 구하며, 추상적인 목표를 달성 가능한 하위 목표로 대체하고 의사결정을 한 사람이 하는 것이 아닌 여러 사람에게 분권화하여야 함

[제한된 합리성/완전한 합리성 의사결정 비교]

완전한 합리성 모델	가 정	제한된 합리성 모델
완전한 합리성	의사결정의 합리성	제한된 합리성
완전한 접근	정보의 가용성	제한된 접근
최적안 선택	대안의 선택	만족한 선택
규범적	모형의 유형	기술적

내 손으로 만드는 **합격 비법**

4 집단 의사결정 2013년 논술문제

(1) 의사결정의 주체가 누구냐에 따라 개인의사결정과 집단의사결정으로 나눌 수 있다. 조직에서는 집단의사결정의 비중이 높다.

(2) 장단점 : 집단의사결정은 다양한 견해를 제공하고 질 높은 의사결정이 가능하나 시간, 비용소모가 크고 소수의 의견에 지배되기 쉽다. 또한 정확성과 수용의 정도는 높으나 결정의 시간이 지연된다.

(3) 집단사고

① 구성원 의견의 일치를 이루어내려는 유/무형의 압력에 의해 비합리적 의사결정이 이루어지는 현상이다.

② 리더의 권위주의적 행동, 시간압력, 높은 집단응징성 등이 원인이다.

(4) 집단사고 대비책

① 제안에 대한 자유로운 비판이 가능한 개방적인 리더십이 필요하다.

② 다각도에서 의사결정의 질을 평가하는 제도를 마련한다.

③ 결정이 내려지더라도 재차 소집하여 점검하는 시간을 가진다.

5 집단 의사결정의 오류와 성공지침

(1) 의사결정의 오류

① 경험에 의한 오류 : 자신이 경험한 것에만 바탕을 두며, 경험하지 못한 것은 현실에서 없을 것이라 착각함

② 몰입의 상승 오류 : 결정한 것은 끝까지 성공시키는 것으로, 잘못된 결정에 대해서도 계속 몰입함

③ 확신의 오류 : 객관적 자료를 지나치게 신뢰하는 것으로, 잘못된 판단이라는 자료는 무시

④ 접근성에 의한 오류 : 늘 하던대로 익숙하고 편한 방식으로 판단하는 오류

⑤ 과대평가 : 자신의 능력에 대해 확신하는 경향으로 모든 상황을 통제할 수 있다고 믿음

(2) 효과적인 의사결정을 위한 지침

① 그만둘 때를 아는 것 : 효과적 결정이 아니라는 것을 인지할 때 멈춰야 함

② '왜'라는 물음을 가지는 것 : 결정에 대해 시간적 간격을 두고 심도있게 생각할 필요가 있음

③ 효과적인 의사결정자가 되는 것 : 논리적이고 분석적 사고를 가지며 유연해야 함

6 집단 의사결정기법

집단 내 상호작용에서 가장 보편적으로 사용하는 의사결정기법이다.

(1) 브레인스토밍(Brainstorming)

① 문제해결의 창의성을 높이기 위해 가장 많이 사용하는 방법

② 여러 명이 한 가지 문제를 놓고, 무작위로 아이디어를 많이 내놓으면 그 가운데 사업성이 좋은 아이디어를 채택함

③ 효과적인 브레인스토밍을 위한 규칙

  ㉠ 전원이 참여하며, 자유롭게 의견교환을 하고, 비판은 절대금지

  ㉡ 자유로운 분위기로 많은 아이디어 제시

  ㉢ 타인의 아이디어에 자신의 아이디어를 결합하여 새로운 아이디어를 창안

  ㉣ 집단은 일반적으로 6~12명으로 구성되며 타인의 압력을 배제함

(2) 명목집단법(Nominal group technique)

① 명목상의 집단을 구성하여 각각 독립적으로 행동

② 타인의 압력없이 의견을 제시하며, 이후 아이디어를 평가

③ 리더의 역할이 중요하며 의견제시 시에는 참여자간 서로의 의사소통 배제

④ 이를 통해 마음속으로 가지고 있는 생각을 끌어내는 것이 목표

⑤ 구성원 만족도가 가장 높음

(3) 델파이기법(Delphi method)

① 일체의 대화없이 반복적인 피드백과 통계적 처리에 의해 아이디어를 수렴함

② 명목집단법과 유사하나, 일체의 출석과 대면이 없음

③ 일반적으로는 델파이기법과 명목집단법이 창조적인 아이디어를 내는데 우수함

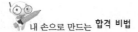
내 손으로 만드는 **합격 비법**

05 권력과 정치   2008년 약술문제   2012년 약술문제

1 권력의 개념

(1) 권 력

① 한 개인이나 집단이 다른 개인이나 집단에게 그들의 의지와 관계없이 자신들의 의지를 관철시키는 힘을 의미한다.

② 즉, 상대방의 행동을 권력행사자의 의도대로 바꾸게 하는 능력이다.

(2) 개인 권력의 원천 : 개인이 소유하고 있는 권력이며, 공식적 권력과 비공식적 권력으로 구분한다.

① **공식적 권력(Formal power)** : 조직에서의 개인 직위에 근거, 합법적 벌이나 권력·보상을 줄 수 있는 상황을 제어할 수 있는 권력이다.

  ㉠ 합법적 권력(Legitimate power)
   • 공식적 직위, 사회적 규범 등에 기반을 둔 권력으로 지위와 합법적 권력은 비례함
   • 주로 부하 직원에게 행사할 수 있으며 직무범위 내에서만 행사가능
   • 조직을 떠난 이후에는 권력을 상실하게 됨

  ㉡ 보상적 권력(Reward power)
   • 타인에게 보상해 줄 수 있는 자원과 능력에 기반을 둔 권력
   • 재무적으로는 임금인상·보너스 등이, 비재무적으로는 인정·승진 등이 해당

  ㉢ 강압적 권력(Coercive power)
   • 해고나 체벌, 위협 등 두려움에 기반을 둔 권력
   • 원치 않는 인사이동, 승진누락 등으로 은닉, 허위 보고 등과 같은 행동 결과를 초래할 가능성이 있음
   • 부하직원이 이를 지각하여야 하며, 강압을 두려워하지 않으면 의미가 없음

  ㉣ 정보적 권력(Information power)
   • 정보에 접근, 통제할 수 있는 것에 기반을 둔 권력
   • 사람들이 필요한 정보나 지식을 가진 경우 더 많은 권력을 가짐 (예 정리해고 예정시, 인사/구조조정 팀이 권력자)

② **비공식적 권력(Informal power)** : 공식적으로 소유한 권력이 아닌, 개개인 특성에 근거한 권력이다.

  ㉠ 전문적 권력(Expert power)
   • 전문지식, 특별한 기술로부터 나오는 권력
   • 기술/지식기반의 사회가 되면서 강력해진 유형

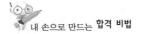

- 특히, 직무 세분화와 환경급변에 따라 전문성이 더욱 두각을 드러냄
  (**예** 변호사, 회계사 등)

ⓛ 준거적 권력(Referent power)
- 행위자를 존경하거나 동일시하며 그의 인정을 받고자 원할 때 생기는 권력
- 재주나 개인적 특징을 지닌 사람과 동일시하고 싶어 하는 것에 근거를 둠
- 다른 사람에 대한 감탄과 그 사람처럼 되고 싶은 열망으로부터 전개
  (**예** 복장을 따라하는 것 등)

ⓒ 카리스마적 권력(Charismatic power)
- 준거적 권력에서 확장된 개념
- 개인적 성격, 타인이 믿고 따르게 하는 능력 등을 기반으로 함

2 집단 권력의 원천

(1) 개인뿐 아니라, 조직 내 각 부서 간의 권력은 균등하게 배분되어 있지 않으므로 이 경우에도 집단 간 권력을 통한 통제 등이 가능하다.

(2) 자원의존모델
① 한 부서의 권력은 다른 부서가 요청하는 자원을 통제할 수 있는 정도에 근거한다는 이론이다.
② 즉, 가장 중요한 자원을 많이 조달하는 부서가 가장 강력한 힘을 지닌 부서이다.
③ 한 부서가 어느 정도의 권력을 갖게 되는지 여부는, 기업생명주기의 영향 및 기업 전공분야의 영향이 크다.
④ 자원통제는 조직권력 결정뿐 아니라 타부서 활동까지 통제한다는 점이 중요하다.

(3) 전략적 상황모델
① 한 부서의 권력은 다른 부서의 행동에 영향을 줄 수 있는 정도에 근거한다.
② 타 부서 권력의 상대적 크기를 통제할 수 있다면 이는 전략적 상황을 통제한다고 한다.

(4) 전략적 상황을 통제할 수 있는 요인
페퍼와 셀런식은 권력에 관한 전략적 상황이론 연구에서 집단이 갖는 권력의 요인을 다음과 같이 분류하였다.
① **불확실한 상황의 통제능력** : A기능이 B기능의 상황을 해결하여 불확실성을 감소시킬 수 있다면 A기능은 B기능에 권력을 가진다. (**예** 마케팅 → 생산의 관계)
② **조직에서 구심점(Centrality) 정도** : 타 부서 활동에 대해 자문을 하거나, 직접적 영향을 미칠 때 그 부서는 조직에서 핵심적이며 구심점에 있다.

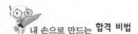

③ 활동 대체가능성 정도

　　　㉠ 특정 부서가 특별한 임무를 수행하는 유일한 단위일 때 대체가능성이 희박하다.

　　　㉡ 이때 대체가능성이 희박할수록 전략적 상황통제력은 커진다.

④ 의존심 : 부서간의 의존심은 상대적 권력을 결정짓는 요소이다.

⑤ 재무적 자원 : 재무적 자원을 통제하는 것이 조직권력의 중요한 원천이다.

❸ 권력의 행사

(1) **권력에 대한 반응** : 일반적으로 상급자가 권력을 사용했을 때 나타나는 하급자들의 반응은 순응화(상급자의 보상이나 처벌에 대한 하급자의 반응), 동일화(하급자가 상급자를 존경하여 상급자의 요구에 따르는 경우), 내면화(상급자의 요구와 하급자의 가치가 일치하는 경우, 분열화(하급자들의 반발로 상급자와의 관계가 분열되는 경우))가 있다.

(2) **켈만의 모델** : 켈만은 권력이 복종·동일화·내면화 3가지 권력과정으로 연결되었고, 이것이 결과적으로 피권력자의 반응을 낳는다고 보았다.

① 복종 → 피권력자는 권력 소유자로부터 처벌을 피하려 하며 권력자에 대해 자신에게 유리한 방향으로 행동한다.

② 동일화 → 일반적으로 피권력자들은 자신의 만족을 위하여 권력소유자를 추종하고 닮으려 한다. 그러므로 권력소유자는 피권력자가 호감을 가질 수 있는 준거적 권력을 소유해야 한다.

③ 내면화 → 전문성, 합법성, 신뢰로부터 발생하는 지속적인 내면적 가치의 유지를 위해서 권력 소유자와 좋은 관계를 가지려 한다.

❹ 임파워먼트(Empowerment)

(1) **개 념**

① 임파워먼트는 조직원들에게 업무 재량을 위임하며 조직의 의욕과 성과를 이끌어 내기 위한 '권한 부여', '권한 이양'을 의미한다.

② 자신이 조직을 위해서 많은 중요한 일을 할 수 있는 권력, 힘, 능력, 등을 갖고 있다고 확신을 심어주는 과정이다. 이러한 확신을 심어주기 위해 공식적 권력을 위임해 주는 일 등이 전제되어야 한다.

(2) **효과적인 실행방안**

① 정보의 공개 : 필요한 정보를 개인이나 팀이 손쉽게 얻을 수 있어야 임파워먼트를 느낄 수 있다.

② 조직원들이 적극적으로 다양한 변화활동에 참여하도록 유도해야 한다. 참여는 권력 공유 과정이다.

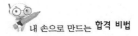

③ 조직원들의 혁신활동을 지원한다. 새로운 개념을 시도해 보도록 권한이 위임되어야 한다.

④ 권한을 부여함과 동시에 책임감을 느끼도록 해야 한다.

5 멘토링

(1) 개 념

① 멘토와 멘티의 관계를 말한다.

② 멘토링은 상·하급자간의 관계에 관한 것이지만 시간 차원에 볼 때 장기적인 관계에 초점을 두고 있다는 측면에서 공식적 경력개발 프로그램(CDP)와 유사하다.

(2) 멘토링의 유형

① 비공식 멘토링 : 경험자와 비경험자 사이에 일어나는 상호작용이 자연발생적이고 비체계적인 매칭으로 이루어진 멘토링이다.

② 혼합형 멘토링 : 멘토와 멘티의 계획적 매칭없이 관계가 성립된 멘토링이다.

③ 공식적·체계적 멘토링 : 조직적 차원의 공식적 멘토링으로, 멘토와 멘티의 관계가 계획적이고 체계적인 매칭으로 이루어진다.

(3) 멘토링의 기능

① 경력 기능 : 후원, 코칭, 보호, 도전적 업무 부여 등

② 사회심리적 기능 : 역할 모델링, 상담, 우정, 수용과 지원 등

6 조직정치 [2015년 논술문제]

(1) 조직정치(Organizational politics)의 의의

① 개인, 팀, 리더가 원하는 결과를 얻기 위해 권력이나 다른 자원들을 확보, 개발, 활용하는 행동이다.

② 조직 구성원의 이기주의와 조직의 이익 간의 균형을 맞추는 것이 중요하다.

(2) 장단점

① 장점 : 정치적 행동을 통해 합법적 이익을 추구하고, 조직목표를 달성하게 된 구성원은 인정, 지위상승을 느낀다.

② 단점 : 정치적 행동에서 실패한 구성원은 지위가 낮아지거나 잃게 되고, 비효율적 조직문화가 형성된다.

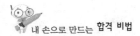

(3) 조직정치 발생 요인

① **자원** : 자원의 필요성과 희소성이 높을수록 동기발생, 행동 확률이 높아짐

② **의사결정** : 불명확하고 장기 전략적인 의사결정일수록 행동 확률이 높아짐

③ **목표** : 조직목표, 과업목표가 불확실해질 때 정치적 행동발생 가능성이 높아짐

④ **조직 분위기** : 조직 내 신뢰감이 형성되어 있지 않을 경우 정치적 행동발생 가능성이 높아짐

⑤ **조직 구성원 역할** : 구성원에게 요구되는 역할이 명확하지 않을 경우 비공식적 역할로 말할 수 있는 정치적 행동발생 가능성이 높아짐

(4) 효율적인 조직정치 관리 방안

① **불확실한 제도의 개선** : 평가의 원칙과 과정을 분명히 하고, 성과 결과에 대한 차별적 보상을 실시한다.

② **비합리적 경쟁의 원인 개선** : 관리자들 간의 경쟁 원인을 감소시키고, 내부가 아닌 외부적 목표에 관심을 유도한다.

③ **조직 내 역기능적인 파벌집단에 대한 조치** : 파벌세력을 제거·분열시키고, 새로운 파벌 집단이 생기지 않도록, 역기능적 파벌형성에 대한 태도를 인사평가·승진 등에서 부정적인 평가를 통해 관리한다.

④ **윤리적인 조직정치의 기준** : 윤리와 비윤리를 구분하는 것은 어렵지만, 아래 요건을 충족하면 비교적 바람직한 조직정치로 볼 수 있다. 인사평가에서 리더 자질로서 긍정적인 평가가 가능하다.

　㉠ 공리주의적 산출기준 : 최대다수가 최대로 만족해질 수 있는 방안 구축

　㉡ 개인권리의 기준 : 윤리적 양심과 적법절차 통해 개개인 권리의 침해가 없어야 함

　㉢ 배분적 정의의 기준 : 공정하고 공평하게 모든 구성원이 존중되어야 함

7 인상관리(조직에서 권력을 키우는 책략 중의 하나)

(1) 개 념

① 다른 사람이 갖고 있는 자신에 대한 이미지를 조정하려는 것을 인상관리라고 한다.

② 매력적인 사람은 자신에게 유리한 방향으로 자원을 배분할 수 있다.

(2) 인상관리의 기법

① **순응** : 상대방의 승인을 얻기 위해 그 사람의 의견에 동의하는 것

② **호의** : 상대방의 인정을 받기 위해 그 사람에게 좋은 일을 해주는 것

③ **변명** : 곤란한 사건의 부정적 영향을 줄이기 위해 설명을 부가하는 것

④ **사과** : 바람직하지 않은 사건의 책임을 인정함과 동시에 자기의 행동에 대한 용서를 구하는 것

⑤ **자기홍보** : 자신의 장점을 강조하고 단점을 보여주지 않음

⑥ **향상** : 자신이 해낸 일이 다른 대부분의 사람들이 생각하는 것보다 더욱 가치가 있는 것이라고 주장하는 것

⑦ **아첨** : 남에게 잘 보이고 호의를 얻기 위해서 그 사람의 장점을 칭찬하는 것

⑧ **예증** : 요구되는 것 보다 더 많은 노력을 하여 자신이 얼마만큼 헌신적으로 열심히 일하는 가를 보여주는 것

06 갈등과 협상 2012년 약술문제 | 2008년 논술문제 | 2017년 약술문제

1 갈 등

(1) 갈등(Conflict)의 의의
① 한 당사자에게 어떤 다른 사람이 부정적 영향을 미쳤거나 미칠 것이라고 인식할 때 시작되는 과정이다.

② 일반적으로 갈등은 부정적인 인식이 강하나, 긍정적인 기능도 가진다.

(2) 갈등 관점의 변화(갈등을 보는 세 가지 관점)
① **전통적 관점** : 갈등은 나쁘다고 가정한다.

② **인간관계적 관점** : 갈등은 모든 집단과 조직에서 자연스럽게 발생하는 것이라 주장한다.

③ **상호작용 관점**

　㉠ 갈등에 대한 현대적 관점은 상호작용 관점이다.

　㉡ 상호작용 관점은 조직이 너무 화목하고 평화롭고 협력적이면 활기가 없고 변화와 혁신 요구에 대해 무감각해질 수 있기 때문에 갈등을 유발시켜야 한다고 주장한다.

　㉢ 그러나, 모든 갈등이 좋은 것이라고 주장하지는 않는다.

(3) 갈등의 기능
① **갈등의 순기능**

　㉠ 문제 토론 과정에서 건설적 해결책이 나온다.

　㉡ 경쟁을 통해 구성원의 동기부여를 촉진한다.

② **갈등의 역기능**

　㉠ 목표달성에 필요한 에너지를 분산시킨다는 점에서 부정적이며, 신뢰적 조직 분위기에 악영향을 끼친다.

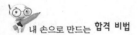

ⓛ 심한 경우는 조직 해체의 위기가 올 수도 있다.

ⓒ 경영자는 갈등의 역기능을 최소화하고 갈등의 순기능을 최대화하도록 관리하는 것이 갈등해결의 방법이다.

(4) 갈등의 원인 : 갈등은 상대방과의 지각의 차이에서 시작하지만, 모든 갈등을 개인적 원인으로 치부할 수는 없다.

① 상호의존성

　ⓘ 목표달성에 있어서 집단간 서로 협력하는 관계이다.

　ⓒ 관계가 순조로우면 갈등이 발생하지 않으나 과업 수행에 차질이 생길 시에 갈등의 가능성이 커진다.

② **불균형** : 조직 내 집단의 가치, 직위 등이 차이날 때 과업 수행 불균형의 원인이 된다.

③ 영역모호성

　ⓘ 과업 수행시 책임 소재가 모호하거나 방향이 분명하지 못할 때 발생한다.

　ⓒ 이는 자원과 영역의 통제권을 차지하기 위한 집단 간 분쟁을 증가시킨다.

④ **자원부족** : 둘 이상의 부서가 공동자원을 사용할 때 지나친 경쟁에 의한 갈등을 유발한다.

⑤ **목표의 차이** : 조직 내 여러 기능 부서에서, 추구하는 목표의 다양성은 갈등의 요인이다.

(5) 집단갈등과 조직성과 : 갈등의 수준이 A(갈등 수준 낮음), C(갈등 수준 높음)와 같은 경우에는 조직성과가 낮다. 따라서 적당한 수준(B)의 갈등은 조직의 생산성을 증진시키고 문제해결의 원동력이 되어 조직의 유효성을 증진시킨다.

[갈등과 집단성과의 관계]

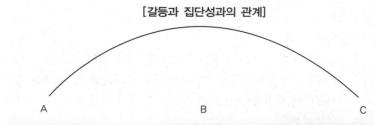

상 황	A	B	C
갈등 수준	낮거나 없음	최적	높다
갈등 유형	역기능	순기능	역기능
집단의 내부수준	• 침체적, 의욕상실 • 환경변화에 무반응 • 새로운 아이디어 부족	• 생동적 • 자기비판적 • 혁신적	• 혼란 • 분열 • 비협동적
집단성과 수준	낮다	높다	낮다

(6) 갈등관리

① 갈등을 효과적으로 해결할 때 어떤 의도를 통해 해결해야 하는가를 미리 인지해야 한다.

② 두 가지 기준 : 자신의 관심사를 만족시키려는 의도인 자기주장성(독단성)과, 상대방의 관심사를 만족시키려는 협조성이 있다.

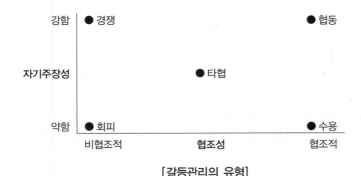

[갈등관리의 유형]

(7) 갈등관리의 유형

① 경쟁(Competition)

ㄱ 자기 집단의 관심사 충족을 위해 상대 집단을 압도해 갈등을 해결하는 의도이다.

ㄴ 확고하고 신속한 행동이 결정적일 때, 집단이 공식적인 권력을 많이 보유할 때 사용하는 것이 효과적이다.

② 수용(Accommodation)

ㄱ 자신 관심사보다 상대방의 관심사를 우선하는 의도이다.

ㄴ 상대방과 원활한 관계 유지를 위하거나 상대방의 사안이 더 중요할 때 효과적이다.

③ 회피(Avoidance)

ㄱ 자신의 관심사나 상대 집단의 관심사를 아예 무시하려는 의도이다.

ㄴ 갈등 사안이 사소하거나, 정보가 적거나, 너무 흥분되어 진정할 필요가 있을 때 효과적이다.

④ 협동(Collaboration)

ㄱ 갈등 당사자의 관심사를 모두 만족시키려는 의도이다.

ㄴ 양측 모두에 이득이 되며, 장기적으로 더 좋은 관계를 맺게 된다.

ㄷ 상대방에 대해 충분한 정보가 있을 시 효과적이다.

⑤ 타협(Compromise)

ㄱ 각 집단이 서로 부분적으로 교환, 희생을 통해 만족을 취하려는 의도이다.

ㄴ 동등한 권력을 소유한 당사자들의 갈등이나 협동/경쟁이 유효하지 못할 때 사용하는 차선책이다.

ㄷ 가장 흔하게 사용되는 방식이다.

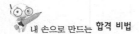

(8) 갈등 해결 방법(갈등 해소 방안)

① 직접 대면

ㄱ 집단끼리 직접 대면하여 문제를 분석하고 해결하는 방법

ㄴ 이해와 타협으로 견해의 차이를 좁히는 것이 아니라, 근본적으로 해결하는 것

ㄷ 의사소통의 왜곡이나 오해는 정면으로 대응하여 해결 가능

② 상위 목표의 제시

ㄱ 갈등을 초월하는 상위 목표를 제시하여 갈등을 완화하고 집단 간 공동노력 조성

ㄴ 상위 목표는 둘 이상의 부서가 노력하여 달성할 수 있는 성과를 의미

③ 자원의 확충

ㄱ 한정된 자원에 의한 갈등 시, 자원 공급을 늘려 해소시키는 간단한 방법

ㄴ 자원 확충에 시간과 비용이 소요된다는 현실적 제약이 존재

④ 완 화

ㄱ 갈등 당사자의 차이점을 축소하고 유사성과 공동관심사를 부각시켜 갈등을 해소

ㄴ 회피와 상위 목표 제시의 혼합형이나 임시방편적 방법

⑤ 인적 자원/구조적 변수 변화 : 갈등을 유발하는 사람을 훈련시키거나 인사 이동, 작업 흐름 변경 등을 통해 갈등을 해소

(9) 갈등 촉진 방법 : 갈등의 순기능을 활용하여 조직의 목적을 효과적으로 실현하고자 하는 경우에는 갈등을 자연스럽게 표출할 수 있는 분위기를 조성해야 한다.

① 의사소통

ㄱ 경영자는 비공식적 네트워크인 의사소통경로를 적절하게 활용함으로써 갈등 촉진

ㄴ 메시지 내용이 모호적 · 권위적인 경우 갈등이 촉진

② 새로운 구성원 영입 : 기존 구성원과 전적으로 다른 배경, 경험, 가치관을 가진 새로운 구성원을 투입함으로써 이질적 역할을 수행하여 정체 상태에 있는 집단을 일깨우는 방법

③ 경쟁 조성

ㄱ 부서 간 경쟁상황을 조성함으로써 갈등을 촉진, 인센티브를 적절히 사용하여 자극

ㄴ 단, 경쟁의 도가 지나치면 갈등의 역기능이 발생함으로 주의가 필요하다.

(10) 이처럼 갈등관리는 역기능과 순기능이 존재하므로 적절히 조화를 이루게 하고, 사전예방적 차원과 사후 갈등을 신속히 해결하려는 관리차원을 고려해야 한다.

2 협상(갈등 해결방안으로서의 협상) 2015년 논술문제

(1) 협상의 개념 : 개인 간, 집단 간, 조직 간 혹은 국가 간에 대화를 통하여 당사자들이 원하는 무엇인가를 얻어내는 것이다.

(2) 협상의 전제

① 서로 맞대고 있는 두 주체가 있다.

② 이해관계가 상충된다.

③ 두 주체가 싸움보다는 타협이 유리하다고 생각한다.

④ 타협의 결과로 인하여 두 주체의 입장이 달라진다.

⑤ 현 상태에서 두 주체가 상호 의존적 관계에 있기 때문에 관계를 무작정 끊을 수 없다.

(3) 협상에 영향을 미치는 상황적 요인들

① 위치 : 협상은 자신이 유리한 장소(홈그라운드)에서 하는 것이 유리하다.

② 물리적 세팅 : 당사자 간의 물리적 거리, 세팅 격식, 자리배치 등이 협상에 영향을 미친다.

③ 시간경과와 데드라인 : 시간을 제한하지 않는 무제한 토론, 데드라인 등은 협상에 영향을 미친다.

④ 청중의 특성 : 대부분의 협상가들은 자신들만의 청중을 가지고 있다. 청중들의 관심사가 협상에 영향을 준다.

(4) 협상 전략

① 분배적 협상

㉠ 제로섬 조건 : 한 사람이 이익을 보면, 다른 사람은 손해를 본다.

㉡ 가장 많이 이용되는 것이 노사 간의 임금교섭이다.

② 통합적 협상

㉠ 쌍방에서 모두 유리한 해결책을 만들어 낼 수 있는 한 개 이상의 타협안이 존재한다는 가정 하에 이루어진다.

㉡ 장래에는 결국 유리한 것으로, WIN-WIN 모델이라고 한다.

(5) 협상의 단계와 절차(협상 행동)

① 1단계(준비)

② 2단계(규칙 약정) : 협상 방식, 협상 기간 등을 놓고 상대방과 약정하는 단계

③ 3단계(의견 제시) : 서로의 요구사항을 제시하고 설명하고 상대방이 제대로 알아들었는지 확인하는 단계

④ 4단계(협상) : 주장과 양보를 거듭하면서 상호 동의점을 찾아 약정하는 단계

⑤ 5단계(실행) : 약정서대로 실행에 옮기는 과정

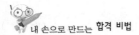

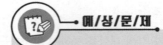

예/상/문/제

- 권력의 원천에 대해 설명하시오. (10점)

- 정치적 행동의 유형 중 인상관리에 대해 설명하시오. (10점)

- 갈등을 보는 세 가지 관점에 대해 설명하시오. (10점)

- 협상에 영향을 미치는 요인을 설명하시오. (10점)

※ 시험에 나올 가능성이 있는 문항 모음으로, 본문 이론을 바탕으로 스스로 답안을 작성해보는 연습에 활용하시기 바랍니다.

07 리더십 개관

2007년 논술문제   2008년 약술문제   2012년 논술문제   2010년 약술문제   2015년 약술문제   2014년 논술문제

1 리더십의 이해

(1) 개념 : 리더십이란 조직 목표를 달성하기 위해 개인 및 집단을 조정하고 동기부여하는 능력으로, 조직 협력과 사기증대를 통한 구성원 역량을 육성하는 관리자 경영 능력의 필수적 요건이다.

(2) 리더십의 구성요소

리더십은 리더, 그들의 추종자, 공존하는 조직적 상황에 의해 조합되는 복합적 산물이다. 동일한 리더라도 어떤 추종자와 상황을 접하는가에 따라 리더십의 형태가 달라진다.

① 리더 : 리더십 스타일은 리더 특성, 배경에 영향을 받는다. (리더 성격이나 일에 대한 태도 정도)

② 추종자 : 추종자 특성도 리더십에 영향을 미친다. (추종자 가치체계, 배경, 스트레스 등, 리더에게 기대하는 정도인 보상 포함)

③ 상황 : 특정 상황에서 효과적인 리더십이 다른 상황에서는 효과적이지 않을 수 있다. (조직규모, 업종, 업무성격 등)

(3) 리더십의 원천

리더가 추종자에게 영향력을 행사할 수 있는 근거는 리더가 일정한 권력을 가지기 때문이다. 리더십의 강도는 리더가 가진 권력의 종류와 양에 비례한다.

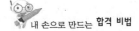

① 합법적 권력

　　㉠ 리더가 가진 조직 내 공식적 지위에서 비롯되는 권력이다.

　　㉡ 추종자에게 명령, 작업지시 할 수 있는 합당한 권리를 가진다.

　　㉢ 회사나 군대 등에서 주어지는 지위 권한이 이에 해당되며 법, 제도, 규정 등
　　　이 권력도구가 된다.

② 보상적 권력 : 리더가 승진, 휴가, 금전과 같은 보상을 실시할 수 있음으로 요구,
　　지시를 행할 수 있는 권력이다.

③ 강압적 권력

　　㉠ 리더가 추종자에게 처벌하거나 불이익을 행사할 수 있을 때 발생하는 권력이다.

　　㉡ 조직에 극히 해가 되는 행동을 억제하는 데 가장 적합하다.

　　㉢ 단, 복종을 얻더라도 저항이나 적극성 상실이라는 부작용이 존재한다.

④ 준거적 권력

　　㉠ 추종자가 리더를 존경하거나 카리스마에 압도될 때 발생하는 권력이다.

　　㉡ 추종자는 리더 행동을 좋아하고, 닮고자 한다.

⑤ 전문적 권력

　　㉠ 리더가 전문적이고 깊이 있는 지식과 재능을 가질 때 발생하는 권력이다.

　　㉡ 전문성과 능력이 인정될 시 수용된다.

(4) 리더십의 기본유형

① 의사결정 방식에 따른 구분 : 의사결정에서 나타나는 리더 성향에 따라 구분된다.

　　㉠ 독재형 리더십 : 목표와 운영방침, 주요 사항을 독단적으로 결정함, 추종자
　　　의 의견을 수렴하지 않는다.

　　㉡ 민주형 리더십 : 조직 목표와 운영방침 과정에 추종자를 참여시키고, 추종자
　　　의 능력개발에 관심을 가진다.

　　㉢ 자유방임형 리더십 : 조직, 추종자에 무관심하며 대부분 결정과 권한을 추종
　　　자에게 위임한다.

② 태도에 따른 구분 : 영향력을 행사하는 과정에서 업무, 인간관계 중 무엇에 중점
　　을 두는가에 따라 구분된다.

　　㉠ 직무중심형 리더십 : 조직의 목표 달성을 우선시한다. 구체적 목표와 과업,
　　　작업방법을 제시하고 진행정도를 점검한다.

　　㉡ 인간관계 중심형 리더십 : 업무보다 추종자와의 관계를 중시한다. 추종자의
　　　의견과 요구를 경청하며 필요한 지원을 행한다.

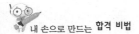
내 손으로 만드는 **합격 비법**

08 리더십 이론(Ⅰ)

경영학에서 전통적인 리더십 이론은 특성이론, 행동이론, 상황이론 순서로 발전하였다.

1 리더십 특성이론(생산성 시대 : 산업혁명 후, 1940년대)

(1) 리더의 개인적 자질에 의해 리더십이 성공적으로 좌우된다고 보는 이론이다. 유능한 리더는 신체적으로 우람하며 믿음직스럽고, 책임감이 있는 성격이고, 기술이 뛰어나야 훌륭하다고 가정한다.

(2) 사회적으로 뛰어난 리더를 연구한 '위인이론' 등 리더의 특성에 대한 연구가 지속적으로 이루어졌다. 하지만 몇 가지 개인적 특성이 리더십 발휘능력과 상관관계가 있다는 일관된 증거가 존재하지 않는다는 한계가 있다.

(3) 리더십의 특성

① **지능** : 지적인 능력으로 과거경험을 저장하고 회상할 수 있는 능력, 공간지각능력, 시각적으로 유사한 것을 찾아내는 능력 등

② **자신감(Self-confidence)** : 자신이 가지는 역량 및 기술에 대해 확신할 수 있는 능력, 믿음, 자긍심(Self-esteem, 잘 할 수 있다는 신념) 등

③ **결단력** : 직무를 수행하는 능력, 끈기있게 수행하는 능력, 추진력, 진취성 등

④ **성실성(Integrity)** : 정직, 신뢰, 책임지려는 자세, 말한 것을 실행에 옮기는 자질 등

⑤ **사교성** : 유쾌하게 사회적 관계를 추구하는 성향, 협동적인 관계 형성 등

(4) 최근에 리더가 가지는 특성

① **자각** : 자신이 느끼는 감정을 의식하는 것, 자신의 감정을 이해하고 다스릴 줄 아는 능력

② **감정의 관리** : 의사결정 시 자신의 심리상태를 평정할 수 있는 능력

③ **자신의 동기부여** : 실패나 좌절이 있더라도 희망적이고 낙천적으로 사고하고 행동하는 능력

④ **감정이입** : 다른 사람이 가지는 무엇인가를 인식하기 위해 다른 사람의 입장이 될 수 있는 능력

⑤ **사회적 기술** : 타인과 긍정적 관계를 맺고, 타인의 감정에 반응하고 타인에게 영향을 줄 수 있는 능력

❷ 리더십 행동이론(인간성의 시대 : 1950년대)

(1) 리더가 추종자에게 보여주는 행동 스타일을 리더십으로 규정하여 리더의 행동이 추종자의 업적에 미치는 영향을 연구하였다.

(2) 특성이론과 달리 리더의 기질은 타고나는 것이 아니라 훈련을 통해 습득되는 후천적 특성이라고 간주한다.

(3) Iowa 대학 모형 : 리더가 자신의 권한을 어떻게 사용하는가에 근거하여 3개 유형으로 분류하였다.

   ① **독재적 리더** : 의사결정을 일방적으로 행하고, 명령을 내리며, 보상이나 처벌을 행사할 수 있는 권한을 이용하여 추종자를 지휘

   ② **민주적 리더** : 의사결정에 추종자를 참여시키고, 목표를 투명하게 제시하며, 추종자 의견을 반영하며 지휘

   ③ **자유방임형 리더** : 추종자에게 권력이나 영향력을 거의 사용하지 않고, 스스로 의사결정을 하도록 방치

   ④ 민주적 리더십은 구성원의 만족도가 높으나 신속한 대응이 곤란하고, 독재적 리더십은 단기적으로는 효과적이지만 장기적으로는 역효과를 보이고, 자유방임형 리더십은 구성원의 능력이 높으면 효과적이지만 생산성이 가장 낮게 나타났다.

(4) Michigan 대학 모형 : 집단성과를 증진시키는 리더십 유형을 알아내기 위해 2가지 리더 유형을 도출하였다. (생산지향 행동, 종업원지향 행동)

   ① **직무중심형 리더** : 과업을 중요시, 생산방법과 절차 등 세부사항에 관심, 공식적 권한과 권력에 비교적 많이 의존하면서 추종자를 치밀하게 관리

   ② **추종자중심형 리더** : 추종자와의 관계를 중요시하고 권한을 위임하며 추종자의 심리적·사적 측면을 배려, 추종자는 자발적으로 노력을 보일 것이라는 사고에서 비롯되는 리더십

   ③ 직무중심형 리더십이 만족도가 낮지만 단기적으로는 성과가 높을 수도 있고, 추종자중심형 리더십이 만족도는 높지만 성과가 낮을 수도 있는 등 어느 유형이 항상 효과적이라고 결론을 내릴 수는 없음

(5) Ohio 대학 모형 : 2개의 리더행동유형을 도출하여 업적과 만족에 미치는 효과를 연구하였다.

   ① **구조주도형** : 하급자들을 직무중심으로 이끄는 리더스타일로 집단구성원 간 관계를 규정하고, 조직화하며, 공식적 의사소통 경로를 설정하고, 과업달성 방법 제시에 주력

   ② **인간배려형** : 추종자의 의견을 존중하고, 자유로운 대화와 참여를 지원하는 유형으로 친밀감, 존중, 협조 등에 주력

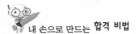

③ 병립 가능한 개념 : Michigan 대학 모형과 유사한 체계를 가지지만, Michigan 대학 모형은 2개의 리더십 유형 중 하나(양자택일)의 양극단의 관점으로 보았다면, Ohio 대학 모형은 2개의 리더십 유형을 병립 가능한 개념으로 봄

고	III유형 저 구조주도 – 고 배려형	II유형 고 구조주도 – 고 배려형
배려 저	IV유형 저 구조주도 – 저 배려형	I유형 고 구조주도 – 저 배려형

저　　　　　　　　구조주도　　　　　　　고

[Ohio 대학 모형]

④ 어떤 경우에는 구조주도 성향이, 어떤 경우에는 인간배려형 성향이 효과적인 리더십이 된다. 구조주도 성향이 높은 리더는 생산성과 성과 증진을 유도하고, 배려가 높은 리더는 결근과 이직을 막는 효과가 탁월하다. 대체로 가장 바람직한 리더 스타일은 고 구조주도 – 고 배려형(II유형)으로 밝혀졌다.

(6) 관리격자(Managerial Grid) 모형(리더십격자 이론)

① Blake & Mouton이 Ohio 대학 모형을 기초로 개발한 리더십 훈련 프로그램이다.

② 구조주도와 배려 대신 업무에 대한 관심, 인간에 대한 관심이라는 용어를 사용하여 행동유형 5가지로 분류하였다.

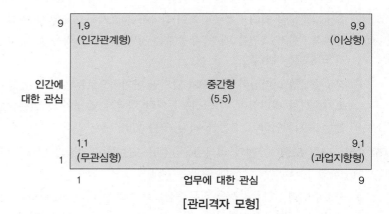

[관리격자 모형]

㉠ 1.1형(무관심형) : 업무에 대한 관심도, 인간에 대한 관심도 없이 되는 대로 내버려 두는 리더 유형

㉡ 9.1형(과업지향형) : 업무에 대한 관심은 크지만 추종자에 대한 관심과 배려는 없는 유형

ⓒ 1.9형(인간관계형) : 추종자에 대한 배려와 관심은 높지만 업무에 대해서는 관심을 가지지 않는 온정적인 유형

ⓓ 5.5형(중간형) : 일과 사람에 대해 적당한 관심과 주의를 기울이는 중도적 유형

ⓔ 9.9형(이상형) : 업무와 성과에 대한 관심이 매우 높고 추종자에 대해서도 관심과 지지가 높은 바람직한 리더 유형

③ 관리격자 모형은 현실의 리더가 어느 좌표에 해당하는지 평가함으로서 부족한 부분을 보충하는 리더십 프로그램으로 활용이 가능하다. 리더유형 중 9.9형 (이상형)을 목표로 체계적·단계적 행동 개발을 유도한다.

(7) PM 리더십 이론

① 일본학자 미쓰이가 Ohio 대학 모형을 기초로 개발한 리더십 훈련 프로그램이다.

② 구조주도와 배려 대신 성과지향(P ; performance)과 관계유지지향(M ; maintenance) 이라는 용어를 사용하여 리더십 유형을 분류하였다.

[PM 리더십 이론]

③ PM형 리더가 집단 사기와 성과 측면에서 가장 우수하며, 성과지향(P)은 효과적 리더십에 필수적이지만 같은 강도의 관계 유지지향(M)이 동반되지 않으면 유효 성을 거둘 수 없다.

④ 성과지향과 관계유지지향이 동시에 주어지면 추종자는 리더의 행위를 압력으로 느끼지 않고 무엇인가 전수받아야 한다는 것으로 평가하게 된다.

(8) 리더십 특성이론이 리더 확보에 있어 선발에 의존을 한다면, 행위이론은 리더십 개 발이 가능하다고 봄으로써 이론에 기반한 다양한 훈련 프로그램이 등장하는 계기가 되었다.

09 리더십 이론(Ⅱ)

1 리더십 상황이론

(1) 특성·행동이론은 어떤 상황에서도 일정 특성이나 행동만 보여지면 리더십 효과가 높아진다는 개념이었으나, 보편적으로 효과적인 리더십은 없고 리더십 유효성은 상황변수 조건에 따라 달라진다는 연구가 시작되었다.

(2) **상황적합성 시대** : 리더가 상황에 적합한 행동을 보여야 부하직원들에게 효과적으로 리더십을 발휘할 수 있다.

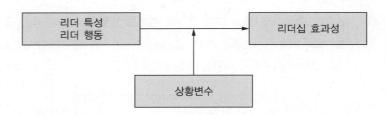

2 Fiedler의 상황이론

상황을 고려한 최초의 리더십 이론으로, 리더의 성격특성과 상황의 우호성간 상호작용으로 리더십 유효성이 결정된다고 가정한다.

(1) **리더십 스타일**

① LPC(Least Preferred Co-worker) 척도를 개발, 가장 일하고 싶지 않은 동료를 생각한 다음 평가하였다. 가혹한 평가(57점 이하)는 과업지향적 리더이고 관대한 평가(64점 이상)는 관계지향적 리더라고 간주한다.

② 평가 이후에는 우호성 여부를 측정하게 되는데, 이는 리더와 부하관계(신뢰·존경 정도), 과업구조(방법, 과정), 지위권력(리더 지위에 따른 보상·처벌 등 권력) 차원에서 접근이 가능하다.

③ 리더십 효과를 높이기 위해서는 리더십개발 훈련과 교육을 실행하고 상황에 해당하는 관계·과업구조·지위권력을 변화시키는 것이 필요하다.

(2) **상황에 대한 정의**

① **리더-구성원 관계** : 부하직원이 리더에 대한 확신, 신뢰, 존경심을 가지고 있는 정도를 의미한다.

② **과업구조** : 부하직원에게 할당된 직무가 구조화되거나 비구조화되어 있는 정도를 의미한다.

③ **직위권력** : 리더가 고용, 해고, 징계, 승진 등 같은 변수에 영향력을 행사할 수 있는 정도를 의미한다.

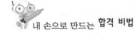

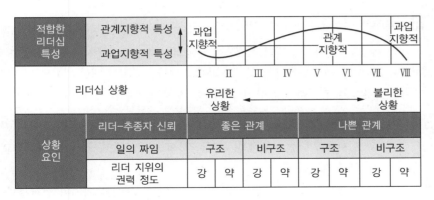

[Fiedler의 상황이론]

적합한 리더십 특성	관계지향적 특성 ↕ 과업지향적 특성									
리더십 상황		I	II	III	IV	V	VI	VII	VIII	
		유리한 상황			←	→			불리한 상황	
상황 요인	리더-추종자 신뢰	좋은 관계				나쁜 관계				
	일의 짜임	구조		비구조		구조		비구조		
	리더 지위의 권력 정도	강	약	강	약	강	약	강	약	

❸ Hersey & Blanchard의 성숙도 이론

(1) 추종자 성숙 수준에 따라 적합한 리더십 행동을 취함으로써 조직의 유효성이 높아진다고 보았다.

(2) Ohio 모형을 기초로 과업, 관계중심으로 설정하여 각 축을 고-저로 나누어 4가지 리더십 스타일을 제시하였다.

① **지시적 스타일** : 일방적 커뮤니케이션에 의존하고, 리더 중심 결정을 취하는 유형

② **설득적 스타일** : 결정사항을 추종자에게 설명해 주고, 쌍방적 커뮤니케이션을 취함

③ **참여적 스타일** : 정보를 추종자와 공유하고, 추종자와의 인간관계 중시

④ **위임적 스타일** : 의사결정과 과업수행에 대해 추종자에게 위임, 추종자의 자율적 행동과 자기결정을 강조

(3) 또한, 추종자의 성숙도(M ; maturiy)에 따라 적합한 리더십 유형은 M1일 때 지시적, M2일 때 지도적, M3일 때 참여적, M4일 때 위임적 리더십이 발휘가 가능하다. (위임을 위해서는 추종자의 성숙도가 매우 높아야 함)

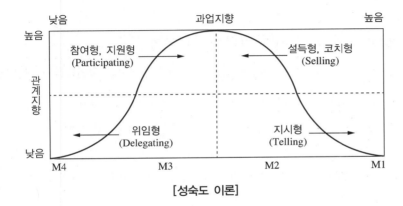

[성숙도 이론]

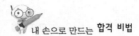

4 House의 경로-목표 이론

기대이론에 근거하여 리더의 행동이 부하의 기대감을 충족시켜 동기유발과 직무만족을 이끌어 내는 과정을 설명한다. 즉, 리더의 역할은 목표에 대한 기대를 높여주고, 목표를 향한 경로를 제시하거나 용이하게 하는 상황적 조건을 구성하는 것이라고 한다.

(1) House의 경로-목표 이론에서는 리더십을 네 가지 유형으로 분류하였다.

① **지시적 리더십** : 조직화, 통제, 감독과 관련되는 규정 등을 수립하고 직무를 명확히 해주는 행동

② **후원적 리더십** : 추종자의 복지와 욕구에 관심을 가지며 인간관계 강조

③ **참여적 리더십** : 하급자들의 의견을 고려하여 의사결정, 팀워크 강조

④ **성취지향적 리더십** : 도전적 목표를 가지고 잠재력을 개발하며 최우수를 지향하도록 유도, 각 상황에 맞는 적절한 리더십 선정

(2) 추종자의 특성에 따른 리더십

① 추종자는 자신의 능력을 높이 평가할수록 지시적 리더십을 거부한다.

② 추종자가 내재론자일수록 참여적 리더십을 선호하나, 외재론자는 지시적 리더십을 선호한다.

③ 추종자의 하위욕구가 강할수록 지시적 리더십 수용도가 높고, 상위욕구가 강할수록 후원적 리더십 수용도가 높다.

④ 추종자의 독립심, 자율성 욕구가 강할수록 참여적, 성취지향적 리더십을 선호한다.

(3) 환경과 관련한 리더십

① 과업이 구조적일수록 후원적·참여적 리더십, 비구조적일수록 지시적 리더십이 필요하다. 집단이 형성기라면 지시적 리더십, 정착·안정기라면 후원적·참여적 리더십이 효과적이다. 긴급한 상황은 지시적 리더십, 불확실성이 수반되면 참여적 리더십, 상호작용이 필요한 경우 후원적 리더십이 바람직하다.

② 추종자 특성과 과업환경 요소를 고려한 적절한 리더십 행동유형 선택이 성과와 직무 만족에 영향을 미친다.

5 Vroom & Yetton의 리더-참여 모형

의사결정 시 리더가 추종자를 어느 정도까지 참여시킬 것인가를 결정한다.

(1) 순수독재형 : 리더가 단독으로 결정하거나 문제를 해결하는 유형

(2) 참고독재형 : 리더가 추종자에게 정보를 얻어 단독으로 결정하거나 문제를 해결하는 유형

(3) 개별협의형 : 리더가 추종자와 1:1 관계에서 문제를 공유하고 결정하거나 해결하는 유형

(4) **집단협의형** : 집단토론을 통해 아이디어나 제안을 얻고, 결정은 리더가 하는 유형

(5) **위임형** : 추종자 그룹과 문제를 공유하고 모든 토론자는 대안을 제시하고 평가, 압력을 가하지 않음

(6) 어느 것이 가장 효과적일지는 의사결정의 질(중요성, 문제 구조화 여부 등)과 의사결정의 수용성과 관련된 의사결정나무를 활용하여 최적의 리더십을 도출한다.

10 리더십 이론(Ⅲ) 2007년 약술문제 2011년 논술문제 2017년 논술문제

1 리더십의 새로운 주제

(1) 신뢰에 기반한 리더십
① 신뢰는 리더십의 중요한 전제 조건으로서, 리더에 대한 추종자의 신뢰가 충분히 형성되지 않으면 효과적 리더십은 구축되지 않는다.

② 과거와 달리 통제적 리더는 사회에서 수용되지 않는 추세이다.

③ 리더는 추종자의 욕구를 파악하고 정서적으로 상호작용하여, 추종자의 신뢰를 얻는 것이 중요하다.

(2) 변혁적 리더십
① 변혁적 리더십은 과업에 대한 지시·명령보다는, 미래 비전을 제시하여 자긍심과 성취감을 유발한다.

② 추종자와 감정적 연대감을 형성하고, 추종자들이 문제해결에 적극적 자세를 가질 수 있도록 자극을 주고, 개별적 관계를 형성하는 것이 중요하다.

(3) 유연한 리더십
① 최근 조직은 경직적·수직적 구조에서 벗어나 유연하고 수평적인 조직 설계를 추구한다.

② 정보를 공유하고 권한을 위임하며 개입을 자제하고 필요한 시점에 지원자 역할을 행하는 것이 중요하므로 이에 대한 '팀장리더십'이 요구된다.

③ 대외관계 조정자로서 팀을 대변하고 자원을 확보하며, 문제해결자로 팀이 직면한 문제를 해결하고, 갈등관리자로서 갈등발생 시 원인을 분석하고 원만한 해결책을 제안한다.

④ 코치로서 사기와 성과를 높여 동기부여가 잘 되도록 지원한다.

(4) 멘토링 : 리더는 조언자·상담자로서의 역할을 담당하며, 멘토-멘티관계를 형성하여 후견인 역할을 하는 한편, 동기부여자의 역할을 하게 된다.

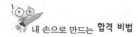
내 손으로 만드는 **합격 비법**

2 현대의 리더십 이론

(1) 셀프 리더십(Self Leadership)

① Manz & Sims(1991)는 리더 뿐 아니라 구성원 모두가 스스로 관리하고 이끌어 가는 리더십 발휘해야 한다고 주장했다.

　㉠ 부하는 자기방향성과 통제를 가지고 자기를 리드하고, 리더는 그런 능력을 가지도록 촉진·지원한다.

　㉡ 이런 셀프리더를 만드는 리더를 '슈퍼리더'라고 한다.

② 슈퍼리더의 조건

　㉠ 스스로 셀프 리더가 되어 모범을 보임으로써 역할모델의 역할을 수행한다.

　㉡ 구성원에게 해결책을 모색하도록 주도권을 부여하여 지원한다.

③ 이런 방식으로 잠재능력을 자극·개발하여 동기를 부여하면, 조직은 자율적으로 운영되면서 더 높은 성과를 산출한다.

(2) 서번트 리더십(Servant Leadership)

① 구성원이 목표를 이루는데 있어 잠재력과 기량을 발휘하도록 도와주는 리더십이다.

② 부하에게 명령하고 지시하는 기존 스타일보다 개인적 능력개발과 학습을 도와주는 섬기는 스타일이 점차 중요해졌다. 부하를 위해 헌신한다는 생각을 가지고 의견을 경청하고, 역량을 깨우기 위해 노력하는 자세가 필요하다.

(3) 카리스마 리더십(Charismatic Leadership)

① 리더와 추종자간 상호의존적 관계 속에서 형성되는 리더십이다.

② 강력한 감성적 영향력을 행사하여 추종자들의 가치와 열망을 대변한다.

③ 카리스마적 리더는 '비전'이 필요하며 이상적 상태를 제시하여 목표를 달성할 수 있다는 강한 믿음을 주어 추종자들의 복종과 충성, 성과를 확보한다.

④ 위기적인 상황이나 극적인 상황이 존재할 때 카리스마적 리더의 등장은 더욱 용이해진다. 단, 독단적 리더십은 집단을 부정적인 결과로 이끌 수도 있으므로 신중한 접근이 필요하다.

(4) 변혁적 리더십

① Bass(1985)는 기존에 제시된 리더십인 거래적 리더십은 리더가 기대한 만큼의 성과만을 올리므로, 불확실한 환경에서는 효과적이지 않다고 보았다. 따라서 리더는 거래적 리더십 이외에 부하들이 기대이상의 성과를 올릴 수 있도록 변혁적 리더십을 발휘해야 한다고 주장한다.

② 변혁적 리더십의 3요소

　㉠ 카리스마 : 비범한 자질과 비전 제시

　㉡ 지적 자극 : 부하직원들에게 기존의 방식을 넘어서는 새로운 방식으로 업무를 수행할 수 있도록 자극을 주는 것

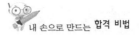

ⓒ 개별적 배려 : 부하직원의 욕구를 개별적으로 파악하여 이들의 욕구를 충족
시켜주는 것, 구성원들을 각각 독립적인 존재로 대우하고 지도·조언

(5) 팔로워십

① 켈리(Kelly, 1988)는 기존의 리더십 이론들이 리더에만 초점을 맞춰 부하들의
특성을 무시하였다고 비판하고, 팔로워(Follower)들이 가지는 팔로워십을 연구
해야 한다고 주장했다.

② 팔로워십의 정의 : 팔로워들이 조직 목표를 달성하는데 기여하는 팔로워들의 자
질이나 역할로 정의할 수 있다. (예 사원의 주인의식)

③ 팔로워의 유형

ㄱ 소외형 : 소극적이지만, 독립적이고 비판적 사고를 하는 유형, 동료들의 문
제를 적극적으로 도와주는 것이 아니라 동료들에 대하여 냉소적이고 적대적

ㄴ 순응형 : 적극적으로 참여하지만, 자신의 업무를 수행함에 있어서 비판적인
사고를 하는 것은 아닌 유형

ㄷ 실용적 생존형 : 다른 4가지 유형을 모두 반영한 유형으로 자신의 위험을 최
소화하고, 이익을 극대화하는 방향으로 이용하는 유형

ㄹ 수동형 : 창의적이거나 비판적이지 않으며, 적극적으로 참여하지 않는 유형

ㅁ 이상형 : 창의적이고 비판적이며, 적극적으로 참여하는 유형으로 가장 모범
적인 유형

④ 가장 이상적인 팔로워는 위험을 감수하려 하고(책임을 질 줄 아는 팔로워), 변화
에 동참하고(변화에 동참하는 팔로워), 언제 조직을 떠나야할 지를 아는(떠날 때
를 아는 팔로워) 용기 있는 팔로워이다.

(6) 윤리적 리더십(Ethical Leadership)

① 기업의 사회적 책임과 윤리경영의 중요성이 증가하면서, 경영자가 건전한 방식
으로 능력과 성과를 발휘하는 것에 관심이 증가하였다.

② 종업원·하청업체·지역사회·자연환경 등에 대한 책임이 있고, 적극적인 기여
를 행사하는 리더는 존경받는다.

③ 윤리적 리더십을 형성하는 경영자의 요건

ㄱ 기업이익과 기업윤리에 대한 균형적 사고와 행동을 취한다.

ㄴ 기업 목적을 이익극대화가 아닌, 기업이 장기적 성장과 발전을 목적으로 한다.

ㄷ 윤리관과 행동이 일치하고, 모범적 실행 통해 종업원과 공유한다.

ㄹ 기업조직 윤리문제에 대해 철학과 지침을 통해 분명한 태도를 보여야 한다.

④ 윤리적 리더십은 대외적으로 기업 이미지와 신뢰도를 높여 매출증대와 고객만
족을 가져온다. 또한 자부심·동기 증대를 통해 질적 향상을 가져와 장기적 이
익에 기여한다.

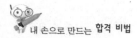

(7) 진정성 리더십(Authentic Leadership)

① 개념 : 리더는 자신에게 솔직하고 진실하게 표현해야 한다. 진정성을 바탕으로 한 리더는 타인의 기대에 따라 행동하는 것이 아니라 자신에게 진솔하고, 자신의 신념에 따라 행동한다.

② 진정성 리더십의 요소

㉠ 자각 : 진정성 리더십의 가장 중요한 요소이다. 자각은 자신의 특성, 가치관, 모티브, 느낌에 대해 아는 것이다. (예) 어릴 때 장애를 가졌거나 심하게 아팠던 사람이 의사로부터 도움을 받아 생명을 구한 후 자신도 의사가 되어 아픈 사람을 위해 봉사하겠다는 신념을 가지고 열심히 공부하여 의사가 됨)

㉡ 자기 규제 : 이익이나 이득을 좇아서 행동하는 것이 아니라 자신의 가치관대로 소신있게 행동하고, 자신의 도덕적 표준을 가지고 있으며 이에 반하는 압력에 저항한다.

㉢ 관계적 투명성 : 자신의 약점이나 두려움을 숨김없이 공개하고 자신의 모티브, 느낌, 경향 등을 투명하게 공개한다.

❸ 리더십 이론의 확장

(1) 분석수준의 개념을 도입

① 리더십은 집단에서 발행하는 현상이다. 집단수준에서 리더와 부하와의 관계를 설명하는 이론은 평균적 리더십스타일 이론, 수직적 짝 연계 이론 혹은 리더-멤버 교환 이론, 개별화된 리더십 이론이 있다.

② 위 각 이론은 분석수준차원(집단, 짝, 일대일)의 관점으로, 리더십이론의 확장이라고 볼 수 있다.

(2) 평균적 리더십스타일 이론(Average Leadership Style Model, ALS이론) - 집단수준

① 리더는 일정한 스타일을 가지고 부하들을 하나의 전체로 보고 영향력을 행사한다.

② 부하들은 리더의 행동을 동일하게 지각하고 리더십의 효과성도 동일하게 나타난다.

③ 결국 리더는 부하를 하나의 전체 집단으로 지각하므로, 부하를 편애하지 않는다.

(3) 수직적 짝 연계 이론(Vertical Dyad Linkage Model, VDL 이론) 혹은 리더-멤버 교환 이론(Leader-Member Exchange theory, LMX 이론) - 짝 수준

① 리더는 부하들을 비교하여 내집단(In-group)과 외집단(Out-group)으로 나누어 각각 다른 형태의 영향력을 행사한다는 이론이다.

② 부하들을 내집단과 외집단으로 나누는 기준은 혈연, 지연, 집단에 대한 공헌도, 부하의 능력, 매력 등으로 편애가 발생할 수 있다.

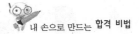

③ 기업에서는 이러한 내집단에게는 기업의 중대한 정보, 자율성의 부여, 의사결정의 결정 권한 등이 부여되고, 이러한 혜택을 입은 내집단의 구성원은 리더가 원하는 성과를 보여준다.

④ 반면, 리더로부터 작업에 대한 통제 등 리더의 공식적인 역할만을 수행받은 외집단의 구성원은 최소한의 성과만을 보여준다.

(4) 개별화된 리더십 이론(Individualized Leadership Theory, IL 이론)

① 리더와 부하와의 관계는 1:1로 이루어진다.

② 리더의 행동은 바로 부하의 개인행동으로 나타나고, 부하의 행동은 리더의 행동 여하에 따라 달라진다는 것이다.

③ 리더와 부하는 일련의 교환관계가 성립하면서 서로 발전해 간다. (이때 부하의 성취동기에 따라 그 관계는 달라질 수 있다)

④ 상사의 자기예언 충족

　㉠ 상대방에게 어떤 기대를 가질 때, 상대방은 기대에 충족하는 방향으로 움직이게 된다.

　㉡ 상사가 능력이 부족한 직원이라고 할지라도 높은 기대를 하면, 상사는 부하직원에 대해 관심과 배려를 하게 되고, 이는 긍정적인 결과로 연결될 것이다.

　㉢ 결국 부하직원에 대한 상사의 계속적이고도 성실한 기대는 부하직원의 높은 성과로 연결된다는 것으로, 부하직원도 상사가 높은 기대를 가질 수 있도록 하는 능력이 필요하다.

예/상/문/제

– 리더십의 발전과정을 생산성 시대, 인간성 시대, 상황적합성 시대로 구분하여 설명하시오. (10점)

– 분석수준관점에서 평균적 리더십스타일 이론, 수직적 짝 연계 이론(LMX 이론), 개별화된 리더십 이론의 차이를 설명하시오. (10점)

– 윤리적 리더십과 진정성 리더십을 설명하시오. (10점)

– 슈퍼 리더십과 셀프 리더십을 설명하시오. (10점)

※ 시험에 나올 가능성이 있는 문항 모음으로, 본문 이론을 바탕으로 스스로 답안을 작성해보는 연습에 활용하시기 바랍니다.

PART 4 조직수준(인간행동의 이해)

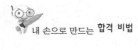
내 손으로 만드는 **합격 비법**

01 조직문화 2011년 약술문제 2008년 약술문제 2009년 약술문제 2017년 약술문제

1 조직문화(Organizational culture)의 개념과 중요성

(1) 개 념

① 한 조직을 다른 조직과 체계적으로 구별되게 해 주는 속성을 의미한다.

② 조직 내에 역사적으로 형성되어 조직원에게 영향을 미치는 가치관, 행동양식, 관리관행 등으로 구성된다.

(2) 중요성

① **기업의 전략형성과 수행** : 경영전략을 구성하거나 선택할 때 조직문화는 이념, 가치의 형태로 영향을 미치며 수행 과정에서도 구체적인 영향력을 행사한다. **(예** 새로운 전략이 기존의 문화와 대응하지 못할 경우 충돌이 발생하며 실패할 가능성 내포)

② **기업 경쟁력의 원천** : 기업 경쟁력은 물질적 자원 뿐 아니라, 보이지 않는 대상으로서 내적응집성 또는 업무수행의 통일성 등 비인지적 내용의 영향도 받는다.

③ **통합적 시너지 개발** : 상이한 두 개의 조직이 결합하는 경우, 이질적 두 문화의 통합이 이뤄지려면 상이한 기업문화의 일체화가 전제로 구축되어야 한다.

④ **조직일체감 강화** : 기업 내 소그룹 문화 등 다양한 차이를 통합하는 기능을 담당하여 조직일체감을 강화한다.

⑤ **조직 의사소통 역량과 생산성에 영향** : 이질적인 내부집단 또는 구성원간 의사소통이 원활하지 않으면 조직 생산성이 저하되므로, 상황의 해석 및 교환능력을 유지하는 데 바탕을 만든다.

⑥ 조직문화는 내적 통합을 형성하고 유지하는데 핵심적 기능을 수행하고, 이는 조직성과에 중대한 영향을 미친다.

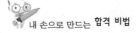
내 손으로 만드는 **합격 비법**

2 조직문화의 순기능와 역기능

(1) 순기능
① 조직문화는 조직구성원들에게 소속 조직원으로서의 정체성을 제공한다.
② 조직문화는 집단적 몰입을 가져온다.
③ 조직문화는 조직체계의 안정성을 높이는 결과를 가져온다.

(2) 역기능
① 조직문화가 강하게 형성되어 있을 때 조직변화에 대한 내부 구성원들의 저항이 보다 강력해진다.
② 조직문화는 신입조직 구성원의 창의성을 제약할 수 있다.
③ 조직문화는 기업 M&A의 걸림돌이 될 수 있다.

3 조직문화의 모델

(1) 샤인의 모델 : 조직문화에서 가장 보편적으로 수용되는 정의이며, 조직문화의 구성 체계를 분석하여 상호관계를 설명하고 있다.
① **가공품과 창조물** : 가시적으로 드러나는 물질적, 상징적, 행동적 창조물이다. 기술, 도구, 제도와 규율, 집단적 의례와 의식 등을 총체적으로 일컫는다.
② **가치관** : 조직구성원들이 인식하고 있는 행동지침으로 인지적 가치관과 실천적 가치관으로 구분된다.
　　㉠ 인지적 가치관 : 조직 차원에서 강조되는 가치관으로, 공식적으로 표명된 가치·규범을 의미한다.
　　㉡ 실천적 가치관 : 구성원 차원에서 표출되는 가치관으로, 구성원들의 바람직한 태도형성 및 조직성과 향상에 영향을 준다.
③ **기본전제** : 조직원들이 너무도 당연하게 받아들이는 가정으로 논의의 대상이 되지 않으나 조직구성원의 태도 및 행동형성에 결정적인 영향을 주는 것이다. 환경과의 관계, 인간의 본성, 인간관계의 본질 등에 대한 내용으로 포함한다.

(2) 딜과 케네디의 모델 : 모험성과 시간성을 기준으로 4가지 유형으로 구분한다.
① **모험성** : 위험을 감수하고 변화를 쉽게 택하는 정도
② **시간성** : 어떤 업무를 수행할 때까지의 시간

	모험감수성	
	고	저
단기	무법·남성형	노력·유희형
시간당		
장기	전심·전력형	관료·절차형

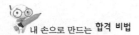

　　　㉠ 무법·남성형 : 모험감수성이 높고 단기적이므로, 거칠고 협동이 없는 개인 주의자이다.

　　　㉡ 노력·유희형 : 단기적이나 위험감수는 낮은 문화로, 서로 협조하면서 팀으로 일하되 저돌적이고 회식과 스포츠를 자주 한다.

　　　㉢ 전심·전력형 : 장기적이나 모험성이 강하여, 창조적이며 의사결정을 신중히 한다.

　　　㉣ 관료·절차형 : 모험도 피하고 장기적으로, 일의 속도가 매우 느리며 차근차근 처리한다.

(3) 퀸의 모델 : 조직문화를 유연성과 통제, 내부통합과 외부지향의 두 축으로 구분한다.

	내부통합　　　　　　　모험감수성　　　　　　외부지향	
유연성강조	관계지향 문화	혁신지향 문화
통제강조	위계지향 문화	시장지향 문화

　　① **관계지향 문화** : 추구하는 가치는 조직 내 가족공동체인 인간관계의 구축과 유지

　　② **혁신지향 문화** : 조직의 유연성을 강조, 특히 조직이 당면한 외부환경에의 적응에 높은 가치를 둠

　　③ **시장지향 문화** : 조직의 성과달성과 과업수행에 있어서 생산성에 가치를 둠

　　④ **위계지향 문화** : 조직의 안정적인 기반 위에서 조직내부의 효율성을 추구하는데 가치를 둠

(4) 7S 모델(Pascale & Peters 등) : 조직문화의 구성요소를 7가지(7S)로 나누어 정의한다.

　　① **공유가치(Shared value)** : 전통적으로 조직이 가장 중요하게 간주했고, 주입시켜 온 가치관, 개념 등을 말한다. 목표설정과 구성원의 행동패턴에 영향을 미침으로써 조직문화 형성에 가장 중요한 기여를 하는 요소이다.

　　② **전략(Strategy)** : 목적달성을 위해 설정한 중장기적 계획을 말한다. 조직운영을 위한 결정적인 프레임의 역할을 한다.

　　③ **구조(Structure)** : 목표달성을 위한 전략을 수행하는데 요구되는 직무설계, 조직원의 상호작용을 규율하는 다양한 규칙과 제도 등을 말한다.

　　④ **제도(System)**

　　　㉠ 기업 경영과 일상적인 조직운영에 관련되는 다양한 제도를 의미

　　　㉡ 의사소통제도, 성과관리 시스템, 목표관리 제도 등 목표달성에 필요한 운영체제

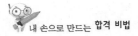

⑤ **구성원(Staff)** : 조직의 인적자원 요소로, 인적자원 구성과 배분에 관련된 일체의 시스템

⑥ **리더십 스타일(Style)** : 조직구성원을 이끌어 나가는 관리자의 관리방식을 말한다. 조직구성원들에 대한 동기부여 및 상호작용, 조직분위기 등에 영향을 준다.

⑦ **관리기술(Skill)** : 조직원들이 보유하고 실제 활용하는 능력 및 지식에 관련된 요소

⑧ 7S의 각 요소들은 상호 밀접한 관계를 맺고 있으며, 조직은 각 요소를 일관성 있게 통합함으로써 목표와 목적을 달성하는데에 각 요소의 효과를 극대화 한다.

(5) 강한 문화와 약한 문화

① 강한 문화와 약한 문화의 구분은 조직가치에 대하여 구성원이 공유하는 정도 및 그 조직가치에 몰입하는 정도에 따라 나눌 수 있다.

② **강한 문화** : 조직구성원들의 조직가치에 대한 공유정도가 강하고 조직에 대한 몰입정도가 강함

③ **약한 문화** : 조직구성원들의 조직가치에 대한 공유정도가 약하고 조직에 대한 몰입정도가 약함

④ 일반적으로 강한 조직문화를 가진 조직이 성과가 높으나, 강한 문화가 역기능적으로 작용할 수 있으므로 환경변화에 적합한 조직문화를 구축하는 것이 바람직하다.

4 조직문화의 형성

(1) 조직문화는 한순간에 이루어지는 것은 아니다. 내부 환경 요인인 조직의 목표구성 및 역량배치 등 구성원 사이 상호과정을 통해 개발되며, 외부 환경 요인에 대한 적응과 조정 과정을 통해 형성된다.

(2) 내부 환경 요인

① **구성원 특성** : 조직문화 특징 좌우하는 가장 기본적 요소 (예 노년층이 많은 기업은 위계적, 가부장적 문화)

② **조직 구조적 특징** : 예 중앙집권적 기업은 분권적 조직 구조에 비해 의사소통, 구성원간 상호작용 등이 적음

③ **전통적 철학** : 기업 창업 시부터 유지해 온 가치나 철학 (예 인간중심적 가치 or 혁신중심적 가치 등)

제1과목 제2과목 제3과목

경영지도사 2차 인적자원관리 한권으로 끝내기

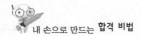
내 손으로 만드는 **합격 비법**

(3) 외부 환경 요인

① **환경의 변화** : 기업조직이 문화를 형성하고 발전시키는데 유용한 요인이다.
(예 유연고용시스템을 유지하는 기업은 혁신적·변화 지향적이나, 장기고용시스템을 지향하는 기업은 내적통합성 강함)

② **국가 사회와 문화** : 기업의 구성원이 되는 과정에서 기업문화와 이전의 문화가 충돌하면 갈등을 얻게 된다. 따라서 조직문화 형성 시 이를 고려한다.
(예 기업구성원은 사회에서 규범, 관행을 학습한 상태)

③ **국제 환경의 변화** : 급속한 해외진출, 외국인 유입 등에 의해 개방적 재구조화가 요구된다.

(4) 이처럼, 조직문화는 내부적 환경요인, 외부적 환경요인 등에 의해 다양하게 영향을 받아 형성된다.

5 조직의 성장과 조직문화

(1) 조직문화는 조직의 성장과 함께 변화하며, 이에 따라 여러 갈등적 상황 및 변화가 존재한다.

(2) Schein의 조직발전 단계 : 가장 잘 설명된 이론으로, 크게 세 단계로 분류된다.

① **창립과 초기성장기**

㉠ 창립초기 핵심적 요소는 창업자의 가치와 철학이다.

㉡ 성공적인 창업 이후 형성된 문화는 일체감의 원천으로 기능하며, 구성원의 심리적 접착제의 역할을 수행한다. 조직구성원은 이를 통해 통합할 수 있다.

㉢ 그러나, 창업자 이후 2, 3세 승계 과정을 거치며 조직 내 기득권 집단의 보수적 성향과 새로운 집단의 혁신적 경향이 충돌하며 갈등이 발생하고, 계승 후보자는 이를 보전할 것인지 변화할 것인지 결정하게 된다.

② **성장기**

㉠ 창립기 지배구조가 더 이상 유효하지 않고, 지배구조가 창립자 가계보다는 전문경영진에 의해 이루어지는 시기이다.

㉡ 지속가능한 성장을 위해 계속되는 혁신과 성과가 필요하고, 그 과정에서 규모가 커지면서 기업조직의 지리적 분산 등으로 인하여 조직문화의 유지가 어려워진다.

㉢ 그 대신, 소집단·부서별 하위문화가 형성된다.

㉣ 조직은 새로운 목표의 정립을 추구하고, 새로운 문화요소를 어떻게 재구성할 것인지 결정한다.

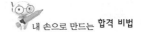

③ 성숙기
  ㉠ 지속적 성장은 내부에 강력한 기업문화를 만드는데, 이 기업문화는 성장기를 거쳐 성숙기에 진입하면서 더 이상 변화에 적응하지 못하여 보수적으로 바뀌게 된다.
  ㉡ 문화가 혁신의 제약조건으로 작용하게 된다.
  ㉢ 성숙기 이후 쇠퇴기에 접어들면 도산·합병 등을 통해 조직을 전면적으로 재구축하게 되고 기존 조직문화를 해체한다.
  ㉣ 이후 전면적 변화를 겪으며 방향전환, 설득 등을 통해 문화를 재구성한다.

6 조직문화와 조직행동의 변화

(1) 조직문화는 내면화된 가치관이나 행동의 패턴으로써, 의식적 자극없이는 변화하지 않는다.

(2) 따라서, 조직문화의 변화를 위해서는 조직목표에 부합하는 계획의 수립이 필요하고, 구성원이 변화의 필요성을 인식할 수 있도록 적극적인 개입이 필요하다.

(3) **조직문화의 변화를 위한 전략적 활동단계**

① 유도적 개입활동 : 변화의 필요성을 인식하고, 새로운 문화가 정착하도록 조직환경을 정비한다.

② 관리적 개입활동
  ㉠ 새로운 문화를 개발, 구축하는 과정에서 수행하는 개입활동을 말한다.
  ㉡ 새롭게 형성된 문화적 요소들을 구성원이 수용하도록 다양한 방법 활용한다.

③ 정착적 개입활동
  ㉠ 관리적 개입활동을 통해 재구축된 새로운 기업문화를 강화하고, 조직 내에 정착시키는 과정을 말한다.
  ㉡ 이 단계가 끝나면 기존 문화로의 회귀경향은 대부분 사라진다.

[조직문화 변화를 위한 개입활동]

구 분	인공물 (Artifacts)	관점 (Perspective)	가치관 (Value)
유도적 개입활동	• 최고경영자의 훈계 • 경영방식의 변화	• 외부 경영자문 • 장기계획 수립	• 바람직한 조직문화 제시 • 기존의 일화 제시
관리적 개입활동	• 새로운 목표와 환경 설정 • 실내장식의 변경	• 바람직한 역할모형 제시 • 교육훈련 실시 • 직무재설계 시도	• 경영스타일의 변화 • 새로운 경영이념의 제시 • 적극적인 홍보
정착적 개입활동	–	• 보상체계 • 정책 및 규정 재설계	• 경영자의 솔선수범 • 내면화를 위한 의례

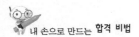

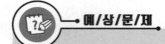

– 조직문화의 정의와 구성요소를 설명하시오. (10점)

– 조직문화가 어떻게 형성되고 유지되는지 설명하시오. (10점)

– 조직구성원들이 조직문화를 어떻게 체득하는가에 대해 설명하시오. (10점)

※ 시험에 나올 가능성이 있는 문항 모음으로, 본문 이론을 바탕으로 스스로 답안을 작성해보는 연습에 활용하시기 바랍니다.

02 조직변화   2007년 약술문제   2010년 약술문제   2011년 논술문제   2016년 논술문제

1 조직변화의 개념

(1) **조직변화의 개념** : 조직을 구성하고 있는 인적자원, 구조, 기술 등 조직 전반적 차원에서 통합적인 변화가 일어나는 것을 의미한다.

(2) **조직변화의 목적** : 환경변화에 대한 조직의 적응력을 증대시키고, 동시에 조직구조와 관리과정을 합리화하고 조직 내 개인과 집단의 가치관과 행동을 바꿈으로써 동기부여를 향상시키는 것이다.

2 조직변화의 대상(구조, 기술, 조직구성원 등을 모두 포함)

(1) **조직구조** : 조직계층, 명령과 권한관계, 직무규칙, 책임 등의 구조를 바꿔 합리적인 조직변화를 달성한다.

(2) **기술** : 새로운 설비의 도입, 생산방식·업무방식 변경, 신기술 도입 등을 통해 조직효율과 성과를 개선한다.

(3) **인간** : 구성원 태도, 지각, 기대, 행위 등에 초점을 두고 훈련과 개발, 동기부여 등을 통해 조직성과를 개선한다.

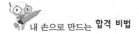

❸ 조직변화의 과정

(1) Lewin의 힘의 장 이론(Force field theory) : 조직변화의 이론 중 가장 유명하다.

① 조직에는 항상 변화를 강요하는 세력과 전통을 고수하는 세력이 공존하며, 이 두 세력의 크기가 균형을 이루는 상황에서는 변화가 일어날 수 없다고 본다.

② 따라서, 조직의 변화를 위해서는 '촉진세력'과 '억제세력'의 크기가 달라져야 한다고 정의한다.

(2) 조직변화의 과정

① 해빙(Unfreezing)

ⓐ 새로운 것을 받아들일 수 있도록 고착화된 상태를 서서히 녹임으로써, 변화의 원활한 진행을 가져오게 준비하는 단계이다.

ⓑ 조직 구성원의 기존 관습, 규정, 습관 등을 허물고 변화된 상황을 받아들일 준비과정이 필요하다.

ⓒ 기존의 전통에 대한 문제의식을 가지게 하여 새로운 가치관을 수용하게 한다.

ⓓ 사용 수단으로는 압력을 증가시키는 방법과 수단과 보상을 제공함으로써 저항요인을 감소시키는 방법 등이 있다.

② 변화(Changing)

ⓐ 추진력이 증가하고 상대적으로 저항력이 감소하여 태도와 행동의 변화를 시도한다.

ⓑ 해빙 단계를 거친 조직과 구성원은 변화관리자에 의해 원하는 방향으로 유도되는 것이 가능하다.

ⓒ 조직변화는 구조·기능·과정 등 거시적인 변화와, 의식·태도 등 미시적인 변화까지 포함한다.

ⓓ 변화가 원활하게 진행되기 위해서는 변화가 구성원에게 발전을 가져다준다는 확신을 주어야 한다.

• 순응화 : 한 개인이 다른 사물이나 집단의 우호적 반응을 얻기 위해서 또는 나쁜 반응을 회피하기 위해서 그들의 영향력을 수용할 때 발생

• 동일화 : 한 개인이 다른 어느 사람이나 집단과 관계를 맺고 있는 것이 만족스럽고, 또 자기의 자아의 일부를 형성한다는 이유로 다른 사람이나 한 집단의 태도를 받아들일 때 발생

• 내면화 : 유발된 태도나 행동이 내재적으로 보상되어 한 사람의 가치체계에 부합할 때 발생

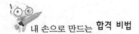

③ 재동결(Refreezing)

㉠ 변화된 구조, 기능, 과정, 태도 등이 반복되고 강화되어 영구적인 행동변화로 고착화되는 단계이다.

㉡ 변화된 상태를 계속적으로 강화시켜줄 수 있는 환경과 자극조성이 필요하다.

㉢ 재동결 노력이 없다면 새로 개발된 행동과 관습은 소멸되고 기존의 태도로 회귀할 가능성이 높다.

4 조직변화에 대한 저항과 극복

(1) 저항의 의미

① 현재의 상태와 안정을 유지하고자 하는 속성으로 변화에 거부 또는 반발하는 조직 구성원의 부정적 성향을 의미한다.

② Lewin의 이론에서는 해빙・변화의 단계에서 문제제기를 부정하거나 변화의 기법에 대해 반대하는 저항이 발생한다.

(2) 저항의 원천 : 조직구성원 개인적 차원에서 발생하는 경우와 집단・조직수준에서 발생하는 경우가 있다.

(3) 개인적인 저항 원인

① 습관(Habit)

㉠ 인간은 습관이나 일상화된 반응에 의존한다.

㉡ 이러한 익숙한 방식으로 반응하려는 성향이 변화에 적응하는 것에 대해 방해 요소로 작용한다.

② 안정성(Security) : 안정성에 대한 욕구가 강한 사람들은 변화가 자신의 안전을 위협한다고 생각한다.

③ 경제적 요인(Economic factors) : 조직변화로 인해 자신의 숙련도와 경력의 경제적 가치가 절하될 것으로 생각한다.

④ 새로운 방식에 대한 두려움(Fear)

㉠ 조직변화는 새로운 작업방식과 기술이 요구되는 경우가 많은데, 이런 업무에 대한 부적응 우려와 학습에 대한 부담이 생긴다.

㉡ 변화가 개인에게 생소할수록 적응에 대한 피로가 발생한다.

⑤ 선택적 지각(Selective information processing)

㉠ 개인은 자신에게 익숙하지 않거나 불필요하다고 생각하는 경우 무시하는 경향이 존재한다.

㉡ 조직변화의 필요성을 자각하지 않는 경우 새로운 시스템과 업무방식을 무시하고 기존의 방식이 우수하다고 생각할 수 있다.

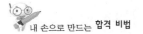

(4) **조직적인 저항 원인**

① **변화 범위의 제약(Limited focus of change)**

㉠ 조직은 상호의존적인 하위시스템으로 구성된다.

㉡ 따라서, 다른 부문의 변화가 같이 수반되지 않은 채 특정 부문만을 변화시키는 것은 어렵다.

㉢ 한 하위시스템만의 제한된 변화 노력은 다른 하위시스템의 저항으로 인해 실패할 가능성이 높아진다.

② **전문성에 대한 위협(Threat to established specialty)** : 조직변화가 어느 한 집단의 존재 근거를 위협할 때 해당 구성원이나 부서는 조직변화에 저항하게 된다. (**예** 임금, 교육 등의 인적자원 관리 활동을 외부업체에 맡길 경우, 인사팀의 저항 발생)

③ **자원 분배체계에 대한 위협(Threat to established resource allocation)**

㉠ 조직에서 자원을 장악하거나 이익을 얻고 있는 집단은 조직변화로 인해 자원 재분배가 예측될 경우 저항하게 된다.

㉡ 즉, 예산이나 인력지원 규모가 축소된다면 반감을 가질 수 있다.

(5) **저항의 극복방안** : 조직구성원들은 대체로 변화에 호의적인 태도를 취하기 어려우므로, 저항에 의한 지연이나 실패를 경험하지 않기 위해서는 전략적인 변화관리가 필요하다.

① **교육과 커뮤니케이션** : 변화에 대한 정보가 부족하거나 부정확할 경우 공감대 형성을 위해 실시

② **구성원 참여** : 구성원 협조가 중요할 경우 일반 구성원을 변화의 설계와 진행에 적극 참여시킴

③ **촉진과 지원** : 조직구성원간 영역다툼이나 자원갈등 존재 시 문제를 해결하거나 보장해 줌으로써 극복

④ **협상** : 어떤 개인이나 집단이 이해관계를 상실할 경우 그에 대한 보상이나 반대 급부를 약속함으로써 변화를 관철시킴, 저항세력의 영향력이 클 때 실질적 효과를 거둠

⑤ **상황조작** : 변화의 정당성이나 설득력이 확보되지 않는 경우 여건을 호도하여 저항을 없애고자 함

⑥ **강제** : 직접적인 위협이나 권력을 가하여 변화를 관철시킴. 변화 목적이나 명분을 확보하지 못한 경우 취하는 방법

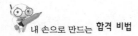

5 학습조직

(1) 개념 : 학습조직이란 지속적으로 변화하고 적응할 수 있는 능력을 가지고 있는 조직이다.

(2) 특 징

① 피터 생게(Peter Senge)는 '학습하는 조직'이란 적응하고 변화하는 능력을 지속적으로 개발하여 새롭게 발전하는 사고패턴이 촉진되는 조직이라고 보았다.

② 학습조직은 조직 내 모든 단계에서 끊임없이 학습이 일어남으로써 전체의 성장을 이끌어 내는 조직이라고 하였다.

(3) 기업을 학습하는 조직으로 바꾸기 위한 요소

① 시스템 사고 : 구성원들은 모든 조직의 프로세스 활동, 기능, 환경과의 상호작용을 상호연결된 시스템의 한 부분으로 생각한다.

② 개인적 숙련 : 학습의 주체는 개인이기 때문에 조직은 학습하는 개인을 통해서 발전할 수 있다. 높은 수준의 개인적 숙련을 달성한 사람들은 지속적으로 학습하게 된다.

③ 정신적 모델 : 마음속에 일반화·고정화된 것들을 의미한다. 행동에 영향을 미치는 독창적인 아이디어를 채택하도록 촉진한다.

④ 공유비전 만들기 : 구성원들은 개인적인 이익이나 자기 부서의 이익을 승화시켜 조직 전체의 공통 비전을 달성하기 위해 함께 노력한다.

⑤ 팀학습 : 구성원들은 수직적, 수평적 경계를 가로질러 비판이나 처벌에 대한 두려움이 없이 개방적으로 의사소통한다.

6 지식경영 2014년 논술문제

(1) 개 념

① 노나카(Nonaka) 교수는 시장의 변화와 기술진보 속도가 매우 빠르고, 경쟁이 치열하기 때문에 기업은 경쟁력을 유지하기 위해 노력해야 한다고 보았다.

② 형식지란 쉽게 공유할 수 있는 객관적 지식을 의미하고, 암묵지는 학습과 체험을 통해 개인에게 습득되어 있지만 겉으로 드러나지 않은 상태의 지식을 말한다.

③ 기업의 경쟁력은 암묵지를 형식화하는 능력에 있다.

(2) 지식자산의 속성

① 지식자산은 유형의 자산과 달리 자원으로써의 유한성의 제약을 받지 않는다.

② 사용에 의해서 감소되지 않고 오히려 사용함으로써 증가한다.

③ 생산과 활용의 프로세스를 나눌 수 없다.

④ 재생산이 가능하다.

⑤ 분할에 의해 가치 차원이 증가한다.

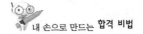

내 손으로 만드는 **합격 비법**

(3) 지식창조활동

조직 내 형식지와 암묵지는 이식화, 분절화, 연결화, 내재화 등의 상호전환 과정을 거치면서 개인지식에서 조직지식으로 발전한다.

① **사회화(암묵지 → 암묵지)** : 개인의 암묵지가 관찰과 경험으로 옆사람의 암묵지로 전환되는 과정

② **외부화(암묵지 → 형식지)** : 암묵지를 언어 등 형식지로 표출시키는 것

③ **종합화(형식지 → 형식지)** : 형식지를 또 다른 형식지로 이전·복합하는 단계, 확대(약도를 그려주면 그 곳에 갈 수 있음)

④ **내면화(형식지 → 암묵지)** : 형식지를 내면화시켜 개인적 암묵지로 만드는 과정, 여러 가지 메뉴얼을 접하다보면 다양한 잠재능력(암묵지)이 생김

7 조직학습

(1) 개 념

① 학습이란 변화와 환경을 지각하고 이에 대해 반응 및 행동하기 위해 새로운 행위 능력을 더하거나 기존의 것을 재조합하는 것을 말한다.

② 이러한 학습은 개인, 집단, 조직 수준의 활동으로 이루어진다.

③ 개별적인 학습행위가 조직의 전략적 목표와 연관되어 조직 내에 확산·공유되어 학습활동이 더 이상 개인에게 국한되지 않을 때 조직학습이라고 하고, 이는 학습이 조직 내에서 공간적으로 확대되는 것이다.

(2) 조직학습의 유형

① **경험학습** : 학습자에게 생생한 동기를 주어 학습을 생활화, 사회화하도록 한다.

② **모방학습** : 유기체의 내적 능동적인 인지과정으로, 다른 사람의 행동을 모방함으로써 경험 학습의 한계를 넘는다.

③ **공유학습** : 이러한 경험과 모방을 거친 학습은 다른사람들과 지식확대과정(사회화, 외부화, 종합화, 내면화)를 거치면서 널리 확산된다.

경영지도사 2차 인적자원관리 한 권으로 끝내기

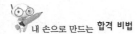
내 손으로 만드는 **합격 비법**

8 조직개발 통한 변화관리

(1) 조직개발(OD ; Organizational Development) : 기업의 경쟁력 강화, 장기적 효율성 및 경영성과 향상을 목적으로 조직구조와 구성원 행동, 조직문화의 개선을 가져오는 체계적인 변화과정이다.

(2) 조직개발의 중요성

① 조직은 환경변화에 적응하기 위해 현재와는 다른 방식을 요구받는다.

② 조직변화의 방법은 가치체계인 조직문화를 변경하는 것을 필요로 한다.

③ 사회적 여건의 변화로 구성원이 민주적이고 수평적인 관리를 요구한다는 점에서 중요성이 부각된다.

(3) 조직개발의 목적 : 구성원 신뢰와 지지를 증대시키고, 문제와 정면으로 대결하여 해결하는 능력을 키우고, 커뮤니케이션을 보다 개방화하고, 사기와 만족을 증대시키고, 참여적·협동적으로 리더십 스타일을 변화시키는 것을 목적으로 한다.

(4) 조직개발 기법

① 감수성 훈련(Sensitivity training)

㉠ 집단 상호작용을 통해 구성원 행위를 변화시키고자 하는 방법

㉡ 격리된 환경에서 집단을 형성하고, 자유롭고 개방적인 분위기에서 각자 행동을 객관화하여 관찰하게 하여, 자신이 조직에서 어떻게 인식되는지 돌아보게 하고 역할연기를 통해 타인의 입장을 이해할 기회를 제공한다.

㉢ 타인에게 감정이입하는 능력을 증진시키고, 경청하는 기술을 향상시키며, 인내력을 높임으로써 갈등해결의 능력을 키우게 해줌

② 서베이 피드백(Survey feedback)

㉠ 조직과 관련한 다양한 이슈를 묻는 설문조사를 실시

㉡ 구성원의 태도를 분석하고 결과를 피드백하여 그에 대해 토의하게 하는 것

㉢ 해결책에 대한 아이디어 찾음

③ 과정자문법(Process consultation)

㉠ 외부 컨설턴트를 활용하여 대인관계와 협력 문제에 대한 전문적인 조언을 구하는 기법

㉡ 대인관계에 대해 스스로 파악할 수 있는 통찰력을 제시

㉢ 해결을 찾는 과정에서는 본인도 함께 참여하여 자립심을 기르고, 선택한 대안에 대한 실행력도 확보할 수 있음

④ 팀 빌딩(Team building)

㉠ 팀 구성원을 훈련시키는 기법

㉡ 신뢰성과 개방성을 증가시켜 구성원들의 조정능력을 개선함으로써 팀 성과를 증진시킴

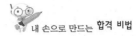

ⓒ 즉, 협조적인 관계를 형성하여 성과를 높일 수 있도록 작업팀의 효율을 개선하는 것 의미

② 감수성 훈련이 주로 개인개발을 위한 기법이라면 팀 구축법은 집단전체의 협력과 조정을 개선시키기 위해 활용하는 기법

⑩ 팀 활동의 우선순위를 도출하여 비판적 토론을 행하고, 아이디어를 내어 팀 전체에 공유하여 활용

⑤ **집단 간 개발(Intergroup development)**

ⓐ 집단에 대해 가지는 편견과 이해 부족을 해소하기 위한 기법

ⓑ 실제 조직 내 여러 부서는 부서 이기주의에 빠지기 쉬운데, 집단 간 개발을 통해 스스로와 상대방 팀을 어떻게 인식하는지 파악하고, 공유

ⓒ 이에, 갈등 원인을 분석하고 해결책을 공동으로 개발할 수 있음

⑥ **리엔지니어링(Reengineering)** : 조직개편이나 구조조정 등 조직 전반에 대한 개발활동으로써 조직이 낡은 가치와 제도를 버리고 방식, 비전, 프로세스 등을 전면적으로 재설계하는 것을 의미한다.

 이해더하기 ➕

리엔지니어링의 일반적 단계
• 조직의 핵심역량 재정의 : 경쟁사와 차별화되는 역량을 무엇으로 할 것인가 결정
• 핵심 프로세스 재구성 : 제품과 서비스를 생산하는 과정에서 효율성이 증진되도록 기능·절차 개선
• 재조직화 : 새로 설계된 프로세스에 맞춰 조직을 수평적으로 재조직화하며, 기존의 관료적이고 세분화된 조직과 직무구조를 변화시키는 것이 중요
• 리엔지니어링은 실시 직후에는 저항이나 반대가 존재하고 성과가 떨어지거나 주춤할 수 있지만, 안정화 단계를 지나면 성과의 상승이 엄청난 속도로 도약할 수 있음

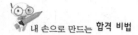
내 손으로 만드는 **합격 비법**

03 조직설계의 이론과 조직구조

❶ 조직설계의 이론

(1) 조직 이론(역사적 분류)

① 과학적 관리법

② 페이욜(H. Fayol)의 일반관리론(페이욜은 관리과정을 구성하는 관리기능을 최초로 제시했는데, 관리를 계획 · 조직 · 지휘 · 조정 · 통제의 5가지로 설명함)

③ 베버(M. Weber)의 관료제론(공식적 채용, 공식적 규칙과 규제, 비개인성, 경력지향, 문서화)

④ 인간관계론(호손 실험)

⑤ 행동과학(인간행동에 대한 연구 – 행동주의)

(2) 조직의 구조적 특징

① **전문화** : 조직의 구성원들이 단일의 전문화된 업무를 담당하도록 분담하는 것을 말한다. 전문화를 통하여 생산성을 높일 수는 있으나, 지나친 전문화는 지루함 · 스트레스 · 피로감을 유발하고 능률저하를 초래한다.

② **부문화** : 전문화를 통해 구성원들에게 일을 나누어주었다면, 이러한 일을 묶어줌으로써 전체적인 목적을 달성할 수 있도록 하는 것이 부문화이다.

  ㉠ 기능별 부문화 : 구성원들이 수행하는 기능에 따라서 부서를 묶는 것이다.

  ㉡ 제품별 부문화 : 제품이나 서비스에 따라 분화하는 방법으로, 특정 제품과 관련된 모든 활동에 대한 책임이 한 사람에게 부여되기 때문에 성과에 대한 책임을 명확하게 할 수 있다.

  ㉢ 지역별 부문화 : 지리적인 기준에 따라 부서를 묶는 방법이다.

  ㉣ 프로세스별 부문화 : 일이 진행되는 프로세스에 따라서 부서를 묶는 방법이다.

  ㉤ 고객별 부문화 : 특정 고객에 따라서 부서를 묶는 방법이다.

③ **통제범위** : 한 사람의 경영자가 직접 감독할 수 있는 종업원의 수에 대한 한계이다.

④ **집권화** : 의사결정의 권한이 조직의 한 점에 집중되어 있는 정도를 말한다.

⑤ **공식화** : 직무가 표준화되어 있는 정도를 말한다.

⑥ **복잡성** : 조직 내의 분화 정도를 의미한다.

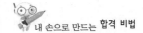

2 조직구조 〔2014년 약술문제〕

(1) 조직구조의 3가지 차원

① **복잡성** : 수평적 분화(하부단위가 수평으로 나눠져 있는 정도), 수직적 분화(조직 위계의 수), 지리적 분화(조직기구의 분산 정도)의 개념을 포함한다.

② **공식화** : 조직에서 규칙, 정책, 절차 등에 대한 지침이나 통일된 원칙이 표준화되어 있는 정도를 의미한다.

③ **집권화** : 조직의 의사결정 권한이 최고경영자에게만 국한되는 경우 집권화의 정도가 높고, 의사결정 권한이 조직 위계의 낮은 수준까지 확대되면 분권화의 정도가 높다고 할 수 있다.

(2) 조직구조의 유형

① **기계적 구조와 유기적 구조**

㉠ 기계적 구조 : 구성원들의 행동에 대한 예측과 통제가 가능하도록 조직이 설계된 구조로, 조직 내의 위계의 수가 많은 특징을 가진다.

㉡ 유기적 구조 : 조직의 유연성을 증진시키기 위한 구조로, 조직 구성원들은 주도적으로 변화를 꾀하고 변화하는 상황에 신속하게 대응할 수 있다.

② **단순조직, 기능조직, 사업부조직**

㉠ 단순조직 : 정교하지 않은 구조로, 부서화 정도가 낮고 통제범위가 넓고 공식화가 거의 되지 않은 구조

㉡ 기능조직 : 기능별 전문화의 원칙에 따라 공통의 전문지식과 기능을 지닌 부서단위로 묶는 조직구조를 의미

㉢ 사업부조직 : 생산하는 제품의 수와 참가하고 있는 시장의 수가 많아짐에 따라 제품이나 시장 또는 지역을 기초로 분류된 조직형태가 출현하는데 이를 사업부 조직이라 한다.

㉣ 사업부조직의 장단점
- 장 점
  - 불안정한 환경에서 신속한 대응에 적합
  - 제품에 대한 책임과 담당자가 명확하기 때문에 고객만족을 높일 수 있음
  - 기능부서간의 원활한 조정
  - 분권화된 의사결정
- 단 점
  - 생산 라인 중복에 따른 경제 효과 감소
  - 제품라인 간 조정이 약화될 수 있음
  - 제품 라인 간 통합과 표준화가 곤란

제1과목 · 제2과목 · 제3과목 · 경영지도사 2차 인적자원관리 한권으로 끝내기

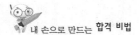

③ **매트릭스 조직** : 프로젝트별로 필요한 인력을 기능별 조직으로부터 배정하는 형태이다.

　⊙ 장 점
　　• 이중적인 고객의 요구에 대응할 수 있음
　　• 여러 제품 라인에 걸쳐 인적자원을 유연하게 공유하거나 활용할 수 있음
　　• 불안정한 환경에서 복잡한 의사결정과 빈번한 변화에 적절하게 대응할 수 있음
　⊙ 단 점
　　• 이중 보고체계로 인해 종업원의 혼란을 느낄 수 있음
　　• 다양한 인간관계 기술에 대한 교육 훈련이 필요함
　　• 빈번한 회의와 갈등조정과정으로 인해 많은 시간이 소요됨

④ **수평적 조직** : 핵심프로세스(고객을 위한 가치창조)를 중심으로 조직화하는 구조로 최근에 등장한 조직화 방법이다.

　⊙ 장 점
　　• 고객에 대하여 유연하고 신속한 대응이 가능
　　• 모든 종업원의 관심사가 고객을 위한 가치창출과 제공에 집중
　　• 모든 종업원들이 조직목표에 대한 폭넓은 시각을 보유
　　• 팀워크와 협력을 증진
　⊙ 단 점
　　• 핵심 프로세스를 규명하는 것이 어렵고 시간이 오래 걸림
　　• 조직문화, 직무설계, 경영철학, 정보시스템 등에 대한 개선이 필요
　　• 관리자는 권한과 권력이 줄어든다는 좌절감을 경험
　　• 전문적인 기능개발에 한계

⑤ **네트워크 조직**

　⊙ 내부의 여러 기능들을 없애버리고 공급업체들과의 계약을 활용하여 기업에 필요한 자원과 서비스를 조달한다.
　⊙ 네트워크 조직을 가진 기업은 기능의 많은 부분을 외주함으로써 본사는 단지 브로커의 역할만 하게 된다.
　ⓒ 장 점
　　• 작은 조직이라도 전 세계에서 인력과 자원 획득 가능
　　• 공장, 장비 등 막대한 투자 없이도 사업 가능
　　• 변화하는 욕구에 매우 유연하고 신속한 대응 가능
　　• 관리 간접 비용 절감 가능
　ⓒ 단 점
　　• 관리자들이 직접적 통제를 못함
　　• 협력업체와의 관계 유지 및 갈등해결에 많은 시간 소요

- 협력업체에 문제가 발생할 경우 조직 전체가 위험
- 계약에 따라 종업원이 교체될 수 있기 때문에 종업원의 충성심과 기업문화가 약함

⑥ **하이퍼텍스트 조직** : 상호 연결된 세 가지 층으로 구성 – 공식조직(사업단위층), 임시조직(프로젝트 층), 인프라조직(지식기반층)

　㉠ 공식조직 : 효율성을 목표로 일상활동을 처리하는 기업활동의 근간을 이루는 조직

　㉡ 임시조직 : 프로젝트팀, 지식생성의 원천은 임시조직의 가동에 있음

　㉢ 인프라조직 : 공식조직과 임시조직을 연결하고 임시조직의 지식생성을 돕는 조직

⑦ **셀룰러 조직** : 지식경영에 적합한 조직구조

　㉠ 조직이 셀로 구성되어 각 셀은 자체의 고유한 핵심역량기술을 가지고 있다.

　㉡ 셀은 과업단위로 스스로 생존이 가능한 적응력있는 조직이다.

　㉢ 각 셀은 기업가적인 책임을 진다.

　㉣ 프로젝트에 참여한 기업들 간의 공유비전 혹은 공동목표가 존재한다.

　㉤ 조직 내외의 사업파트너와의 제휴는 외부로부터의 노하우 획득과 조직 내 노하우의 전파를 가능하게 하는 등 지식 획득·공유 등 학습조직의 특징을 확보하고 있다.

04 조직설계

1 조직설계의 정의

조직설계란 조직의 구조를 구축하는 과정에서 이를 통하여 조직의 목표를 달성하는데 필요한 조직 내 활동을 통제 및 관리할 수 있는 과정을 말한다.

2 조직설계의 기본원리

(1) **분화** : 조직을 여러 개의 하부단위 또는 부서로 나누는 것

(2) **통합** : 여러 개의 부서로 나뉘어진 조직을 하부목표나 작업을 기준으로 조정, 통제하는 것

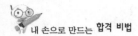
내 손으로 만드는 **합격 비법**

❸ 조직설계의 포괄적 모형

(1) Burns & Stalker의 모형

① 기계적 조직 : 고도의 전문화, 명확한 부서화, 좁은 감독의 범위, 높은 공식화, 하향식 의사소통 등의 특징이 있음

② 유기적 조직 : 기계적 조직과는 반대로 적응성과 유연성이 높은 조직 형태

(2) Mintzberg의 효과적인 조직설계의 방식

① 조직의 5가지 기본요소 : 전략부문, 중간라인부문, 핵심운영부문, 기술전문부문, 지원스탭부문

② 5가지 조직구조

㉠ 단순구조 : 전략부문이 지배, 스탭조직이 거의 없음, 최소한 관리직으로만 유지

㉡ 기계적 관료제 : 반복업무가 많은 경우 나타나는 유형으로 베버의 관료제조직과 유사

㉢ 전문적 관료제 : 고도의 기술이나 지식을 소유한 전문가의 중심

㉣ 사업부 조직 : 제품이나 고객, 지역별로 분할되어 책임단위별로 구성

㉤ 애드호크라시 : 효과적인 혁신을 위해서 서로 다른 전문분야의 전문가들을 유기적으로 연결시키는 구조
  - 운영 애드호크라시 : 고객과의 계약을 통해 혁신프로젝트를 수행(광고회사)
  - 관리 애드호크라시 : 조직자체의 문제를 해결하기 위해서 혁신프로젝트를 수행

❹ 전략, 규모, 기술, 환경에 따른 조직설계

(1) 전략에 따른 조직설계

① 챈들러의 전략(구조 연구) : 조직구조는 전략에 따른다. 챈들러는 기업의 전략으로 제품 다각화를 제시하였고, 제품다각화의 수준이 낮을 때는 단순조직, 기능조직이 적합하고, 다각화 수준이 높을 때는 사업부 조직이 합당하다고 주장하였다.

② 마일즈와 스노우의 전략

㉠ 공격형 : 창의성과 위험감수

㉡ 방어형 : 안정성과 효율성

㉢ 분석형 : 변화하는 환경에서의 분석

㉣ 반응형 : 명확한 방향없이 상황에 따라 변화

③ 포터의 전략유형
   ㉠ 원가우위전략 : 경쟁기업보다 더 낮은 원가로 재화 또는 서비스를 생산함으로써 경쟁자들을 능가하는 것이다.
   ㉡ 차별화전략 : 기업이 제공하는 제품이나 서비스를 차별화함으로써 산업전반에 걸쳐 그 기업이 독특하다고 인식될 수 있는 그 무엇을 창조하여 경쟁우위를 달성하는 것이다.
   ㉢ 집중화전략 : 특정 시장을 집중적으로 공략하는 것이다. (특정 소비자집단, 제품종류, 특정지역)

(2) 규모에 따른 조직설계
① 조직의 규모가 커질수록 발생하는 현상
   ㉠ 직위 단계의 증가
   ㉡ 직무의 수나 부서의 증가
   ㉢ 직무의 전문화 수준의 상승
   ㉣ 공식화 높음
   ㉤ 분권화 증가
② 조직수명주기 모형(Quinn & Cameron)
   ㉠ 창업단계 : 조직이 창업되어 창의력을 바탕으로 성장하는 단계
   ㉡ 집단 공동체 단계 : 창업주나 외부영입 지도자가 조직의 목표 및 관리방향을 적극 제시, 설정하는 등 강력한 리더십의 발휘로 성장하는 단계
   ㉢ 공식화단계 : 의사결정의 하부위임과 동시에 규칙, 절차, 관리회계 등의 내부통제시스템의 도입 등으로 재도약하는 단계
   ㉣ 정교화단계 : 조직에 대한 재설계로 조직에 활력을 찾는 단계

(3) 기술에 따른 조직설계
① Woodward의 연구 : 제조기업을 대상으로 생산기술과 조직구조 성과를 연구하고, 기업이 사용하는 기술의 복잡성에 따라 분류하였다.
   ㉠ 단위소량 생산기술 : 특정고객의 필요성을 충족하기 위한 것
   ㉡ 대량장치 생산기술 : 표준화된 제품을 생산하기 위한 것
   ㉢ 연속공정 생산기술 : 생산의 전 과정이 기계화되어 있으므로 산출물에 대한 예측가능성이 매우 높음
② 새로운 생산기술과 조직구조
   ㉠ CIM의 출현 : 컴퓨터 통합생산-로봇, 기계, 제품설계 등을 컴퓨터로 통제함
   ㉡ CIM과 조직구조 : CIM을 사용하는 조직의 구조는 좁은 감독의 범위, 적은 권한 계층, 비반복적인 과업, 전문화의 정도가 낮으며, 분권화되어 전반적으로 유기적인 조직에 가까움

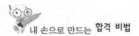

(4) 환경에 따른 조직설계

① 환경 불확실성의 차원(Thompson & Duncan) : 환경 불확실성이란 환경의 구성요소에 대하여 충분한 정보를 갖고 있지 못하고 외부를 예상하는데 어려움을 겪는 것을 말한다. 불확실성이 존재하므로 조직이 환경에 대응하는데 실패할 위험성이 높다.

㉠ 복잡성 : 복잡성 차원은 조직의 활동과 관련을 맺고 있는 환경요소들의 수의 많고 적음과 구성요소 사이의 이질성의 수준을 의미한다.

㉡ 안정성 : 환경의 요소들이 얼마나 역동적으로 변화하는지를 다룬다.

② 불확실성에 대한 대응방안

㉠ 환경의 불확실성은 조직의 구조와 내부적 활동에 큰 영향을 미친다.

㉡ 직위와 부서 : 외부 환경의 불확실성이 높을수록 조직 안에 직위와 부서의 수가 증가한다.

㉢ 완충조직과 변경조직의 활용 : 외부환경의 불확실성에 대응하는 가장 전통적인 방법은 외부의 충격을 흡수하는 완충부서를 두는 것이다. 완충부서의 역할은 환경의 불확실성을 흡수하여 기술핵심부서를 보호하는데 있다. 변경조직은 외부환경의 핵심 요소들과 조직을 연결하고 조정하는 역할을 담당하는 조직으로, 주로 정보 교환을 통하여 이루어진다.

㉣ 분화와 통합 : 조직의 외부환경이 복잡하고 빠르게 변화하므로 발생한다.

㉤ 유기적 조직의 설계 : 환경의 불확실성이 높아질수록 조직은 훨씬 느슨하고 자유로우며 적응적인 유기적 특성을 가진다.

㉥ 계획과 예측 : 환경의 불확실성이 높으면 미래를 예측하고 계획을 수립하는 것이 필요하다.

예/상/문/제

– 조직의 구조의 3요소가 무엇인지 밝히고 이를 각각 설명하시오. (10점)

– 조직설계의 기본원리에 대해 설명하시오. (10점)

– 조직의 외부환경, 기술, 전략, 규모가 조직구조에 미치는 영향에 대해 설명하시오. (10점)

※ 시험에 나올 가능성이 있는 문항 모음으로, 본문 이론을 바탕으로 스스로 답안을 작성해보는 연습에 활용하시기 바랍니다.

기출문제 및 모범답안

2017년도 제32회 경영지도사 제2차 국가자격시험 문제지

교시	지도분야	시험과목	시험시간	수험번호	성명
2교시	인적자원관리 분야	조직행동론	90분		

※ 다음 문제를 논술하시오.

【문제 1】 윤리적 리더십(ethical leadership)의 배경과 개념, 원칙, 구축방안에 관하여 논하시오. (30점)

【문제 2】 '동기부여 관점의 공정성 이론'과 '권력 및 정치적 관점의 공정성 이론'의 개념을 설명하고 각각의 내용을 비교하여 논하시오. (30점)

※ 다음 문제를 약술하시오.

【문제 3】 집단갈등의 순기능 및 역기능, 관리방안에 관하여 설명하시오. (10점)

【문제 4】 커뮤니케이션의 방법 중 그레이프바인(grape vine)의 특성, 4가지 유형, 활용방안에 관하여 설명하시오. (10점)

【문제 5】 개인과 직무 적합성(person-job fit)의 개념 및 중요성에 관하여 설명하시오. (10점)

【문제 6】 조직문화의 개념, 순기능 및 역기능에 관하여 설명하시오. (10점)

2016년도 제31회 경영지도사 제2차 국가자격시험 문제지

교시	지도분야	시험과목	시험시간	수험번호	성명
2교시	인적자원관리 분야	조직행동론	90분		

※ 다음 문제를 논술하시오.

【문제 1】 조직행동론에서 접근하고 있는 인간행동 분석의 주요 관점은 '자극(stimuli)', '욕구(need)' 및 '성격(personality)'으로 설명할 수 있다. '자극'과 '욕구' 및 '성격'의 개념과 유형을 설명하고, 조직 구성원 행동관리 기법과의 관계를 논하시오. (30점)

【문제 2】 르윈(K. Lewin)의 조직변화(organization change) 3단계 모형의 단계별 개념 및 추진방안을 논하시오. (30점)

※ 다음 문제를 약술하시오.

【문제 3】 LMX(leader-member exchange)이론의 내집단(in-group)과 외집단(out-group)의 개념과 문제점에 관하여 설명하시오. (10점)

【문제 4】 허즈버그(F. Herzberg)의 2요인이론(two-factor theory)에 관하여 설명하시오. (10점)

【문제 5】 감정노동(emotional labor)의 개념과 감정노동 시 나타나는 감정표현 3가지를 설명하시오. (10점)

【문제 6】 집단 의사결정 기법 중 명목집단법(nominal group technique)의 각 단계와 이 기법의 장단점을 설명하시오. (10점)

2017 기출 풀이

경영지도사의 답안

본 답안은 현역 경영지도사의 모범 예시 답안이며, 채점자의 견해에 따라 표준 정답은 달라질 수 있으니 학습에 참고로만 활용하시기 바랍니다.

논술문제

문제 ① 윤리적 리더십(ethical leadership)의 배경과 개념, 원칙, 구축방안에 관하여 논하시오. (30점)

1. 윤리적 리더십(ethical leadership)의 배경

(1) 기업의 사회적 책임과 윤리경영의 중요성이 증가하면서 경영자가 건전한 방식으로 능력과 성과를 발휘하는데 관심이 증가하였다. 즉, 리더십에 윤리성을 추가해야 한다는 주장인 것이다.

(2) 종업원, 하청업체, 지역사회, 자연환경 등에 대한 책임감이 강하고 적극적인 기여를 행사하는 리더는 존경받고 그러한 기업이 생산하는 제품이 신뢰를 얻게 되면서 윤리경영을 해야 할 필요성은 매우 중요한 이슈가 되었다.

(3) 또한, 오랫동안 기업의 목적이었던 주주가치를 높이는 경영방침에서 벗어나 종업원, 하청업체 등 이해관계자의 가치를 높이는 방향으로 경영방침을 변경하고, 경영참가 등 에퀴티(equity)를 실현한다. 공정성을 높여 종업원의 신뢰를 얻게 되어 기업의 영속성이 보장되며 결과적으로는 조직의 성과도 높아지는 노사간에 win-win경영을 실천함으로써 노사간의 갈등을 해소하는데 기여하게 되었다.

(4) 윤리적 리더십은 대외적으로 기업 이미지와 신뢰도를 높여 매출증대와 고객만족을 가져오며, 자부심·동기증대 등을 통해 질적 향상을 가져와 장기적 이익에 기여한다.

2. 윤리적 리더십의 개념

(1) 윤리적 리더십의 리더는 도덕성만을 강조하는 것이 아니라 기업이익과 기업윤리에 대한 균형적 사고와 행동을 하고, 기업 목적을 이익극대화가 아닌 기업 장기적 성장, 발전을 목적으로 한다.

(2) 윤리적 리더십에 의한 리더는 윤리관과 행동이 일치하고, 모범적 실행을 통해 종업원과 윤리관을 공유하며 기업조직 윤리문제에 대해 철학과 지침을 통해 명확한 기업의 비전을 형성하는 것으로, 이러한 리더에 의한 리더십을 윤리적 리더십이라고 한다.

3. 윤리적 리더십의 원칙

(1) 타인에 대한 존중의 원칙

① 존경심을 가지고 타인을 대하는 것이 목적 그 자체이어야 하고, 어떤 목적을 위한 수단이 되어서는 안 된다는 원칙이다.

② 리더는 추종자들이 자신의 욕구·가치·목적을 이해하도록 양육하고, 리더의 욕구·가치·목적과 통합하도록 지원하여야 한다.

③ 인간은 자율적으로 자신이 설정한 목표를 갖는 존엄한 존재로 대우받아야 하고, 리더의 개인적인 목적을 위한 수단으로 취급받지 않는다.

(2) 타인에 대한 봉사의 원칙

① 다른 사람의 이익을 위해 공헌하는 섬김의 자세이다.

② 기업과 소비자의 신뢰관계는 기업의 헌신적인 봉사에 의해 형성되어 기업의 운명을 결정하는 매우 중요한 요소라는 인식을 가져야 한다.

③ 소비자의 기업에 대한 신뢰는 제품구매의 결정에 중요한 역할을 하므로, 봉사적인 기업의 이미지를 구축한다.

(3) 공정성과 정당성의 원칙

① 윤리적 리더는 공정성과 정당성에 의하여 의사결정을 하여야 하고, 이는 윤리적 판단의 중요한 요소이다.

② 공정성은 조직 구성원들을 평등하게 대우하는 것이고, 정당성은 공정성을 핵심기준으로 한다.

(4) 정직성의 원칙

① 윤리적 리더십의 중요한 덕목은 신뢰로써, 신뢰는 모든 덕목의 기반으로 기업은 사업에 관한 정보를 투명하게 운영한다.

② 기업은 공개하기 어려운 사업은 가급적 진행하지 않고, 신뢰를 상실하는 거래적 관계를 지양한다.

(5) 공동이익 추구의 원칙

① 기업은 공동의 비전으로 공동의 목표를 달성하고자 노력한다.

② 공동목표의 달성으로 인한 이익은 모두의 이익을 위해 공정하게 분배함으로써 분배의 정의를 실현한다.

4. 윤리적 리더십의 구축방안

(1) 인간지향

① 윤리적 리더십의 핵심은 신뢰로, 신뢰는 타인을 존엄성을 인정하며 존중으로 대하고, 타인을 수단이 아닌 목적으로 인식하는 것을 말한다.

② 위와 같이 신뢰로써 타인을 존중하는 것을 인간지향이라 하고, 인간지향은 윤리적 리더십의 본질적 가치이다.

(2) 사회적 책임성

① 윤리적 리더십은 윤리경영과도 일맥상통한 개념으로, 기업은 영리를 추구하는 자본주의적 측면인 가치추구만을 강조하는 것이 아니라, 종업원·하청업체·지역사회를 포함한 이해관계자들의 가치를 높이는 사회의 구성원으로서의 책임감을 중시한다.

② 기업은 경영의 효율성만 강조하는 것이 아니라 사회적 효율성과 같이 배려함으로써 상생의 기업 문화를 정착시킨다.

(3) 절 제

① 윤리적 리더는 모범적 실행을 통해 종업원과 공유하고 윤리관과 행동이 일치해야 한다.

② 윤리적 리더는 부하직원에게 권한을 위임하거나 부여하고, 부당한 이득을 취하지 않아야 한다.

5. 결 론

위와 같이 윤리적 리더십은 정직하고 공정하게 행동함으로써 부하직원의 신뢰를 얻고, 이러한 신뢰에 바탕을 둔 기업의 윤리적 경영은 기업 이미지를 형성, 기업의 지속적 성장을 가능하게 할 것이다. 결과적으로 기업은 조직구성원 및 지역사회의 일원으로서의 사회적 책임을 실천하게 된다.

문제 ② '동기부여 관점의 공정성 이론'과 '권력 및 정치적 관점의 공정성 이론'의 개념을 설명하고 각각의 내용을 비교하여 논하시오. (30점)

1. 동기부여 관점의 공정성 이론

(1) Adams의 공정성 이론(Equity theory)

① 자신의 산출, 투입의 비율이 타인과 비교하여 형평성을 유지하는 방향으로 동기 부여가 된다는 이론이다.

② 종업원은 이 비율이 공정하다고 느끼지 못할 경우 불쾌감과 긴장을 느끼며, 이것을 줄이기 위해 노력한다.

(2) Adams의 공정성 이론이 불공정성을 해소하는 방법

① 투입요소(input) : 시간, 노력, 교육 등

② 산출요소(output) : 급여, 승진, 안정 등

③ 불공정을 느낀 개인의 대안

㉠ 투입, 산출변경 : 과소보상일 경우는 휴식시간 등을 길게 갖고, 과대보상일 경우는 직무 노력 증가

㉡ 준거인물의 투입, 산출 변화유도 : 과소보상 시 비교대상에게 좀 더 노력하라고 요구하고, 과대보상 시 비교대상에 투입을 줄이라고 압력을 행사하는 경우

㉢ 투입, 산출 왜곡(인지적 변경) : 인지적으로 투입, 산출을 왜곡하여 심리적으로 공정하다고 합리화

         ⓔ 준거대상의 변경 : 비교대상인 준거그룹의 수준을 변경하여 불공정성을 회복

         ⓜ 장이탈 : 불공정을 느낀 현장을 떠남으로써 문제를 해결, 타 부서로 이동하거나 이직을 시도

2. 권력 및 정치적 관점의 공정성 이론

(1) 조직정의(Organizational justice)

조직정의는 산출물에 대한 공평한 분배를 기초로 하고, 내용으로는 분배적 정의와 절차적 정의가 있다.

① 분배적 정의 : 조직에서 산출(임금, 승진 등)의 분배에 대한 인지적 공정성, 투입과 산출을 어떻게 생각하는지에 대해 설명하는 개념, 투입·산출을 비교하여 분배적 정의를 느끼면 만족을, 느끼지 못하면 만족을 느끼는 방향으로 회복하게 됨

② 절차적 정의 : 산출을 배분하는데 사용하는 절차에 대한 인지된 공정성, 어떻게 성과 수준을 평가하고, 불평과 논쟁점을 취급하는가의 문제

(2) 레벤탈(Leventhal)의 절차적 공정성 이론

① 절차적 공정성은 보상이 이루어진 동안 과정과 수단에 관련되어 조직구성원들이 조직 내 보상과정에서 사용된 절차를 얼마나 공정하게 인지하고 있는가의 정도를 의미한다.

② 절차적 공정성은 의사결정절차의 공정성을 말하는 것으로, 레벤탈은 조직의 원활한 의사소통을 위한 규칙으로서 일관성, 편견 억제성, 정확성, 정정가능성, 대표성, 윤리성의 6가지 요소를 예로 들고 있다.

③ 따라서 절차적 공정성이 있는 조직은 작업환경에서나 의사소통 시 윤리적이고 일관성이 있는 특성을 가지게 된다.

3. 두 이론의 비교

(1) 동기부여 관점인 아담스의 공정성이론은 분배적 공정성 측면을 강조한 이론이고, 권력 및 정치적 관점인 레벤탈의 공정성이론은 절차적 공정성 측면을 강조한 이론이다.

(2) 동기부여 관점의 공정성이론은 초기 공정성이론으로 투입과 산출의 형평성을 유지하는 측면을 강조한 동기부여이론이고, 권력 및 정치적 관점의 공정성이론은 윤리성을 강조한 윤리적 리더십 측면의 이론이다.

약술문제

문제 ③ 집단갈등의 순기능 및 역기능, 관리방안에 관하여 설명하시오. (10점)

1. 집단갈등의 순기능 및 역기능

(1) 집단갈등의 의의 : 한 당사자에게 어떤 다른 사람이 부정적 영향을 미쳤거나 미칠 것이라고 인식할 때 시작되는 과정이다. 일반적으로 갈등은 부정적인 인식이 강하지만, 긍정적인 기능도 갖는다.

(2) 집단갈등의 순기능

① 문제 토론 과정에서 건설적인 해결책이 나온다.

② 경쟁을 통해 구성원의 동기부여가 촉진된다.

(3) 집단갈등의 역기능

① 목표달성에 필요한 에너지를 분산시킨다.

② 신뢰적 조직 분위기에 악영향을 끼친다. 심한 경우는 조직 존속의 위기까지 초래한다.

2. 집단갈등의 관리방안

(1) 직접 대면 : 집단끼리 직접 대면하여 문제를 분석하고 해결하는 방법이다. 이해와 타협으로 견해차이를 좁히는 것이 아니라, 근본적으로 해결하는 것이다. 의사소통의 왜곡이나 오해는 정면으로 대응하여 해결이 가능하다.

(2) 상위목표의 제시 : 갈등을 초월하는 상위목표를 제시하여 갈등을 완화하고, 집단 간 공동노력의 분위기를 조성한다. 상위목표는 둘 이상의 부서가 노력하여 달성할 수 있는 성과를 의미한다.

(3) 자원의 확충 : 한정된 자원에 의한 갈등 시 자원공급을 늘려 해소시키는 간단한 방법이다. 자원 확충에 시간과 비용이 소요된다는 현실적 제약이 존재한다.

(4) 완화 : 갈등당사자 간의 차이점을 축소하고 유사성과 공동관심사를 부각시켜 갈등을 해소한다. 회피와 상위목표 제시의 혼합형이지만 임시방편적인 방법이다.

(5) 인적자원·구조적 변수 변화 : 갈등을 유발하는 사람을 훈련시키거나 인사이동, 작업 흐름의 변경 등을 통해 갈등을 해소한다.

(6) 공동관심사의 강조 : 갈등을 겪고 있는 집단 간의 차이를 무시하고 공동관심사를 강조함으로써 공동의 목표를 함께 달성할 수 있도록 하는 계기를 마련한다.

문제 ④ 커뮤니케이션의 방법 중 그레이프바인(grape vine)의 특성, 4가지 유형, 활용방안에 관하여 설명하시오. (10점)

1. 그레이프바인(grape vine)의 특성

(1) 그레이프바인은 조직 내에서 정보가 원래 뜻과는 다르게 전달되는 것을 뜻하지만, 이를 통해 조직변화 필요성을 경고하고 집단응집력을 높인다.

(2) 구성원 아이디어의 전달경로가 되는 비공식적 커뮤니케이션이다.

2. 그레이프바인의 4가지 유형

(1) **일방형** : 구성원들 사이의 단선적 통로를 통한 정보전달이 이루어지는 유형

(2) **잡담형** : 한 사람이 나머지 사람 모두에게 정보를 전달하는 유형

(3) **군집형** : 정보를 전달해야할 사람에게만 선택적으로 전달되는 유형

(4) **확률형** : 의사소통이 의도적·선택적이 아니라 무작위적으로 전달되는 유형

3. 그레이브바인의 활용방안

(1) 비공식 커뮤니케이션은 인간관계를 바탕으로 하는 의사소통으로 심리적 만족감을 충족시켜준다.

(2) 공식적 커뮤니케이션의 불충분한 면을 보충시켜준다.

(3) 대인적 접촉을 통해 사회적 만족을 제공한다.

(4) 여러 계층을 밟지 않아 전달이 신속하고, 의사소통과정에 융통성과 신축성이 있다.

문제 ⑤ 개인과 직무 적합성(person-job fit)의 개념 및 중요성에 관하여 설명하시오. (10점)

1. 개인과 직무 적합성의 개념

① 개인과 직무 적합성은 개인의 욕구수준, 직무특성, 업무능력간의 일치정도를 말한다.

② 개인과 직무 적합성은 홀랜드의 6가지 성격유형(현실적, 탐구적, 사회적, 관습적, 진취적, 예술적)과 연관이 있다.

2. 개인과 직무 적합성의 중요성

① 개인차원의 성격유형은 직무 적합성 및 조직행동에 영향을 주는 것으로 조직 내에서 구성원의 성격유형에 따라 조직성과가 달라진다.

② 성격측정도구인 big-5모형은 직무적합도에 연관되어 조직문화를 형성할 수 있다.

문제 ❻ 조직문화의 개념, 순기능 및 역기능에 관하여 설명하시오. (10점)

1. 조직문화(organizational culture)의 개념

① 한 조직을 다른 조직과 체계적으로 구별되게 해 주는 속성이다.

② 조직 내에 역사적으로 형성되어 조직원에게 영향을 미치는 가치관, 행동양식, 관리관행 등으로 구성된다.

2. 조직문화의 순기능와 역기능

(1) 순기능

① 조직문화는 조직구성원들에게 소속 조직원으로서의 정체성을 제공한다.

② 조직문화는 집단적 몰입을 가져온다.

③ 조직문화는 조직체계의 안정성을 높이는 결과를 가져온다.

(2) 역기능

① 조직문화가 강하게 형성되어 있을 때 조직변화에 대한 내부 구성원들의 저항이 보다 강력해진다.

② 조직문화는 신입조직 구성원의 창의성을 제약할 수 있다.

③ 조직문화는 기업의 M&A의 걸림돌이 될 수 있다.

경영지도사의 답안

본 답안은 현역 경영지도사의 모범 예시 답안이며, 채점자의 견해에 따라 표준 정답은 달라질 수 있으니 학습에 참고로만 활용하시기 바랍니다.

논술문제

문제 ① 조직행동론에서 접근하고 있는 인간행동 분석의 주요 관점은 '자극(stimuli)', '욕구(need)' 및 '성격(personality)'으로 설명할 수 있다. '자극'과 '욕구' 및 '성격'의 개념과 유형을 설명하고, 조직 구성원 행동관리 기법과의 관계를 논하시오. (30점)

1. 서 론

가. 조직행동론에서의 인간행동 분석의 관점은 개인수준, 집단수준, 조직수준의 각 인간행동이해의 분석 수준이 있고, 개인수준의 경우에는 자극, 욕구 및 성격의 관점에 존재한다.

나. 자극은 학습이론의 기초가 되는 것으로, 자극은 강화작용을 통하여 학습이론으로 발전하고, 욕구는 욕구이론의 기초가 되어 동기부여이론 중 내용이론의 근간을 이루며, 성격은 A/B 유형·통제위치 등의 성격이론의 근간을 이루고 조직행동에 영향을 주는 요인이다.

다. 위와 같은 개인 수준에 해당하는 인간행동의 이해 관점이 조직수준의 인간행동에 어떤 영향을 미치는 지를 살펴보기로 한다.

2. 자극과 조직의 행동관리 기법과의 관계

(1) 자 극

① 자극이란 주어진 사람이나 사물에 반응을 일으키는 모든 것으로, 일시적 행동의 변화는 자극에 대한 반응일 뿐으로 자극이 사라지면 원점으로 돌아가기 때문에 강화 작용(reinforcement)이 필요하다.

② 고전적 조건화(classical conditioning)

㉠ 개에게 주어진 음식(고기)은 무조건 자극으로 훈련이 없이 초래된 자극이며, 이에 의한 반응(침)은 무조건 반응이다.

㉡ 종소리에 의한 반응은 학습을 통한 조건 자극에 대한 무조건 반응으로 조건반응이라고 한다.

③ 조작적 조건화(operant conditioning)

　　㉠ 고전적 조건화와는 달리 학습은 개인의 행동에 의해 초래된 것으로, 개인이 행동을 이성적으로 인식하고 바람직한 결과를 위해 환경에 작용하는 것을 의미한다.

　　㉡ 보상의 경험이 조작적 조건화의 핵심으로 조작적 학습이론의 이론적 기반이다.

(2) 자극과 조직의 행동관리 기법과의 관계

① 위와 같은 조작적 조건화의 개념 또는 강화이론은 조직구성원에게 새로운 행동을 학습시키고 강화시키는 조직행동 수정(organizational behavior modification)의 이론적 기초가 되었다.

② 또한, 강화물을 첨가하거나 제거하는 방법인 긍정적 강화ㆍ소거ㆍ부정적 강화ㆍ벌의 강화활동에 의하여 행동변화가 발생한다. 이러한 요소들은 조직 구성원이 자신의 직무를 성실히 이행하면 보상이 주어지고 이러한 보상은 직무를 성실히 수행하는 강화요인으로 작용하는 것이다.

3. 욕구와 조직의 행동관리 기법과의 관계

(1) 욕 구

① 인간의 욕구는 다양하고 욕구는 결핍에서 발생하는 것으로 충족되지 않은 욕구는 행동에 영향을 미치게 된다.

② 위와 같이 충족되지 않은 욕구는 동기부여가 되는데 대표적인 동기부여이론이 욕구이론이다. 동기부여이론 중 내용이론은 Alderfer의 ERG이론, McClelland의 성취동기이론, Herzberg의 2요인이론, McGregor의 XY이론이 있는데, 위 이론의 이론적 배경은 Maslow의 욕구 계층론이다.

③ 매슬로우의 욕구이론은 기본전제로서,

　　㉠ 인간은 다양한 욕구를 가지고 있으며, 이런 욕구충족에 의해 동기화된다.

　　㉡ 충족되지 않은 욕구는 행동에 영향을 미치고, 충족된 욕구는 행동에 영향을 미치지 않는다.

　　㉢ 인간욕구의 중요성은 계층에 따라 기본적인 욕구(생리적)부터 최상위 욕구(자아실현)까지 연속적으로 연결된다.

　　㉣ 낮은 차원의 욕구가 최소한으로 충족되면 그 다음 욕구로 옮겨간다.

④ 매슬로우의 욕구단계는 생리적 욕구, 안전의 욕구, 소속ㆍ애정의 욕구, 존경의 욕구, 자아실현의 욕구가 있는데, 자아실현의 욕구가 최상의 단계이다. 욕구계층론은 욕구 상태를 파악하고 욕구에 따른 행동을 이해한다는 점에서 이론적 가치가 입증되었다.

(2) 욕구와 조직의 행동관리 기법과의 관계

① 위와 같이 욕구는 충족되지 않은 상태에서 동기부여되고, 생존의 욕구라는 저단계로부터 자아실현이라는 최상의 단계로 이동하는 것임을 알 수 있다.

② 이러한 욕구는 조직적인 측면인 부하와 상사와의 관계에서 상사는 부하직원의 성과달성을 위해 리더십을 발휘하고, 부하는 그에 따라서 성장욕구를 달성하기 위해 최선을 다해 조직성과를 달성한다는 측면이 조직수준의 상사–부하의 교환이론(LMX이론)과 연관된다.

③ 또한, 위와같은 자아실현욕구는 종업원의 경력개발프로그램(CDP)와 카페테리아식 복리후생을 통해 조직성과를 높이는 전략적 인적자원관리(SHRM)으로 연결된다.

4. 성격과 조직의 행동관리 기법과의 관계

(1) 성 격

① 성격(personality)은 개인을 다른 사람과 구분하는 심리적 특성의 집합으로, 개인행동에 직접적인 영향을 주는 요소이다. 개인별로 다른 모습을 관찰할 수 있고, 그 차이에 따라 관리함으로써 효율적인 조직성과를 낼 수 있다.

② 조직행동에 영향을 주는 성격유형으로는 A/B 유형, 내향성/외향성, 통제위치, 마키아벨리즘 등이 있는데, 조직 내에서도 구성원의 성격유형에 따라 조직성과가 달라질 수 있다.

③ 예를 들면, 통제위치에 따라 내재론자는 노력에 의해 보상을 하는 참여적 리더십이 유용하고, 외재론자는 자발적으로 활동하지 않고 낮은 성과수준을 보이므로 완전한 통제하에 규정대로만 하는 지시적 리더십이 효율적이다.

(2) 성격과 조직의 행동관리 기법과의 관계

① 위와 같이 조직구성원의 성격유형을 고려하여 인력확보를 위한 모집, 선발을 실시함으로써 직무적합도와 조직적합도를 높여 조직성과를 높일 수 있다.

② 또한, 조직구성원의 성격을 파악함으로써 조직의 의사소통능력을 높이고 인사평가시스템상의 목표관리제(MBO)에 유용하게 적용할 수 있다.

5. 결 론

위와 같이 자극·욕구·성격·관점을 이용하여 개인수준의 인간행동을 이해함으로써, 조직의 성과를 높일 수 있는 직무적합도·조직적합도에 적용하고 조직문화를 형성할 수 있는 발판이 될 수 있음을 알 수 있다.

문제 ❷ 르윈(K. Lewin)의 조직변화(organization change) 3단계 모형인 단계별 개념 및 추진방안을 논하시오. (30점)

1. 문제제기

(1) 기업은 환경변화에 적응하기 위해 조직구성원에 대하여 교육훈련을 시키며 내부시장 인재개발을 통해 조직성과를 높이고 이를 조직문화까지 연결시켜 지속적인 기업의 영속성을 확보하려고 노력한다.

(2) Lewin의 힘의 장이론에 의하면, 조직에는 항상 변화를 강요하는 세력(촉진세력)과 전통을 고수하려는 세력(억제세력)이 공존한다. 두 세력은 공존하려 하는 경향이 있어 변화는 일어날 수 없다고 한다. 따라서 조직변화가 일어나기 위해서는 촉진세력과 억제세력의 크기가 달라져야 한다고 정의하고 있다.

(3) Lewin은 환경변화에 대한 조직의 적응력을 증대시키고, 조직 내 개인과 집단의 가치와 행동을 바꾸며 동기부여하는 조직변화는 해빙, 변화, 재동결의 과정을 통해서 이루어진다고 본다.

2. 해빙(unfreezing) 단계

(1) 해빙의 개념

① 새로운 것을 받아들일 수 있도록 고착화 된 상태를 서서히 녹임으로써, 변화의 원활한 진행을 가져오게 준비하는 단계이다.

② 조직구성원의 기존 관습, 규정, 습관 등을 허물고 변화된 상황을 받아들일 준비과정이 필요하다. 이는, 기존의 전통에 대한 문제의식을 가지게 하여 새로운 가치관을 수용하게 하고, 사용 수단으로는 압력을 증가시키는 방법과 수단과 보상을 제공함으로써 저항요인을 감소시키는 방법 등이 있다.

(2) 추진방안

① 조직을 변화시키기 위해 조직이 변화해야 하는 이유를 설명하고 변화하지 않으면 조직은 무너질 수도 있다는 위기감을 조성한다.

② 조직변화는 강력한 힘과 리더십을 갖춘 부서에 의하여 주도되어야 하므로, 이를 주도할 변화부서를 만든다.

③ 조직변화는 경영혁신을 위한 것이고, 핵심역량을 배양하기 위해서는 조직의 비전과 전략을 개발해야 하고 수립한다.

④ 개발된 비전은 조직구성원 모두 이를 공유하기 위해서 조직차원에서 교육, 홍보 등을 통하여 교육하고 이를 전파한다.

3. 변화(change) 단계

(1) 변화의 개념

① 추진력이 증가하고 상대적으로 저항력이 감소하여 태도와 행동의 변화를 시도한다.

② 해빙 단계를 거친 조직과 구성원은 변화관리자에 의해 원하는 방향으로 유도되는 것이 가능하다.

③ 조직변화는 구조, 기능, 과정 등 거시적인 변화와 의식, 태도 등 미시적인 변화까지 포함한다.

④ 변화가 원활하게 진행되기 위해서는 변화가 구성원에게 발전을 가져다 준다는 확신을 주어야 하고, 변화는 순응화, 동일화, 내면화의 과정을 거친다.

(2) 추진방안

① 비전 실행을 촉진하기 위해 부하직원에게 권한을 확대시키고 조직의 상층부로부터 말단부까지 비전이 현실적으로 실행될 수 있도록 한다.

② 비전을 실제 실행, 단기 성과를 획득하고 이를 성사시킨 직원에 대한 포상 및 홍보를 실시하여 조직 구성원으로 하여금 성취의욕을 고양시킨다.

③ 조직의 비전에 후속변화를 주기 위해서 다른 성공사례를 통합하고 그 변화작업을 신속히 진행시키고 그 변화작업에 가능한 한 전체 조직구성원을 참여시킨다.

4. 재동결(refreezing) 단계

(1) 재동결의 개념

① 변화된 구조, 기능, 과정, 태도 등이 반복되고 강화되어 영구적인 행동변화로 고착화되는 단계이다.

② 변화된 상태를 계속적으로 강화시켜줄 수 있는 환경과 자극조성이 필요하다. 만약, 재동결 노력이 없다면 새로 개발된 행동과 관습은 소멸되고 기존의 태도로 회귀할 가능성이 높다.

(2) 추진방안

위와 같은 혁신이 단절되지 않고 지속가능한 조직문화로 정착하기 위해 새로운 조직문화를 정착시키는 것이 매우 중요하다.

5. 결 론

(1) 삼성은 휴대폰 사업을 하면서 고장률이 계속 줄어들지 않자, 고장수리가 접수된 휴대폰을 모두 불태우면서까지 기업문화를 만들기 위해 노력하였고 현재는 휴대폰의 세계정상의 자리를 지키고 있다.

(2) 이러한 기업문화는 하루아침에 만들어지는 것이 아니라 기업의 비전을 만들고 그 비전을 조직 구성원 모두에게 전파시키고 영구적인 행동변화에 이르게 함으로써 조직을 변화시킬 수 있을 정도로 힘든 일임에는 분명하다.

(3) Lewin의 이론은 이러한 과정을 잘 보여주고 있다.

약술문제

문제 ❸ LMX(Leader-Member Exchange)이론의 내집단(In-group)과 외집단(Out-group)의 개념과 문제점에 관하여 설명하시오. (10점)

1. 내집단과 외집단의 개념

(1) 리더는 부하들을 비교하여 내집단(In-group)과 외집단(Out-group)으로 나누어 각각 다른 형태의 영향력을 행사한다는 이론이다.

(2) 부하들을 내집단과 외집단으로 나누는 기준은 혈연, 지연, 집단에 대한 공헌도, 부하의 능력, 매력 등으로 편애가 발생할 수 있다.

(3) 기업에서 내집단에 속한 부하는 기업의 중대한 정보, 자율성의 부여, 의사결정의 결정권한 등이 부여되고, 이러한 혜택을 입은 내집단의 구성원은 리더가 원하는 성과를 보여준다는 것이다.

(4) 반면, 리더로부터 작업에 대한 통제 등 리더의 공식적인 역할만을 수행받은 외집단의 구성원은 최소한의 성과만을 보여준다는 것이다.

2. 내집단과 외집단 구별의 문제점

(1) 리더와 부하직원에 대하여 그 교환관계를 입증할만한 실증연구가 사실상 어렵다. 그 이유는 부하직원에 대한 설문지 조사는 타당도와 신뢰도가 높게 나타나는 자료를 쉽게 구할 수 있으나, 리더에 대한 설문지 조사는 사실상 구하기 어렵기 때문이다.

(2) LMX이론은 리더의 비전에 대하여 직무성과를 나타내는 내집단과 직무성과를 나타내지 못하는 외집단의 경우, 리더의 공정한 비전의 실행이라는 배분공정성의 가치를 그대로 반영하지 못한 결과를 초래, 오히려 조직에는 악영향을 끼치는 결과를 초래할 수 있다.

(3) 예상보다 높은 성과를 나타내는 내집단과 낮은 성과를 나타내는 외집단에 대하여 반드시 리더십이 작용하여 조직에 악영향을 끼치는 결과를 발생한 것인지에 대한 정확한 근거가 없다.

문제 ❹ 허즈버그(F. Herzberg)의 2요인 이론(two-factor theory)에 관하여 설명하시오. (10점)

1. Herzberg의 2요인 이론(two factors theory)

(1) 개념 : 직무를 통해 만족을 느끼는 요인과 불만족을 느끼는 요인을 구분정리하여, 두 가지 요인으로 분류하였다.

(2) 동기요인(motivators-satisfiers)

① 개인을 열심히 일하게 자극하여 성과를 높여주는 요인이다.

② 인간성장의 욕구이며, 직무의 내재적 성격을 가진다. (예 성취감/안정감/책임감/성장성 등)

(3) 위생요인(hygiene factors-dissatisfiers)

① 직무에 만족을 느끼지 못하게 하는 요인이다.

② 개인의 직무환경과 관련한 직무의 외재적 성격을 가진다. (예 근무조건/임금/지위 등)

(4) 2요인 이론의 중요한 개념

① '직무만족'의 상대적 용어는 '직무불만족'이 아닌 '직무만족 상태가 아닌 것'이다.

② '직무불만족'의 상대적 용어는 '직무만족'이 아닌 '직무불만족 상태가 아닌 것'이다.

③ 이는 동기요인이 충족된다 해서 위생요인이 충족하는 것이 아니라는 두개의 요인을 확실한 분리된 관점으로 바라보는 것이다.

(5) 2요인 이론의 한계

① 방법론의 한계성으로, 사람은 잘되면 자기 탓을 하고 잘 안되면 환경 탓을 한다.

② 방법론의 신뢰성 문제로, 유사한 반응을 서로 다르게 해석한다. (급여 등도 상황에 따라선 동기요인으로 작용)

③ 상황변수(연령, 성별 등)를 간과한다.

④ 만족-생산성간 관련성에 대한 가설을 같이 세웠으나, 생산성은 고려하지 않고 만족도에만 집중한다는 이론이다.

(6) 2요인 이론의 공헌점

Herzberg의 2요인 이론은 모르는 경영학자가 없을 정도로 널리 퍼졌고, 특히 근로자에게 작업을 계획하고 통제할 수 있도록 책임을 부여해야 한다는 직무충실화 개념까지 확장하였다.

문제 ⑤ 감정노동(Emotional Labor)의 개념과 감정노동 시 나타나는 감정표현 3가지를 설명하시오. (10점)

1. 감정노동 개념

직무상 대인간의 상호작용이 이루어지는 일을 수행할 때 조직에서 바람직하다고 여기는 감정을 일부러 표현해야 하는 것을 말한다.

2. 감정표현의 분류

(1) 표면행동 : 실제로 경험하고 있지 않은 감정을 마치 경험하고 있는 것처럼 보이기 위해 언어적 단서 및 비언어적 단서(표정, 몸짓, 목소리 등)를 주의깊게 조절하는 것이다.

(2) 내면행동 : 서비스 근로자가 자신에게 기대되는 감정상태를 실제로 경험하려고 시도하는 것이다. 이 과정에서 서비스는 적극적으로 자신의 감정을 유도하거나 억제 또는 형성되는 과정을 거치게 된다.

(3) 순수감정 : 행위자가 자신을 표현하기 원하는 감정을 실제적으로 느끼는 것을 의미한다. 그러므로 순수 감정을 느끼는 노동자는 그 역할에 감정이입을 하려고 시도하지 않아도 실제로 그 감정을 가지고 있기 때문에 노력없이 역할에 맞는 감정을 표현할 수 있다.

문제 ⑥ 집단 의사결정 기법 중 명목집단법(Nominal Group Technique)의 각 단계와 이 기법의 장단점을 설명하시오. (10점)

1. 명목집단법의 개념

(1) 명목상의 집단을 구성하여 각각 독립적으로 행동하는 것이다.

(2) 타인 압력 없이 의견을 제시하며, 이후 아이디어를 평가한다. 리더의 역할이 중요하며 의견제시하는 동안 참여자간의 의사소통을 배제한다. 이를 통해 마음속으로 가지고 있는 생각을 끌어내는 것이 목표이다.

2. 명목집단법의 단계

(1) 구성원들은 서로 모여앉아 지시를 받으나, 서로 말하지 않는다.

(2) 참석자는 문제해결을 위한 자기의 생각을 적는다.

(3) 타인의 발표와 무관하게 자신의 아이디어를 소신껏 발표하고 서로 토의는 하지 않는다.

(4) 각자가 발표한 내용에 대해 논의하여 보충설명, 지지설명을 추가한다.

(5) 참석자는 개별적으로 자신이 선호하는대로 순위를 매긴다.

(6) 가장 순위가 높은 의견을 집단의사결정의 대안으로 선정한다.

3. 명목집단법의 장점

(1) 명목집단법에서는 참석자 서로간의 의사소통을 배제하여 참석자가 진정으로 생각하는 아이디어를 찾아내는 것이 목적이므로 아이디어의 수와 질이 높다.

(2) 명목집단법은 서로 대화하지 않고 해결책을 찾는 것으로 해결책에 대한 몰입정도가 높다.

4. 명목집단법의 단점

(1) 많은 양의 정보를 필요로 하는 복잡한 의사결정에는 적절하지 않다.

(2) 반복적으로 진행되는 의사결정에는 비용-편익적인 측면에서 유용하지 않다.

여기서 멈출 거예요? 고지가 바로 눈앞에 있어요.
마지막 한 걸음까지 시대에듀가 함께할게요!

노사
관계론

경영지도사 2차 인적자원관리
한권으로 끝내기

I wish you the best of luck!

핵심이론

1 집단적 노사관계의 기초

PART

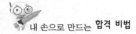

내 손으로 만드는 **합격 비법**

01 개 관

1 집단적 노사관계는 노동조합과 기업(회사)과의 관계에 관한 것으로, 독일과 일본의 경우에는 제2차 세계대전의 패전으로 전후 경제를 복구하기 위해 노동자의 힘이 필요하였다. 독일은 노동자와 공동으로 회사를 운영할 수 있도록 공동의사결정제도인 공동결정법이 만들어졌고, 일본의 경우에는 제2차 세계대전 패전이후 노동운동과 학생운동이 활발하게 전개되면서 국가재건을 위해 노력하였다. 결국 독일과 일본의 경우에는 노동자의 힘 없이는 국가재건이 불가능하였기 때문에 노사가 서로 힘을 합칠 수 밖에 없었던 역사적인 배경이 있다.

2 또한, 미국의 경우에는 세계 대공황(1929년)으로 경제를 재건하기 위해서 노동자의 힘이 필요하였고, 그런 이유로 노조의 요구(close-shop)를 수용하는 경제정책을 시행하였다. 이후 노조는 1935년 와그너법을 통하여 주당 노동시간 40시간 이하를 법제화하였고 노동조합이 파업을 하더라도 법적 책임을 지지 않게 되었다. 제2차대전을 통해 미국은 전쟁 중에 파업을 사실상 금지하였고 1947년 태프트-하틀리 법을 통하여 부당노동행위를 노조에 적용하여 사용자의 경영권을 보장하고, 노동자는 스스로 노조가입을 결정하고 파업과 보이콧의 수단도 제한하였다. 1959년 노사보고 및 공개법(랜드럼-그리핀법)이 통과하였고, 위 법은 노조의 부패가 사회문제가 되면서 연방정부가 노조를 감독할 권한이 생긴 것으로 미 노동부가 노조의 재정을 감독하며 노조가 조합원에 대한 책임을 방기할 경우 처벌할 수 있도록 하였다.

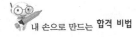

3 위와 같이 독일, 일본과 같이 제2차 세계대전의 패전국가들은 국가재건을 위해 노동자의 힘을 빌리려고 노동자에게 경영권의 일부를 부여, 이를 의논하는 등 노동자 친화적인 법안들이 제정되었고, 미국의 경우에는 대공황 초기에는 노조의 힘을 인정하다가 제2차대전 이후에 노조 세력을 제한하는 정책으로 일관해오고 있다. (노조에 대한 회피전략, 억압전략, 포용전략이 동시에 존재함)

공동결정법
- 1951년에 제정된 법으로 '광업 및 제강업의 감사역회 및 이사회에 있어서의 피고용자의 공동결정에 관한 법률'이 본래의 명칭이다.
- 이후 신공동결정법(1976년 제정), 경영조직법(1952년 제정) 등이 제정되었는데, 위 법의 하나인 감사역회는 주주 측 5명, 근로자 측 5명, 중립 1명으로 구성되고, 경영협의회는 종업원 대표로만 구성되고 위 협의회는 관리 및 업무적 의사결정에 참여하는 기관이다.
- 또한 경영총회는 매 4분기마다 경영협의회로부터 활동보고서를 받고 이에 대한 평가를 하는 곳으로 사용자나 노조대표에 대한 설명을 요구하는 활동을 하고 근로자 전원이 구성원이 된다.

노조의 요구를 수용한 경제정책
1933년에 취임한 프랭클린 루즈벨트는 노동조합의 힘을 인정하였고, 노동조합에게 임금협상을 할 독점적인 지위를 부여한 전국산업회복법을 제정하였다. 와그너법이 제정된 이유도 대동소이하다.

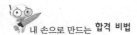
내 손으로 만드는 **합격 비법**

02 노사관계

1 노사관계의 발전형태

(1) 전제적 노사관계
① 19세기 초까지 존재하였던 노사관계의 형태이다.
② 소유와 경영이 분리되지 않았던 때로 노동자의 인간적 요소는 무시되었고 노동자는 이윤극대화의 도구로 전락되었다.

(2) 온정적 노사관계
① 19세기 중반에 등장한 노사관계이다.
② 노동과 자본이 여전히 주종관계에 있고, 임금의 제공은 은혜적이다. 노사관계가 온정적, 시혜주의적이다.

(3) 완화적 노사관계
① 19세기 말경에 등장한 노사관계이다.
② 이 시기에 자본은 회사의 형태로 투자되고 노사관계는 합리주의 경향을 보인다. 테일러의 과학적 관리법이 등장, 경영의 합리화가 발전하게 되었다. 자본이 강화되고 테일러의 과학적 관리법(시간과 동작 연구)을 통하여 노동생산성을 강조함에 따라 상대적으로 '인간의 소외'가 발생되게 되었다.

(4) 민주적 노사관계
① 1930년대 이후에 등장한 노사관계이다.
② 1차세계대전 이후 자본은 더욱 집중되고 산업의 고도화가 진행되었다. 1930년대 세계대공황이 발생하여 자본주의가 위기에 직면하게 되자, 정부는 노사관계에 개입하여 노조에 대한 보호정책을 시행하고 이때 등장한 법이 1935년의 와그너법(전국노동관계법, NLRA)이다.
③ 이후 이러한 노조보호정책은 노사관계의 불균형을 초래하게 됨에 따라 미국은 1947년 태프트-하틀리법(T-H법, 노사관계법, LMRA)을 제정, 노동조합의 활동에 제약을 가하였고, 1959년에는 노조운영보고공개법(일명 랜드럼 그리핀법)을 입법, 노조운영과 자금사용에 대한 보고 등을 강화함으로써 더욱 조합민주주의를 강화하였다.

[노사관계의 발전형태 요약]

단 계	발전과정 형태	시 기	특 징
1단계	• 자본전제적 노사관계형 (소유 경영의 단계)	19세기 초·중기	• 자본시장, 노동시장의 미성립 • 자본 소유자에 의한 경영 • 자본이 생산양식의 절대적 권한 행사 도구 • 근로자의 노동조건은 자본가의 일방적 의사결정권에 의함 • 종속적 노사관계 • 노동자의 인간적 요소 무시 • 노동자는 자본가의 이윤극대화를 위한 도구화
2단계	• 온정주의적 노사관계형 (친권적 노사관계)	19세기 중기	• 사용자 : 노동생산성 증대 요구 • 노동자 : 인간의 기본적 욕구(임금, 인간적 대우) 등 요구 • 은혜적 보답의 온정주의적 사고방식의 경영관리 • 임금을 은혜에 대한 보답으로 생각하고 그 대가로 노동 생산성 향상 강조
3단계	• 완화적 노사관계형 – 직종별 노동조합 – 근대적 노동시장 형성 – 노동력이 집중화, 사회화의 실현	19세기 말기 (산업혁명 끝 무렵)	• 유한회사, 주식회사의 등장 • 테일러의 과학적 관리법 등장 • 페욜의 근대적 경영관리 등장 • 경영합리화가 기업경영의 중심과제로 등장 • 종래의 자본주의 전제방식이 완화됨
4단계	• 계급투쟁적 노사관계형 – 볼셰비키 혁명(1917) – 독일 바이마르 헌법 (1919)	1917년 볼셰비키 혁명	• 사회주의 변혁, 계급투쟁적 노사관계 • 노동자 계급과 자본가 계급의 대립투쟁 격화 • 고용조건 : 노동자의 투쟁적 실력대결에 의해 결정
5단계	• 민주적 노사관계형 – 일대일의 대등한 노사관계	1930년대 이후	• 정부, 노사관계 개입 • 노동조합 보호육성 정책 실시 • 단체교섭 제도의 성립 • 소유와 경영 분리 • 산업별 노조 형태 등장 • 1930년대 대공황을 계기로 자본주의가 위기에 직면하자 정부가 노사관계 개입함 • 인간관계(호손실험)가 경영현장에 도입됨
	1935년	와그너법	Close-shop
	1947년	T-H법	Close-shop 불법화

제3과목 경영지도사 2차 인적자원관리 한권으로 끝내기

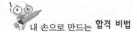
내 손으로 만드는 **합격 비법**

2 노사관계의 특성   2007년 논술문제   2016년 약술문제

(1) 노사관계에서 노동자(종업원)와 사용자 및 경영자는 대등한 존재가 아닌 종속적 관계로 볼 수 있다는 점에서 노동조합의 존재이유가 있다.

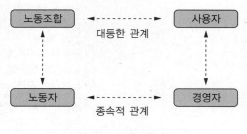

[노사관계의 특성]

(2) **근로자의 이원적 관계**
　① 근로자의 단체인 노동조합은 사용자와 대등한 관계(수평적 관계)
　② 근로자(종업원)는 경영자와는 종속적 관계(수직적 관계)

(3) **개별성과 집단성의 이중성**
　① 개별적 근로관계(고용계약)
　② 집단적 노사관계(단체협약)

(4) **협력성과 대립성의 이중성**
　① 협력적 노사관계(생산측면)
　② 대립적 노사관계(성과배분)

(5) **경제적 · 사회적 관계의 이중성**

(6) **종속성과 대등성의 이중성**

3 노사관계의 원리

(1) **노사대등의 원칙** : 헌법 제33조 1항

(2) **상호불개입의 원칙** : 노동조합법 제81조 제4호

(3) **노사자치의 원칙** : 단체 협약 등

(4) **상호이해의 원칙** : 노사협의회 제도

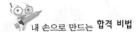

4 노사관리의 목적

(1) **노사관계와 산업평화 유지**

① 분배구조의 갈등해소

② 근로자 욕구불만과 갈등해소

(2) **노사관계와 경쟁력 강화**

① 인적자원 중심의 경쟁력 강화

② 새로운 패러다임의 필요(통합적 교섭)

03 근로자와 사용자 개념의 기초 2010년 약술문제

1 근로자

(1) **근로기준법(제2조 제1호)** : 직업의 종류와 관계없이 임금을 목적으로 사업이나 사업장에 근로를 제공하는 자

(2) **노동조합 및 노동관계조정법(제2조 제1호)**

① 직업의 종류를 불문하고 임금, 급료, 기타 이에 준하는 수입에 의하여 생활하는 자

② 임금 노동자를 포함한 모든 형태의 근로자가 포함되는 광의의 개념

(3) 근로기준법상의 근로자와 노동조합 및 노동관계조정법상의 근로자는 기준이 다르다. 두 법의 해석은 관점에 따라 차이가 존재한다. 예를 들면, '5인 이하 사업장'이 아닌 가사 사용인은 근기법으로는 근로자가 아니나, 노조법상으로는 근로자로 인정받을 수 있다. (단, 실제 판례는 노조법이 아닌 근기법을 중심으로 함)

2 사용자

사업주 또는 사업의 경영 담당자, 또는 사업주를 위해 행동하는 자를 의미한다.

(1) **사용주** : 개인기업은 경영주 개인을 의미하고, 법인기업은 법인 자체를 의미

(2) **사업경영담당자** : 사업주로부터 사업 경영 전부 또는 일부를 포괄위임을 받은 자(법인의 대표이사, 합명회사 및 합자회사의 업무집행사원 등)

(3) **근로자에 관한 사항에 대하여 사업주를 위하여 행위하는 자** : 명칭에 상관없이 위임전결범위, 지휘명령 권한을 가진 것(이사회, 공장 지배인, 회계책임자 등)

(4) **사용자 단체** : 노동조합법에서 인정되는 것으로, 사용자 단체는 '노동관계에 관하여 그 구성원인 사용자에 대하여 조정 또는 규제할 수 있는 권한을 가진 사용자의 단체'를 말한다.

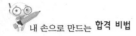
내 손으로 만드는 **합격 비법**

2 PART 노동시장

01 노동시장의 특성

1 서 론

(1) 노동시장은 노동력을 상품으로 하여 수요와 공급이 이루어지는 시장으로, 자본주의의 큰 특징 중 하나이다.

(2) 일반적 재화 시장과 마찬가지로, 수요와 공급의 균형이 이루어지는 형태이나, 그러나, 일반적 재화시장과는 다른 특성을 가진다.

2 노동시장의 특수성

(1) **장기계약 또는 무기계약이 보편적(고용안정의 필요성)** : 재화의 경우는 일시적인 특징을 가진다.

(2) **노동의 저장 불가능** : 재화는 초과 공급시 가격이 하락하므로 공급을 줄여 수요–공급 등의 조절이 가능하나, 노동은 초과공급으로 임금이 하락되더라도 공급을 줄일 수 없으므로 계속적 임금하락이 발생한다.

(3) **단체교섭 또는 국가의 법률, 정책에 의한 개입이 존재** : 초과공급으로 인한 임금하락 또는 기타 여러 사유로 인하여 근로자의 권익을 보호할 필요성이 높다.

(4) **노동력의 분리 불가능성**

① 일반적 재화의 판매는 판매자가 소유권을 전달하면 거래가 종료되나, 노동시장은 현장에 투입되어 노동을 하게 된다.

② 판매자인 노동자와 판매 대상인 노동력이 분리되지 않는 특성에 따른 파생 문제점이 있다.

❸ 노동시장의 특성에 따른 분류

(1) 분절된 노동시장 : 1차 노동시장과 2차 노동시장의 각 직업들간 임금, 노동조건, 공식적 기술수준 등 일반적인 구조화의 차이가 발생한다.

(2) 이중노동시장(Dual labor market)

① 노동시장이 하나의 동질적인 완전경제 시장이 아닌, 두 개 또는 그 이상의 노동시장으로 분절되어 각자의 원리에 의해 이루어진다는 이론이다.

② 일차적 직종과 이차적 직종으로 나눌 경우, 일차적 직종은 상대적으로 고임금의 직업을 포함한다. (대기업 등)

③ 반면, 이차적 직종은 이러한 특징이 결여된다. (소수단체 또는 소기업)

④ 일차적 직종 그룹이 이차적 직종에 대해 하청업체 등을 사용함으로써 그 벽이 상쇄될 수는 있다.

(3) 내부노동시장

① 기업 내부규정으로 인해 외부인원의 유입 없이 내부인원만으로 업무배치 및 승진이 이루어지고 임금이 결정된다는 이론이다.

② 회사 내에서의 다양한 유형의 지위와 보수를 강조하는데, 이것은 고용주들이 희소한 기술이나 능력의 공급을 안정시키기 위한 것이라기보다는, 전체적으로 노동자간의 구분을 도입하고 강화하려는 시도로써 구상된 것이다.

③ 이러한 분절은 노동계급에 대한 효과적인 정치적 동원을 방해한다.

(4) 노동시장은 어떠한 이론을 정립하여도, 그것이 규칙적이지 않다는 중요한 특성을 보인다.

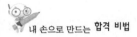
내 손으로 만드는 **합격 비법**

02 노동(시장)정책

① 노동정책(Labor policy)

자본주의 시장에서 노동자-자본가간 발생할 수 있는 사회적 갈등의 완화를 위하여 국가가 추진하는 정책을 의미한다.

② 간략한 노동(시장) 정책의 구분

(1) **단체교섭** : 노사 양측이 대등한 관계에서 교섭하도록 법적·제도적 장치 마련

(2) **최저임금** : 국가가 노사 간 임금결정과정에 개입하여 임금의 최저수준을 정하고 수준 이상의 임금지급을 강제하는 법적 보호제도

(3) **노동시간** : 노동자가 사용자에게 고용되어 노동하는 시간으로, 법정 근로시간 1주 40시간으로 규정

(4) **고용안정사업** : 실업예방, 재취업촉진, 고용기회 확대 등을 달성하기 위한 수단으로, 실직 상태에 놓인 근로자에게 실업급여를 지원하면서 고용상태를 계속 유지하도록 하는 프로그램

(5) **일자리 창출사업** : 고용조정 지원, 지역고용 촉진, 고령자 등의 고용 촉진, 고용지원시설에 대한 지원 등

(6) **능력개발사업** : 직업교육을 통해 노동의 질을 높이고, 기술발전과 산업구조 변동으로 인한 노동시장의 변화에 적응할 수 있는 능력을 증진

(7) 그 외에도 근로현장에서 발생할 수 있는 질병, 손해에 대한 보상책 마련으로 산업재해보상보험 등을 운영한다.

(8) 국내의 노동정책은 1981년 이후 고용노동부(2010년 7월 출범)에서 담당하고 있다.

3 PART 노동조합

01 노동조합의 기능 [2010년 약술문제]

1 노동조합(Labor union)

근로자가 주체가 되어 자주적으로 단결하여 근로조건의 유지, 개선, 기타 근로자의 경제적, 사회적 지휘향상을 도모함을 목적으로 조직하는 단체 또는 연합단체를 말한다.

2 노동조합의 기능

(1) **기본기능** : 조합을 조직하고 유지, 확장하는 기능이 있다. 조직의 1차적 기능과 유지의 2차적 기능으로 분류가 가능하다.

(2) **집행기능**

① 근로조건의 유지, 개선을 위한 단체교섭 기능이 있다.

② 공동기금 마련 및 협동사업 등을 통한 조합원들의 복지와 경제적 이익을 달성하기 위한 경제적 기능이 있다.

③ 노동조합과 노동운동에 불리한 법률을 폐지, 개정하기 위한 정치적 기능이 있다.

(3) **참모기능** : 기본기능과 집행기능이 효과적으로 수행되도록 보조하는 기능이다. 교육선전, 조사연구, 사회사업이 있다.

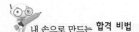
내 손으로 만드는 **합격 비법**

02 노동조합의 4가지 형태 　2010년 약술문제　　2008년 논술문제

1 노동조합의 형태

노동조합은 전통적으로 4가지 형태로 구분된다. 이는 현대에는 완벽하게 적합할 수는 없으나, 노동조합 이해나 초기 발전과정 판단에 유용하게 이용된다.

2 노동조합의 4가지 형태의 특징

(1) 직업별 조합(Craft union)

① 숙련노동자들이 자신들의 경제적 이익 확보를 위해 만든 조직체이다.

② 직업독점과 노동력 공급제한 통해 노동시장을 통제하여 경제적 이익을 보장하고, 노동력 공급을 제한하여 임금수준의 하락을 방지한다. 완전 폐쇄적이며 횡단적인 특징을 지닌다.

③ 직업별 조합은 전교조가 이에 해당한다.

④ 장점 : 유대의식이 강하며 단결력이 강고하여 사용자에 종속될 우려가 없으며, 실업자라도 조합 가입이 가능하다.

⑤ 단점 : 배타적이고 독점적이며 대상이 한정되며, 미숙련근로자 반발 등 전체근로자의 분열을 가져올 수 있으며 사용자와의 관계가 희박하다.

(2) 일반조합(General union)

① 모든 근로자가 가입할 수 있으며, 전국에 걸쳐 조직된 단일노동조합이다.

② 주로 미숙련자가 중심이라 기득권이 없으며, 노동력 공급 제한도 불가능하다.

③ 일반적으로 안정적 고용이 이루어진다.

④ 노동시간 규제, 임금 최저한도 등을 중시함, 완전 개방적이며 횡단적 특징을 지닌다.

⑤ 일반조합은 연합노동조합에 해당한다.

⑥ 장점 : 숙련도 · 직업과 상관없이 가입이 가능하고 입법 활동을 주로 하여 정당성 있는 활동이 가능하다.

⑦ 단점 : 이해관계가 다른 이질적 근로자 조직으로 단체교섭 약화, 결속을 위한 중앙집권체제 하의 반발 등의 우려가 있다.

(3) 산업별 조합(Industrial union)

① 동일 산업에 종사하는 모든 근로자가 구성한 하나의 단일노동조합 '1산업 1조합'을 원칙으로 하는데, 자본가가 이를 승인하지 않았으므로 주로 파업 속에서 결성된다.

② 정치적 성향이 강하다.

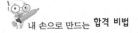

③ 개방적이며 횡단적 특징을 지닌다.

④ 산업별 조합은 전국전력노동조합, 전국대학노동조합이 이에 해당한다.

⑤ **장점** : 조합원 수에서 거대하며, 이로 인한 압력단체로서의 지위 확보가 가능하다. 근로조건의 산업별 통일화를 유지할 수 있다.

⑥ **단점** : 직종간의 이해 대립과 반목 초래, 형식적 단결에 그치는 경우가 존재한다.

(4) 기업별 조합(Enterprise union)

① 동일 기업에 종사하는 근로자로 조직되는 노동조합이다.

② 시설규모나 지불능력 등 기업격차가 심한 곳에서 나타난다.

③ 개별기업 존립에 영향을 받기 때문에 지배력이 적다.

④ 종단적이며 폐쇄적 특징을 지닌다.

⑤ 기업별 조합은 현대차노조 등 해당한다.

⑥ **장점** : 기업 내 직원을 단결시키며, 단체교섭과 노사협의 등 효율적인 수행이 가능하다.

⑦ **단점** : 직종간 대립을 초래하고, 사용자의 영향력이 강한 형식상의 조합가능성 등이 있다.

03 노동조합의 설립요건 2015년 논술문제

1 실질적요건

(1) 적극적요건

① 노동조합 및 노동관계조정법(노동조합법) 제2조 제4호 : '노동조합이라 함은 근로자가 주체가 되어 자주적으로 단결하여 근로조건의 유지, 개선, 기타 근로자의 경제적·사회적 지위 향상을 도모함을 목적으로 조직하는 단체 또는 그 연합단체를 말한다.'

② '근로자가 주체가 되어'는 근로자 외의 제3자(특히 사용자)로부터의 독립성을 유지해야 한다는 의미이다.

③ '자주적으로'는 근로자 스스로의 의사로 조직·운영되어야 한다는 의미이다.

④ '근로조건의 유지, 개선, 기타 근로자의 경제적 사회적 지위의 향상 도모를 목적'은 주목적이 근로조건의 개선이어야 하며, 이를 위한 수단으로써 부차적으로 공제, 복리 등의 사업을 허용한다는 의미이다.

⑤ '조직하는 단체 또는 연합단체'는 단위노동조합 또는 단위노동조합이 결합한 조직체를 의미한다.

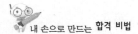
내 손으로 만드는 **합격 비법**

(2) 소극적요건(결격요건)-노동조합법 제2조 제4호 단서

① 사용자 또는 항상 그의 이익을 대표하여 행동하는 자(이익대표자)가 참가하지 않아야 한다. 이익대표자는 근로자를 위해 일하는 자(인사팀 등)를 의미한다.

② 경비의 주된 부분을 사용자의 원조를 받지 않아야 한다. 경비는 조합사무소 설비, 비품 등 모두 포함한다.

③ 공제, 수양, 기타 사업만을 목적으로 하지 않아야 한다. 노조의 본연적 목적인 근로조건 유지, 개선을 위한 부차적 사업으로만 수행이 가능하다.

④ 정치활동을 주 목적으로 하지 않아야 한다. 정치적이 경제적 기능을 효과적으로 수행하기 위한 보조적 수단 정도로만 활용해야 한다.

⑤ 근로자가 아닌 자의 가입이 허용되어서는 안 된다.

2 형식적요건

(1) 노동법의 보호를 받고자 한다면, 노동조합법 제10조 규정에 의해 행정관청에 설립신고를 하고 3일 이내 신고증을 교부받아야 한다.

(2) 신고증을 교부받은 기업에 대하여 합법적으로 간주하여 '법내조합' 또는 '적격조합'이라 칭한다.

3 무자격조합

(1) 만약, 실질/형식적요건 중 하나라도 문제가 있으면 '무자격조합' 또는 '법외조합'이라 칭한다.

(2) 노동조합법 제7조 제1항은 법내조합이 아니면 쟁의조정, 부당노동행위의 구제를 신청할 수 없다고 규정하고 있다. (개인적으로 신청은 가능함)

이해더하기 ✚

전국교직원노동조합의 사례
• 2013. 10. 24.경 고용노동부, 전국교직원노동조합(이하 전교조)에 대하여 '해직자의 노조가입을 허용하고 있는 규약의 시정명령에 응하지 않아 법외노조' 통보함
• 이에 전교조는 법외노조통보취소청구소송(행정소송)을 제기함(2013구합26309 – 전교조 측패소)
• 전교조는 1심 패소판결에 대하여 항소(2014누54228)하였으나 항소기각판결을 받음
• 현재 위 사건은 대법원(2016두32992)에 계류 중임(2018. 3. 20.)
• 전교조는 문재인 정부에 대하여 '법외노조통보취소 결정'을 해달라고 요구하고 있는 상태임

04 노동조합의 기관

1 노동조합은 크게 3개의 기관으로 이루어진다. 주요 의결사항은 규약 제정·변경, 단체 협약 관리, 기금의 설치 및 관리 등이 있다.

2 노동조합의 주요기관

(1) 의사결정기관
① 노동조합의 주요 사항에 대한 결의기구이다. 총회와 대의원회 등으로 구성된다.
② 조합원 전원의 참가가 어려운 대규모 조합은 총회 대신 대의원회를 둔다.

(2) 집행기관
① 조합 활동을 집행하는 기관이다.
② 노동조합의 임원은 조합원 중 선출하며, 임기는 3년을 초과하지 못한다. (노동 조합법 제23조)

(3) 감사기관
① 노동조합은 적어도 6개월에 한번 이상 감사를 실시해야 한다.
② 노조 재원, 용도 등에 대해 실시한 후, 결과를 조합원 전체에 공개해야 한다.

05 노동조합의 내부통제

1 의 의
노동조합은 그 목적을 달성하고 단결력을 확보하기 위하여 규약, 방침, 지시 등에 위반 조합원에 대하여 제재처분을 가하는 등의 통제권을 행사하는 것이다.

2 이론적 근거

(1) 노동조합의 통제권에 대해 실정법의 규정이 없다.
(2) **학설** : 조합가입의사설(조합원 각자의 합의가 근거), 계약설(조합원 각자의 계약에 서 비롯된 것), 단체고유권설(노조의 단체에서 나오는 힘), 단결권설(다수설)

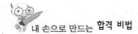
내 손으로 만드는 **합격 비법**

③ 통제권의 내용

(1) 노동조합 통제권은 노동조합의 지시가 합법적이고 정당한 경우에 인정된다.

(2) 노동조합 통제권은 조합원 활동이 노동조합의 단결유지에 중대한 영향을 미치는 경우에 성립한다.

(3) **사유** : 분파활동, 노조지시 위반, 노동조합이나 임원에 대한 부당한 비판, 조합비 체납 등

④ 통제권의 한계

(1) **일반원칙** : 조합원에 대한 헌법상의 내재적 한계가 존재한다.

(2) 조합원의 방어권이 보장되고 불이익이 금지된다.

06 Shop 제도   2010년 약술문제   2007년 약술문제

① Shop 제도의 의미

Shop 제도는 노동조합 가입과 취업을 관련시켜 노동조합 규모와 통제력을 좌우하는 제도이다.

② Shop 제도의 유형

(1) **Open shop**

① 노동조합의 가입여부에 관계없이 채용한다. 근로자는 조합원이 될 의무가 없다.

② 단, 이 경우 비노조원은 단체협상에 의한 간접적 혜택으로 무임승차(free-riding) 문제가 발생한다.

(2) **Closed shop**

① 채용, 충원 시 조합원 중에서만 고용하도록 하는 규정이다.

② 노동조합법 제81조 제2호에 의하여, 국내에서는 원칙적으로 금지되었다.

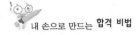

(3) Union shop

① 취업 후 일정기간 경과시 본인의 의사와 관계없이 노조에 가입하게 되는 제도이다.

② 가입자격을 엄격하게 제한하여 노동력 공급을 통제하려는 제도이다.

③ 헌법상 노동 3권을 침해하는 내용임에도 불구하고, 노조의 강화를 위해 유지되는 제도이다.

④ 근로자 선택권을 위해 근로자 2/3 이상 조직하는 노동조합이 있을 경우에만 협정이 가능하다.

(4) **Preferential shop** : 채용에 있어서 조합원에게 우선순위를 주는 제도이다.

(5) **Maintenance of membership shop** : 조합원이 되면 일정기간 조합원의 지위를 유지해야 하는 제도이다.

(6) **Agency shop** : 조합 가입 여부와 관계없이 모든 종업원에게 조합회비를 징수하는 제도이다.

3 국내에서는 Open Shop이 가장 많은 비율을 차지하고(약 50% 이상), 2위는 Union Shop(약 40% 이상)이다.

07 조합비 2015년 약술문제

1 의 의

(1) 노동조합의 수입은 조합비, 기부금 및 사업수입금으로 구성된다.

(2) 조합비는 노동조합 운영을 위해 부담하는 것으로 노동조합 재정의 기본이 된다. 조합원은 조합비 납부 의무를 부담한다.

2 조합비 일괄공제 제도(Check-off System)

(1) 의 미

① Shop 제도가 인적 단결수단이라면, 조합비 일괄공제 제도는 물적 단결수단이다.

② 이는 조합비의 징수를 확실하게 보장해 줌으로써 노동조합 재정을 안정시키고 조합원의 참여의식을 높이는 기능을 한다. (긍정적인 측면)

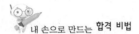
내 손으로 만드는 **합격 비법**

(2) 요 건

① 근로기준법 제43조[임금지불]

㉠ 근로자의 임금지불과 관련한 일반적인 사항을 규정하고 있는데 '임금은 통화로 직접 근로자에게 그 전액을 지불하여야 한다. 다만, 법령 또는 단체협약에 특별한 규정이 있는 경우에는 임금의 일부를 공제하거나 또는 통화이외의 것으로 지급할 수 있다'고 명시하고 있다.

㉡ 단서규정(근로기준법 제43조)에 의해 조합비사전공제제도는 단체협약으로 규정되는 경우에 한하여 비로소 유효하게 성립된다.

② 단체협약이외에도 총회의 의결 또는 조합원 개인의 동의가 필요한지 여부 : Check-off system은 조합원 총회를 통한 2/3이상의 동의 결의가 있으면 근로자의 동의는 필요없다고 본다. 따라서 총회결의가 있으면 개별 근로자의 동의는 필요없다.

3 부정적인 측면

(1) 노조의 자생력이 생기지 않는다.

(2) 사용자측에서 조합비를 챙겨주는 형식으로 이는 사용자 측에서도 노조의 운영을 도와주는 모양새이다. 최근 정부가 공무원 노조의 체크오프 시스템을 폐지하도록 지시하고 있는 것도 위 제도의 부정적인 측면 때문이다.

08 사용자 조직 및 사용자 조직의 역할

1 사용자 조직의 의의

(1) 노조의 세력이 강성해지면서, 사용자도 노조에 대응하기 위해 연합회 등을 구성하였다.

(2) 산업별 조합에 대응하는 산업별 사용자 연합회 등이 존재한다.

(3) 국내에 대표적인 사용자 조직으로는 경영자총연합회(경총), 전국경제인연합회(전경련) 등이 존재한다.

2 사용자 조직의 역할

(1) **정책참여 역할** : 경제, 사회 및 노동정책에 대한 사용자의 입장을 정리하고 이를 정부나 정당 등에 개진한다.

(2) **단체교섭 역할** : 단체교섭에 직접 참여하거나, 이를 지원하는 활동이다.

(3) **분쟁대응 역할** : 노조와의 분쟁에 대한 상호지원, 파업기금 통한 공동방어, 직장폐쇄 통한 반격 등을 지원한다.

(4) **회원서비스 역할**

① 사용자 조직의 회원에 대해 다양한 유형의 조사와 연구를 전담하고 정보를 분석 후 제공한다.

② 단체교섭, 인적자원관리 등에 대한 교육서비스 등도 제공한다.

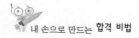

내 손으로 만드는 **합격 비법**

PART 4 단체교섭

01 단체교섭의 개관 [2013년 약술문제]

1 단체교섭(Collective bargaining)

노동자들이 노동조합이라는 교섭력을 바탕으로 근로자의 근로조건의 유지, 개선 등을 위해 사용자와 교섭하는 것이다.

2 단체교섭의 성격

(1) 노조와 사용자간 쌍방적 결정의 성격 : 과거 사용자가 일방적으로 결정하고 통보한 근로조건과는 달리, 노동조합이 대등한 위치에서 교섭을 진행한다.

(2) 교섭 자체가 귀결점이 아닌 과정 : 교섭은 자체가 목적이나 귀결점이 아닌, 단체협약 제정을 위한 과정이다.

(3) 일련의 정치적 과정 : 서로 상반되는 주장에 대해 다양한 수단과 방법을 동원하여 타결점을 찾는 일련의 정치적 과정을 형성한다.

3 단체교섭이 경영상 미치는 기능

(1) 근로조건 통일적 형성 : 단체교섭에 의한 근로조건은 개개인의 근로자에 의해 제각기 결정되지 않고 통일적으로 형성된다.

(2) 근로자 욕구불만 조정기능

① 노동조합은 조직 내 근로자의 불만을 검토하고, 정책적 배려를 가하기 위해 이를 종합하여 사용자에 제출한다.

② 만약, 단체교섭이 없으면 사용자는 일일이 대응해야 하고, 대응이 부족하면 묵시적 파업 또는 사기저하 등이 발생한다.

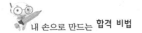

(3) 경영의 제 분야 압박 · 자극

① 단체교섭의 중심과제인 노동조건의 결정은 경영상에 중대한 영향을 미친다.

② 한 예로, 무노조기업에서 노조가 결성되면 경영이 보다 전문화 되는 쇼크효과 (Shock effect)가 발생한다.

(4) 노사협동태세 조성기능 : 단체교섭은 사용자와 성과의 분배라는 면에서 대항관계에 놓여 있으나, 노사간 의사소통을 도모하고 상호협력을 강화하여 생산성을 증대시킨다.

4 단체교섭의 절차

(1) 노조측의 준비사항

① 노동조합은 단체교섭의 요구안을 작성한다.

② 요구안에는 요구사항과 교섭 요청의 배경자료를 첨부한다.

③ 이는 단체교섭의 대외적 명분과 성과를 좌우한다.

④ 요구수준은 납득가능하고 타협할 수 있는 적정수준으로 설정하는 것이 필요하다.

(2) 사용자측의 준비사항

① 노조가 요청한 교섭안을 중심으로 항목을 검토하고, 협상 전 상대를 설득할 자료를 준비한다.

② 교섭우선순위를 정하고 선정된 항목에 대해 적정목표를 설정한다.

(3) 예비회담

① 예비회담 통해 협상절차를 결정하고 본격적 교섭을 시작한다.

② 예비회담은 본 협상의 전략구성을 위해 교섭항목을 상호간에 미리 교환하게 되는데, 예비회담에서 교환되지 않은 항목은 본회담에서 제안이 불가능하다.

(4) 본 회담 : 1차 회담에서 소개와 분위기 형성을 시작으로, 합의점에 도달할 때까지 여러 차례 회담을 거친다.

(5) 합의에의 도달 : 최종합의 도달 시 협약서를 작성하여 서명·날인한다.

5 단체교섭 시 유의사항

단체교섭을 성공적으로 수행하기 위해서는 단체교섭과 단체행동권간 일정한 거리를 유지하고, 평소 노사협의기구 활성화를 도모하는 사용자 측의 성실한 자세가 중요하다.

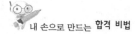
내 손으로 만드는 **합격 비법**

02 단체교섭의 당사자와 담당자

■1 개 념

(1) 단체교섭의 당사자 : 단체협약 체결시 협약상의 권리, 의무의 주체가 되는 자

(2) 단체교섭의 담당자 : 단체교섭이라는 행위를 직접적으로 담당하는 자

■2 단체교섭의 당사자

(1) 노조 측의 당사자

① 개개인의 근로자가 아닌 노동조합 그 자체이다.

② 실제 단체교섭권은 개개인의 근로자가 아닌 노동조합을 통해 행사되므로 당사
자는 항상 노동조합이다.

③ 단, 교섭권을 위임받은 연합체 노조는 교섭의 당사자일뿐 협약 효과가 귀속되는
당사자는 될 수 없다.

(2) 사용자 측의 당사자

① 근로자를 계약상 채용한 사용자 또는 사용자단체이다.

② 단, 단순히 경제상 필요에 의하여 결성되고 구성원에 대해 계몽활동 정도에만
그치는 단체(상공회의소 등)는 당사자가 될 수 없다.

■3 단체교섭의 담당자

(1) 노조 측의 담당자

① 단위노동조합의 대표자 및 교섭위원으로 지명된 조합원(기업), 단위노동조합의
대표자 중 선정된 자(집단), 연합노동조합의 대표자(산업/대각선) 등이 있다.

② 이들은 위임한 노동조합을 대신해 사용자 또는 사용자단체와 교섭할 권한을 가
진다.

(2) 사용자 측의 담당자 : 사용자 또는 기업경영에 관한 대리권을 가진 자(인사/노무관
리자) 또는 사용자단체의 대표자나 지정된 자이다.

4 단체교섭의 목표

(1) **노동조합의 교섭목표** : 노조 형태에 따라 근소한 차이가 있지만 대개로 노동조건에 관한 교섭을 근로자에게 좋은 조건으로 결정하는 것이 목적이다.

(2) **사용자 측의 교섭목표** : 주주, 기업주에게 충분한 보상이 돌아오도록 교섭을 추진한다. 노조 요청사항에 대해 가장 합리적이고 적절한 선에서 협상이 이루어지도록 하는 것이 목적이다.

03 단체교섭의 유형 2013년 논술문제 2008년 약술문제

1 단체교섭 유형의 의의

(1) 단체교섭은 5가지 유형으로 분류가 가능하다.

(2) 기업의 상황이나 노조 형태 등을 고려하여 적절한 교섭방식을 선택하는 것이 바람직하다.

2 유 형

(1) **기업별 교섭**
  ① 기업 내 조합원을 교섭단위로 하여 기업단위노조와 사용자 간 단체교섭이 이루어지는 것이다.
  ② 기업별노조가 형성되어 있을 때 주로 사용된다.
  ③ 타 방식에 비해 교섭력이 취약하나, 노동조건의 결정에서 개별 기업의 특수실정이 잘 반영되었다.
  ④ 국내에서 가장 보편적인 방식으로, 한국도로공사와 한국도로공사 노동조합간의 교섭이 대표적인 사례이다.

(2) **집단교섭**
  ① 여러 단위노조와 사용자가 집단으로 연합전선을 형성하여 교섭하는 것이다.
  ② 기업별교섭의 약점보완을 위한 방식이며, 통일교섭이 어려울 경우 통일교섭과 비슷한 성과를 얻을 목적이 있다.
  ③ 대표적인 사례로는 섬유노련의 주선으로 10개 대기업 노사 양측이 모여 교섭하는 것이 있다.

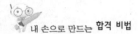

(3) 통일교섭

① 교섭권을 위임받은 연합체노조와 이에 대응하는 연합체 사용자 단체(산업 또는 지역)간 교섭 노동조합이 산업, 지역별로 강력한 통제력을 가지고 있는 경우 사용된다.

② 각 산업・지역별로 근로조건의 통일성을 높일 수 있으나 각 기업별 격차가 심한 경우 교섭이 어렵다.

③ 대표적인 사례로는 금융노조와 은행연합 회의의 교섭이 있다.

(4) 대각선교섭

① 단위노조가 속하는 상부단체와, 단위노조에 대응하는 개별기업 간에 이루어지는 교섭방식이다.

② 특정 상부단체(연합단체)가 교섭권을 위임받아 개별기업 사용자와 교섭한다.

③ 사용자단체가 없거나 기업의 특수사정 존재 시 취하는 방식이다.

④ 대표적으로 전국대학노조가 개별대학교와 벌이는 교섭이 있다.

(5) 공동교섭(연명교섭)

① 산업별 노조와 노동조합 연맹, 개별노동조합 등이 공동으로 한 사용자와 교섭하는 것이다.

② 대표적인 사례로는 항운노련과 지역단위 항운노조가 공동으로 대한통운과 교섭하는 것을 들 수 있다.

04 단체교섭의 대상

1 의 의

(1) 단체교섭에서 교섭을 요청할 수 있는 교섭 내용이다. 단체교섭 대상 중 가장 중요한 개념은 사용자에게 교섭의무가 존재하는 '의무적 교섭 대상'이다.

(2) 단, 단체교섭의 대상은 교섭 요청 시 기본적으로 갖춰야 할 두 가지 요건이 존재한다.

2 기본적인 단체교섭의 요건

(1) **사용자의 처분 가능성** : 사용자가 처리할 수 있는 성질의 것 (예 법률개정 등의 요구는 불가능)

(2) **집단성** : 근로자 전체의 근로조건과 관련된 집단성을 가져야 한다. (긍정설 입장)
   예 개별 근로자의 해고문제 등은 단체협약의 불이행으로 인한 고충처리・사법처리 대상임

(3) **근로조건 관련성** : 단체교섭대상 여부를 판단하는 주요 요건이며, 근로자의 실질적인 권익향상과 직결된다.

3 단체교섭의 대상

(1) 의무적 교섭대상
① 근로자의 노동조건과 관련이 있는 사항이다. (예 임금, 근로시간, 해고, 재해보상, 복리후생 등)

② 노동조합과 단체협상에 관련된 사항이다. (예 유니온 숍, 단체교섭 절차, 쟁의행위 관한 절차 등)

③ 경영상 불가피하게 취해진 조치로서 근로자의 이해와 직접 관련이 있는 사항이다. (예 회사 조직변경, 작업의 하도급, 생산방법 변경 등)

(2) 임의적 교섭대상
① 사용자의 의무적 교섭대상은 아니지만, 근로자의 요구에 따라 단체교섭을 할 수 있는 사항

② 사용자가 위 임의적 교섭사항에 응하지 않아도 부당노동행위가 성립하지 않아 이를 이유로 쟁의행위를 할 수 없음 (예 인사권, 경영권, 영업양도, 회사조직변경 등)

(3) 불법적 교섭대상
노사간의 교섭자체가 불법이므로 교섭의무가 존재하지않고 교섭이 이루어지지 않았음을 이유로 쟁의행위를 할 수 없음 (예 성차별을 허용하는 교섭 등)

내 손으로 만드는 **합격 비법**

05 단체교섭의 구성요소 2011년 약술문제

1 단체교섭을 개념적으로 구성하는 부분이며 4가지 유형으로 분류된다.

2 단체교섭의 구성요소

(1) 내부조직적 교섭

① 노조 내부 또는 사용자 내부에서 이루어지는 타협 과정이다.

② 노조 측은 강력한 교섭력을 위해 다양한 특성을 가진 조합원의 이해관계를 사전에 조율하는 과정이 발생한다.

③ 사용자측은 교섭이 이루어지기 전 입장을 정하기 위하여 내부조율이 발생한다.

(2) 분배적 교섭

① 전통적인 단체교섭으로, 비용측면에서 상대방의 교섭력을 약화시키기 위해 각종 전술을 사용하여 자신의 이익을 극대화하는 것이다.

② 교섭당사자는 BATNA(Best Alternative to a negotiated agreement) 협상이 파국을 맞았을 때의 대안보다 단체협약이 바람직하다 판단할 때 협약을 수용한다.

(3) 통합적 교섭

① 노사공통의 관심사항을 노사의 교섭 하에 노사 모두가 이익을 얻고자 하는 유형으로, 상호이익협상이라고도 한다.

② 분배적 교섭이 한정된 파이의 몫을 나누기 위한 다툼이었다면, 통합적 교섭은 파이의 크기를 증대시키기 위한 쌍방간의 노력이라고 할 수 있다.

③ 공통관심사의 해결을 위한 대안을 모색·도출한다.

(4) 태도적 구성

① 노사간 전반적인 관계의 개선을 위해 행하는 정서적인 태도이다.

② 교섭과정에서 상대방에 대한 개인적 특성 및 경험 등을 알 수 있다.

06 교섭창구 단일화 [2012년 약술문제] [2014년 약술문제]

1 교섭창구의 필요성 및 장단점

(1) 필요성

① 구 노동법은 조직대상이 중복되는 경우 새로운 노동조합 신설 허용하지 않았으므로 복수노조가 금지되었으나 근로자 결사의 자유 및 노조 선택권 부여의 의미에서 2011년 7월 1일부터 복수노조에 대해 허용하도록 법률이 시행되었다.

② 그러나, 이 경우 수개의 노동조합이 단체교섭을 요구하고 사용자는 이에 대해 일일이 응해야 하는 부담이 존재, 이에 대한 교섭창구 단일화라는 제도를 도입하였다.

③ 즉, 교섭창구 단일화란 기업 안에 수개의 단위노동조합이 존재하더라도 단체교섭을 요구할 경우 하나의 창구를 통해서만 청구해야 한다는 의미이다.

④ 교섭창구 단일화와 복수노조 허용은 근로자 결사, 노조 선택권 부여를 통한 민주적 노동조합의 발전이라는 측면에서 의미가 있으나, 교섭창구 단일화라는 제도 하에 소수노조의 노동3권을 침해한다는 위헌적 논란이 존재한다. 따라서 여러 제도를 통해 알맞은 방향으로 발전해 나가야 한다.

(2) 장단점

① 장점 : 교섭창구 단일화는 여러 개의 노동조합 의견을 모음으로서 더 많은 근로자들의 요구가 교섭에 반영되고 다양한 관점에서 교섭에 진행할 수 있는 전략 마련이 가능하다.

② 단점 : 대표를 선발하는 방식의 결정을 위한 노노갈등의 우려가 있다. 이를 통한 사용자의 단체교섭 회피 구실이 발생할 수 있다. 교섭이 체계적으로 진행되지 않을 수 있다.

2 교섭창구 단일화의 절차

대표 선발에 대한 노노갈등을 방지하기 위해 두는 절차이다.

① 단체교섭의 참여 확정

② 노사자율단일화

③ 과반수노조(50% 이상)

④ 공동교섭대표단(50% 미만), 단 공동교섭 대표단도 자율적으로 비율을 정하는데, 정해지지 않을 경우 노동위원회가 조합원 비율별로 인원을 분배

⑤ 편파적인 협상을 방지할 의무인 공정대표의무가 주어짐(사용자, 노조 모두)

⑥ 단체교섭 당사자의 자격부여

제1과목 제2과목 제3과목

경영지도사 2차 인적자원관리 한권으로 끝내기

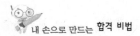

3 공정대표의무

(1) 의의 : 공정대표의무란 교섭대표 노조가 교섭창구단일화 절차에 참여한 노동조합과 조합원의 이익을 합리적인 이유없이 차별하지 않고 공정하게 대표하여야 할 의무를 말한다.

(2) 차별을 받은 경우 : 그 행위가 있는 날로 3개월 이내에 노동위원회에 시정을 요청할 수 있다.

(3) 부당노동행위와의 비교

① **공통점** : 노동위원회는 공정대표의무사건은 부당노동행위사건과 병합하여 처리하므로 서로 밀접한 관계가 있다.

② **차이점**

㉠ 주체 차이 : 공정대표의무의 주체는 교섭대표노조와 사용자, 부당노동행위의 주체는 사용자이다.

㉡ 객체 차이 : 공정대표의무의 객체는 참여확정노조, 부당노동행위의 객체는 모든 노동조합이다.

㉢ 대상 차이 : 공정대표의무의 대상은 노동조합 사이의 차별이고, 부당노동행위는 같은 노동조합의 조합원 사이의 차별이다.

(4) 공정대표의무 위반의 단체협약

① 공정대표의무 위반의 단체협약을 무효라고 보는 설이 있으나 공정의무위반에 따른 단체협약을 무효라고 볼 수 없다. (노동위원회의 시정명령의 대상이 되므로)

② 위 시정명령 및 그 결정에 따른 불복절차는 부당노동행위 구제명령에 따른 규정을 준용한다.

07 상호이익협상 _____

1 상호이익협상(Mutual gains bargaining)

(1) 의의 : 기존의 대립적 기법을 보완하는 체제로, 노사 양측을 함께 만족시키는 합의안을 이끌어내는 것이다.

(2) 양측의 실제 관심사항을 고려하여 창조적인 대안을 공동개발하는 win-win 전략으로, 양측이 모두 받아들일 대안을 가능한 많이 선정하여 기준에 따라 적합한 대안을 설정한다.

(3) 상호이익협상은 이중관계모형에 이론적 근거를 둔다. (이중관계모형은 조직행동론 '갈등관리 모형' 참고)

2 상호이익협상의 과정

(1) 사전준비 : 노사 당사자가 외부기관의 교육에 참여하는 등 단체교육을 통해 이해하고 불필요한 오류를 줄이는 등의 협상에 들어가기 전 준비단계이다.

(2) 사안과 개인의 분리 : 관계보다는 교섭사안에 중점을 두고 교섭을 진행한다. 즉 원칙에 의해 교섭하되 교섭 중 인간관계의 영향이 없도록 한다.

(3) 입장과 실제 관심사항 구분
  ① 양측이 주장하는 입장이 아닌, 실제로 교섭해야 할 관심사항에 중점을 둔다.
  ② 입장이 아닌, 쌍방의 관심사항은 반드시 대립적이지 않을 수 있다.

(4) 창조적 대안 개발 : 양측 이해관계를 함께 만족시킬 대안을 브레인스토밍 등을 통해 개발한다.

(5) 대안선택 : 객관적이고 공정한 대안기준을 정하여 최선의 방법을 선택한다.

3 상호이익협상의 장애요인

(1) 심리적 요인 : 갈등을 바라봄에 있어서, 양측 이해관계를 간과하고 경쟁관계로 파악하려는 심리적 경향이 나타난다.

(2) 상호갈등역사 : 오랜 기간 노사갈등을 되풀이해 온 경우, 방어적·공격적 태도 등이 나타난다.

(3) 흑백·분배논리 : 관계를 직선적으로만 파악하고, 주어진 자원은 한정되었다고 가정한다.

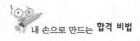

4 상호이익협상의 성공요인

(1) 공통목표의 존재 : 기업발전과 복지증진 등이 반드시 상반된 것은 아니므로, 공통목표가 존재한다고 본다.

(2) 협력을 위한 동기 : 노사 양측이 외부에서 맞는 위기상황 존재 시 협력을 위한 자극이 생긴다. (기업경영위기 등)

(3) 상호신뢰와 자유로운 의사소통 : 노사간 자유로운 의사소통의 분위기는 협상의 성공가능성을 높인다.

(4) 문제해결 능력에 대한 신뢰 : 노사가 힘을 합치면 당면한 문제를 해결한다는 믿음이 중요하다.

5 PART 단체협약

01 단체협약 개관

1 의 의

(1) **단체협약(Collective agreement)** : 노동조합과 사용자간에 체결되는 개별적 근로관계 및 집단적 근로관계에 대한 계약이다. (노사관계의 권리 의무에 관한 사항에 합의하여 서면화한 문서를 말함)

(2) **단체협약의 내용** : 노사관계의 권리 의무사항으로 임금, 근로시간, 조합활동 절차와 요건, 단체교섭절차, 쟁의행위 등이 이에 해당한다.

2 단체협약의 특징

(1) 사용자가 자유로이 체결여부를 결정할 수 있는 근로계약과는 달리 헌법에 의해 보장된 노동3권에 의한 교섭의 최종 종산물이며, 당사자가 합의에 도달한 경우 체결이 강제된다.

(2) 근로계약과는 달리, 단체협약은 신고, 위법한 단체협약에 대한 시정명령 등 행정관청의 관여가 인정되며 서면작성 등 그 형식에 제한이 있다.

(3) 민법상 계약은 채권, 채무관계만 형성하나, 단체협약은 규범적 효력 등도 인정된다.

3 단체협약의 성격(법적 성격)

(1) **형식면** : 노사 양측에 의한 '단체적 약속인 합의'로서, 근로계약은 노사 합의 등은 동일하나 당사자는 단체가 아닌 개개인과 사용자이며, 취업규칙은 다수라는 것은 동일하나 결정은 사용자가 미리 하는 것이다.

(2) **내용면** : 규범적 부분과 채무적 부분으로, 규범적 부분은 주로 임금조건에 관한 부분으로 강행적 효력을 가지며, 채무적 부분은 노동조합과 사용자간의 약속이다.

(3) **사회면** : 노사간 일시적 합의로 '휴전조약'의 성격을 가진다. 단체협약은 협약 체결시 노사간 존재하는 분쟁을 얼마간 중지시킬 수 있다.

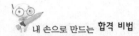
내 손으로 만드는 **합격 비법**

4 단체협약의 기능

(1) 근로조건 개선기능 : 단체협약은 근로자 한사람이 개별적으로 사용자와 교섭해서는 얻을 수 없는 좋은 조건을 협약의 유효기간 중 확보해준다.

(2) 산업평화기능 : 단체협약이 성립되면 유효기간 중에는 쌍방이 이를 준수할 의무를 지게 되므로, 유효기간 중에는 불필요한 분쟁을 피하고 산업평화를 유지시킨다. (평화의무조항)

5 단체협약의 내용

(1) 노조안정과 경영권

① 노조는 노조활동의 안정을 위해 조합원 수를 확보하고 조합활동을 자유롭게 할 수 있는 방안을 모색한다.

② 사용자는 이에 대해 위축될 수 있는 경영권을 보호하기 위해 노력하게 된다.

③ 주요 내용으로는 유일교섭단체, 숍제도, 조합활동 보장조항, 경영권 등이 있다.

(2) 보 수

① 임금을 비롯한 상여, 일시금과 퇴직금 등에 관한 사항이다.

② 특히, 퇴직금은 법정퇴직금(근속 1년에 평균임금 30일치)과 퇴직금누진제(오래 근무할수록 퇴직금 누진적으로 많아지는 제도) 등으로 정하여 규정한다.

(3) 인사조항 : 채용 후 퇴직까지 신분과 기간에 대한 규정, 수습기간과 해고협의 등

(4) 작업안전, 보건 : 작업환경, 시설개선, 노동조건개선, 관리체계 합리화 등

(5) 근로조건 : 근로시간, 유급휴일, 휴가 등

(6) 단체교섭, 쟁의행위, 노사협의제 조항 등

6 단체협약의 성립에 대한 활동(입법적활동)이 종료되면, 협약을 실시하기 위한 행정적 활동, 협약을 해석하기 위한 사법적 활동 등이 존재한다.

02 단체협약의 규범적 부분과 채무적 부분 [2008년 약술문제]

1 단체협약(Collective agreement)의 효력

단체협약 체결 후에는 협약위반을 방지하고, 본래 기능을 발휘하도록 법적효력이 발생한다. 이는 세 가지 부분으로 구분된다.

2 규범적 부분과 효력

(1) 단체협약 내용 중 임금, 지급방법, 휴식, 복리후생 등 근로자 대우에 관한 기준에 대하여 정한 내용이 규범적 부분이다. (규범적 부분은 엄밀히 따지면 근로자−사용자의 관계)

(2) 규범적 부분을 위반하는 근로계약(취업규칙)은 무효로 처리되는데 이를 '강행적 효력'이라고 한다.

(3) 단체규약의 강행적 효력에 의해 개별근로계약의 일부가 무효로 된 경우 이를 보충하는 효력을 '보충적 효력'이라고 한다.

(4) 강행적 효력과 보충적 효력이 근로관계를 지배한다는 의미에서 '불가변적 효력'이라고 한다.

(5) **강행적 효력에 의한 보충적 효력의 도입 순서(상위개념)** : 근로계약 → 취업규칙 → 단체협약 → 법령

3 채무적 부분과 효력

(1) 협약 당사자 간에 채무적 관계가 발생하는 부분으로서, 평화의무, 유일교섭단체조항, 조합활동 편의제공조항 등 협약체결로 노사 당사자가 상호 부담하는 채권, 채무에 관하여 정한 부분이다.

(2) 채무적 부분은 엄밀히 따지면 노동조합과 사용자의 관계이다.

(3) 채무적 부분으로 구성되는 단체협약은 상호간 이행하여야 할 의무인 채권법적 효력이 존재한다.

4 조직적 부분과 효력

단체협약 내용 중 종업원 해고, 경영협의회, 고충처리기구 등 조직과 운영에 관한 부분을 협의하여 결정하지 않은 경우는 무효로 처리된다.

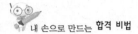
내 손으로 만드는 **합격 비법**

03 단체협약의 일반적 · 지역적 구속력 2009년 약술문제 | 2016년 논술문제

1 의 의

(1) 단체협약은 사용자와 노동조합 간 체결된 협정으로, 조합의 구성원인 조합원에게만 효력이 미치며 비조합원에게는 영향을 주지 않는다. 그러나, 두 가지의 예외를 인정한다.

(2) 노동조합법에는 '일반적 구속력'이라는 당사자를 넘어 널리 확장되어 적용된다는 의미가 존재한다.

2 단체협약 효력 확장의 필요성

(1) 동종의 사업 또는 사업장과 하나의 지역 내의 소수, 미숙련 근로자의 근로조건을 보호할 필요가 있다.

(2) 조합원과 비조합원의 근로조건을 통일적으로 적용함으로써 사용자가 비조합원을 선호하여 노동조합을 약화시키는 것을 막고 협약 당사자인 노동조합의 규제력을 강화시킬 필요가 있다.

(3) 근로조건을 평준화함으로써 사용자의 불필요한 경쟁을 방지할 필요가 있다.

3 사업장 단위의 일반적 구속력(사업장 단위 효력 확장)

(1) 단체협약은 일정한 경우 사업장 단위로 그 효력이 확장되어 인정되는 것이다.

(2) 한 사업장의 동종근로자 절반 이상이 하나의 단체협약에 적용되는 경우, 나머지 동종 근로자에도 자동적으로 적용되게 하는 것이다. 동일 사업장의 노조원과 비노조원의 근로조건이 달라 발생하는 문제를 방지한다.

4 지역단위의 일반적 구속력(지역단위 효력 확장)

(1) 단체협약은 일정한 경우 지역단위로 그 효력이 확장되어 인정되는 것이다.

(2) 한 지역의 동종근로자 2/3 이상이 하나의 단체협약에 적용되는 경우, 행정관청은 노동 위원회의 의결을 얻어 협약에 적용받지 않는 근로자와 사용자에 대해 동일한 단체협약을 적용한다는 결론이다.

(3) 협약에 관여하지 않는 사용자에게까지 구속력이 미친다는 것이 특징이다.

04 단체협약 종료 후 근로관계 2014년 약술문제

1 단체협약의 유효기간(노동조합법 제32조)

(1) 노동법에서 임금협약은 1년, 단체협약은 2년 초과하는 경우는 유효기간을 정할 수 없다.

(2) 단체협약의 유효기간은 2년을 초과할 수 없으며, 정하지 않았거나 2년을 초과하는 경우 유효기간은 2년이다.

(3) 또한, 쌍방이 새로운 단체협약 체결하지 못했을 경우 종전 단체협약은 만료일로부터 3개월까지 계속 효력을 가진다.

2 자동갱신조항

(1) 단체협약 유효기간 만료 전 일정기간 내에 당사자 일방의 단체협약 개정·폐지 제안이 없을 시에는 유효기간 만료와 동시에 단체협약이 자동으로 갱신됨을 협정하는 조약이다.

(2) 즉, 옛 단체협약과 동일한 내용으로 근로조건을 형성하겠다는 묵시적 의사 표시이다.

(3) 옛 협약과 새 협약은 각각 2년을 초과할 수 없다.

3 자동연장협정

(1) 기간만료 후 단체협약이 없는 상태를 피하기 위하여 기간 만료 후에도 새로운 협약이 체결되기 전까지는 종전의 단체협약의 효력을 존속시킨다는 취지이다.

(2) 자동갱신조항이나 자동연장협정이 없는 경우, 종전의 단체협약은 그 효력만료일부터 3개월까지 효력을 유지한다.

 이해더하기 ➕

노동조합법에서는 단체협약이 기간 만료 후 3개월간 계속 효력을 가지지만, 그 이후에도 단체협약이 체결되지 않아 단체협약이 없는 상태가 지속되면 노사관계가 불안정해질 우려가 있으므로 이에 대비하여 노사는 자동갱신조항 또는 자동연장협정을 체결할 필요가 있다.

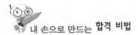

4 단체협약 종료 후 단체협약의 계속적 효력(여후효)

(1) 의 의
① 단체협약의 유효기간이 만료된 후 자동갱신협정이나 자동연장협정이 없는 상태에서 3개월의 자동연장기간이 지나면, 단체협약 자체의 효력을 상실된다.

② 그렇다면, 단체협약에 의하여 규율되었던 근로조건 기타 근로자의 대우에 관한 사항은 어떻게 될 것인가? 이것이 단체협약의 계속적 효력의 문제이다.

(2) 규범적 부분
① 근로조건의 존속
- ㉠ 단체협약이 종료되더라도 단체협약의 근로조건에 관한 부분은 근로계약으로 유지된다는 것이 통설적인 견해이다.
- ㉡ 그 근거에 대해서는 단체협약 자체가 존속된다는 여후효에서 찾지 않고, 근로계약의 성질에서 비롯된다.

② 협약종료 후 근로조건 변경 합의
- ㉠ 단체협약으로부터 근로계약으로 이전된 근로조건에 대해 사용자가 개별근로자와 합의하여 변경할 수 있느냐의 문제이다.
- ㉡ 단체협약의 근로조건이 근로계약으로 이전된 이상 당사자 사이에서 합의가 있다면 언제든지 변경할 수 있다고 볼 것이다. (다른 견해 있음)

(3) 채무적 부분
① 단체협약상의 권리, 의무는 채무적 부분은 단체협약이 종료되면 소멸한다.

② 따라서 평화의무는 단체협약이 종료되면 소멸하므로 노동쟁의가 가능하다.

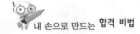

05 이익분쟁과 권리분쟁 2007년 약술문제

1 의 의

(1) 권리분쟁 : 법령, 단체협약, 취업규칙 등 이미 확정된 권리에 관한 노사 간 해석·적용 등을 둘러싼 분쟁이다.

(2) 이익분쟁

① 근로조건의 기준, 유지, 변경 등을 둘러싼 분쟁이다.

② 즉, 장차 권리화 될 것이 기대되는 이익에 관한 분쟁이다.

③ 이익분쟁의 요소는 엄밀히 따지면 법적인 요소는 없고, 당사자 간의 합의가 주를 이룬다.

2 예 시

(1) 권리분쟁의 예 : 체불임금 청산, 해고자 복직, 부당노동행위 구제 등

(2) 이익분쟁의 예 : 임금인상, 단체협약갱신 혹은 체결 등

3 권리분쟁과 이익분쟁을 구분하는 이유

(1) 현행법은 노동쟁의를 '노동조합과 사용자 또는 사용자단체간에 임금·근로시간·복지·해고 기타 대우 등 근로조건의 결정에 관한 주장의 불일치로 인하여 발생한 분쟁상태'로 보고 있다.

(2) 따라서, 근로조건에 관한 이익분쟁만이 단체교섭/쟁의행위 대상으로 정당하다고 보는 관점이 존재한다.

(3) 이는 단체협약 위반 등 집단적 노사관계에 관한 사항은 쟁의행위의 정당한 목적으로 보지 않으며, 근로조건에 관한 이익분쟁 외에는 조정대상이 아니라는 관점 하에 노동위원회에서 조정을 시행하지 않는다.

(4) 이러한 구분에 대해서는 노사 자주적 교섭에 의한 문제를 교섭, 쟁의행위 대상에서 제외하는 것은 노사자치주의를 전면적으로 부정하는 것이라는 비판이 존재한다.

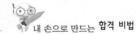
내 손으로 만드는 **합격 비법**

01 노동쟁의 및 쟁의행위 개관

2011년 논술문제 | 2009년 약술문제 | 2007년 약술문제 | 2017년 논술문제

1 의 의

(1) 노동쟁의 : 노동조합과 사용자 사이에 임금, 근로시간 등 근로조건의 결정에 관한 주장의 불일치로 인하여 발생한 분쟁상태이다.

(2) 쟁의행위 : 파업, 태업 등 노동관계 당사자가 자신의 주장을 관철할 목적으로 행하는 행위와 이에 대항하는 사용자의 행위로 업무의 정상적인 운영을 저해하는 행위이다.

(3) 노동쟁의와 쟁의행위와의 차이점

① 노동쟁의는 구체적 실력행사 등의 절차는 없고, 단지 교섭 내지 절충과정에서의 의견이 상충되어 노사 당사자 간에 정상적 대화나 교류가 이루어지지 못하는 긴장상태를 의미한다.

② 쟁의 행위는 구체적인 실력행사를 의미한다.

(4) 쟁위행위를 바라보는 두 가지 관점

① 법률정상설 : 법을 지켰으나 의도가 단순 법규준수가 아니라면 이는 쟁의행위로 보는 관점이다.

② 사실정상설 : 사실관계를 확인하여, 쟁의행위 의도가 존재하는 경우 쟁의행위로 보는 관점이다.

③ 우리나라의 경우는 사실정상설을 주로 보는 판례가 다수이며, 이에 대한 논쟁이 존재하는 상황이다. 현재로서는 방법으로 능률을 저하시키는 경우에는 사실상 노동쟁의로 보아 조정전치주의 등 노동법의 적용을 받는다.

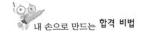

2 쟁의행위의 종류

(1) 근로자 측 쟁의행위

① 파업(Strike)

ⓐ 집단적으로 노무의 제공을 거부하는 쟁의행위로, 파업종료 후 계속 근무할 의사가 있다는 점에서 사직과 구별된다.

ⓑ 파업에는 4가지 사항을 갖춰야 적법성이 인정되어 형사·민사상의 책임을 면책받는다.

이해더하기 ➕

파업의 적법성 인정 요건
• 쟁의내용이 경제적 지위의 향상에 관한 것
• 사회적 통념상 부당하거나 불가능하거나 과대한 요구를 내세운 것이 아닌 것
• 조합원의 비밀, 무기명 투표에 의한 과반수 찬성을 얻은 것
• 폭력 등 시민법상 개인의 법익을 침해하는 행위가 아닌 것

근로자의 쟁의행위가 형법상 정당행위가 되기 위한 조건(쟁의행위의 위법성 조각사유)
• 그 주체가 단체교섭의 주체로 될 수 있는 자이어야 한다.
• 그 목적이 근로조건의 향상을 위한 노사간의 자치적 교섭을 조성하는 데에 있어야 한다.
• 사용자가 근로자의 근로조건 개선에 관한 구체적인 요구에 대하여 단체교섭을 거부하였을 때 개시하되 특별한 사정이 없는 한 조합원의 찬성결정 등 법령이 규정한 절차를 거쳐야 한다.
• 그 수단과 방법이 사용자의 재산권과 조화를 이루어야 함은 물론 폭력의 행사에 해당되지 아니하여야 한다.

---

② 태업(Soldiering)

ⓐ 근로자들이 단결해서 의식적으로 작업능률을 저하시키는 쟁의행위로 고의로 불량품을 생산하거나 생산품의 양적감소 등을 꾀하는 행위이다.

ⓑ 반면, 의식적으로 생산설비를 파괴하는 행위까지 발전할 수 있는데(적극적 사보타주) 이 경우는 위법한 쟁의행위로 처벌대상이 된다.

ⓒ 파업이 사용자 명령에서 분리되어 벗어나는 것이면, 태업은 사용자 지시 하에 명령을 그대로 따르지 않는다.

③ 준법투쟁

ⓐ 의 의 : 태업의 일종으로서, 근로자들이 자신의 주장을 관철하기 위해 법 규정을 엄격히 준수하며, 법률에서 정한 근로자의 권리를 동시에 집단적으로 행사함으로서 사용자의 업무를 저해하는 행위이다.

ⓑ 준법투쟁의 2가지 방법

• 법규 준수형 준법투쟁 : 업무, 시설관리, 근로기준법 법규 등의 시행규칙이 요구하고 있는 조건대로 작업을 실시하고 업무능률을 저하시키는 것이다. (예) 안전운전을 구실로 하는 지나친 서행 등)

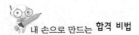

- 권리행사형 준법투쟁 : 시간 외 근로, 휴일근로를 거부하거나 단체협약·취업규칙에 인정된 휴가를 일제히 취하는 경우이다. (예 집단결근 등)

ⓒ 규정에 따라 업무를 수행함으로 쟁의행위가 아니라고 볼 수 있으나, 노무제공방식의 변화는 사용자 입장에서는 어떠한 형태로든 '정상적인 운영을 저해'하므로 능률저하 및 경제적 이익 감소를 초래한다.

④ **보이콧**

ㄱ 1차적 보이콧 : 사용자 제품구매 또는 시설이용 등을 거부함으로써 압력을 가한다.

ㄴ 2차적 보이콧 : 제3자와 거래를 단절할 것을 요구하고 이에 응하지 않을 경우 압력을 가한다.

ㄷ 2차적 보이콧은 원칙적으로 불법, 보이콧은 단독으로 사용되기 보다는 파업을 지원하는 부수적 행위로 사용된다.

⑤ **피케팅** 2016년 약술문제

파업이탈을 감시하거나, 파업동참을 호소하거나, 일반인의 지지를 유도할 목적으로 파업이나 보이콧에 수반되어 행해지는 보조적 쟁의행위이다.

이해더하기 ✚

사측 허락없는 사내 선전방송도 정당한 노조활동(대법 2017다227325)
현대중공업 노조원에 대한 징계처분무효확인 소송의 상고심에서 '회사의 구조조정이 노조와 협의없이 일방적으로 진행되는데 부당함을 호소하고 근로조건 개선 및 근로자의 경제적 지위 향상을 도모하기 위한 목적에서 선전방송과 유인물 게시가 이뤄진 것으로 보인다'라고 판단, 회사의 정상적인 업무를 방해하였다고 보기 어렵다고 하여 징계사유가 아니라고 봄

---

(2) 사용자측 쟁의행위(대항행위)

① 조업계속과 대체근로

ㄱ 일반 원칙

- 사용자가 쟁의행위 시 파업 불참자, 비노조원 사용하여 조업을 계속하는 것은 무방하다.

- 단, 쟁의행위 기간에 쟁의행위로 중단된 업무 수행을 위해 당해 사업과 관계없는 자를 채용하여 대체할 수 없으며, 사용자가 쟁의행위 중 신규로 근로자 채용해서 조업하는 일은 금지된다.

- 단, 필수공익 사업은 예외로 파업인원 절반까지 신규인력, 외부인력 일시 채용은 허용된다.

ⓛ 조업 계속 관련 문제
- 노조의 동맹파업기간 중 조업문제
  - 조합원 이외의 근로자와 계속 조업 가능
  - 이때 노조의 조합원에게 탈퇴를 강요하면 노동조합법 제81조 2호의 부당노동행위
- 파업기간 중의 임금지급
  - 무노동 무임금 원칙
  - 조업이 가능함에도 사업주가 일을 시키지 않으면 노무수령지체 책임
- 조업활동 계속 시 인력충원 문제
  - 노동조합법 제43조에 의거 당해 사업장 내의 근로자만 대체가능(대체근로 제한)
  - 필수공익사업에 대해서는 예외(대체근로 인정)

② 직장폐쇄(사용자측 쟁의행위 중 대표적인 행위) 2016년 약술문제
  ㄱ 개 념
  - 사용자가 자신의 주장을 관철하기 위해 근로자 집단에 대하여 생산수단에의 접근을 차단하고, 노동력 수령을 조직적·일시적으로 거부하는 행위이다.
  - 노동조합 쟁의행위를 개시한 후에야 할 수 있는 수동적, 방어적 직장폐쇄만이 정당한 쟁의행위로 인정된다.
  - 노동조합 쟁의행위와 마찬가지로 직장폐쇄 이전에 행정관청 및 노동위원회에 각각 신고하여야 한다. 즉, 수동/방어적인 실질적 요건과 신고해야 한다는 형식적 요건이 필요하다.
  ㄴ 법적 성질
  - 부정설 : 헌법은 근로자의 단체행동권만을 규정하고 있으므로 직장폐쇄는 헌법상 인정될 수 없다는 설이다.
  - 자유방임행위설 : 노동법상 권리로 보지 않고 사용자에게 방임된 자유로 보는 설이다.
  - 노사균형설(다수설) : 근로자측과 사용자측 간의 교섭력의 균형을 보장하기 위한 권리이다.
  - 쟁의권남용방어설 : 헌법 제33조에서 정한 쟁의권 이념에 반하여 근로자측이 쟁의권을 남용하는데 대한 대항수단으로 주어지는 것이라는 설이다.
  ㄷ 유 형
  - 시기 : 선제적 직장폐쇄, 대항적 직장폐쇄
  - 목적 : 공격적 직장폐쇄, 방어적 직장폐쇄
  - 규모 : 전면적 직장폐쇄, 부분적 직장폐쇄
  ㄹ 법적 근거 : 노동조합법 제46조 제1항 '사용자는 노동조합이 쟁의행위를 개시한 이후에만 직장폐쇄를 할 수 있다.'

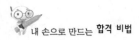

ⓜ 성립요건
- 의사표시는 성립요건에 해당하고, 다만 의사표시방법에는 선언설, 사실행위설이 있는데 직장폐쇄가 방어적 수단으로 사용된다는 점에서 선언설이 타당하다고 봄
  - 선언설 : 직장폐쇄의 본질은 임금지급의무를 면하는데 있으므로 이를 선언하기만 하면 된다는 것
  - 사실행위설 : 쟁의행위는 사실행위이므로 근로자의 사업장 출입과 근로제공이 불가능한 상태로 만들어야 한다는 견해
- 신고 : 행정관청과 노동위원회
- 위 신고절차를 위반하여도 효력에는 이상 없음(500만원의 과태료), 단체협약을 위반하여도 효력에는 이상 없음(단체협약 위반-손해배상책임), 회사 정관 위반(효력에는 영향없음-회사 내부 사정일 뿐)

ⓑ 효 과
- 정당한 직장폐쇄
  - 임금지급의무 면제
  - 점거배제 : 사용자의 근로자에 대한 퇴거요구
  - 사업장 출입 배제 : 직장폐쇄가 정당한 경우 사용자의 의사에 반하여 사업장에 출입하는 것은 원칙적으로 건조물침입죄가 성립
- 위법한 직장폐쇄
  - 근로자에 대한 채무불이행책임
  - 단체협약을 위반한 경우 손해배상책임

ⓢ 한 계
- 목적상 한계 : 방어적, 부수적, 수동적 비례원칙
- 기업의 사회적 책임의무상의 한계

02 공익사업 및 필수유지 업무제도 2014년 약술문제 2009년 약술문제

1 공익사업의 의의(노동조합법 제71조)

(1) **공익사업** : 공중의 일상생활과 밀접한 관련이 있거나 국민경제에 미치는 영향이 큰 사업으로서 다음 각호의 사업을 말한다.

① 정기노선 여객운수사업 및 항공운수사업

② 수도사업, 전기사업, 가스사업, 석유정제사업 및 석유공급사업

③ 공중위생사업, 의료사업 및 혈액공급사업

④ 은행 및 조폐사업

⑤ 방송 및 통신사업

(2) **필수공익사업** : 공익사업으로서 그 업무의 정지 또는 폐지가 공중의 일상생활을 현저히 위태롭게 하거나 국민경제를 현저히 저해하고 그 업무의 대체가 용이하지 아니한 다음 각호의 사업을 말한다.

① 철도사업, 도시철도사업 및 항공운수사업

② 수도사업, 전기사업, 가스사업, 석유정제사업 및 석유공급사업

③ 병원사업 및 혈액공급사업

④ 한국은행사업

⑤ 통신사업

2 공익사업의 쟁의조정

(1) 공익사업의 쟁의조정에 한 특칙

① 공익사업은 조정신청이 있는 때로부터 공익성을 고려하여 15일간은 쟁의행위가 금지된다. (일반사업은 10일)

② 공익사업에 관한 노동쟁의 조정은 특별조정위원회를 구성하여 일반사업보다 우선적으로 처리되어야 한다.

③ 만약, 조정기간 내에 완료되지 못할 경우는 쟁의행위가 가능하나 필수공익사업에 대해서는 필수유지업무를 운영하여야 하며(전면파업 금지), 파업자 절반(50%)에 대한 대체근로가 허용된다. 공익사업은 일반사업과 다르게 긴급조정이 인정된다.

(2) 긴급조정

① 쟁의행위가 국민경제나 일상생활을 위태롭게 할 위험이 있는 경우에는 긴급조정을 행할 수 있다.

② 당사자의 의사를 묻지 않고 노동부장관의 결정 하에 강제적으로 개시되며, 중노위와 당사자에게 각각 통보한다. (관할 중노위)

③ 긴급조정 결정 공표는 신문, 라디오 등 공중이 신속히 알 수 있는 방법으로 공표해야 한다.

④ 중앙노동위원회는 지체 없이 조정을 개시하고, 조정 가능성이 없는 경우 15일 이내 중재 회부를 결정한다. (강제중재-긴급조정에서의 중재)

⑤ 긴급조정 결정이 공표되면 당사자는 즉시 쟁의행위를 중지하고, 30일(15일 이내에 조정, 15일 동안 중재) 경과 이전까지는 쟁의행위를 재개할 수 없다. 조정안이 수락되거나 중재가 결정되면 이는 단체협약과 동일한 효력을 가진다.

⑥ 긴급조정은 '국민경제의 저해'나 '일상 생활의 위험' 등 긴급조정의 요건이 추상적인 관계로 고용노동부 장관의 의사에 의해 좌우될 수 있다는 점에서 신중하게 결정될 필요가 있다.

3 필수유지 업무제도

(1) 국민의 일상생활에 중대한 영향을 미치는 필수공익사업의 근로자는 쟁의행위를 하더라도 업무를 일정 수준이상 유지해야 하는 제도이다.

(2) 필수유지 업무협정 : 필수유지 업무의 운영수준, 직무, 필요인원 등 노사가 자율적으로 체결하고 준수하는 협정이다. 업무협정은 쟁의행위의 기준이 되는 점에서 반드시 사전에 체결되어 있어야 한다.

(3) 노동조합은 쟁의행위 개시시 협정에 따라 사용자에게 필수유지 업무를 수행할 조합원을 통보하고 사용자는 근무인력을 지정하게 된다. 필수유지 업무를 정당하게 유지, 운영하지 않을 경우 3년 이하의 징역 또는 3천만원 이하의 벌금이 부과된다.

03 쟁의 조정 및 조정과 중재 〔2008년 약술문제〕

🔳 의 의

(1) 쟁의조정 : 노사간·노동쟁의를 자주적으로 해결하지 못하는 경우, 조력을 받아 노동쟁의를 해결하려는 제도이다.

(2) 노동조정의 3가지 기본원리

① **자주적 조정의 노력** : 노사 쌍방에 의한 자주적인 해결을 전제로 하고, 자주적 해결은 노사의 실질적 평등을 전제로 하며, 조정 전치주의에 의하여 상호간 자주적으로 노력하는 것이 중요시된다.

② **자주적 해결의 원칙** : 노동조합법 제48조, 노동관계 당사자는 단체협약에 노사협의, 교섭절차와 방식을 규정하고 쟁의발생 시 이를 자주적으로 해결하도록 노력해야 한다고 강조된다.

③ **국가의 조력 역할 및 쟁의조정제도 마련** : 노사의 자주적 노력만으로 해결되지 않는 경우, 국가는 입법에 의하여 노사 자주적으로 쟁의를 해결하도록 촉진하고, 쟁의가 사회질서에 악영향을 끼치지 않도록 조정하는 제도를 마련해야 한다.

🔳 쟁의조정의 유형

(1) 알선(Conciliation) : 분쟁 당사자를 설득하여 화합하고 문제를 토론하게 하는 것으로, 실효성에 대한 문제가 제기되어 현행 법령에서는 삭제된 상태이다.

(2) 조정 : 조정위원회가 관계 당사자의 의견을 들어 조정안을 작성하고 노사 수락을 권고하는 형태이다. 강제적이 아니라는 점에서 노사 자주적 해결을 원칙으로 한다.

(3) 중 재

① 노동위원회는 관계 당사자의 쌍방이 함께 중재를 신청한 때, 관계 당사자의 일방이 단체협약에 의하여 중재를 신청한 때 중재를 행한다.

② 준사법적 절차로 관계당사자는 중재 결과에 구속되며 중재 결과에 이의가 있을 경우에는 재심이나 행정소송을 제기하여야 한다.

③ 자주적 해결의 원칙과는 가장 거리가 먼 조정제도로서 조정방법 중에선 가장 강력한 방법이다.

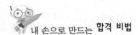
내 손으로 만드는 **합격 비법**

3 조정의 단계

(1) 조정의 요건과 개시 : 노동조합법 제53조에 따라 관계 당사자 일방의 신청을 전제로 하는 임의개시의 원칙이 있다.

(2) 조정기관

① 노동위원회 내에 구성된 조정위원회가 담당하며, 조정위원 3인으로 구성된다.

② 위원은 노동위원회 중 사용자 대표(노조추천), 근로자 대표(사용자추천), 공익대표자 1인씩 사용자, 노동조합이 각각 지명한다.

③ 공익대표자는 조직위원회 위원장이다.

(3) 단독조정

① 노동위원회는 쌍방의 동의나 신청이 있는 경우 단독 조정인을 두고 조정을 행할 수도 있다.

② 단독조정의 경우 조정의 성공률이 높아질 것으로 기대하기 때문이다.

(4) 조정활동

① 분쟁 의견청취 및 조정안 작성하여 관계 당사자에게 수락을 권고한다.

② 수락된 조정안의 해석 및 명확한 견해를 제시한다.

③ 조정기간 중 쟁의행위 금지 : 조정 절차가 진행되는 도중이라도, 조정 기간(일반 10일, 공익 15일) 경과시에는 당사자는 언제든지 쟁의행위가 가능하다.

(5) 조정서의 효력

① 조정안이 관계 당사자에 의해 수락된 경우 이 조정서는 단체협약과 동일한 효력을 가진다.

② 조정서가 쌍방에 의해 수락되면 단체협약 당사자는 평화의무를 부담하므로 쟁의행위 행사는 위법이 된다.

이해더하기

평화의무
• 평화의무란 단체협약 유효기간 중에는 쟁의행위를 하지 않을 의무를 의미
  – 절대적 평화의무 : 어떠한 경우도 쟁의행위를 하지 않음
  – 상대적 평화의무 : 단체협약에 규정되지 않은 사항에 대해서는 쟁의행위가 허용

④ 중 재

(1) 의 의

① 자주적 해결의 원칙과는 가장 거리가 먼 조정제도로, 조정방법 중에선 가장 강력한 방법이다.

② 분쟁종결의 의미는 있지만 민주적 분쟁해결 방법으로서는 반드시 적절한 것은 아니다.

(2) 중재의 종류

① 임의중재 : 당사자의 신청

② 강제중재 : 중노위의 결정에 따른 긴급조정에서의 중재

(3) 중재의 단계

① 중재의 요건과 개시

㉠ 관계 당사자 쌍방이 함께 신청하거나 일방이 단체협약에 의거하여 중재를 신청한 때 중재절차를 개시한다.

㉡ 필수공익사업은 신청이 없더라도 노동위원회의 위원장 결정에 의한 강제중재가 존재한다.

㉢ 중재가 개시되면 그날로부터 15일간은 쟁의행위가 불가능하다. (노동조합법 제63조)

② 중재의 기간과 활동

㉠ 중재위원회는 관계 당사자 합의에 의해 선정한 자에 대하여 당해 노동위원회의 위원장이 지명한 3인의 위원으로 구성된다.

㉡ 중재위원회는 관계당사자를 출석하게 하여 주장 확인 및 회의를 진행한다.

③ 중재재정의 효력

㉠ 중재재정은 효력발생기일을 명시하여 서면으로 작성하여 관계 당사자에게 송달한다.

㉡ 이는 단체협약과 동일한 효력을 가지나, 소정기일 내에 중앙노동위원회에 재심 신청이 가능하다.

㉢ 재심 결정이 확정되면 관계 당사자는 이에 따라야 하며, 위반시 처벌된다.

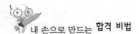
내 손으로 만드는 **합격 비법**

5 쟁의조정의 절차

(1) **단체교섭 결렬** : 노동쟁의 발생으로 간주한다.

(2) **조정신청**

① 관계당사자 일방에 의해 노동위원회의 조정이 행해진다.

② 조정 전치주의에 의하여 지체없이 개시된다. 조정절차를 거치면 쟁의행위를 할 수 없다. (일반 10일 / 공익 15일)

(3) **쟁의행위**

① 조정 실패시, 조합원 과반수의 동의를 얻어 쟁의신고를 하고 쟁의행위를 개시한다.

② 노조의 쟁의행위 개시 후에야 사용자는 직장폐쇄가 가능하다.

(4) **중재** : 노동위원회 조정 실패시 중재개시 여건이 충족되면 노동위원회에서 중재한다. (쟁의 15일 금지)

(5) **결과 송달**

① 중재재정서를 당사자에게 전달하고, 불만이 있을 경우 수령 후 10일 이내 중노위에서 재심신청을 한다. (이때에도 지노위 또는 특별노위의 중재재정이 위법하거나 월권에 의한 경우에 한함)

② 재심 결과가 위법이거나 월권에 의한 것이라고 인정되는 경우 15일 이내 고등법원에 행정소송 제기가 가능하다.

04 조정전치주의

1 의 의

(1) **조정전치주의** : 쟁의행위 이전에 노동위원회 등에 의해 조정절차를 거치도록 하고 있는 것을 규정한다.

(2) 노동조합법은 조정전치주의와 조정기간동안 쟁의행위 금지를 채택하여 원만한 분쟁해결 노력을 촉구하고 조정절차의 실효성을 확보하고자 이러한 주의를 택하였다.

2 공적조정에서의 조정전치주의

위의 '조정의 단계'와 유사한 내용이다. (조정기간 중 쟁의행위 금지, 중재기간 중 쟁의행위 금지 등)

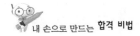

3 사적조정에서의 조정전치주의

(1) 현행 노동조합법은 자주적 해결방식으로서 사적 조정제도를 인정한다. 노사 당사자는 조정, 중재의 모든 사적인 조정절차를 사업장 특성에 맞추어 여러 가지 형태로 함께 규정할 수 있으며, 당사자가 합의한 사적인 조정절차가 노조법의 절차보다 우선하는 것으로 해석한다. 이를 '사적 조정 우선의 법칙'이라 한다. (노동조합법 제52조)

(2) 단, 사적조정의 경우에도 조정개시일로부터 일반 10일, 공익 15일간 쟁의행위가 금지되는 것은 동일하며 사적조정 역시 그 내용은 단체협약과 동일한 효력을 발휘한다.

(3) 사적조정으로 해결되지 않을 때 노조법에 따른 조정, 중재의 조정을 노동위원회에 신청한다.

(4) 만일 사적조정기간이 완료된 경우 쟁의행위를 할 수 있는가? 사적조정이 실패한 경우 쟁의행위를 하려면 공적조정을 거쳐야 하는지의 문제가 대두된다. 사적조정이 실패한 경우 공적조정을 강제하지 않고 있어 위 사적조정은 공적조정을 갈음하는 성격을 가지고 있으므로 중재가 아니라면 쟁의행위를 할 수 있다.

4 조정전치주의의 한계

(1) 쟁의행위 이전에 조정절차를 거치게 함으로써 조정의 개시를 강제한다. 이에, 조정전치 위반의 쟁의행위는 형사처벌을 하게 되므로 타율적으로 쟁의행위 시기를 제한한다는 측면이 존재한다.

(2) 또한, 조정절차의 강제는 결국 분쟁의 평화적 해결이라는 조정제도로써의 실효성을 약화시키는데 이는 단체교섭에서는 성실하게 참여하지 않고, 조정기간에 들어가서야 본격적인 교섭을 진행하는 경향을 만든다.

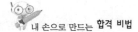
내 손으로 만드는 **합격 비법**

05 쟁의행위의 정당성

1 의 의

(1) **쟁의행위의 기본 원칙** : 쟁의행위는 행위의 주체를 포함하여 목적, 방법 및 절차에 있어서 법령, 기타 사회 질서에 위반되어서는 안 된다. (노동조합법 제37조)

(2) 위의 조항을 토대로, 쟁위행위가 정당한 경우에는 민사, 형사책임이 면제되고 쟁의행위 참가로 인한 불이익 취급이 금지되나, 정당하지 못할 경우에는 위에 대한 책임이 면제되지 않는다. 따라서 정당성 유무는 헌법상 쟁의권 보장의 범위를 확정하는 중요한 개념이 된다.

(3) 쟁의행위가 민·형사상의 면책을 보장받기 위해서는 다음의 정당성 요건을 모두 갖춰야 한다.

2 쟁의행위의 정당성

(1) **쟁의행위 주체의 정당성**

① 노동법상 적격조합의 쟁의행위는 당연히 정당성이 인정되며, 연합단체의 지부 분회가 자주성을 가지고 있다면 그 주체성을 인정한다는 판례도 존재한다. 단, 노동 조합의 지시나 승인 없이 소수의 조합원에 의해 행해지는 살쾡이파업(wildcat strike, 비공인파업)의 경우는 정당성이 없는 것으로 본다.

(2) **쟁의행위 목적의 정당성**

① 쟁의행위의 목적은 근로조건 향상을 위한 노사간의 자치적 교섭을 조정하기 위한 것이므로, 이에 쟁의행위의 목적은 단체교섭이 가능한 것이어야 한다.

② **단체교섭을 목적으로 하는 쟁의행위** : 근로자의 근로조건 및 경제적 사회적 지휘 향상을 목적으로 하는 사항이 될 수 있는 단체교섭을 목적으로 해야 하므로, 정치파업 혹은 동정파업의 경우는 쟁의행위의 정당성을 가지지 못한다.

③ 목적 및 과다요구의 쟁의행위

㉠ 쟁의행위는 사용자에게 처분권한이 있고 단체협약을 통하여 개선될 수 있는 근로조건에 관한 사항을 목적으로 하여야 한다.

㉡ 과다요구의 경우는 교섭하는 과정에서 조정할 문제이므로 이 자체를 정당성이 없는 것으로 보지 않는다.

㉢ 목적이 다수인 경우, 주된 목적이 정당하다면 이는 정당한 쟁의행위로 인정된다.

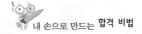

④ 쟁의행위 기간에 대한 임금지급을 목적으로 하는 쟁의행위

노동조합법 제44조에 의거하여 쟁의행위에 참가하여 근로를 제공하지 않은 사용자에 대해서는 임금을 지급할 의무가 없으며, 이를 위해 쟁의행위를 한다면 이는 정당성을 상실하게 된다. (단, 관행이나 단체협약 등에 약정이 있으면 예외)

(3) 쟁의행위의 시기와 절차의 정당성

① 노동쟁의 당사자는 쟁의가 발생한 때에는 상대방에게 이를 서면으로 통보해야 한다. 쟁의행위는 조정절차를 거치지 않으면 이행할 수 없고, 조합원의 무기명투표에 의한 조합원 과반수의 찬성으로 결정하지 않으면 역시 이를 행할 수 없다.

② 단, 기간 내에 조정이 종료되지 않거나(일반사업장 10일, 공익사업 15일) 중재에 회부(15일)되거나, 긴급조정 공표일(30일)이 경과하면 정당성 있는 쟁의행위 재개가 가능하다.

(4) 쟁의행위의 방법의 정당성

① 쟁의행위는 사용자의 재산권과 조화를 이루어야 함은 물론, 폭력의 행사에 해당하지 않아야 한다.

② 폭력, 파괴의 금지(노동조합법 제42조 제1항)

　㉠ 쟁의행위는 폭력, 파괴 또는 주요시설 시설 등을 점거하는 형태로는 행할 수 없음을 명시한다.

　㉡ 이는 폭력, 상해, 명예훼손 등 형법적 처벌이 가해진다.

　㉢ 단, 소수 근로자가 돌발적인 폭력행위 등을 사용하였다 하여도 이로 인해 쟁의행위가 전면적으로 정당성을 상실하는 것은 아니다.

③ 보안작업과 쟁의행위 금지 : 사업장의 안전보호 시설에 대한 정상적 운영을 정지, 폐지하는 행위는 쟁위행위의 정당성을 인정받지 못하며(노동조합법 제42조 제2항), 작업시설 손상이나 제품의 변질을 방지하기 위한 작업은 쟁의행위 기간에도 정상적으로 수행되어야 한다. (노동조합법 제38조 제2항)

3 기타 사항

쟁의행위의 정당성 유무 외에도 일부 쟁의행위에 대해서는 제한이 있는데 공무원의 쟁의 행위(국가공무원법 제66조)와 전력, 용수, 방산물자 등을 생산하는 방위산업체의 근로자의 쟁의 행위, 단체협약의 평화의무 규정을 위반하고 행하는 쟁의행위는 민·형사상의 면책을 보장받을 수 없다. (예고협정 또는 조정절차를 거친 후 한다는 약정 등)

7 PART

부당노동행위

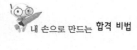
내 손으로 만드는 **합격 비법**

01 부당노동행위의 개관

2014년 논술문제 | 2009년 논술문제 | 2008년 약술문제 | 2016년 논술문제

1 의 의

(1) **부당노동행위** : 헌법에서 보장된 근로자의 노동3권(단결권, 단체교섭권, 단체행동권)을 침해받는 행위이다.

(2) **부당노동행위제도** : 노동3권의 구체적인 보장을 위한 행정적인 구제제도로, 사법적 심사를 조건으로 하는 행정기관에 의한 구제방법을 채택함으로서 고용관계에 신속히 대처하고자 하는 제도이다.

(3) 법원에 의한 사법적 구제는 시간·비용면에서 근로자에게 비효율적이기 때문이다. 노동조합법에서는 부당노동행위에 대해 제81조 이하에서 규정하고 있다.

2 부당노동행위제도의 특징

(1) **행정적 구제방안 채택** : 기간이 오래 걸리는 사법적 방식이 아닌, 간편하고 신속하게 실효를 거두기 위한 행정적 구제방안을 채택한다.

(2) **원상회복적 행정구제** : 시민법상의 손해배상과 같은 사후구제의 목적이 아닌, 정상적 고용관계의 회복에 주안점을 두고 재발을 방지한다.

(3) **처벌주의 채택** : 원상회복적 행정구제만으로는 실질적 방지가 어려우므로, 이에 실효성을 위해 벌칙을 부과한다.

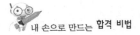

3 부당노동행위의 종류와 요건

(1) 불이익취급(대우)

① 노동조합법 제81조 제1호 '근로자가 노동조합에 가입 또는 가입하려고 하거나 기타 노동조합의 업무를 위해 정당한 행위를 한 것을 이유로 근로자를 해고하거나 불이익을 주는 행위'를 부당노동행위로 규정한다. 노동조합을 위해 활동한 것은 단체교섭, 쟁의행위는 물론 조합운영에 관한 전반적 행위를 포함한다.

② 구체적인 불이익 대우로는 해고, 전근, 배치전환, 고용거부, 강등, 공장폐쇄 등이 존재한다.

③ 단, 사용자의 이런 행위나 조치가 불이익 대우로 성립되기 위해서는 불이익 대우와 조합활동 사이에 인과관계가 존재해야 한다. (객관적·합리적 추정)

(2) 반조합계약(황견계약)

① 조합에 가입하지 않을 것과 조합으로부터 탈퇴할 것을 내용으로 하는 고용계약을 말한다. 또는 어용조합에 강제적으로 가입하게 하는 경우도 존재한다.

② 고용 이후 종업원이 된 후에도 조합에 가입하더라도 활동을 하지 않는다는 등의 계약까지 광의적으로 포함한다.

③ 반조합계약은 근로자와 노동조합의 위축을 가져오는 부당노동행위를 말한다.

④ 단, 노동조합법 제81조 2항에 의거하여 노동조합의 유니온 숍제를 인정하여 근무자의 2/3 이상을 대표하는 노동조합의 조합원이 될 것을 고용조건으로 하는 단체협약을 체결할 경우, 이에 대해서는 예외로 인정한다.

(3) 단체교섭의 거부

① 사용자가 단체교섭을 정당한 이유 없이 거부하거나 해태하는 행위를 말한다. (노동조합법 제81조 제3항)

② 단체교섭은 노동조합의 본래적이고 핵심적 기능이므로 이것을 거부한다는 것은 조합의 존재를 인정하지 않는다.

③ 이에 대해, 사용자에게 조합승인에 대한 법적 의무를 부과하는 차원에서 부당노동행위를 규정한다. 단, 노조의 요구가 엉뚱하거나 지나친 요구로 인하여 타결 가능성이 없는 경우는 이에 해당되지 않는다. 구체적으로는 이유없는 회피, 미출석, 쟁의에 대한 사실왜곡 등이 있다.

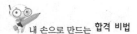

(4) 지배개입행위

① 근로자가 노동조합의 조직, 운영하는 것을 지배하거나 개입하는 행위 또는 노조 전임자에게 급여를 지급하거나 조합의 운영비를 원조하는 행위를 말한다. (노동 조합법 제81조 제4항)

② 단, Time off제도에 의한 근로시간 면제 한도 내에서 노조업무를 보는 경우에는 유급대상이 되므로 부당노동행위가 아니며, 근로자 후생자금 등의 기금의 기부 와 최소한의 노동조합 사무소의 제공은 예외로 인정한다.

> 이해더하기 +
>
> **헌법재판소 위헌결정(2012헌바90) 2018. 5. 31. 선고**
> 헌법재판소는 노동조합 및 노동관계조정법 제81조 제4호 중, '노동조합의 운영비를 원조하는 행위'에 대하여 해당 법은 "노조의 운영에 필요한 경비를 어떻게 마련할 것인가에 대한 원칙으로, 노조가 스스로 결정해야 할 문제이다. 회사의 운영비 지원도 노사가 자율적으로 협의해 정하는 게 근로3권을 보장하는 취지에 부합한다"라고 했고, "운영비 지원으로 인해 노조의 자주성이 저해될 위험이 있는지 여부는 지원된 운영비의 목적과 경위, 내용, 금액, 방법, 노조의 총수입에서 차지하는 비율, 관리 방법 및 사용처 등에 따라 달리 판단될 수 있고, 노조의 자율적인 단체교섭에 맡길 사항까지 국가가 지나치게 개입해 노조의 자율적인 활동성과를 감소시킨다. 기업별 노조는 활동을 위해서 사무실 등을 기업 내에 마련할 수밖에 없으므로 사측의 시설을 이용하는 것이 불가피한 측면이 있고, 노조의 재정 자립도가 높지 않은 한국의 현실에 비춰볼 때 소규모 사업장의 노조는 운영을 위한 경제적 기반을 확보하기 위해서 사측으로부터 일정한 정도의 지원을 받는 것이 필요할 수 있다"라고 판시했다.
> 따라서 위 조항은 2019. 12. 31.까지 국회가 개정해야 한다.

02 부당노동행위 구제제도 및 절차

1 의 의

(1) 부당노동행위가 이루어진 경우에는 법원에 제소하여 판결을 기다릴 수 있으나, 이는 지위보전의 가처분 등을 통한 구제만을 기대할 수 있으며, 이것은 경제적·시간적 여유가 없는 근로자에게 실효성 있는 조치가 아니다.

(2) 이에 따라, 부당노동행위 구제제도는 신속하고 탄력적인 구제를 도모할 수 있는 행정적 구제의 창구가 될 수 있다.

내 손으로 만드는 **합격 비법**

(3) 부당노동행위에 대한 구제절차는 사법절차에 의한 적절하고 효과적으로 구제될 수 없는 보호대상을 합법적으로 구제하기 위해 제도화된 것이다.

2 구제절차

(1) **구제의 신청** : 권리를 침해당한 근로자 또는 노동조합은 부당노동행위가 발생한 날(계속·행위의 경우 종료일)부터 3개월 이내에 노동위원회에 구제 신청이 가능하다.

(2) **노동위원회의 심사**
① 노동위원회는 구제신청 받은 때 지체 없이 관계당사자 심문을 하고 증거를 받는다.
② 사건의 심사는 2심제를 원칙으로, 초심은 해당 지역의 지방노동위원회가, 재심은 중앙노동위원회가 관할한다.

(3) **구제명령** : 심문을 종료하고 부당노동행위 성립 판정시 사용자에게 구제명령을 발휘하고, 이를 서면으로 하여 사용자와 신청인에게 각각 교부한다.

(4) **구제명령의 확정**
① 구제명령 또는 기각결정에 불복이 있는 관계당사자는 결정서 송달 이후 10일 이내 중앙노동위원회에 재심 신청이 가능하다.
② 재심판정 송달 15일 이내로 행정소송법에 의해 소를 제기할 수 있으며, 규정된 기간내로 재심하지 않을 경우 재심판정이 확정된다.

(5) **구제명령의 효력** : 구제명령, 기각결정 또는 재심판정은 재심 신청이나 행정소송 제기에 의하여 효력이 정지되지 않는다.

3 위반시 처벌

(1) 사용자가 소송을 수단으로 구제명령을 회피하는 것을 방지하기 위하여 중앙노동위원회는 사업주에게 긴급이행 명령을 내릴 수 있으며, 이행명령이 떨어졌음에도 지키지 않으면 과태료를 부과한다.

(2) 부당노동행위를 한 사용자는 2년 이하의 징역 또는 2000만원 이하의 벌금에 처해진다.

(3) 부당노동행위 구제명령을 위반한 사용자는 3년 이하의 징역 또는 3000만원 이하의 벌금에 처해진다.

03 노조전임자의 타임오프제 [2011년 논술문제]

1 의 의

(1) 노조전임자는 회사업무는 하지 않고 노조 내부에서 노조 관련 업무만 보고 있는 사람을 말한다.

(2) 노조전임자라 하더라도 회사의 근로자이므로 임금이 지급되어야 하지만, '무노동 무임금'의 원칙에 따라 사용자 단체에서 임금지급에 대해 회의적인 모습을 보였고, 또한 노조 업무에만 전념하는 전임자가 임금지급을 받을 경우 사용자에게 예속 될 위험이 존재한다. 이에 2010년 7월 '노조전임자 무임금' 규정이 시행되고, 이에 대한 절충안으로 '타임오프제'를 도입하였다.

2 타임오프제도(Time-off)

(1) 노조전임자에 대한 임금지급이 금지됨에 따라, 근로시간 면제한도 내에서 사용자와의 교섭/협의, 고충처리 등 노동조합의 유지/관리업무를 수행하더라도 임금을 깎지 않고 유급으로 인정해주는 제도를 말한다.

(2) 즉, 조합원의 근무시간에서 조합활동을 위해 일정시간 근무를 면제해주는 제도이다.

(3) 근로시간 면제 한도는 기업별 규모에 따라 정해진 틀 내에서 배정된다.

(4) 만일, 근무시간 면제한도를 벗어난 부분에 대해 노조전임자에게 급여지급 시 사용자는 부당노동행위로 간주된다.

3 노조전임자의 법적 지위 관련 문제

(1) 근로기준법에 적용을 받는 근로자로서의 수준을 어느 수준까지 인정해야 하는가?

(2) 즉, 근로자로서 '법적인 수준'을 어느 정도로 인정받을 수 있는 지에 관한 문제이다.

(3) 실제 판례에서는 출퇴근 의무(인정), 업무상 재해(인정), 파업 중 급여(인정안됨), 상여금 및 휴가(인정안됨), 즉 '휴직'상태인 근로자와 유사하게 본다.

(4) 노동조합 입장에서는 타임오프제도로 인해 노조 전임자수에 대한 규제가 생겼고 이로 인하여 노동3권이 침해받는다는 주장을 하게 되므로, 타임오프제도에 대해서도 신중한 시행이 요구된다.

8 PART 경영참가

01 경영참가의 개관 2013년 약술문제

1 경영참가(Management participation)의 의의

(1) 근로자가 경영에 참가하는 것으로, 노사공동으로 경영관리 기능을 수행함을 의미한다.

(2) 경영의 권한과 책임을 분담함으로 의사결정상 자유를 제약하지만 근로자 자발성을 신장시키고 경영안전화를 도모한다.

2 경영참가의 목적

(1) **정치적 측면** : 산업민주주의 실현으로, 노사협의회 등의 노사협력기구 발달 등 기업 내 활동을 강화하고 경영관리에 영향을 미칠 목적이 있다.

(2) **사회적 측면** : 극도의 노동분화로 발생되는 노동소외 현상(무의식, 자기소외 등)을 극복하기 위해 적극적 상호작용을 하고, 그들의 의견을 존중하여 상실된 인간성을 회복한다.

(3) **경제적 측면** : 기업성과와 관련된 여러 문제를 노사간 검토하여 대안을 찾고, 이 과정에서도 애사심, 충성심, 참여의식 제고로 경영효율을 높이는데 기여한다.

3 경영참가제도의 유형

(1) **의사결정참가**(Participation in decision) : 경영의사결정에 참여하거나 경영기능에 대하여 영향력을 미친다. 경영내용이 되는 관리상 의사결정에 참여하는 형태이다.

(2) **성과참가**(Participation in profit) : 가장 이상적인 참가로서, 노조·근로자가 적극적으로 참여하고 그 협력대가로 성과의 일부를 임금 이외의 형태로 근로자에게 분배한다.

(3) **자본참가**(Participation in capital) : 종업원을 자본의 출자자로 기업경영에 참여시키는 방식이다. 주식매입을 유도하는 우리사주제도와 일정 조건하에서 노동의 대가로 주식을 내주는 노동주제도 등이 있다.

목
차
편

제2과목

제3과목

경
영
지
도
사
2
차
인
적
자
원
관
리
한
권
으
로
끝
내
기

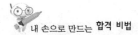

4 경영참가제도와 관련한 주요 이론

(1) 대리인 · 거래비용모형(Agency-transaction cost model)

① 대리인이론

　㉠ 자본가가 기업을 운영할 대리인을 선정할 때, 대리인이 자본가의 이익을 극대화 하는 방향으로 동기를 유발 하는데 소요되는 비용을 대리인비용이라 한다.

　㉡ 대리인이 많으면 감시비용(Monitoring cost)이 증가하므로 경영이 비효율적 으로 된다는 것이다.

② 거래비용모형 : 의사결정과정에서 참가자 이해조정, 의사소통의 시간, 비용 등 으로 관리자의 숫자가 많아질수록 시간, 비용이 많이 든다는 이론이다.

③ 두 모형 모두 종업원의 노력 여하와 관계없이 경영참가제도는 경영성과에 부정 적이라는 의미이다. 단 이를 뒷받침할 근거는 부족하다.

(2) 집단압력모형(Group monitoring and sanctioning model)

① 기업의 내부경영을 게임이론의 틀에서 설명한다. 기업에서는 열심히 일하지 않 는 종업원도 보상을 받게 된다.

② 이는 감독기능이 불완전해서 발생하는 상황이다. 경영참가제도는 책임권한을 나누므로 동료집단의 압력을 통해 태업을 방지하는 등 종업원 스스로 감시 · 감 독하게 한다.

(3) 이성적 참가모형과 감성적 참가모형

① 이성적 참가모형

　㉠ 직접 업무에 종사하는 종업원이 의사결정과정에 참가함으로써 작업방식 개 선과 효율향상에 긍정적이라는 견해이다.

　㉡ 참가과정에서 업무지식이 확충되므로 효율이 향상된다 주장한다.

② 감성적 참가모형

　㉠ 경영참가를 통한 자기실현의 욕구충족을 통해 직무만족증가, 동기유발, 사 기진작 등 작업성과가 향상된다는 모형이다.

　㉡ 직무만족과 사기증진의 간접적 통로를 통하여 조직효율성을 증진시킨다고 본다.

5 경영참가제도가 노조에 미치는 영향

(1) 부정적인 측면 : 조합원이 노조에 갖는 흥미를 감소시킨다. 종업원은 노조를 거치 지 않고 자신의 이익대변이 가능하므로, 오히려 종업원은 노조가 경영참가의 걸림 돌이 된다고 생각하게 된다.

(2) 긍정적인 측면 : 기업경쟁력이 강화되면 장기적 고용안정 및 소득증대가 이루어지 므로, 조합원 이익보호라는 노조 본연의 목표가 달성된다.

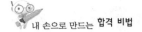

6 경영참가에 대한 노조의 4가지 입장

(1) 절대반대 : 경영참가가 부정적 영향을 미칠 것이 예상되는 경우, 반대를 통해 경영층의 의지를 약화시킨다.

(2) 불개입 : 경영참가의 결과에 확신이 서지 않는 경우, 찬성도 반대도 하지 않는다.

(3) 소극적개입 : 긍정적 결과를 가져올 확신은 없지만, 조합원 이익을 위해 개입한다.

(4) 협조 : 적극적인 경영참가의 도입이 필요하다고 인식되는 경우 적극적으로 참여한다.

02 경영참가 중 의사결정참가제도 2007년 논술문제 2013년 약술문제

1 의 의

(1) 의사결정참가제도는 좁은 의미의 경영참가이다.

(2) 경영의사결정에 근로자나 노동조합이 참여하여 경영기능에 대하여 영향력을 미치는 것이다.

(3) 경영의 내용이 되는 관리상의 의사결정에 참여하는 형태이다.

2 의사결정참가의 주요 제도

(1) QWL(Quality of working life)

① 근로자의 능력개발, 자아실현 등을 위한 다양한 경영참가의 포괄적 의미

㉠ 다양한 의사결정에 참가 정도가 증가하는 문제해결 영역

㉡ 개인이 수행하는 작업을 재구조화하는 작업설계 영역

㉢ 물리적 환경 등을 개선하는 작업환경개선 영역

㉣ 참가, 고성과적 분위기를 촉진하는 보상시스템 영역

② QWL의 궁극적 목적 : 노동자복지, 생산성 향상으로 복지향상은 만족성의 증가를 가져오며 경영참가나 작업재설계를 통해 노사 간 커뮤니케이션 기회가 증대되어 생산성이 향상된다.

③ 기업적 차원의 QWL 프로그램 : MBO(목표관리제), CPD(경력개발계획)

(2) 근로자 이사제도(Employee representation on board)

① 노조대표 혹은 종업원대표가 기업의 이사회에 참석하여 공동적으로 최고의사결정에 참여하는 제도이다.

② 실제로 이 제도가 생산성, 품질효율성 등에 미치는 영향은 미비하나, 이것은 실질적 효과보다는 산업민주주의 실현의 상징성이 더 큰 제도이다.

제1과목 제2과목 제3과목 경영지도사 2차 인적자원관리 한권으로 끝내기

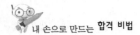

(3) 현장자율경영팀

① 15명 미만 종업원이 팀을 구성하여 감독자 없이 생산결정을 내리고 독자적으로 생산활동을 수행하는 제도로, 협동시스템을 구축한다.

② 개개인 종업원이 갖고 있는 노하우가 공동작업을 통해 구성원에게 공유될 수 있도록 하며, 개인 성장욕구를 충족시켜 직무만족이나 기업 성과를 높인다.

③ 실제로 현장자율경영팀은 성과・생산성 향상에 긍정적 영향을 주고, 직무만족도가 현저히 상승되며, 결근율이 줄어들었다는 실증결과가 존재한다.

(4) 품질관리분임조(QC)

① 같은 작업장 내에서 자발적으로 참여한 소수의 그룹이 품질개선이나 생산성향상을 위해 주기적으로 모임을 갖는 비공식적 조직활동이다. 조직구성원이 새로운 기술과 기법을 배우고, 잠재능력을 개발할 기회를 가지게 되며 상호신뢰를 가질 계기가 된다. 주로 자발성, 자율성, 주체성을 가지고 활동을 한다.

② 자발적이라는 구축원리가 이루어지지 않으면 조직구성원 참여라는 진정한 목표는 사라지며, 의무성을 띄는 순간 경영관리층의 관심을 끌기 위해 경쟁을 하게 된다. 이는, 효과적인 품질관리분임조 활동을 저해한다. 따라서, 자발성이라는 구축원리를 지키는 선에서 경영층의 지원이 중요하다.

03 경영참가 중 이윤(성과)참가제도

1 성과참가제도 의의

(1) 기업경영성과 달성에 공헌한 이해관계자가 집단간 성과배분이 이루어지는 과정이다.

(2) 노사간 협동적 노력을 통하여 증대되는 경영성과가 경영자에 의한 독점이 아닌, 일정 부분을 기본급 이외의 참여적 임금으로 추가로 지급하는 제도이다.

(3) 기업의 성장과 더불어 근로자가 받는 경제적 혜택도 증대시켜 공동체의식을 형성하고, 경영성과의 증대와 기업의 발전을 위해 자발적 노력을 강화시키려는 목적으로 시행한다.

(4) 성과참가제도는 성과배분의 기준 및 피고용인의 참여여부에 따라 이익배분과 성과배분으로 구분할 수 있다.

① **이익배분** : 정기적인 임금에 덧붙여 기업의 이익을 기초로 모든 피고용인에게 이익의 일부분을 배분하는 것

② **성과배분** : 피고용인이 기업의 성과를 향상시키기 위해 필요한 노력, 생산성 향상 등에 의해 발생한 이익을 피고용인에게 금전적 형태로 배분해 주는 것

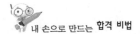

2 이익배분제도(Profit-sharing)

(1) 이익배분제도의 종류 개념 : 정기적인 임금에 덧붙여 기업의 이익을 기초로 모든 근로자에게 이익의 일부를 배분한다. 실제 이익의 실현을 전제로 하며, 지급시기의 차이에 따라 세 가지로 구분한다.

(2) 이익배분제도의 종류

① 현금배분제도

ㄱ 현 시점에서의 이익을 현금으로 일정한 배분기간에 따라 배분한다.

ㄴ 월별/연별 단위는 임금의 일부 혹은 인센티브의 기능의 상실되므로 분기별 지불이 가장 선호되는 유형이다. 다른 제도에 비해 설치와 관리가 용이하며, 효과가 즉각적이라는 이점이 있다.

② 이연배분제도

ㄱ 근로자에 대한 이익배분 몫이 공제기금에 예치되고, 각 근로자에 대한 계좌가 설치되어 배당금액을 살펴볼 수 있다. 실제 배분은 사전에 규정된 사건(퇴직, 이직 등)이 발생했을 경우만 사전 결정된 규정에 따라 이루어진다.

ㄴ 여러 세제상의 혜택이 존재하고, 퇴직금에 대한 위험부담이 줄어드는 장점이 있으나 제도 자체가 가진 복잡함 때문에 관리나 설치에 어려움이 존재한다.

③ 혼합배분제도

ㄱ 현금배분제도와 이연배분제도를 혼합한 형태이다.

ㄴ 사전 결정된 일정 부분의 이윤을 현재 시점에서 지불하고, 잔여분은 공제기금의 형태로 지급한다.

(3) 이익배분제도의 효과

① 긍정적 측면

ㄱ 기업과 근로자의 협동정신을 함양, 강화하여 고용관계의 개선에 도움이 된다.

ㄴ 근로자는 자기의 이익배당액을 증가시키려고 작업에 열중하게 되고 이에 따라 능률이 증진된다.

ㄷ 이익배당 참가권과 분배율을 근속연수와 관련시킴으로써 근로자의 장기근속을 장려한다.

② 부정적 측면

ㄱ 안정성이 적고, 분배는 결산기를 기다려 확정되므로 작업능률의 자극(동기부여)이 부족하다.

ㄴ 기업이익이 기업의 능력에 따라 좌우되고, 회계과정에서 결산이익을 어느 정도 자의적으로 조정할 수 있다.

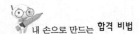
내 손으로 만드는 **합격 비법**

3 성과배분제도(참가형 성과배분제도)

(1) 성과배분제도의 의의

① 근로자의 노력에 의해 발생된 기업의 이익을 근로자에게 금전적인 형태로 배분해 주는 제도이다. 현장자율경영팀과 더불어 경영참가제도 중 가장 긍정적인 형태이다.

② 참가욕구와 금전욕구를 모두 만족시킬 수 있는 형태로서 동기유발 효과가 크다.

(2) 성과배분제도의 종류

① 스캔론플랜(Scanlon plan) : 종업원 참여의식을 높이기 위해 위원회 제도를 활용하여 종업원의 경영참여와 개선된 생산의 판매가치를 기초로 한 성과배분제도이다.

② 러커플랜(Rucker plan) : 노사협력체제에 의해 달성된 기업이익의 향상분을 분배율에 따라 노사간 배분하는 성과배분제도이다.

③ 임프로쉐어(Improshare) : 실제 생산시간을 표준 생산시간으로 나눈 비율을 보너스의 산정공식으로 사용한다.

(3) 성과배분제도의 기대효과

① 근로자의 경영참가(제안제도 등)를 통하여 작업방식의 개선을 기대한다.

② 보너스의 지급수준은 급여수준을 높여주어 직무만족도의 향상을 가져온다.

③ 결근율 감소와 근속률이 향상된다.

④ 긍정적 동기유발효과와 작업방식의 개선으로 인해 생산성과 제품품질의 향상을 기대할 수 있다.

⑤ 근로자가 의사결정에 참가함으로써 보다 민주적인 의사결정 구조를 가진다.

04 경영참가 중 자본참가제도 [2011년 약술문제]

1 의 의

(1) 자본참가는 근로자를 자본의 출자자로서 기업경영에 참가시키고자 하는 것이다.

(2) 대표적으로 우리사주제도(종업원 지주제도)와 스톡옵션제도 등이 있다.

2 자본참가제도의 종류

(1) 우리사주제도(ESOPs ; employee stock ownership plan, 종업원 지주제도)

① 기업이 근로자에게 자사주를 취득, 보유하게 하여 근로자 스스로에게 경영, 이익 분배에 참여하게 하는 제도로, 안정주주 확보라는 기업 방어적 관점이 강조된다. 협조적 노사관계 형성 및 부의 격차 해소책으로도 사용된다.

② 우리사주제도의 특징

㉠ 경영방침으로써 근로자가 자사 주식을 보유 취득하는 것으로, 근로자가 자발적으로 구매한 것은 해당되지 않는다.

㉡ 회사가 특별한 편의를 제공해야 한다. 구체적인 수수료 부담, 매입자금 대부 등이 있다.

㉢ 장기보유를 목적으로 하는 것으로, 이는 근로자 재산형성과 동시에 회사 주식안정 정책이 되기도 한다.

③ 우리사주제도의 중요성

㉠ 근로자에게 주주 지위를 부여함으로써 근로자가 경영과 분배에 참가할 기회를 가능하게 하여 노사간의 협조를 촉진한다.

㉡ 재무관리적 중요성으로, 자본 조달의 수단으로 안정성을 도모하고 주가를 안정시키면서 근로자에겐 재산의 형성의 기회를 제공한다.

(2) 스톡옵션제도(Stock option)

① 주식매입선택권이라고도 하며, 임직원에게 일정기간 내에 자기회사 주식을 사전에 약정된 가격으로 일정 수량만큼 매수할 권리를 부여한다.

② 스톡옵션제도의 특징

㉠ 전문경영자가 주인의식을 갖고 경영할 수 있도록 하는 것이 목적이며, 최근에는 중소기업의 전문우수인력 확보를 위한 기법으로 활용범위가 확대되었다.

㉡ 중소기업의 지원을 확대하고, 유능인재 유치를 위함이며 상대적으로 부족한 중소기업의 임금을 보상하고자 하는 취지도 포함되어 있다.

③ 스톡옵션제도의 중요성 : 주인의식을 갖고 경영활동을 하게 하도록 하고, 상대적으로 낮은 임금으로 인한 고급인력의 이직 방지와 동기부여의 측면에서 큰 의미를 가진다.

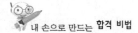

05 노사협의회 2013년 약술문제 | 2010년 약술문제 | 2008년 논술문제 | 2017년 약술문제

1 의 의

"노사협의회"란 근로자와 사용자가 참여와 협력을 통하여 근로자의 복지증진과 기업의 건전한 발전을 도모하기 위하여 구성하는 협의기구를 말한다. 즉, 참여와 협력을 바탕으로 협동적 관계를 수립하기 위한 제도이다. (근로자참여 및 협력증진법에 관한 법률 제3조 제1호)

2 우리나라 노사협의회의 특징

(1) 법령에 의하여 그 설치와 운영이 강제된다.

(2) 노사협의회 기능은 경영관리 내지 경영참가의 성격이 있다.

(3) 현행법에서는 근로자 과반수로 조직 된 노동조합이 있는 경우에만 근로자 대표위원을 구성하도록 한다.

3 노사협의회와 단체교섭의 차이

(1) **목적** : 단체교섭이 근로자의 근로조건의 유지와 개선이라면, 노사협의회는 노사 공동의 이익증진과 산업평화를 도모한다.

(2) **배경** : 단체교섭은 교섭 결렬시 노동조합의 쟁의행위가 이루어지지만, 노사협의회는 쟁의행위의 위협없이 진행한다.

(3) **대상** : 단체교섭의 대상은 임금, 근로시간 등 근로조건에 대한 사항이나 노사협의회는 경영, 생산성 향상 등 노사간 이해관계가 공통된 것이라는 차이가 있다.

(4) **결과** : 단체교섭은 법적 구속력이 존재하는 단체협약이 이루어지나, 노사협의회는 계약 체결이 없을 수 있다.

4 노사협의회의 구성

노사협의회는 노사 동수 위원으로 3 ~ 10인으로 구성되며, 임기는 3년이며, 연임이 가능하나 임원은 비상임·무보수의 원칙을 가지게 된다. 주된 임무는 3개월마다 정기 회의를 거쳐 노사 공동으로 협의, 의결, 보고를 진행한다.

06 고충처리제도

1 의 의

(1) 조직구성원 개인적 애로사항이나 근무조건, 인사 등에 대한 불만을 처리, 해결해 주는 절차이다.

(2) 근로자참여 및 협력증진에 관한 법률에서는 상시근로자 30인 이상 근로자를 사용하는 모든 사업장에는 고충처리위원을 두도록 규정한다.

(3) 고충처리위원은 노사 대표 3인 이내로 구성된다.

2 고충처리의 절차 및 특징

(1) 고충처리위원은 고충사항 청취 시 10일 이내 조치하여 근로자에게 통보하여야 하고, 처리가 곤란한 경우는 협의회에 부의하여 협의하도록 하여야 한다.

(2) 대부분의 국가는 고충처리를 노조에 위임하지만, 우리나라의 경우 고충처리제도를 노조기업, 무노조기업 모두에 설치하도록 강제한 것이 특징이다.

(3) 이는 근로자의 권익을 더욱 철저히 보호하기 위함이다.

PART 9 근로기준법 일반

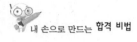
내 손으로 만드는 **합격 비법**

01 근로기준법 개관 _____

1 근로기준법의 효력과 적용원칙

(1) **규범적 효력** : 근로기준법은 최저 기준이므로, 이 법을 위반하는 취업규칙이나 근로 계약은 무효이다.

(2) **유리조건우선의 원칙** : 노동법의 특수성을 고려하여 하위의 법원이 상위의 법원보다 근로자에게 유리할 때 하위의 법원이 우선 적용되는 원칙(단체협약 > 취업규칙 > 근로계약 > 근로기준법)

2 근로기준법상 근로자 및 사용자

(1) **근로자란?**
  ① 직업의 종류와 관계없이
  ② 임금을 목적으로
  ③ 사업이나 사업장에
  ④ 근로를 제공하는 자

(2) **사용자란?**
  ① **사업주** : 그 사업을 책임지고 경영하는 주체
  ② **사업경영 담당자** : 사업경영 일반에 대하여 권한과 책임, 사업주로부터 사업경영의 전부 또는 일부를 위임받은 자, 대외적으로 사업을 대표하거나 대리하는 자
  ③ **사업주를 위하여 행위하는 자** : 인사, 노무, 급여관리 등 근로자의 근로조건 결정 또는 근로의 실시에 관하여 지휘명령 및 감독 권한

3 근로계약

(1) **근로계약과 고용계약**
  ① **근로계약** : 근로자가 사용자에게 근로를 제공하고 사용자는 이에 대하여 임금을 지급할 것을 목적으로 체결하는 계약

② 민법상 노무제공 계약
　ⓐ 고용 : 당사자 일방이 상대방에 대하여 노무를 제공할 것을 약정하고 상대방이 이에 대하여 보수를 지급할 것을 약정
　ⓑ 도급 : 당사자의 일방이 어떤 일을 완성할 것을 약정하고, 상대방이 그 일의 결과에 대하여 보수를 지급할 것을 약정함으로써 성립하는 계약
　ⓒ 위임 : 당사자 일방이 상대방에 대하여 사무처리를 위탁하는 계약

(2) 근로계약의 체결 금지 사항
① 위약예정의 금지 : 근로계약 체결 시 근로계약 불이행에 대한 위약금 또는 손해배상액을 예정하는 것을 금지(실제 손해액과 상관없이 일정금액 청구 금지)
② 전차금 상계 금지 : 사용자는 전차금과 근로할 것을 조건으로 임금을 상계할 수 없음
③ 강제저금 금지 : 사용자가 근로자의 임금으로 강제 저축 금지

4 수습 · 시용 · 채용내정

(1) 수 습
① 정식 채용 후 교육 등을 통해 업무능력, 적응능력을 향상시키는 것
② 본 계약 체결을 정당한 사유없이 거부할 수 없음

(2) 시 용
① 정식 채용 전 시험적으로 고용하여 일정기간 동안 업무수행을 평가하는 것
② 반드시 시용계약을 체결하여야 함
③ 근로기준법이 적용됨

(3) 채용내정
① 졸업예정자에게 합격통지를 하고 '졸업'하면 채용할 것을 약정하는 것
② 채용 내정의 취소는 근로기준법상 '해고'에 해당, 정당한 사유가 없으면 부당해고로서 무효임

5 단시간 근로자의 근로조건

(1) 1주 동안의 소정 근로시간이 사업장에서 같은 종류의 업무에 종사하는 통상 근로자의 1주 동안의 소정근로 시간에 비하여 짧은 근로자
(2) 소정근로시간을 초과하여 근로하게 하는 경우에는 1주 12시간 초과불가

내 손으로 만드는 **합격 비법**

(3) 초과근로에 대하여 통상임금의 100분의 50 이상을 가산하여 지급

(4) 초단시간근로자는 유급주휴일, 연차유급휴가, 퇴직금 적용을 배제

6 취업규칙

(1) **개념** : 사용자가 임금이나 근로시간 등의 기본적인 근로조건과 복무규율을 획일적, 체계적, 구체적으로 정한 자치규범

(2) **신고 의무** : 상시 10명 이상의 근로자를 사용하는 사용자는 취업규칙을 작성

(3) **취업규칙 변경절차**

① 사용자는 취업규칙의 작성 또는 변경에 관하여 해당 사업 또는 사업장에 근로자의 과반수로 조직된 노동조합이 있는 경우에는 그 노동조합, 위 노동조합이 없는 경우 근로자의 과반수의 의견을 들어야 함

② 동의없이 변경할 경우 : 변경된 부분 무효 → 변경 전의 취업규칙이 적용됨

02 근로시간, 임금

1 근로시간 관리

(1) **기준 근로시간**

① 기준 근로시간은 근로자의 최장근로시간을 정하고 있는 법정근로시간을 의미

ㄱ 성인 근로자의 경우 : 1일 8시간, 1주 40시간

ㄴ 연소 근로자의 경우 : 1일 7시간, 1주 30시간

ㄷ 유해, 위험작업의 경우 : 1일 6시간, 1주 34시간

(2) **소정 근로시간** : 기준 근로시간 중 당사자가 합의한 근로시간

(3) **연장·야간·휴일 근로의 제한**

구 분	기준 근로시간		연장근로	야간/휴일근로
	1일	1주		
성인근로자	8시간	40시간	당사자간 합의 1주 12시간 이내	
연소근로자 (18세 미만)	7시간	30시간	당사자간 합의 1일 1시간 1주 5시간 이내	본인 동의 노동부 장관 인가

여성근로자	일반근로자	8시간	40시간	당사자 합의 1주 12시간 이내	본인 동의
	산후 1년 경과하지 않은	8시간	40시간	단체협약이 있는 경우라도 1일 2시간, 1주 6시간 1년 150시간 초과 불가	본인 동의 노동부 장관 인가
	임신 중인	8시간	40시간	불 가	본인 명시적 청구 노동부 장관 인가
유해 · 위험작업		6시간	34시간	불 가	

2 임금관리

(1) 개념 : 임금이란 사용자가 근로의 대가로 근로자에게 임금, 봉급 그 밖에 어떠한 명칭으로든지 지급하는 일체의 금품을 말한다.

(2) 통상임금

① 통상임금이란 근로자에게 일률적, 고정적, 정기적으로 총 근로에 대하여 지급하기로 정한 금액을 말한다.

② 해고예고수당, 연장 · 야간 · 휴일근로수당, 연차유급휴가수당, 출산전후휴가급여는 통상임금을 기초로 하여 계산된다.

(3) 평균임금

① 산정하여야할 사유가 발생한 날 이전 3개월 동안에 그 근로자에게 지급된 임금의 총액을 그 기간의 총일수로 나눈 금액을 말한다.

② 퇴직금, 휴업수당, 연차유급휴가수당, 재해 보상 및 산재보험급여, 실업급여는 평균임금을 기초로 하여 계산된다.

(4) 가산임금 : 연장근로, 야간근로(하오 10시 ~ 상오 6시까지) 또는 휴일근로에 대하여 통상임금의 100분의 50 이상을 가산하여 지급하는 것을 말한다.

> 이해더하기 ➕
>
> 휴일근로수당 : 8시간 이내 휴일근로는 통상임금의 100분의 50 가산, 8시간을 초과하는 휴일근로는 통상임금의 100/100 가산 – 2018. 7. 1. 시행

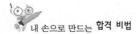

3 임금지급의 원칙 2015년 약술문제

(1) 임 금
① 사용자가 근로자의 근로에 대해 지급하는 임금·봉급 등의 일체의 금품을 말한다.
② 근로기준법에 의하여, 사용자에게는 임금에 대하여 일정 방식의 의무를 부과함으로서 근로자에게 중요한 임금이라는 채권을 보호하고자 한다.

(2) 임금지급의 원칙 및 예외
① 통화불 원칙
  ㉠ 원칙 : 임금은 근로자에게 현금 등의 통화로서 지급해야 한다는 것
  ㉡ 예외 : 단체협약의 예외만 인정됨
② 직접불 원칙 : 대리수령의 금지
  ㉠ 원칙 : 임금은 근로자에게 직접 지급해야 한다는 것, 중간착취를 예방하고자 함
    ※ 미성년자는 독자적으로 임금을 청구할 수 있다.
  ㉡ 예외 : 선원법의 예외(가족수령 허용), 민사집행법(집행된 금액의 공제)
③ 정기일불 원칙 : 임시임금의 예외
  ㉠ 원칙 : 매월 1회 이상 정해진 날짜에 지급해야 한다는 것, 2달에 한번 지급 등은 위법임
  ㉡ 예외 : 임시로 지급되는 임금, 수당 등
④ 전액불 원칙
  ㉠ 원칙 : 임금을 근로자에게 그 전액을 지급, 임금지급에 있어서 사업주 마음대로 공제하여서는 안 됨
  ㉡ 예외 : 세금 납부를 위한 예수금이나 노동조합에 대해 에이전시 숍(Agency shop) 등 법령이나 단체협약(Check-off)에 의한 경우는 임금의 일부를 공제 가능

4 평균임금과 통상임금 2014년 논술문제

(1) 의 의
① 임금 : 사용자가 근로의 대가로 근로자에 지급하는 임금, 봉급 등의 일체의 금품
② 평균임금 : 산정일 기준으로, 이전 3개월 동안 지급된 임금총액을 그 기간의 총일수로 나눈 금액
③ 통상임금 : 시간외 수당, 주휴수당, 성과급 등을 제외하고, 근로자에게 지급된 정기적·일률적인 근로대가(기본급 + 제수당)
④ 특별한 사유로서, 상여금이라 하더라도 정기적이고 일률적인 경우는 통상임금에도 산입해야 한다는 판례가 존재하고, 만약 통상임금이 평균임금을 초과하는 경우에는 그 통상임금을 평균임금값으로 한다.

(2) 평균임금과 통상임금의 산정사유 : 두 임금체계의 활용 용도가 다르다.

① **평균임금** : 퇴직금과 실업급여 등의 기준이 됨. 실업급여는 평균임금의 50%를 지급하며, 퇴직금은 평균임금에 근속연수를 곱하여 산정

② **통상임금** : 시간 외 근무수당, 주휴/야간 근무수당의 기준. 주휴/야간일/시간외로 근무할 경우 통상임금의 150%를 지급하게 되고, 야간이나 시간외 수당 등이 겹칠 경우 통상임금의 200%를 지급

(3) 평균임금의 조정

① 업무상 재해나 휴업으로 인한 퇴직근로자의 평균임금 산정에서, 장래 경제상황의 변동에 따른 임금변동을 맞추어 조정한다.

② 동일사업장의 동종근로자 통상임금이 월 평균액 5/100 이상 변동시, 이에 맞춰 피재해근로자 평균임금도 증감한다.

③ 이는 휴업, 장해, 유족, 일시보상 등에 산정되므로 근로자 평균임금 저하를 방지한다. 만약 동종 직종이나 사업장이 사라진 경우에는 유사직종으로 대체하여 산정한다.

 이해더하기 ✚

정기상여금 관련 판례
- 대법원 2013. 12. 18. 선고 2012다89399 전원합의체 판결
- [퇴직금] 〈통상임금 사건(정기상여금)〉 [공2014상,236]
- 판시사항

① 어떠한 임금이 통상임금에 속하는지 판단하는 기준 및 근로기준법상 통상임금에 속하는 임금을 통상임금에서 제외하기로 하는 노사합의의 효력(무효)

② 갑 주식회사가 상여금지급규칙에 따라 상여금을 근속기간이 2개월을 초과한 근로자에게는 전액을, 2개월을 초과하지 않는 신규입사자나 2개월 이상 장기 휴직 후 복직한 자, 휴직자에게는 상여금 지급 대상기간 중 해당 구간에 따라 미리 정해 놓은 비율을 적용하여 산정한 금액을 각 지급하고, 상여금 지급 대상기간 중에 퇴직한 근로자에게는 근무일수에 따라 일할계산하여 지급한 사안에서, 위 상여금은 통상임금에 해당한다고 한 사례

③ 노사가 정기상여금을 통상임금에서 제외하기로 합의하고 이를 전제로 임금수준을 정한 경우, 근로자가 노사합의 무효를 주장하며 정기상여금을 통상임금에 포함하여 산정한 추가 법정수당을 청구하는 것이 신의성실의 원칙에 위배되는지 여부

④ 갑 주식회사가 일정 기간 한시적으로 관리직 직원에게 상여금을 매월 지급하였던 것을 제외하고는 상여금지급규칙에 따라 관리직과 생산직 직원 모두에 대하여 동일한 지급률과 지급 기준을 적용하여 상여금을 지급하였고, 노동조합과 체결한 단체협약에서 상여금을 통상임금 산입에서 제외하였는데, 노동조합원이 아닌 관리직 직원 을에 대해서도 단체협약을 적용하여 상여금이 제외된 통상임금을 기초로 법정수당을 산정·지급한 사안에서, 제반 사정들에 대하여 제대로 심리하지 아니한 채 미사용 연차휴가수당 등의 지급을 구하는 을의 청구가 신의칙에 위배되지 않는다고 본 원심판결에 법리오해 등의 위법이 있다고 한 사례

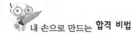
내 손으로 만드는 **합격 비법**

03 임금정책 2017년 논술문제

1 최저임금제도 2011년 약술문제

(1) 최저임금(Minimum wage system)의 의의

① 국가가 노사간 임금결정과정에 개입하여 임금의 최하수준을 정하고, 수준 이상의 임금지급을 강제하는 법적 보호제도이다.

② 국내에서는 1988년부터 실시되었다.

③ 최근 최저임금의 변동폭(2016 ~ 2018년)

구 분	최저임금
2016년	6,030원
2017년	6,470원
2018년	7,530원
2019년	8,350원

(2) 최저임금제도의 목적

① **사회정책적 목적** : 저임금 근로자의 소득을 증대시켜 빈곤을 퇴치하고, 미숙련 근로자의 노동력 착취를 방지한다.

② **경제정책적 목적** : 저임금 근로자의 구매력을 증대시켜 유효수요의 축소를 방지한다.

③ **산업정책적 목적** : 저임금에 의존하는 경쟁을 지양하고 장기적으로 공정경쟁을 이루도록 한다.

(3) 최저임금제도의 심의기준 : 근로자의 생계비, 유사 근로자의 임금, 노동생산성, 소득분배율(부가가치/인건비) 등 4가지 기준에 기초한다.

(4) 최저임금제도의 문제점

① 노동력 공급의 과잉시, 기업은 최저임금 이하의 성과를 창출하는 근로자의 고용을 회피하며 이는 실업률의 증가로 연결된다.

② 최저임금은 인건비 인상을 가져오고, 이에 대한 원가상승 및 제품가격 상승 등의 부담은 소비자가 떠안게 된다.

※ 그럼에도 불구하고, 최저임금제도는 빈곤퇴치, 공정경쟁유도, 근로의욕제고 및 임금 관련 갈등을 줄이는 긍정적 기준으로 평가된다.

내 손으로 만드는 **합격 비법**

경영지도사 2차 인적자원관리 한권으로 끝내기

이해더하기 ➕

최저임금법 개정(2018. 5. 28. 국회 개정안 통과)
• 적용시점 : 최저임금의 결정고시에 의해 2019. 1. 1. 시행
• 적용범위 : 최저임금의 산입범위
• 정기상여금 : 매월 1회 이상 지급되는 정기상여금(단, 월 환산액 25% 초과 분)
• 복리후생비(식비, 숙박비, 교통비 등) : 단, 월 환산액 7% 초과 분

---

2 임금피크제 [2010년 약술문제]

(1) 의 의

① **임금피크제(Salary peak)** : 종업원이 일정 연령이 되면 임금을 점진적으로 삭감하는 대신 고용을 보장하는 제도이다.

② **Work sharing의 일종** : IMF 이후 사회문제로 자리잡은 고령층 실업을 완화하고, 인건비 부담도 덜 수 있으며 고령층의 풍부한 경험과 노하우를 살릴 수 있는 장점이 존재한다.

③ 반면, 일률적인 임금피크제 적용으로 임금수준 하락의 편법으로 작용하거나, 특히 공기업의 경우는 노령자 구제수단의 일환으로 악용될 수 있다는 것이 단점이다.

④ 도입에 있어서도 기존 구성원의 반발이 존재할 것으로 예상되므로, 충분한 합의가 필요하다.

(2) 종 류

① **정년보장형** : 단체협약이나 취업규칙으로 정해진 정년연장을 보장하는 것을 전제로 기업이 특정연령이 지난 일정시점부터 임금을 조정하는 제도이다.

② **정년연장형** : 정년을 연장하는 대신 연장된 정년기간 혹은 일정기간 만큼 정년 전의 임금을 조정하는 방식이다.

③ **고용연장형** : 기업이 정년에 도달한 근로자를 일정기간 고용을 연장하는 대신 임금을 조정하는 것이다.

④ **근로시간단축형** : 준 고령자(50 ~ 55세 미만)의 근로시간이 피크시점 대비 절반 이상으로 감소하는 것이다.

⑤ **재고용형** : 정년퇴직 후 재고용하면서 임금을 줄이는 방식이다.

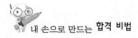

04 휴게, 휴일, 휴가관리 2017년 약술문제

1 휴게시간의 부여

(1) 근로시간이 4시간인 경우에는 30분 이상, 8시간인 경우에는 1시간 이상의 휴게시간을 근로시간 도중에 주어야 한다.

(2) 휴게시간은 근로제공의 의무가 없는 시간이므로 근로시간에 포함되지 않는다.

2 휴 일

(1) 법정휴일은 주휴일, 근로자의 날이다.

(2) 주휴일은 1주간의 소정근로일수를 개근해야 유급이 가능하다.

(3) 주휴일은 어느 요일이든 상관없다. (꼭 일요일에 주어야 하는 것은 아님)

3 연차휴가

(1) 1년간 80퍼센트 이상 출근한 경우 15일의 휴가를 지급한다.

(2) 1년간 80퍼센트 미만 출근한 경우 1개월 개근시 1일의 유급휴가를 지급한다.
(2018. 7. 1. 개정 : 1년 미만자가 사용한 연차를 15일에서 차감하는 규정을 삭제, 1년 미만자는 1년까지 최대 11개의 연차유급휴가를 사용할 수 있고, 1년 이후에는 15개의 연차유급휴가를 사용할 수 있도록 함, 따라서 2년 미만 근로자가 쓸 수 있는 최대 연차유급휴가는 기존 15일에서 26일로 확대되었음)

(3) 3년 이상 계속 근로한 경우 최초 1년을 초과한 계속근로연수 2년에 대하여 1일 가산한다. (총 일수 25일 한도)

05 연차유급휴가 _____

1 연차유급휴가 [2015년 약술문제]

(1) 의 의

① **연차유급휴가** : 쉬고서도 출근한 것으로 간주되어 통상임금이 지급되는 휴가를 의미한다.

② 주 40시간 사업장의 경우 직전년도에 8할(약 292일) 이상 출근한 경우 15일의 유급 휴가가 주어지고, 근로기간 1년 미만 근로자는 1개월 개근시 1일 유급휴가가 주어진다.

③ 계속하여 3년 이상 근속하는 경우에는 1년을 초과하는 계속 근로 연수 매 2년 단위로 1일을 가산할 수 있으며, 최대 휴가는 25일 한도이다.

④ 사용자는 근로자가 원하는 시기에 휴가를 주어야 한다. 단, 근로자가 청구한 시기가 사업운영에 막대한 지장이 있는 경우는 그 시기를 변경할 수 있다.

(2) 연차 사용 촉진 제도

① 사용자가 근로자에게 잔여 유급휴가 일수를 서면으로 알려주어 근로자가 사용 시기를 정하여 서면으로 통보하는 제도이다.

② 한국 근로자들의 잔여 연차일수가 5.6일(국회입법처 2016년 11월 29일 발표 자료)로 연차 사용이 쉽지 않은 상황에서 이를 독려하기 위해 시행되었다.

③ 연차 사용 촉진 제도에 의한 연차 사용 촉진에 대해 사용자가 통지하면 10일 이내 근로자가 이에 대해 그 사용 시기를 통보하여야 하고, 그렇지 않으면 사용자는 기간 종료 2개월 전까지 근로자 휴가 시기를 정하여 근로자에게 서면 통보하여야 한다.

④ 만약, 사용자가 연차 사용을 통보했음에도 불구하고, 근로자가 연차를 사용하지 않으면 연차유급휴가는 소멸하고 사용자는 이를 보상할 의무가 없다.

(3) 연차 사용 촉진 제도의 주의사항

① 서면이 아닌 것은 인정되기 어려움 : 전자문서, 이메일 등은 분쟁발생의 여지가 존재한다.

② 계속근로기간 1년 미만 근로자는 제외 : 연차사용촉진제도는 1년 이상 근로하여 발생된 연차에 해당되므로, 1개월 개근시 부여된 연차는 해당사항이 없다.

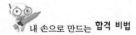

06 퇴직금, 퇴직연금 　2012년 약술문제

■ 퇴직연금제도의 의의

퇴직 종업원에게 일정기간, 일정액의 급여를 제공하는 것으로 '퇴직금 제도의 연금화'를 의미한다.

② 퇴직연금제도의 도입배경

(1) **현행 퇴직금의 노후 소득보장기능 미흡** : 현행의 퇴직금은 일시금으로 지급되어 사업, 생활자금으로 사용됨에 따라 노후 소득보장 수단으로서는 부적절한 문제를 내포한다.

(2) **불안정한 퇴직금 수급권** : 퇴직금을 적립하지 않거나 운영자금으로 사용하는 기업이 많은 상황에서 기업 도산 시에는 지급확보의 어려움이 존재한다.

(3) **다층적 보장체계의 필요** : 핵가족화의 보편화로 인한 노인부양문제의 이슈화, 이에 퇴직연금제도는 사적연금을 보완해 주는 효과가 있다.

③ 퇴직연금제도의 유형

(1) **확정급여형(DB ; Defined Benefits Plan)**
　① 노사간 퇴직 후 지급받을 연금수준을 미리 정하고, 현재부터 납입금액을 역산하여 적립한다.
　② 확정된 액수를 지급받을 수 있고 안정성이 높으나, 기금고갈의 염려와 이직시 연속성의 유지 곤란의 문제가 존재한다.
　③ 주로 위험 회피형 성향이 강한 유형이다.

(2) **확정기여형(DC ; Defined Contribution Plan)**
　① 매월 일정액 노사 양측(혹은 단측)에서 각출하여, 종업원의 계좌에 적립 후 종업원 운영실적에 따라 연금을 수령, 손실위험은 근로자가 부담하는 것이 특징이다.
　② 기업부담의 경감이나, 자본시장 활성화에 도움이 되며 근로자가 이직시에도 연속성이 지속될 수 있는 장점이 있다.
　③ 그러나, 투자위험을 부담하게 되므로 연금액이 불확실하다는 단점이 존재한다.
　④ 주로 위험 선호형 성향이 강한 유형이다.

(3) 개인퇴직계좌형(IRA)

① 근로자가 퇴직시에 받은 퇴직일시금을 개인 퇴직계좌를 설정하여 운용하는 제도이다.

② 월급통장이 아닌 운용수익을 볼 수 있는 통장을 따로 개설. 정부 차원에서의 충분한 세제혜택 등을 지원한다.

③ 퇴직금이 중간정산을 통하여 노후자금이 아닌 다른 용도로 사용되는 것을 방지하기 위함이다.

④ 확정기여형 제도에 '연속성'이라는 기능이 추가된 유형이다.

4 확정급여형과 확정기여형의 차이

(1) 관리 주체 : 확정급여형은 기업에서 관리를 하게 되나, 확정기여형은 은행 등 사외위탁의 형태이다.

(2) 운용 : 확정급여형은 적립 수준을 노사 협의하에 책정하지만, 확정기여형은 스스로 운용하여 투자 위험을 노출한다.

(3) 수급 안정성 : 확정급여형은 연금 미수급의 위험이 존재하나, 확정기여형은 기업 도산시에도 연금수급권을 확보한다.

5 퇴직연금제도의 운영방안

(1) 노사간의 합의 : 무조건적인 연금 도입은 노사간의 갈등을 초래할 수 있으므로, 충분한 협의를 거쳐 시행하고, 개인이 선택할 수 있는 선택권을 부여하는 것도 중요하다.

(2) 안정적인 관리 : 개인이 투자의 위험을 가져야 하는 확정기여형의 경우는 잘못된 투자시 연금의 의미가 퇴색되므로 상품화가 아닌 안정적 관리가 실시되어야 한다.

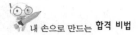

07 취업규칙 　2012년 논술문제

1 의 의

(1) 취업규칙

① 근로자가 준수해야 할 규율, 임금, 근로시간, 휴일, 휴가, 퇴직에 관한 사항, 기타 근로사항에 대해 사용자가 정한 구체적 규칙이다.

② 일반적으로는 개별 근로계약을 하나, 어느 정도 정형화된 틀이 존재하므로 계약 체결시 취업규칙을 준용한다.

(2) 근로기준법은 취업규칙에 대해 감독규정을 두고 있으며, 상시근로자 10인 이상 사업주는 취업규칙 작성시 노동부 장관에 신고하고, 장관은 이를 승인하거나 변경을 명할 수 있다. 취업규칙은 단체협약, 법령에 반할 수 없으며, 그러한 경우는 무효가 된다.

2 취업규칙의 법적 성질

(1) 종속적 노동관계의 현실에 입각하여 실질적으로 불평등한 근로자의 입장을 보호·강화하여, 그들의 기본적 생활을 보호·향상시키려는 목적이 있다.

(2) 따라서 작성을 강제하고 이에 범규범설을 부여한 것이라 규정한다.

3 취업규칙의 불이익 변경

(1) 불이익 변경이란, 기존의 근로조건을 근로자에게 불이익하게 변경시키거나 근로자에게 불리한 근로조건을 신설하는 것을 의미한다.

(2) 불이익한 경우의 판단은 변경 취지, 사업장 성질, 제반사정 등을 종합적으로 고려하여 구체적으로 판단하나 단순한 연장근로 축소, 단순 정원 조정 등은 불이익한 경우로 보지 않는다.

4 불이익 변경 동의 절차

(1) 취업규칙 작성시에는 일반적으로 근로자 참여라는 절차(청취)가 필요하지만, 불이익 변경시에는 과반수 노동조합의 조합장의 동의를 얻어야 한다. 또는 노동조합이 없는 경우는 불이익 변경되는 취업규칙에 적용을 받는 과반수 근로자의 동의를 얻어야 한다.

(2) 이 과정에서 집단의사결정, 회의 등의 방식으로 동의를 얻거나 사업장 단위로 의견을 교환하여 찬반의견을 집약한 후 전체적으로 취합한다.

(3) 불이익한 취업규칙을 변경한 경우 근로자의 동의를 받지 못한 상황 하에서는 원칙적으로 효력이 발생하지 않으나, 예외적으로는 신규 근로자에게는 변경의 효력이 미친다. (상대적 무효설)

08 근무유연제(탄력, 선택, 재량, 간주 근로시간제도)

2013년 논술문제 | 2007년 약술문제

1 의 의

이는 우리나라 근로시간제도가 경직되어 있는 측면이 다소 강하므로, 이를 유연하게 적용하기 위해 제도가 도입되었다.

2 탄력적 근로시간제도

(1) 업무에 따라 근로시간을 유연하게 운영하는 제도이다.

(2) 바쁜 기간에는 근로시간을 늘리고, 한가한 시간에는 줄여서 이를 탄력적으로 배분하여 근로시간을 효율적으로 운영한다.

(3) 주 단위 탄력적 근로시간제

① 사용자는 취업규칙에서 정하는 바에 따라 2주 이내 기간 평균하여 1주간 근로시간 40시간 초과하지 않는 범위에서 특정 주의 근로시간을 40시간, 특정일에 8시간을 초과하여 근로하게 할 수 있다.

② 단, 특정 주는 48시간을 초과할 수 없다.

③ **월 단위의 탄력적 근로시간제**

㉠ 3개월 이내 기간 평균하여 1주간 근로시간이 40시간 초과하지 않는 범위에서 특정 주에 40시간, 특정일에 8시간을 초과하여 근로하게 할 수 있다.

㉡ 단, 특정 한 주의 근로 시간은 52시간을, 특정일 근로시간은 12시간을 초과하지 않아야 한다.

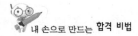

내 손으로 만드는 **합격 비법**

3 선택적 근로시간제도

(1) 노사합의로 총 근로시간을 정하여 그 범위 내에서 매일의 종업시간을 근로자 스스로 자유롭게 선택할 수 있는 제도이다. 종업원의 사기증대, 근태감소, 생산성이 증가되며 여성 근로자에게 특히 유리하다. 다만, 회의/업무일정 조정이 어렵고 우리나라 정서상으로는 힘들다는 단점이 있다.

(2) 선택적 근로시간제도는 1개월 이내 정산기간 평균하여 1주간 근로시간이 40시간 초과하지 않는 범위에서만 허용된다.

4 재량적 근로시간제도

(1) 업무 성질에 비추어 업무 수행수단, 시간배분 등 결정에 구체적 지시를 하기 곤란한 경우 사용자가 수행방법을 근로자의 재량에 맡기고 근로시간은 서면합의로 정한 시간을 근로한 것으로 보는 제도이다.

(2) 신기술 연구개발, 자연과학분야 연구업무, 정보처리 분석업무, 신문·방송 또는 출판사업에 있어서 기사의 취재·편성 또는 편집 업무, 의복·실내장식·공업제품 광고 등의 디자인 또는 고안 업무, 방송프로 제작 감독업무 등이 있다.

5 인정(간주) 근로시간제도

(1) 출장, 기타 사유로 근로시간 일부 또는 전부를 사업장 밖에서 근로하여 근로시간을 산정하기 어려운 경우 소정 근로시간을 근무한 것으로 본다.

(2) 단, 합의가 있으면 합의에서 정한 시간을 통상 필요한 시간으로 간주한다.

징 계

01 징계 개관

1 징 계

(1) 직장복무규율 등을 위반한 근로자에 대하여 사용자가 취하는 제재조치를 말한다.

(2) 단, 근로기준법 23조에 의해 정당한 이유 없이 해고, 휴직, 정직, 기타 징벌을 할 수는 없다.

2 징계의 종류

(1) **견책, 경고** : 견책이란 시말서를 제출하게 하는 징계이며, 경고는 구두나 문서로 훈계하는 징계방법이다.

(2) **감봉** : 임금의 일정액을 공제하는 징계방법이다. 1회의 감급액은 평균임금 1일분의 반액, 임금지급기에 있어서는 임금총액의 1/10을 초과하지 못한다.

(3) **출근정지** : 근로계약은 존속되나, 근로제공을 일정기간 금지시키는 것이다.

(4) **징계해고**
① 근로자의 일방적 의사표시로서 그 제재의 효과가 가장 크다.
② 근로자가 직장질서 및 계약의무 위반이 중대할 경우 취하는 조치로서, 단체협약이나 취업규칙에 기준과 절차를 둔다.
③ 징계사유와 균형성이 이루어져야 한다.

3 징계의 정당성

(1) **실질적 정당성**
① 사용자는 기업질서 유지 등 정당한 이유가 있는 경우에 한하여 징계가 가능하며 사생활이나 정당한 조합활동을 이유로 징계해서는 아니된다.
② 구체적 사례로는 직무태만, 업무방해, 불법쟁의, 경력사칭 등이 존재한다.

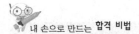

(2) 절차적 정당성 : 단체협약, 취업규칙에 절차규정이 있는 경우 이를 위반한 징계는 무효가 되며, 절차가 없는 경우에는 소명권 부여 등 최소한의 절차를 걸쳐 시행해야 한다.

4 사용자가 정당한 이유 없이 징계를 취한 경우, 벌칙적용은 물론 사법상 효력도 부인된다. 이에 근로자는 노동위원회에 구제를 신청할 수 있다.

02 해고 및 부당해고 2009년 논술문제

1 의 의

(1) **해고** : 사용자가 고용계약을 해제하여 근로자를 내보내는 것이다.

(2) 근로기준법 26조(해고의 예고)에 의하여 적어도 30일 전에는 해고를 예고해야 하며, 해고 시에는 사유와 시기를 서면으로 통보해야 한다. 단 해고 예고의 예외사유가 존재한다.

2 해고의 예고 예외사유

(1) **부득이한 사유** : 천재·지변, 그 밖의 부득이한 사유로 사업을 계속하는 것이 불가능한 경우

(2) **근로자의 귀책사유** : 고의, 중대한 과실로 사업장에 막대한 지장을 초래하거나 재산상 손해를 끼친 경우

(3) **해고예고의 적용 예외대상** : 일용근로자, 2개월 이내 기간근로자, 6개월 미경과 월급근로자, 계절적 업무에 6개월 이내 기간을 정하여 사용된 자, 수습근로자 등

3 부당해고

(1) 근로자에게 정당한 이유 없이 해고, 휴직, 정직 등 그 밖의 징벌을 행하는 경우를 의미한다.

(2) 근로기준법상 이런 부당행위는 제한되며, 근로자가 부당해고를 당할 경우 근로기준법 제28조에 의거하여 근로자는 노동위원회에 3개월 이내 구제신청이 가능하다.

4 구제명령

(1) 노동위원회는 구제신청 접수시 지체 없이 조사를 행하고, 관계당사자를 심문하여 조사를 하고 부당해고가 성립할 경우 구제명령을 내릴 수 있다. (근로기준법 제30조)

(2) 구제명령은 근로자 희망시에는 원직복직, 그렇지 않을 경우 해고기간 동안 받을 수 있었던 임금을 사용자에 지급하도록 명할 수 있다.

(3) 만약, 구제명령(기각명령)에 불복하는 사용자나 근로자는 10일 이내 중앙노동위원회에 재심을 신청할 수 있다.

(4) 구제명령을 이행 기간까지 이행하지 않을 경우 이를 이행할 때까지 2년간 매년 2회 이내 범위에서 2천만원 이하의 이행 강제금이 부과되며(근로기준법 33조), 이를 납부기한까지 납부하지 않을 경우 국세 체납처분의 예에 따라 징수할 수 있다.

03 경영상의 해고(정리해고) 2010년 논술문제 2015년 논술문제

1 정리해고의 의의

긴박한 경영상의 필요에 따라 인원수를 줄이거나 구성을 바꾸기 위해 행하는 것으로 해고나 징계 해고와는 달리, 근로자 귀책사유가 없더라도 사용자측 경영사정으로 해고하는 것이다.

2 정리해고의 정당성 요건

(1) 정리해고를 함에 있어서는 정당성 요건을 순차적으로 갖추어야 한다.

(2) **긴박한 경영상의 필요성**

① 근로자를 감원하지 않으면 안될 정도의 경영상 위태로운 정도로서, '도산회피설'의 입장을 취한다고 본다.

② 좀 더 넓은 범위로는 장래 위험에 대한 대비를 위한 인원삭감이 객관적이고 합리적으로 이루어진 경우 이를 인정한다.

③ 경영악화를 방지하기 위한 양도, 인수, 합병 등도 긴박한 경영상의 필요가 있는 것으로 본다.

(3) **해고회피노력**

① 정리해고 전 해고를 피하기 위한 노력을 다해야 한다는 것이다.

② 해고범위의 최소화를 위해 신규채용 중단, 근로시간 단축, 배치전환 등 가능한 모든 조치를 취하는 것을 의미한다.

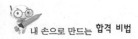

(4) 합리적이고 공정한 해고기준의 설정

① 정리해고를 위해서는 합리적이고 공정한 기준을 설정해야 하고, 이에 따라 해고 대상자를 선정해야 한다.

② 이는 경영상 이유, 사업부문 내용 및 근로자 구성 등에 따라 달라지는 등 일반적 기준이 아닌 구체적, 개별적 상황을 고려하여 판단한 것이다.

③ 근로자 대표와의 협의 : 정리해고 시행에 있어서는 노동조합 또는 근로자대표와 해고 50일 전까지 협의를 거쳐 계획을 수립해야 한다.

3 정리해고의 신고

일정 규모 이상의 인원을 해고하려면 근로기준법 24조에 의거하여 고용노동부장관에게 최초해고 30일 전까지 해고 사유, 해고 예정인원, 근로자대표와 협의한 내용, 해고 일정 등을 신고하여야 한다.

4 정리해고 이후의 우선재고용

(1) 경영상 이유로 인해 해고한 경우, 사용자는 해고한 날로부터 3년 이내 해고한 근로자가 해고 당시 담당한 업무와 동일한 업무에 근로자 채용시 해고된 근로자가 희망할 경우 우선적 채용하도록 노력해야 한다.

(2) 이를 불이행시 근로자에게는 민사상 손해배상청구권이 발생한다.

5 정부는 정리해고에 해고된 근로자에 대해 생계안정, 직업훈련, 재취업 등 필요한 조치를 우선적으로 취하여야 한다.

근로자 복지

01 근로자 복지 및 사회보장제도 [2010년 논술문제]

1 의 의

(1) 복지(Welfare) : 복지란, 인간생활에 기대되는 안정, 조화 등 이상적인 상태를 의미한다.

(2) 복지라는 단어는 단일로 사용되기보다는 다른 말과 함께 사용될 때 그 의미가 명확해진다. (예 사회복지, 산업복지 등)

2 근로자 복지

(1) 복지 가운데 그 범위를 좁혀 근로자에게 한정시킨 개념이다. 실시 주체에 따라 공공복지, 기업복지, 자주복지로 분류가 가능하다.

(2) 공공복지 : 국가, 공공단체에 의한 복지를 말한다. 산업재해보상보험, 건강보험, 국민연금, 고용보험 등이 중심이다.

(3) 기업복지 : 사업주 경영방침 등에 따른 복지로서 주거, 식사, 복지, 의료 등의 복리후생이 있다.

(4) 자주복지 : 노동조합 등이 운영하는 복지로서 구내식당, 휴게실, 합숙소 등의 시설이 있다.

3 법정 복지제도

적용대상 또는 시행이 강제되는 사회보험으로서, 국가가 사회정책을 위해 취하는 보험의 원리와 방식으로 운영되는 복지를 말한다.

(1) 산업재해보상보험 : 업무 중 예기치 못한 재해가 발생할 경우, 재해근로자와 그 가족의 생활보장을 확보하기 위한 제도이다.

(2) 건강보험

① 국민의 질병·부상에 대한 예방·진단·치료·재활과 출산·사망 및 건강증진에 대하여 보험급여를 실시하는 제도이다.

② 취약계층도 필요한 의료를 지원받도록 하여 사회보장 증진에 이바지함을 목적으로 한다.

③ **급여의 종류**

ㄱ 요양급여 : 진찰, 약제, 처치, 수술 등에 대한 요양비를 지급한다.

ㄴ 상병수당(부가급여) : 질병, 부상 등으로 휴직중인 피보험자의 생활을 보장하기 위한 소득급여이다.

④ **급여의 형태**

ㄱ 현물급여 : 의료기관에서 진찰받는 의료 자체를 급여내용으로 하는 급여방식이다.

ㄴ 현금급여 : 진찰이나 치료를 받는데 필요한 금액을 현금으로 지급한다.

ㄷ 단, 저소득근로자의 지급능력부족과 부작용 방지를 막기 위해 일반적으로는 현물 급여를 원칙으로 통용한다.

ㄹ 건강보험은 재정적자의 문제를 가지고 있으므로, 근본적 해결을 위해 징수율을 제고하고 자영업자의 소득체계를 명확화 할 필요가 있다.

(3) 국민연금 : 노령, 장애 또는 사망에 연금급여를 지급한다.

① **국민연금과 같은 공적연금의 특징**

ㄱ 장기간에 걸쳐 생활상의 보호를 받는다.

ㄴ 개개인 Need에 대응하는 것이 아닌, 미리 설정된 획일적 금액을 제공한다.

ㄷ 사후적 구빈책이 아닌, 보험기술에 기반을 둔 사전적 구빈책이다.

ㄹ 자산조사(Means test)를 하지 않는다.

② **국민연금과 퇴직연금과의 관계**

ㄱ 근로자의 노후소득보장제도는 '3층 보장이론'으로 설명 가능하다.

ㄴ 1층은 공적연금, 2층은 퇴직연금, 3층은 개인연금(저축)으로, 노후보장은 이들 세 가지 제도가 상호 보완하는 과정에서 충분한 구축이 이루어진다.

(4) 고용보험

① 실직한 근로자에게 일정 기간 동안 실업급여를 지급하여 상실소득의 일부를 보상함으로써 생활안전에 기여한다.

② 실업의 예방, 고용의 촉진 및 근로자의 직업능력 개발과 향상을 꾀하고, 국가의 직업지도와 직업소개 기능을 강화하여 근로자의 구직 활동을 촉진한다.

③ 실직자의 복지를 증진시키지만, 구직노력을 게을리하며 실업기간을 연장시키는 부정적인 면이 존재한다.

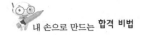
내 손으로 만드는 **합격 비법**

④ 고용보험의 사업내용

㉠ 실업급여 : 실직한 근로자에게 급여를 지급하여 생활안정을 도모한다.

㉡ 직업능력개발수당 : 직업훈련 수강시 기본급여 외에 지급되는 수당이다.

㉢ 조기재취업수당 : 기본급여에 안주하여 재취업활동에 소홀히 하지 않도록 지급하는 것이다.

㉣ 고용안정사업

• 근로자가 자기 적성에 맞는 직업을 선택하고 원하는 직장에 취업하도록 각종 정보를 제공한다.

• 전직훈련, 인력재배치, 고령자/여성 유휴 인력 촉진을 위한 고용촉진지원사업 등으로 구분이 가능하다.

㉤ 직업능력개발사업

• 기업 내에서 근로자의 직업능력개발이 지속적으로 이루어지도록 여러 유인책을 제공한다.

• 노동생산성향상, 임금수준 향상을 도모하고 기업의 경쟁력을 강화하기 위한 제도적 장치로서 활용한다.

⑤ 실업급여는 피보험기간과 연령에 따라 최소일수 90일부터 최대일수 240일까지 직전 급여의 평균임금의 50%을 지급한다.

⑥ 기초금액이 최저임금에 미달할 경우는 최저임금으로 지급되며, 실업급여 보험료는 노사가 1/2씩 부담하고 남은 사업에 대해서는 사업주가 전액 부담하도록 제도화한다.

02 업무상 재해

1 의 의

(1) **업무상 재해** : 근로자가 업무상 당하는 부상, 질병 또는 사망 등의 사고를 말한다.

(2) 업무상이라 함은 근로시간 중 사용자의 명령에 의한 행위를 포함하여 출장, 출근 등을 광의적으로 포함한다.

2 업무상 재해의 인정기준

(1) **업무상 발생하는 사고** : 업무상 사고와 질병의 해당여부는 각 상황에 맞게 판단한다.

(2) **상당인과관계의 여부** : 업무상 발생했더라도 상당인과관계가 없는 경우는 해당되지 않는다. (상당인과관계 : 어떤 원인이 있으면 그러한 결과가 발생하리라 보는 인정관계)

내 손으로 만드는 **합격 비법**

(3) 근로자의 고의성 여부

① 근로자의 고의, 자해, 범죄행위가 원인이 되어 발생한 재해는 업무상 재해로서 해당 사항이 없다.

② 단, 그 행위가 인지능력이 떨어진 상태에서 발생했으며, 인지능력이 떨어진 것과 근로자의 업무와 인과관계가 존재하는 경우에는 업무상 재해로 본다.

❸ 업무상 재해의 보상(근로기준법 제78조 ~ 제83조)

(1) 업무상 재해의 보상책임은 사용자의 과실이 없어도 책임을 묻는 '무과실 책임주의' 원칙이 적용된다.

(2) 요양보상 : 근로자가 업무상 부상 또는 질병이 생겼을 경우, 사업자는 치유에 필요한 요양을 행하거나 필요한 요양비를 부담하여야 한다.

(3) 휴업보상 : 요양을 위해 노동을 하지 못하는 경우, 사용자는 근로자 평균임금 60/100 이상을 지급해야 한다.

(4) 장해보상 : 신체에 장해가 남는 경우, 장해 정도와 보상 등급에 따라 보상이 가능하다.

(5) 유족보상

① 근로자가 사망하였을 경우 사망근로자의 유족에 대해 지불되는 보상이다.

② 연금 또는 일시금의 형태로 지급되며, 평균임금의 1,000일분을 지급한다.

③ 장의비 : 근로자가 사망하였을 경우 사망근로자의 유족에 대해 지불되는 장사비, 평균임금의 90일분을 지급한다.

노동시장의 당면 문제

01 간접고용 [2012년 논술문제]

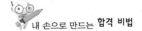
내 손으로 만드는 **합격 비법**

1 의 의

(1) **간접고용** : 노동력을 필요로 하는 사용자가 노동력을 직접 고용하지 않고 외부업체
와 도급 등을 통해 타 업체의 노동력을 사용하는 것을 말한다.

(2) 불법적인 간접고용 노동자가 늘어나고 이에 대한 인권침해에 따라, 간접고용 합법
화 및 노동자 권리보호를 위한 '파견근로자 보호 등에 관한 법률', 기간제 및 '단시
간 근로자 보호 등에 관한 법률'이 제정되었다.

2 간접고용의 종류

(1) **파견** : 파견사업주가 근로자를 사용사업장에 파견하여 사용사업주의 지휘를 받게
하는 것이다.

(2) **도급** : 수급사업자가 도급사업자로부터 위탁받은 업무 수행을 위해 근로자를 고용
하고 직접 지휘하여 업무를 수행하는 것이다.

(3) **용역** : 거래대상이 서비스인 계약으로, 업체에 일정 업무를 맡겨 수행하도록 하는
형태이다. (예 경비, 청소 등)

(4) **사내하청** : 하청업체의 주된 사업장소가 원청업체의 사업장에서 이루어지는 유형
이다.

3 파견과 도급의 차이

(1) 파견과 도급의 가장 큰 차이는 지휘, 명령을 누가 하는가에서 나타난다.

(2) 파견은 사용자가 근로자와 직접 고용계약을 맺지는 않지만 근로자를 지휘하며 업무
를 수행하나, 도급은 수급인(사용자)이 직접 고용계약을 맺은 근로자를 직접 지휘
하며 업무를 수행한다.

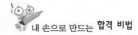
내 손으로 만드는 **합격 비법**

4 간접고용의 문제점

(1) 고용의무발생 : 파견근로자를 2년을 초과하여 계속적으로 파견근로자를 사용한 경우, 사용사업주는 당해 파견근로자를 직접 고용해야 한다.

(2) 불법파견의 인정 : 파견사업자의 형식적인 요건을 갖추지 않고 파견사업을 하거나, 파견대상업종이 아님에도 불구하고 근로자를 파견한 경우, 이는 불법 파견에 해당한다.

02 비정규직 고용형태

1 의 의

(1) 고용형태에 따른 관리, 차별금지에 대해선 근로기준법에서 총괄적으로 다루고 있다.

(2) 기간제/단시간/파견근로는 별도의 법령을 마련할 정도로 깊게 다루는데, 이는 그만큼 기간제/단기간/파견근로의 형태가 일상적이며 권익보호가 취약한 것을 의미한다.

2 비정규직 고용형태

(1) 단시간근로자

① 1주 동안 소정 근로시간이 당해 사업장의 동종업무에 종사하는 통상근로자의 1주간의 소정의 근로시간보다 짧은 근로자를 의미한다.

② 사용자는 소정 근로시간을 초과하여 근무를 시킬 때에는 동의를 구해야 하고 이 경우도 1주간 12시간을 초과할 수 없다.

(2) 기간제근로자 : 기간의 정함이 있는 근로계약을 체결한 근로자로서 2년을 초과하지 않는 범위에서 사용 가능하며, 2년이 초과하는 경우에는 기간제약 없는 근로계약을 체결한 것으로 본다.

(3) 파견근로자

① 파견사업주가 고용한 근로자로, 근로자 파견의 대상이 되는 자를 말한다.

② 원칙적으로는 1년 이내이나 1회에 한해서 1년에 한하여 연장이 가능하며, 예외적으로 고령자에 대해서는 2년을 초과하여 계약이 가능하다.

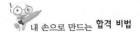

③ 비정규직 근로자의 보호

(1) 비정규직 근로자에 대해서 사용자는 차별적 대우를 하면 안되며, 차별적 처우를 받은 경우 비정규직 근로자는 차별적 대우가 있던 날로부터 6개월 경과 전까지 노동위원회에 시정요청이 가능하다.

(2) **기간제 근로자의 보호** : 기간제 근로자의 남용을 막기 위해 기간제 근로자의 고용기간을 제한하는 정책을 취한다.

(3) **단시간 근로자의 보호**

① 사용자가 단시간 근로자를 채용할 경우 임금, 근로시간 기타 근로조건을 명시한 근로계약서를 작성, 근로자에게 교부하여야 한다.

② 1년 이상 계속 근로하면 정규직과 마찬가지로 퇴직급여도 받을 수 있다. 단, 이 경우 1주간의 소정근로시간이 15시간 미만인 경우에는 적용되지 않는다

(4) **파견근로자의 보호**

① 파견근로자를 보호하는 법령의 주요내용은, 파견근로의 남용을 방지를 위해 파견근로기간은 1년을 넘지 못하도록 한다. 다만 파견사업주, 사용사업주, 파견근로자 삼자간 합의가 있는 경우 파견기간을 1회에 한하여 1년 이내 연장할 수 있으며 총 파견 기간은 2년을 초과하지 못한다.

② 파견사업주와 사용사업주는 취업사업장내에서의 파견근로자가 동종근로자와 비교, 부당한 차별적 처우를 받지 않도록 해야 하고, 파견근로자의 성별, 종교, 사회적 신분이나 파견 근로자의 정당한 노동조합의 활동 등을 이유로 파견계약을 해지할 수 없도록 한다.

④ 비정규직 차별시정제도

(1) 사용자가 비정규직 근로자(기간제, 단시간, 파견근로자)를 비교대상 근로자(무기계약근로자, 통상근로자, 직접고용근로자)에 비하여 임금 그 밖의 근로조건 등에 있어서 합리적 이유없이 불리하게 처우하는 것을 금지하는 제도이다.

(2) 차별적 처우에 대해서는 노동위원회를 통한 시정절차를 따르도록 한다.

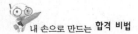
내 손으로 만드는 **합격 비법**

03 무노조기업(무노조 경영) 2009년 약술문제

❶ 무노조기업(Non-union)의 의의

노조가 없는 기업을 의미한다.

❷ 무노조기업의 발생원인

전 세계적으로 노조의 조직률은 하락하는 추세이다.

(1) 경제구조적 변화 : 노조 조직률이 낮은 화이트칼라 직종으로 경제구조가 전환되고 있다.

(2) 노동력 구성의 변화 : 노조 조직률이 낮은 여성, 비정규, 외국인 등의 경제활동 참가율이 높아졌다.

(3) 정부정책의 변화 : 고용평등법, 차별금지법 등 정부정책에 의해 집단노사관계 필요성이 줄어들었다.

(4) 사용자의 노조회피전략 : 합리적인 고충처리절차 마련 등 노조회피전략을 통해 노조 조직률 하락에 기여하였다.

❸ 무노조기업의 유형

(1) 철학적 무노조기업

① 최고경영자가 인재경영에 대한 철학을 가지고 있으며, 무노조경영은 이 과정에서의 부산물이다.

② 우수한 인적자원관리가 노조의 존재를 대체하는 효과를 지니는데, 무노조 프리미엄의 지급으로 운영되게 되므로 직무만족을 향상시켜 노조화의 동기는 자연스럽게 약화되었다.

(2) 정책적 무노조기업

① 무노조경영을 인사관리(HRM)의 목표 중 하나로 인식하고, 노조회피전략을 명시적으로 수립하였다.

② 직원을 잘 대우하여 만족도를 높여 노조가 발생하지 않게 하는 하이 로드(High road)식 정책이 있고, 노조결성 움직임을 사전에 파악하여 탄압하는 로우 로드(Low road)정책이 있다.

③ 노조를 대체할 수 있는 노사협의회 등의 '무노조직원 대표조직'을 적극적으로 활용한다.

(3) 종교적 무노조기업

    ① 종교적 믿음을 바탕으로 노사가 합심하는 것이다.

    ② 노조는 경영자와 직원의 종교간 화합을 저해하는 불필요한 제3자로서 인식되어, 노조의 결성이 명시적·묵시적으로 금지된다.

    ③ 특이한 경우로 존재자체가 의미를 가지기도 하지만, 무노조기업 중 비중은 작다.

(4) 영세 무노조기업

    ① 노조도 없고 우수 인적자원제도도 없는 중소영세기업에서 관찰되는 형태이다.

    ② 근로자는 불공정한 대우로 인해 직무만족도가 하락하며, 몰입저하, 해고 등 어려움을 겪게 된다.

    ③ 이런 형태의 기업은 노조가 결성되더라도 처우향상의 보장이 없고, 현상해결의 뚜렷한 해법이 없다.

    ④ Black hole 이라고도 부른다.

4 체계적 무노조기업의 경영상 특징

(1) 철학적 무노조경영 또는 정책적 무노조경영을 실시하는 기업을 일컫는 말로, 주로 대기업 등 사회에 큰 파장력을 가진다.

(2) 최고경영자가 신뢰, 협력의 분위기를 형성하도록 정책을 결정한다.

(3) 무노조경영을 위해서는 근로자나 인적자원 관리에 대한 관심이 실제적 투자로 이루어져야 한다.

5 무노조경영에 대한 노사관계 정책들

(1) 고용안정정책 : 노조가 없기 때문에 고용불안을 느낄 수 있으므로, 적정인력을 유지할 완충장치가 필요하다.

(2) 내부승진제도 적극활용 : 내부인력을 적극적으로 활용하여 자기개발 기회를 부여한다.

(3) 평가·보상제도

    ① 비교대상인 노조기업보다 약간 높은 수준이다. (무노조 프리미엄이라 함)

    ② 직원 간 차등을 철폐함으로써 노사간 일체감을 조성한다.

(4) 의사소통제도

    ① 노조가 없으므로 집단의사를 대변할 창구인 의사소통제도를 확보해야 한다.

    ② 정기적인 설문조사는 의견과 태도를 측정하지만, 노조 결성의 움직임을 사전파악하는 용도로도 사용이 가능하다.

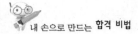
내 손으로 만드는 **합격 비법**

04 적극적 고용개선 조치 [2015년 약술문제]

1 의의 및 도입배경

(1) 적극적 고용개선조치란, 현존하는 고용 상의 차별 해소와 고용평등의 촉진을 위하여 사업주가 취하는 모든 조치와 이에 따른 절차를 말한다.

(2) 미국에서는 인종차별문제를 해결하기 위한 정책으로 시작되었고, 우리나라에서는 2006년에 여성 차별에 의하여 왜곡된 노동시장의 구조를 바로잡기 위하여 도입된 제도이다.

2 도입 필요성

(1) 여성은 자녀 양육의 일차적 책임자로서 노동시장에서 경쟁력을 확보하는데 애로사항이 있다.

(2) 이로 인한 통계적 불균형을 개선하기 위하여 남녀고용평등법에서 정한 차별금지조항과 더불어 더욱 적극적인 불평등해소 노력이 요구된다.

(3) 기업도 스스로 인적자원의 다양화를 통하여 최고의 인재를 확보할 수 있는 장점이 있다.

3 적극적 조치의 기본원칙과 내용

(1) 적극적 조치의 기본원칙은 왜곡된 노동시장의 구조를 바로잡아 공정한 경쟁이 이루어지게 하고, 나아가 소극적인 '차별 안하기'를 넘어서 실질적 평등이 이루어질 때까지 잠정적으로 차별받는 집단을 우대하는 정책을 시행하는 것을 말한다.

(2) '적극적'이라는 의미는, 만일 채용에 있어서 후보자의 조건이 동등하다면 여성 또는 소수자에게 우선권을 부여하자는 것이며, 무자격자에게 부당하게 특혜를 베푸는 것을 의미하는 것은 아니다.

4 적극적 조치와 역차별 문제

적극적 조치는 역사적으로 오랫동안 차별관행에서 상대적으로 불리한 입장에 있었던 여성 및 소수자에게 능력을 발휘할 수 있도록 기회를 주자는 취지로 시작되었지만, 이로 인한 남성에 대한 역차별 문제가 대두되고 있다.

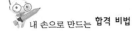

5 우리나라의 적극적 고용개선 조치의 주요내용

(1) 직종별, 직급별 남녀고용근로자 현황 제출(매년 5월 말까지)

(2) **적극적 고용개선 조치 시행계획서 제출(매년 10월 15일까지)**

① **인력활용분석** : 남녀인력 활용에 관한 불균형 여부를 분석한다.

② **여성고용목표 수립** : 1년 단위로 전 직종 및 관리직 여성고용 목표를 수립한다.

③ **고용관리개선계획** : 여성고용 목표달성을 위해 추진해야 할 제도적·관행적 개선계획을 이행시기를 포함하여 작성한다.

④ **특이사항** : 여성고용 비율이 현저하게 낮으나, 단시간에 개선하기 어려운 경우에는 사유를 기재한다.

(3) 적극적 고용개선조치 이행실적 보고서 제출

(4) 우수기업 시상

05 남녀고용평등과 일·가정 양립 지원 2017년 약술문제

1 근거 법령

남녀고용평등과 일·가정 양립지원에 관한 법률에 근거한다.

2 근거 이념

헌법이 보장하는 평등이념에 따라 고용에 있어서 남녀의 평등한 기회와 대우를 보장하고 모성보호와 여성고용을 촉진하여 남녀고용평등을 실현함과 아울러 근로자의 일과 가정의 양립을 지원함으로써 삶의 질 향상에 이바지한다.

3 주요내용

(1) 교육, 배치 및 승진 시 혼인, 임신, 출산 또는 여성이라는 이유로 남성과 차별대우를 하지 말도록 규정하였다.

(2) 직장 내 성희롱 금지 및 예방교육 실시, 고객 등에 의한 성희롱 방지 등을 규정하였다.

(3) 여성의 직업능력 개발 및 고용을 촉진한다. ⇨ 경력단절 여성의 고용촉진지원

(4) 적극적 고용개선조치

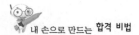

(5) 모성보호

① 난임 치료를 위한 휴가제도 도입(2018. 5. 29. 시행)

② 내용 : 근로자의 인공 수정 또는 체외 수정 등 난임 치료를 위한 휴가 규정, 연간 3일 이내에서 휴가를 부여하되, 최초 1일은 유급, 근로자와의 협의로 시기변경 가능, 난임 치료 휴가를 이유로 불리한 처우금지

(6) 일 · 가정 양립지원

① 육아휴직보장(육아휴직 1년 이내)

② 육아기의 근로시간 단축(기간 1년 이내, 단축근로시간 주당 15시간 이상이어야 하고, 30시간 이내, 근로시간 단축으로 인한 부당한 대우 금지)

③ 직장어린이집 설치 및 지원

④ 사업주는 근로자에게 가족 돌봄을 위한 휴직제도(가족돌봄기간은 최장 90일 분할가능, 분할 시 1회 기간은 30일 이상)를 제공하고, 가족돌봄휴직을 이유로 근로자를 해고하거나 근로조건을 악화시키는 등의 불리한 처우를 하여서는 안 된다.

06 가족친화제도(가족친화경영)

1 가족친화경영의 의의

가족친화경영이란 일과 가정생활을 조화롭게 수행할 수 있도록 다양한 프로그램, 정책, 교육 등의 지원을 통하여 새로운 기업문화를 만들어 가는 지속가능 경영전략을 말한다.

2 가족친화제도의 유형

(1) 자녀출산 및 양육지원 : 육아휴직, 출산전후 휴가, 임산부 지원 프로그램, 자녀학자금 지원, 임신기 근로시간 단축, 육아기 근로시간 단축, 배우자 출산휴가, 직장어린이집

(2) 유연근무제도 : 탄력적 근로시간제도, 재택근무제, 시차출근제, 단시간(시간제) 근무

(3) 가족친화 직장문화 조성 : 정시퇴근, 근로자 상담제도, 가족돌봄휴직, 장기근속지원, 가족건강검진 지원

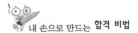

❸ 가족친화인증제

(1) 인증기관 : 여성가족부, 교육은 한국건강가정진흥원 담당

(2) 목 적

① 가족친화경영 확산을 통한 근로자의 가족구성원의 삶의 질 향상

② 근로자가 직무에 몰입하도록 하여 기업생산성과 경쟁력 강화

③ 출산율 제고, 고용안정 등으로 국가경제 발전에 기여

④ 가족친화 우수기업 홍보로 기업이미지 향상

07 연소자 및 여성 특별 보호

❶ 여성과 연소자에 대한 공통된 보호

(1) 유해위험사업의 사용금지

① 임신 중이거나 산후 1년이 경과하지 않은 여성과 18세 미만자를 도덕상·보건상 유해하거나 위험한 사업에의 사용을 금지한다.

② 이는 도덕적 해이나 풍기문란을 막기 위해서 뿐만 아니라 교육적·신체적 이유, 생명존중과 모성보호라는 취지에서 설정된 조항이다.

③ 위반 시, 3년 이하의 징역 또는 2,000만 원 이하의 벌금에 처한다.

(2) 야간, 휴일 근로의 금지

임산부와 18세 미만의 근로자는 야간 및 휴일에 근로를 하지 못한다. 다만, 18세 미만의 동의, 산후 1년 미만 여성근로자의 동의, 임신 중의 여성이 명시적으로 청구하고 고용노동부장관의 인가를 얻은 후에는 야간, 휴일 근로가 가능하다.

(3) 갱내 근로의 금지

사용자는 여성과 18세 미만 자를 갱내에서 근로시키지 못한다.

(4) 탄력적 근로시간제의 적용제외

15세 이상 18세 미만의 근로자와 임신 중인 여성은 근로자에 대해서는 탄력적 시간 근로제가 적용되지 않는다.

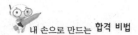
내 손으로 만드는 **합격 비법**

2 연소자의 특별보호

(1) 최저 취업연령의 보호

① 15세 미만인 자는 근로자로 사용하지 못한다.

② 예외 : 고용노동부장관의 취직인허증을 소지한 경우

(2) 연소자 증명서 비치

18세 미만의 자에 대해서는 그 연령을 증명하는 가족관계기록 사항에 관한 증명서와 친권자 또는 후견인의 동의서를 사업장에 비치하여야 한다.

(3) 미성년자의 근로계약과 임금청구

① 근로계약 체결의 대리금지 : 친권자 또는 후견인은 미성년자의 근로계약을 대리할 수 없다. 친권남용에 의한 미성년자의 강제근로를 방지하고자 하는 취지이다.

② 해지 : 친권자, 후견인 또는 고용노동부장관은 근로계약이 미성년자에게 불리하다고 인정하는 경우에는 해지할 수 있다.

(4) 임금청구 수령

미성년자는 독자적으로 임금을 청구할 수 있다. 임금의 대리수령 금지와 미성년자를 혹사하는 폐단을 방지하려는 데 그 목적이 있다.

(5) 연소자의 근로시간의 특례

① 연소근로자에게는 기준 근로시간의 특례, 시간외 근로제한, 탄력적 시간제, 선택적 근로 시간제, 연장근로 등에서 특례가 인정된다. 이는 성장단계에 있는 근로자의 건전한 성장, 발육을 보호하기 위한 취지에서 인정된 제도이다.

② 15세 이상 18세 미만자의 근로시간은 1일 7시간, 1주일에 35시간을 초과할 수 없다. 당사자의 합의에 의하여 1일에 1시간, 1주일에 5시간을 한도로 연장할 수 있다. 15세 이상 18세 미만의 근로자는 선택적 근로시간제와 탄력적 근로시간제의 대상근로자의 범위에서 제외된다.

3 여성근로자의 특별보호

(1) 시간외 근로의 보호

① 산후 1년이 경과하지 아니한 여성에 대해서는 1일 2시간, 1주일 6시간, 1년에 150시간을 초과하는 근로를 시키지 못한다.

② 이는 임산부의 피로회복에 충분한 휴식을 주고, 육아와 가사를 돌보는 시간적 여유를 주려는 취지이다.

(2) 생리휴가(무급)

① 월 1회, 근로자가 청구하는 때에 주어야 한다.

② 임시직이나 일용직 근로자도 여성근로자인 한 포함된다.

③ 생리가 없는 여성근로자에 대해서도 생리휴가는 주어야 한다.

④ 생리휴가는 그 달에 사용하지 않으면 소멸한다.

⑤ 여성근로자가 생리휴가를 청구한 경우, 이를 주지 않으면 500만 원 이하의 벌금형에 처해진다.

(3) 산전후의 임산부 보호

① 산전후 90일간 근로제공의무를 면제함 ⇨ 쌍둥이의 경우 120일

② 90일의 보호기간 중 산후에 45일 이상 되어야 한다. ⇨ 쌍둥이의 경우 60일

③ 휴가기간 중 최초 60일은 유급으로 한다.

④ 산전후 휴가는 상시 1인 이상을 사용하는 모든 사업장에 적용한다.

⑤ 유산, 사산의 경우에도 본인 청구 시에 보호휴가가 주어진다. ⇨ 인공 임신중절은 제외

⑥ 해고의 제한 : 보호휴가 및 그 후 30일간은 해고하지 못한다.

(4) 수유시간의 보장

① 생후 1년 미만의 유아를 가진 여성근로자의 청구가 있는 경우 1일 2회 각각 30분 이상의 유급 수유시간을 주어야 한다.

② 생후 1년 미만의 유아를 가진 여성근로자는 기혼, 미혼을 불문한다.

(5) 태아 검진시간의 허용

사용자는 임신한 여성근로자가 모자보건법 제10조에 의거 임산부 정기 건강진단을 받는 데 필요한 시간을 허용해 주어야 한다.

(6) 육아휴직과 직장 어린이집

① 기간 1년, 8세 이하 및 초등학교 2학년 이하 자녀 대상

② 남성근로자도 청구할 수 있다.

③ 육아기의 근무시간 단축제도 : 주 15~30시간으로 단축가능

④ 직장어린이집 : 사업주는 근로자의 취업을 지원하기 위하여 수유, 탁아 등 육아에 필요한 직장어린이집을 설치하여야 한다(남녀고용평등과 일・가정양립 지원에 관한 법률 제21조 제1항).

여기서 멈출 거예요? 고지가 바로 눈앞에 있어요.
마지막 한 걸음까지 시대에듀가 함께할게요!

기출문제 및 모범답안

2017년도 제32회 경영지도사 제2차 국가자격시험 문제지

교시	지도분야	시험과목	시험시간	수험번호	성명
3교시	인적자원관리 분야	노사관계론	90분		

※ 다음 문제를 논술하시오.

【문제 1】 위법한 쟁의행위가 발생한 경우 손해배상책임과 형사책임 및 징계 책임의 내용에 관하여 논하시오. (30점)

【문제 2】 최저임금제도의 개념, 국내 및 국외의 연혁, 결정방법(범위, 기준, 단위)을 설명하고, 최저임금제의 긍정적 효과와 부정적 효과를 논하시오. (30점)

※ 다음 문제를 약술하시오.

【문제 3】 부당노동행위의 유형 중 '노동조합의 운영비를 원조하는 행위'에 관하여 설명하시오. (10점)

【문제 4】 남녀고용평등과 일·가정 양립지원에 관한 법률상 '일·가정 양립을 위한 지원과 조치'에 관하여 설명하시오. (10점)

【문제 5】 근로기준법 제59조의 근로시간 및 휴게시간의 특례제도에 관한 내용과 문제점에 관하여 설명하시오. (10점)

【문제 6】 노사협의와 단체교섭의 의의와 내용을 비교하여 설명하시오. (10점)

2016년도 제31회 경영지도사 제2차 국가자격시험 문제지

교시	지도분야	시험과목	시험시간	수험번호	성명
3교시	인적자원관리 분야	노사관계론	90분		

※ 다음 문제를 논술하시오.

【문제 1】 단체협약의 효력확장의 의의, 일반적 구속력 및 지역적 구속력에 관하여 논하시오. (30점)

【문제 2】 사용자의 경영권의 의의와 그에 관한 학설 및 구체적인 내용에 관하여 논하시오. (30점)

※ 다음 문제를 약술하시오.

【문제 3】 직장폐쇄의 의의·요건·효과에 관하여 설명하시오. (10점)

【문제 4】 피켓팅의 의의 및 정당성 판단기준에 관하여 설명하시오. (10점)

【문제 5】 노사관계의 이중성의 의의, 개별적 관계와 집단적 노사관계, 협동적 관계와 대립적 관계에 관하여 각각 설명하시오. (10점)

【문제 6】 근로계약 당사자의 근로계약상의 기본적 권리·의무에 관하여 설명하시오. (10점)

경영지도사의 답안

본 답안은 현역 경영지도사의 모범 예시 답안이며, 채점자의 견해에 따라 표준 정답은 달라질 수 있으니 학습에 참고로만 활용하시기 바랍니다.

논술문제

문제 ① 위법한 쟁의행위가 발생한 경우 손해배상책임과 형사책임 및 징계 책임의 내용에 관하여 논하시오. (30점)

1. 위법한 쟁의행위(정당하지 아니한 쟁의행위)의 개관

(1) 정당한 쟁의행위

① 파업, 태업 등 노동관계 당사자가 자신의 주장을 관철할 목적으로 행하는 행위와 이에 대항하는 사용자의 행위로 업무의 정상적인 운영을 저해하는 행위를 말한다.

② 정당한 쟁의행위는 민·형사상의 책임이 면제되고 노동관계법상의 보호를 받는다.

③ 정당한 쟁의행위라고 하더라도, 노동조합의 쟁의행위로 피해를 입은 제3자는 사용자에 대하여 채무불이행으로 인한 손해배상책임 내지는 불법행위책임을 물을 수 있다.

(2) 위법한 쟁의행위(정당하지 아니한 쟁의행위)

① 위법한 쟁의행위는 노조법상의 조정대상이 아니고, 노동법상 보호되는 민·형사상의 면책을 받지 못한다.

② 위법한 쟁의행위로 인한 사용자 측에 손해가 발생하는 경우, 사용자에 대하여 손해배상책임을 진다.

③ 형사적으로 사용자의 영업을 방해한 경우, 업무방해, 사용자측의 퇴거요구에 불응하였다면 퇴거불응죄, 재물 피해가 있는 경우 재물손괴죄 등에 의율된다.

④ 위법한 쟁의행위로 인해 해고 등의 징계책임을 지게 된다.

2. 위법한 쟁의행위에 따른 근로자의 손해배상책임, 형사책임, 징계책임

(1) 손해배상책임이 인정되기 위해서는 고의·과실 여부, 위법행위와 손해발생사실과의 상당인과관계가 존재해야 하고, 이에 대한 입증책임은 사용자 측에 있다.

(2) 근로자의 손해배상책임

① **채무불이행책임**

ⓐ 사용자와 근로자는 근로계약이 체결되어 있으므로, 근로자에게는 노무제공의무가 있어 위법한 쟁의행위는 위 의무를 해태한 것이다.

ⓑ 따라서 근로자에게 위 노무제공의무를 위반한 채무불이행을 원인으로 한 손해배상책임이 있다.

② **불법행위책임**

ⓐ 근로자의 위법한 쟁의행위에 대해서는 민법상의 불법행위를 원인으로 한 손해배상책임이 존재한다.

ⓑ 위 위법한 쟁의행위의 가장 직접적인 책임은 불법행위책임이라고 할 것이다.

(3) 근로자의 형사책임

① **업무방해** : 근로자의 위법한 쟁의행위는 사용자의 업무를 방해한 것이므로 업무방해죄에 해당한다.

② **재물손괴** : 쟁의행위 기간 중 기계 등 재물이 손상되면 형법상의 재물손괴죄에 해당한다.

③ **주거침입 및 퇴거불응죄** : 위법한 쟁의행위 기간 동안 사용자가 점유하고 있는 건물에 들어갔다면 이는 주거침입죄에 해당하고, 사용자의 퇴거요구에 불응하였다면 퇴거불응죄에 해당한다.

④ **협박죄 등** : 쟁위행위(피케팅 등)에 과도한 물리력이 행사되면 협박죄, 강요죄 등에 의율될 수 있다.

(4) 근로자의 징계책임

① 근로자는 회사의 경영권 등에 피해를 준 경우 해고 등의 징계책임을 지게된다.

② 징계에 대하여, 근로자는 부당해고에 따른 구제신청 및 해고무효확인소송을 제기할 수 있다.

3. 위법한 쟁의행위에 따른 노동조합의 손해배상책임, 형사책임

(1) 노동조합은 쟁의행위가 적법하게 수행될 수 있도록 지도·관리·통제할 책임이 있다. (노동조합법 제38조 제3항)

(2) 따라서 노동조합은 위법한 쟁의가 발생한 경우, 손해배상책임이 있다.

(3) 노동조합의 형사책임은 관련 법령에 명시적으로 규정된 경우, 양벌규정에 따라 노동조합도 벌금형의 형사책임이 있다. (노동조합법 제94조)

4. 위법한 쟁의행위에 따른 노동조합 간부의 손해배상책임, 형사책임, 징계책임

(1) 기본적으로 노동조합 간부(집행부)가 민사상의 손해배상책임을 지는 경우는 조합간부가 위법한 쟁의행위를 지도 및 승인한 경우로서 그 범위는 위법한 쟁의행위와 상당관계가 있는 사용자의 손해에 대한 연대책임이다.

(2) 노조간부가 위법한 쟁의행위에 대하여 지도 및 승인한 경우 위법한 쟁의행위에 대한 공범으로서 형사처벌될 수 있다.

(3) 위와 같은 경우, 노조간부에 대해서도 해당기업은 해고 등의 징계책임을 물을 수 있다.

문제 ② 최저임금제도의 개념, 국내 및 국외의 연혁, 결정방법(범위, 기준, 단위)을 설명하고, 최저임금제의 긍정적 효과와 부정적 효과를 논하시오. (30점)

1. 최저임금의 개념

(1) 의 의

① 최저임금(Minimum wage system) : 국가가 노사간 임금결정과정에 개입하여 임금의 최하수준을 정하고, 수준 이상의 임금지급을 강제하는 법적 보호제도이다. 국내에는 1988년부터 실시되었다. (2016년 6,030원, 2017년 6,470원, 2018년 7,530원, 2019년 8,350원)

② 저임금 근로자를 보호하는 제도이다.

(2) 최저임금제도의 목적

① 사회정책적 목적 : 저임금 근로자의 소득을 증대시켜 빈곤을 퇴치하고, 미숙련 근로자의 노동력 착취를 방지한다.

② 경제정책적 목적 : 저임금 근로자의 구매력을 증대시켜 유효수요의 축소를 방지한다.

③ 산업정책적 목적 : 저임금에 의존하는 경쟁을 지양하고 장기적으로 공정경쟁을 이루도록 한다.

2. 최저임금의 국내 및 국외의 연혁

(1) 국외 연혁

① 1894년 뉴질랜드에서 시작된 최저임금제는 2015년 독일이 최저임금제법을 제정할 때까지 많은 선진국에서 시행하고 있는 제도이다.

② 특히 독일의 최저임금법이 2015년에서 실시된 이유는 하르쯔 개혁에 의하여 노동의 유연화 정책이 실시된 이후에 이주노동자 등 사회적 약자층의 임금 하락을 막기 위해서 위와 같은 최저임금법을 제정한 것이다.

(2) 국내 연혁

① 우리나라는 1953년 근로기준법을 제정하면서 제34조, 제35조에 최저임금제를 규정하였으나, 우리의 경제가 최저임금제를 수용할 여건이 충족되기 어렵다는 판단하에 이를 유보하였다.

② 우리나라는 위 조항을 근거로 1986. 12. 31. 최저임금법을 제정하였고, 1988. 1. 1.부터 시행하였다.

3. 최저임금의 결정방법(범위, 기준, 단위)

(1) 최저임금제도의 심의기준 : 근로자의 생계비, 유사 근로자의 임금, 노동생산성, 노동소득분배율(부가가치/인건비) 등 4가지 기준에 기초한다.

(2) 최저임금의 단위 : 최저임금법에는 사업의 종류별로 구분하여 정할 수 있다고 하였으나 2017. 8. 4. 발령 시행된 고용노동부 고시(고시 제2017-42)는 모든 사업장에 최저임금을 시간급으로 표시하도록 정하고 있다.

(3) 최저임금의 범위 : 최저임금은 매달 정기적, 일률적으로 지급받는 기본급과 직무, 직책수당 등 직무관 련 수당이 포함된다.

4. 최저임금의 효과

(1) 긍정적 효과

① 근로자의 최저임금을 보장함으로써 근로자의 생활안정과 노동력의 질적향상을 꾀할 수 있다. (빈 곤 퇴치)

② 근로자의 근로의욕을 제고시키고 임금 관련 갈등을 줄이는데 기여한다.

③ 저임금을 바탕으로 한 경쟁방식 아닌 기업 간의 공정한 경쟁을 촉진하고 경영합리화를 유도할 수 있다.

④ 임금 보장으로 제품시장에서의 유효수요를 창출할 수 있다. (내수시장의 성장)

(2) 부정적 효과

① 노동력 공급의 과잉시, 기업은 최저임금 이하의 성과를 창출하는 근로자의 고용을 회피하며 이는 실업율의 증가로 연결된다.

② 최저임금은 인건비 인상을 가져오고, 이에 대한 원가상승 및 제품가격 상승 등의 부담은 소비자에 게 돌아갈 가능성이 있다.

③ 최저임금에 따른 자영업자 등 소상공인의 운영비 상승으로 인해 폐업 등 운영상의 문제를 야기 한다.

④ 최저임금을 회피하기 위한 근로시간의 축소, 일용근로자의 채용을 줄이는 등 기업이 저성장 기조 에 해당할 때는 노동시장의 혼란을 가져올 수 있다.

약술문제

문제 ❸ 부당노동행위의 유형 중 '노동조합의 운영비를 원조하는 행위'에 관하여 설명하시오. (10점)

1. 부당노동행위 유형 중, '노동조합의 운영비를 원조하는 행위'

(1) 노동조합 및 노동관계조정법 제81조 제4호는 노동조합의 운영비를 원조하는 행위는 부당노동행위로 규정하고 있다.

(2) 단체협약으로 운영비 원조가 규정된 경우

① 단체협약으로 조합 사무실을 제공하기로 한 경우, '최소한 규모의 노조사무실의 제공'은 경비원조의 예외로 인정하고 있다.

② 그러나, 노동조합의 운영비를 원조하는 행위는 명목, 현물 등에 관계없이 직접적이건 간접적이건 간에 부당노동행위에 해당한다.

③ 따라서 노사합의로 운영비를 지원 또는 원조하는 단체협약을 하였다고 하더라도 이는 부당노동행위에 해당한다.

2. 최근 판례 동향

(1) 2016년 2월경 대법원은 현대자동차 노동조합에 대하여 회사로부터 운영비 원조차원에서 받은 운영비는 부당노동행위에 해당한다고 판결하였다.

(2) 즉, 노동조합은 '근로자의 근로시간면제제(Time-Off제)', '근로자의 후생자금 또는 경제상의 불행 기타 재해의 방지와 구제 등을 위한 기금 기부', '최소한의 규모로 노조사무소를 제공하는 것'을 경비원조의 예외로 인정하고 있다.

문제 ❹ 남녀고용평등과 일·가정 양립지원에 관한 법률상 '일·가정 양립을 위한 지원과 조치'에 관하여 설명하시오. (10점)

1. 법률의 기본취지 및 주요내용

(1) 근거 이념 : 헌법이 보장하는 평등이념에 따라 고용에 있어서 남녀의 평등한 기회와 대우를 보장하고 모성보호와 여성고용을 촉진하고 있다.

(2) 주요내용

① 교육, 배치 및 승진시 혼인, 임신, 출산 또는 여성이라는 이유로 남성과 차별대우를 하지 말도록 규정한다.

② 직장 내 성희롱 금지 및 예방교육 실시, 고객 등에 의한 성희롱 방지 등을 규정한다.

2. 법률에 규정된 조치

(1) 고용에 있어서 남녀의 평등한 기회보장 및 차별방지 조치

① 적극적 조치의 기본원칙은 왜곡된 노동시장의 구조를 바로잡아 공정한 경쟁이 이루어지게 하여야 하며, 나아가 소극적인 '차별 안하기'를 넘어서 차별 집단의 실질적 평등이 이루어질 때까지 잠정 적으로 차별받는 집단을 우대하는 정책을 시행하는 것이다.

② 고용분야에서 채용, 승진, 훈련 등에서 여성 및 소수민에게 혜택을 주는 정책이다.

(2) 직장 내 성희롱 금지에 대한 예방 및 조치

① 직장 내 성희롱에 대하여 피해를 입은 근로자 또는 성희롱 피해사실을 주장하는 근로자에게 해고 나 그밖의 불리한 조치를 하여서는 안 된다.

② 고객 등에 의한 성희롱도 방지하고 필요한 경우 전환배치 등의 가능한 조치를 하도록 규정한다.

3. 법률에 규정된 지원

(1) 육아휴직제도

① 사업주는 근로자가 만 8세 이하 또는 초등학교 2학년 이하 자녀를 양육하기 위한 육아휴직제도를 규정하고 있다.

② 육아휴직을 이유로 해고 기타 불리한 처우를 할 수 없도록 사업주에게 의무를 부과한다.

③ 육아휴직기간은 근속기간에 포함된다.

(2) 육아기 근로시간 단축제도

① 사업주는 육아휴직 대신 근로시간 단축을 신청하는 경우 이를 허용해야 한다.

② 사업주는 이를 이유로 불리한 처우를 할 수 없다.

(3) 직장보육시설의 설치 : 사업주는 수유, 탁아 등 필요한 직장보육시설을 설치하여야 한다.

4. 현재 시행되는 있는 지원

(1) 시간선택제 전환 지원

① 전일제 근로자가 임신, 육아, 학업(자기계발), 퇴직준비, 건강 등 필요에 따라 일정기간 동안 근로 시간을 줄여 시간선택제로 근무하고 그 사유가 해소되면 전일제근무로 복귀하는 제도이다.

② 국가는 사업주에게 시간선택제 전환지원금을 지급하는 제도를 시행한다.

(2) 시간선택제 고용 지원

① 고용창출을 위하여 시간선택제를 선택, 신규인원을 고용한 경우(임신한 근로자를 대신하여 입사한 근로자 포함)에 지원하는 제도이다.

② 국가는 사업주에게 근로자 인건비의 80%를 지원하는 제도를 시행한다.

(3) 유연근무제(일·가정 양립 환경 개선) 지원

① 시차출퇴근제(출퇴근 시간을 조정하는 제도), 선택근무제(근무시간을 자유롭게 조정하는 제도), 재량근무제, 재택근무제, 원격근무제를 유연근무제라고 한다.

② 국가는 유연근무제를 도입하는 사업주에게 최대 1년간 비용을 지원한다.

문제 ⑤ 근로기준법 제59조의 근로시간 및 휴게시간의 특례제도에 관한 내용과 문제점에 관하여 설명하시오. (10점)

1. 근로기준 및 연장근로의 특례

(1) 의의 및 취지

① 법에 정한 일정사업에서 사용자가 근로자 대표와 서면합의에 의하여 1주 12시간을 초과하여 근로하게 하거나 휴게시간을 변경할 수 있는 연장근로를 말한다.

② 이는 공중의 편의나 업무의 특수성상 연장근로를 획일적으로 적용하기 어려운 사업의 경우에 최소한의 범위 내에서 일시적으로 12시간 이상의 연장근로와 휴게시간 변경을 인정하려는 취지이다.

(2) 대상사업

① 운수업, 물품판매 및 보관업, 금융보험법

② 영화제작 및 흥행업, 통신업, 교육연구 및 조사사업, 광고업

③ 의료 및 위생사업, 접객업, 소각 및 청소업, 이용업

④ 그 밖에 공중의 편의 또는 업무의 특성상 필요한 경우로서 대통령령으로 정하는 사업

(3) 요 건

① 근로자 대표와 서면합의가 있어야 한다.

② 휴게시간을 변경할 수 있으나 휴게시간을 폐지할 수 없다.

③ 12시간을 초과한 근로에 대해서는 가산임금을 지급해야 한다.

④ 연소자 및 임산부, 산업안전보호법상 유해 위험작업에는 적용해서는 안된다.

2. 연장근로특례제도의 문제점

(1) 연장근로특례제도의 대상업종이 선택된 이유 및 근거 부족하여 해당업종의 근로자의 근로조건을 악화시키는 요인을 제공하고 있다.

(2) 연장근로특례제도는 근로자의 근로조건을 악화시켜 과로사 등의 사회적 문제로 연결되는 악순환을 야기하고 있다.

(3) 현행 근로기준법은 하루의 근로가 종료된 이후 다음날의 근로가 개시될 때까지 최소휴식시간을 규정하고 있지 않아 근로자의 건강보호와 사생활 보호라는 최소한의 안전장치가 없는 상태에서 연장근로특례제도가 운영되고 있는 상태이다.

문제 ⑥ 노사협의와 단체교섭의 의의와 내용을 비교하여 설명하시오. (10점)

[노사협의와 단체교섭의 차이]

구 분	단체교섭	노사협의
목 적	근로자의 근로조건의 유지와 개선	노사공동의 이익증진과 산업평화 도모
합의과정	교섭결렬시 노동조합의 쟁의행위	쟁의행위의 위협없이 진행
대 상	임금, 근로시간 등 근로조건에 대한 사항 (노사간의 이해관계의 대립)	경영, 생산성 향상 등 노사의 공통관심사항
결 과	법적구속력이 존재하는 단체교섭이 이루어짐	계약체결이 없음

논술문제

문제 ❶ 단체협약의 효력 확장의 의의, 일반적 구속력 및 지역적 구속력에 관하여 논하시오. (30점)

1. 단체협약의 효력 확장의 의의

(1) 의 의

단체협약은 사용자와 노동조합간 체결된 협정으로, 효력은 조합의 구성원인 조합원에게만 미치며 비조합원에게는 영향을 주지 않는다. 그러나 노동조합법에는 두 가지의 예외를 인정하는데, 제35조 '일반적 구속력'과 제36조 '지역적 구속력' 조항에 따라 당사자를 넘어 널리 확장되어 적용된다.

(2) 단체협약의 효력 확장의 필요성

① 동종의 사업 또는 사업장과 하나의 지역내의 소수, 미숙련 근로자의 근로조건을 보호할 필요가 있다.

② 조합원과 비조합원의 근로조건을 통일적으로 적용함으로서 사용자가 비조합원을 선호하여 노동조합을 약화시키는 것을 막고 협약 당사자인 노동조합의 규제력을 강화시킬 필요가 있다.

③ 근로 조건을 평준화함으로써 사용자의 불필요한 경쟁을 방지할 필요가 있다.

2. 일반적 구속력 (사업장 단위 효력 확장)

(1) 의 의

하나의 사업 또는 사업장에 상시 사용되는 동종의 근로자 반수 이상이 하나의 단체협약의 적용을 받게 된 때에는 당해 사업 또는 사업장에 사용되는 다른 동종의 근로자에 대하여도 당해 단체협약이 적용된다. (노동조합법 제35조)

(2) 성 질

① 일반적 구속력은 강행규정이다.

② 따라서 이를 위반한 근로계약, 취업규칙, 단체협약은 당연히 무효이다.

(3) 요 건

① 하나의 사업 또는 사업장을 단위로 한다.

ㄱ 독립성이 있어야 한다.

ㄴ 같은 장소라도 달리 볼 수 있는 합리적 근거가 있다면 독립된 사업으로 본다.

② 상시 사용되는 근로자를 기준으로 계산한다.

③ 동종-단체협약의 적용대상이 아니더라도 작업의 내용, 성질, 형식이 같은 지를 고려하여 동종인 지를 판단한다. (다수설)

④ 과반수 근로자가 하나의 단체협약이 적용된다.

(4) 효 과

① **확장 적용이 되는 단체협약의 내용** : 원칙적으로 단체협약의 규범적 부분만 확장 적용된다.

② **비조합원에 대한 적용** : 확장 적용의 대상이 되는 근로자가 확장된 협약 내용보다 유리한 조건으로 이미 근로계약을 체결하여 적용되는 경우에는 그 단체협약의 효력확장은 인정되지 않는다. (유리 조건 우선의 원칙)

③ 동일 사업장에 복수노조가 존재하는 상황에서 소수 노조가 별도의 단체협약을 체결하고 있는 경우, 소수조합의 단체교섭권 보호와 독자성 인정을 위해 확장적용을 부정하는 것이 일반적이다.

3. 지역적 구속력

(1) 의 의

하나의 지역에 있어서 종업하는 동종의 근로자 3분의 2 이상이 하나의 단체협약의 적용을 받게 된 때에는 행정관청은 당해 단체협약의 당사자의 쌍방 또는 일방의 신청에 의하거나 직권으로 노동위원회의 의결을 얻어 당해 지역에서 종업하는 다른 동종의 근로자와 그 사용자에 대하여도 당해 단체협약을 적용한다는 결정을 할 수 있다. (노동조합법 제36조 제1항)

(2) 요 건

① **실질적 요건** : 하나의 지역에 있어서 종업하는 동종의 근로자 3분의 2 이상이 하나의 단체협약의 적용을 받아야 한다.

② **절차적 요건**

ㄱ 단체협약 당사자의 쌍방 또는 일방의 신청에 의하거나 행정관청의 직권으로 노동위원회의 의결을 얻어 행정관청이 확장적용을 결정하고 이를 공고한다. (노동조합법 제36조 제2항)

ㄴ 행정관청의 결정은 행정처분의 성질을 가지므로 단체협약 당사자 이외의 자가 행정심판 및 행정소송 등을 통해 이의를 제기할 수 있다.

(3) 효 과

① 지역적 구속력의 효과는 규범적 부분만 적용된다.

② 지역의 구속력은 해당지역내의 미조직 근로자에 대해서도 적용된다. 그러나 기존의 근로조건이 지역적 구속력을 적용하려는 단체협약의 수준보다 높은 경우에는 그 적용이 배제된다.

③ 소수 노동조합이 체결한 단체협약과의 경합

㉠ 지역단위의 소수노조에 대해서는 학설의 대립이 있다.

㉡ 소수노조에 대해 노동3권을 존중하며 단체협약의 체결여부나 유·불리를 불문하고 확장 적용을 부정하는 부정설이 소수노조의 대등한 권리를 인정하는 측면에서 타당하다고 볼 것이다.

문제 ❷ 사용자의 경영권의 의의와 그에 관한 학설 및 구체적인 내용에 관하여 논하시오. (30점)

1. 사용자의 경영권의 의의

(1) 헌법 제23조 제1항(재산권 보장), 제119조 제1항(기업의 권리 보장), 제15조(직업선택의 자유) 규정들의 취지를 기업활동의 측면에서 볼 때, 모든 기업은 그들이 선택한 사업 또는 영업을 자유롭게 경영하고 이를 위한 의사결정의 자유를 가지며, 사업 또는 영업을 변경(확장, 축소, 전환)하거나 처분(폐지, 양도)할 수 있는 자유를 가지고 있다.

(2) 위와 같이 사용자의 경영권은 헌법상의 권리로 볼 수 있다.

(3) 이러한 경영권이 노동3권과 서로 충돌하는 경우 이를 조화시키는 한계를 설정함에 있어서는 기업의 경제상의 창의와 투자의욕을 훼손시키지 않고 오히려 이를 증진시키며 기업의 경쟁력을 강화하는 방향으로 해결책을 찾아야 하며, 이러한 관점에서 볼 때 구조조정이나 합병 등 기업의 경쟁력을 강화하기 위한 경영주체의 경영상 조치는 원칙적으로 노동쟁의의 대상이 될 수 없다.

(4) 다만, 사용자의 경영권이 긴박한 경영상의 필요나 합리적인 이유 없이 불순한 의도로 추진되는 등의 특별한 사정이 있다면 이는 노동쟁의의 대상이 된다. (대법원 2003. 11. 13. 선고 2003도687 판결)

2. 사용자 경영권의 학설

(1) 배타적 경영권설

① 사용자의 경영권이 헌법상의 권리라는 측면에서 경영권이 노동3권과 서로 충돌하는 경우 이를 조화시키려는 한계를 설정함에 있어서는 기업 경제상의 창의와 투자의욕을 훼손시키지 않고 오히려 이를 증진시키며 기업의 경쟁력을 강화하는 방향으로 해결책을 찾아야 한다.

② 헌법상의 내재적 한계성은 당연히 존재한다.

(2) 사실상의 개념설

① 헌법상의 프로그램적 권리설에 입각하여 사용자의 경영권은 개념상의 권리에 불과할 뿐 이를 구체적인 권리로 인정하기 어렵다.

② 따라서 기업의 경영권은 구체적인 권리행사의 대상이 아니므로 기업의 권리남용의 근거가 될 수 없다.

3. 학설의 구체적인 내용

(1) 기업의 경쟁력 강화(경영권의 행사)가 노동쟁의의 대상이 되는지 여부

① 구조조정이나 합병 등 기업의 경쟁력을 강화하기 위한 경영주체의 경영상 조치는 원칙적으로 노동쟁의의 대상이 될 수 없다. (배타적 경영권설)

② 따라서 이에 대한 노동조합의 쟁의행위는 목적의 정당성을 인정할 수 없다.

③ 다만, 기업의 경영권 행사가 경영의 긴박한 필요, 합리적 이유없이 노동조합을 해할 목적으로 이루어지는 경우 쟁의행위의 대상이 된다.

(2) 근로자의 노동쟁의의 정당행위로의 판단 기준

① 근로자의 쟁의행위가 정당행위가 되기 위해서는, 단체교섭의 주체가 될 수 있는 자여야 하고, 그 목적이 근로조건의 향상을 위한 노사간의 자치적 교섭을 조성하는데 있어야 한다.

② 사용자가 근로자의 근로조건 개선에 관한 구체적인 요구에 대하여 단체교섭을 거부하였을 때 개시하되 특별한 사정이 없는 한 조합원의 찬성 결정 등 법령이 규정한 절차를 거쳐야 하고, 그 수단과 방법이 사용자의 재산권과 조화를 이루어야 한다.

③ 즉, 근로자의 쟁의행위는 사용자의 경영권과 조화를 이뤄야만 정당행위로 볼 수 있어, 사용자의 경영권은 쟁의행위의 정당행위로의 판단기준을 제시하고 있다.

약술문제

문제 ❸ 직장폐쇄의 의의 · 요건 · 효과에 관하여 설명하시오. (10점)

1. 직장폐쇄의 의의

(1) 사용자가 자신의 주장을 관철하기 위해 근로자 집단에 대하여 생산수단에의 접근을 차단하고, 노동력 수령을 조직적 · 일시적으로 거부하는 행위이다.

(2) 노동조합 쟁의행위를 개시한 후에야 할 수 있는 수동적 · 방어적 직장폐쇄만이 정당한 쟁의행위로 인정된다.

(3) 노동조합 쟁의행위와 마찬가지로 직장폐쇄 이전에 행정관청 및 노동위원회에 각각 신고하여야 한다. 즉, 수동/방어적인 실질적 요건과 신고해야 한다는 형식적 요건이 필요하다.

2. 직장폐쇄의 분류

(1) **시기별 분류 :** 선제적 직장폐쇄, 대항적 직장폐쇄

(2) **목적별 분류 :** 공격적 직장폐쇄, 방어적 직장폐쇄

(3) **규모별 분류 :** 전면적 직장폐쇄, 부분적 직장폐쇄

3. 직장폐쇄의 요건

(1) **법적 근거 :** 노동조합법 제46조 제1항 '사용자는 노동조합이 쟁의행위를 개시한 이후에만 직장폐쇄를 할 수 있다'에 근거하여 대항적 · 방어적 직장폐쇄만 그 정당성을 인정 받는다.

(2) **의사표시 :** '근로자가 제공하는 노무의 수령을 거부하고 임금을 지급하지 않겠다'는 사용자의 의사표시가 필요하다.

(3) **신고 :** 행정관청과 노동위원회

(4) 위 신고절차를 위반하여도 효력에는 이상 없음(500만원의 과태료), 단체협약을 위반하여도 효력에는 이상 없음(단체협약 위반-손해배상책임), 회사 정관 위반(효력에는 영향 없음-회사 내부 사정일 뿐)

4. 직장폐쇄의 효과

(1) 정당한 직장폐쇄

① 임금지급의무 면제

② 점거배제 : 사용자의 근로자에 대한 퇴거요구

③ 사업장 출입 배제 : 직장폐쇄가 정당한 경우 사용자의 의사에 반하여 사업장에 출입하는 것은 원칙적으로 건조물침입죄가 성립

(2) 위법한 직장폐쇄

① 근로자에 대한 채무불이행책임

② 단체협약을 위반한 경우 손해배상책임

문제 ④ **피켓팅의 의의 및 정당성 판단기준에 관하여 설명하시오. (10점)**

1. 의 의

(1) 피켓팅이란 근로희망자들의 사업장 또는 공장의 출입을 저지하고 파업참여에 협력할 것을 구하는 것으로서, 피켓팅 자체로서는 독립된 쟁의행위라고 할 수 없으며, 파업이나 보이콧에 수반되는 보조적인 행위이다.

(2) 피켓팅은 주로 파업자의 파업불참을 방지하고 사용자에 의한 쟁의행위 방해행위를 저지하며, 원재료의 입하나 상품출하를 억제하거나 고객출입을 통제하기 위해 활용된다.

(3) 피켓팅의 행태는 일반적으로 사업장 입구에 플랜카드 설치, 확성기 이용, 유인물 배포 등을 통해 동참을 권유하거나 설득하는 방법과 정문에 바리케이트를 설치하는 등으로 사업장 출입을 저지하는 방법이 있다.

2. 정당성 판단

(1) 피켓팅의 경우 근로희망자 등에게 폭력을 사용하여 쟁의행위에 참가하거나 동조를 요구할 권한이 없는 것이므로 원칙적으로 평화적 설득방법에 의한 경우에만 인정된다.

(2) 근로희망자 등에 대해 폭행, 협박, 압력 등으로 조업을 중단시키거나 폭언, 인신, 비방 등으로 조업을 방해하는 행위는 정당성이 부인된다.

(3) 노동조합법 제38조 제1항 후단에서는 '쟁의행위의 참가를 호소하거나 설득하는 행위로서 폭행, 협박을 사용해서는 아니된다'고 규정하여 피켓팅을 인정하되, 피켓팅에 폭행 또는 협박이 수반되어서는 안된다는 것을 규정하고 있다.

문제 ⑤ 노사관계의 이중성의 의의, 개별적 관계와 집단적 노사관계, 협동적 관계와 대립적 관계에 관하여 각각 설명하시오. (10점)

1. 근로자의 이원적 관계(노사관계 이중성의 의의)

(1) 근로자의 단체인 노동조합은 사용자와 대등한 관계(수평적 관계, 대등한 관계)

피고용인(근로자)은 노동력의 공급자로서 근로조건의 설정과 그 운영에 관해 경영자와 대등한 입장에서 교섭하고 고용계약을 체결할 권리가 있다. 이런 측면에서 피고용인들은 경영자와 대등한 관계에 있다.

(2) 근로자(종업원)는 경영자와는 종속적 관계(수직적 관계)

고용계약을 체결한 피고용인(근로자)은 기업의 업무수행과정에서는 사용자의 명령이나 지시를 따라야할 의무가 있다. 이는 고용계약에 따른 명령복종의무이고, 이를 이행하는 직원들에게는 그 대가로 임금 등의 보상이 주어진다.

2. 협동적 관계와 대립적 관계(협력성과 대립성의 이중성)

(1) 협동적 관계(생산측면)

피고용인은 분배의 근원이 되는 부가가치를 창출하는데 있어서는 사용자 또는 경영자와 협력적 관계를 형성한다. 부가가치가 커질수록 피고용인들에게 돌아가는 몫이 커질 뿐만 아니라 부가가치의 생산에 차질이 생겨 기업이 파산하는 경우에는 근로자들도 실업의 위험에 노출되므로 근로자들은 자신의 이익을 위해서도 부가가치의 생산과정에서는 경영자와 협력할 필요가 있는 것이다.

(2) 대립적 관계(성과배분)

생산된 성과 또는 부가가치의 배분에 있어서 노동자들은 경영자와 대립적 입장에 처하게 된다. 피고용인들은 성과 또는 부가가치 창출에 있어서 자신들의 공헌도를 창조하고 보다 많은 몫을 요구하는 반면 경영자는 피고용인들이 주장하는 공헌도를 인정하더라도 자본제공자에 대한 몫이나 기업 자체를 위한 재투자 등 보다 많은 몫을 배분하고자 한다. 위와 같이 성과의 분배에 있어서는 피고용인과 경영자 사이는 대립적 관계가 된다.

3. 개별적 관계와 집단적 노사관계(개별성과 집단성의 이중성)

(1) 개별적 근로관계(고용계약)

'직원과 사용자'사의 관계는 사용자와 노동자 개개인의 개별적 고용계약에 바탕을 둔 개별적 근로관계(고용관계)를 말한다.

(2) 집단적 근로관계(단체협약)

'노동조합과 사용자'사이의 관계는 집단적인 계약에 바탕을 둔 집단적 근로관계(고용관계)를 말한다.

문제 ❻ 근로계약 당사자의 근로계약상의 기본적 권리 · 의무에 관하여 설명하시오. (10점)

1. 근로계약의 기본적 성격

근로계약은 근로제공 및 사용자의 임금지급이 대가적 견련관계를 가지는 유상, 쌍무, 낙성계약이다.

2. 근로자의 권리 · 의무

(1) 근로자의 권리

근로자는 근로제공에 따른 임금청구권을 가진다.

(2) 근로자의 의무

① 근로제공의무 : 기존 원고 참고
② 부수적 의무 : 기존 원고 참고

3. 사용자의 권리 · 의무

(1) 사용자의 권리

사용자는 근로자에 대한 근로수령권을 가진다.

(2) 사용자의 의무

① 임금지급의무 : 사용자는 근로자에게 근로에 대한 임금을 지급할 의무를 부담한다.
② 안전배려의무 : 사용자는 근로자의 생명, 신체, 건강을 안전하게 보호하여야할 안전 배려의무를 부담한다.
③ 근로수령의무 : 근로자가 제공하는 근로를 사용자는 정당한 이유없이 수령을 거부할 수 없는 의무를 말한다. 사용자의 근로수령의무가 인정될 경우(일정한 경우) 부당한 취로거부는 채무불이행책임을 부담할 수 있다.
④ 균등대우의무 : 사용자는 정당한 이유가 없는 한 근로자를 차별없이 균등하게 대우하여야할 의무가 있다.
⑤ 공법상 의무 : 사용자는 근로기준법을 준수하여야 할 공법적 의무를 부담한다.

여기서 멈출 거예요? 고지가 바로 눈앞에 있어요.
마지막 한 걸음까지 시대에듀가 함께할게요!

부 록

노사관계론 관련 조문, 노사관계론 핫이슈

1 노사관계론 관련 조문

PART

01 노동조합이론

「헌 법」

제33조

① 근로자는 근로조건의 향상을 위하여 자주적인 단결권·단체교섭권 및 단체행동권을 가진다.

「노동조합 및 노동관계조정법」

제2조(정의)

이 법에서 사용하는 용어의 정의는 다음과 같다.

4. "노동조합"이라 함은 근로자가 주체가 되어 자주적으로 단결하여 근로조건의 유지·개선 기타 근로자의 경제적
·사회적 지위의 향상을 도모함을 목적으로 조직하는 단체 또는 그 연합단체를 말한다. 다만, 다음 각목의
1에 해당하는 경우에는 노동조합으로 보지 아니한다.

가. 사용자 또는 항상 그의 이익을 대표하여 행동하는 자의 참가를 허용하는 경우

나. 경비의 주된 부분을 사용자로부터 원조받는 경우

다. 공제·수양 기타 복리사업만을 목적으로 하는 경우

라. 근로자가 아닌 자의 가입을 허용하는 경우. 다만, 해고된 자가 노동위원회에 부당노동행위의 구제신청을
한 경우에는 중앙노동위원회의 재심판정이 있을 때까지는 근로자가 아닌 자로 해석하여서는 아니된다.

마. 주로 정치운동을 목적으로 하는 경우

제10조(설립의 신고)

① 노동조합을 설립하고자 하는 자는 다음 각호의 사항을 기재한 신고서에 제11조의 규정에 의한 규약을 첨부하여
연합단체인 노동조합과 2 이상의 특별시·광역시·특별자치시·도·특별자치도에 걸치는 단위노동조합은 고용
노동부장관에게, 2 이상의 시·군·구(자치구를 말한다)에 걸치는 단위노동조합은 특별시장·광역시장·도지사
에게, 그 외의 노동조합은 특별자치시장·특별자치도지사·시장·군수·구청장(자치구의 구청장을 말한다. 이하
제12조 제1항에서 같다)에게 제출하여야 한다.

1. 명 칭

2. 주된 사무소의 소재지

3. 조합원수

4. 임원의 성명과 주소

5. 소속된 연합단체가 있는 경우에는 그 명칭

6. 연합단체인 노동조합에 있어서는 그 구성노동단체의 명칭, 조합원수, 주된 사무소의 소재지 및 임원의 성명·주소

② 제1항의 규정에 의한 연합단체인 노동조합은 동종산업의 단위노동조합을 구성원으로 하는 산업별 연합단체와 산업별 연합단체 또는 전국규모의 산업별 단위노동조합을 구성원으로 하는 총연합단체를 말한다.

제11조(규약)

노동조합은 그 조직의 자주적·민주적 운영을 보장하기 위하여 당해 노동조합의 규약에 다음 각 호의 사항을 기재하여야 한다. 〈개정 2006.12.30.〉

1. 명 칭

2. 목적과 사업

3. 주된 사무소의 소재지

4. 조합원에 관한 사항(연합단체인 노동조합에 있어서는 그 구성단체에 관한 사항)

5. 소속된 연합단체가 있는 경우에는 그 명칭

6. 대의원회를 두는 경우에는 대의원회에 관한 사항

7. 회의에 관한 사항

8. 대표자와 임원에 관한 사항

9. 조합비 기타 회계에 관한 사항

10. 규약변경에 관한 사항

11. 해산에 관한 사항

12. 쟁의행위와 관련된 찬반투표 결과의 공개, 투표자 명부 및 투표용지 등의 보존·열람에 관한 사항

13. 대표자와 임원의 규약위반에 대한 탄핵에 관한 사항

14. 임원 및 대의원의 선거절차에 관한 사항

15. 규율과 통제에 관한 사항

제12조(신고증의 교부)

① 고용노동부장관, 특별시장·광역시장·특별자치시장·도지사·특별자치도지사 또는 시장·군수·구청장(이하 "행정관청"이라 한다)은 제10조 제1항의 규정에 의한 설립신고서를 접수한 때에는 제2항 전단 및 제3항의 경우를 제외하고는 3일 이내에 신고증을 교부하여야 한다.

② 행정관청은 설립신고서 또는 규약이 기재사항의 누락등으로 보완이 필요한 경우에는 대통령령이 정하는 바에 따라 20일 이내의 기간을 정하여 보완을 요구하여야 한다. 이 경우 보완된 설립신고서 또는 규약을 접수한 때에는 3일 이내에 신고증을 교부하여야 한다.

③ 행정관청은 설립하고자 하는 노동조합이 다음 각호의 1에 해당하는 경우에는 설립신고서를 반려하여야 한다.

　1. 제2조 제4호 각목의 1에 해당하는 경우

　2. 제2항의 규정에 의하여 보완을 요구하였음에도 불구하고 그 기간내에 보완을 하지 아니하는 경우

④ 노동조합이 신고증을 교부받은 경우에는 설립신고서가 접수된 때에 설립된 것으로 본다.

제16조(총회의 의결사항)

① 다음 각호의 사항은 총회의 의결을 거쳐야 한다.

　1. 규약의 제정과 변경에 관한 사항

　2. 임원의 선거와 해임에 관한 사항

　3. 단체협약에 관한 사항

　4. 예산·결산에 관한 사항

　5. 기금의 설치·관리 또는 처분에 관한 사항

　6. 연합단체의 설립·가입 또는 탈퇴에 관한 사항

　7. 합병·분할 또는 해산에 관한 사항

　8. 조직형태의 변경에 관한 사항

　9. 기타 중요한 사항

② 총회는 재적조합원 과반수의 출석과 출석조합원 과반수의 찬성으로 의결한다. 다만, 규약의 제정·변경, 임원의 해임, 합병·분할·해산 및 조직형태의 변경에 관한 사항은 재적조합원 과반수의 출석과 출석조합원 3분의 2 이상의 찬성이 있어야 한다.

③ 임원의 선거에 있어서 출석조합원 과반수의 찬성을 얻은 자가 없는 경우에는 제2항 본문의 규정에 불구하고 규약이 정하는 바에 따라 결선투표를 실시하여 다수의 찬성을 얻은 자를 임원으로 선출할 수 있다.

④ 규약의 제정·변경과 임원의 선거·해임에 관한 사항은 조합원의 직접·비밀·무기명투표에 의하여야 한다.

제22조(조합원의 권리와 의무)

노동조합의 조합원은 균등하게 그 노동조합의 모든 문제에 참여할 권리와 의무를 가진다. 다만, 노동조합은 그 규약으로 조합비를 납부하지 아니하는 조합원의 권리를 제한할 수 있다.

제28조(해산사유)

① 노동조합은 다음 각호의 1에 해당하는 경우에는 해산한다.

　1. 규약에서 정한 해산사유가 발생한 경우

　2. 합병 또는 분할로 소멸한 경우

　3. 총회 또는 대의원회의 해산결의가 있는 경우

　4. 노동조합의 임원이 없고 노동조합으로서의 활동을 1년 이상 하지 아니한 것으로 인정되는 경우로서 행정관청이 노동위원회의 의결을 얻은 경우

② 제1항 제1호 내지 제3호의 사유로 노동조합이 해산한 때에는 그 대표자는 해산한 날부터 15일 이내에 행정관청에게 이를 신고하여야 한다.

02 단체교섭이론 및 단체협약이론

제29조(교섭 및 체결권한)

① 노동조합의 대표자는 그 노동조합 또는 조합원을 위하여 사용자나 사용자단체와 교섭하고 단체협약을 체결할 권한을 가진다.

② 제29조의2에 따라 결정된 교섭대표노동조합(이하 "교섭대표노동조합"이라 한다)의 대표자는 교섭을 요구한 모든 노동조합 또는 조합원을 위하여 사용자와 교섭하고 단체협약을 체결할 권한을 가진다.

③ 노동조합과 사용자 또는 사용자단체로부터 교섭 또는 단체협약의 체결에 관한 권한을 위임받은 자는 그 노동조합과 사용자 또는 사용자단체를 위하여 위임받은 범위안에서 그 권한을 행사할 수 있다.

④ 노동조합과 사용자 또는 사용자단체는 제3항에 따라 교섭 또는 단체협약의 체결에 관한 권한을 위임한 때에는 그 사실을 상대방에게 통보하여야 한다.

제33조(기준의 효력)

① 단체협약에 정한 근로조건 기타 근로자의 대우에 관한 기준에 위반하는 취업규칙 또는 근로계약의 부분은 무효로 한다.

② 근로계약에 규정되지 아니한 사항 또는 제1항의 규정에 의하여 무효로 된 부분은 단체협약에 정한 기준에 의한다.

제35조(일반적 구속력)

하나의 사업 또는 사업장에 상시 사용되는 동종의 근로자 반수 이상이 하나의 단체협약의 적용을 받게 된 때에는 당해 사업 또는 사업장에 사용되는 다른 동종의 근로자에 대하여도 당해 단체협약이 적용된다.

제36조(지역적 구속력)

① 하나의 지역에 있어서 종업하는 동종의 근로자 3분의 2 이상이 하나의 단체협약의 적용을 받게 된 때에는 행정관청은 당해 단체협약의 당사자의 쌍방 또는 일방의 신청에 의하거나 그 직권으로 노동위원회의 의결을 얻어 당해 지역에서 종업하는 다른 동종의 근로자와 그 사용자에 대하여도 당해 단체협약을 적용한다는 결정을 할 수 있다.

② 행정관청이 제1항의 규정에 의한 결정을 한 때에는 지체없이 이를 공고하여야 한다.

제62조(중재의 개시)

노동위원회는 다음 각 호의 어느 하나에 해당하는 때에는 중재를 행한다.

1. 관계 당사자의 쌍방이 함께 중재를 신청한 때
2. 관계 당사자의 일방이 단체협약에 의하여 중재를 신청한 때

제63조(중재시의 쟁의행위의 금지)

노동쟁의가 중재에 회부된 때에는 그 날부터 15일간은 쟁의행위를 할 수 없다.

제64조(중재위원회의 구성)

① 노동쟁의의 중재 또는 재심을 위하여 노동위원회에 중재위원회를 둔다.

② 제1항의 규정에 의한 중재위원회는 중재위원 3인으로 구성한다.

③ 제2항의 중재위원은 당해 노동위원회의 공익을 대표하는 위원중에서 관계 당사자의 합의로 선정한 자에 대하여 그 노동위원회의 위원장이 지명한다. 다만, 관계 당사자간에 합의가 성립되지 아니한 경우에는 노동위원회의 공익을 대표하는 위원중에서 지명한다.

제65조(중재위원회의 위원장)

① 중재위원회에 위원장을 둔다.

② 위원장은 중재위원중에서 호선한다.

제66조(주장의 확인 등)

① 중재위원회는 기일을 정하여 관계 당사자 쌍방 또는 일방을 중재위원회에 출석하게 하여 주장의 요점을 확인하여야 한다.

② 관계 당사자가 지명한 노동위원회의 사용자를 대표하는 위원 또는 근로자를 대표하는 위원은 중재위원회의 동의를 얻어 그 회의에 출석하여 의견을 진술할 수 있다.

제67조(출석금지)

중재위원회의 위원장은 관계 당사자와 참고인외의 자의 회의출석을 금할 수 있다.

제68조(중재재정)

① 중재재정은 서면으로 작성하여 이를 행하며 그 서면에는 효력발생 기일을 명시하여야 한다.

② 제1항의 규정에 의한 중재재정의 해석 또는 이행방법에 관하여 관계 당사자간에 의견의 불일치가 있는 때에는 당해 중재위원회의 해석에 따르며 그 해석은 중재재정과 동일한 효력을 가진다.

제69조(중재재정 등의 확정)

① 관계 당사자는 지방노동위원회 또는 특별노동위원회의 중재재정이 위법이거나 월권에 의한 것이라고 인정하는 경우에는 그 중재재정서의 송달을 받은 날부터 10일 이내에 중앙노동위원회에 그 재심을 신청할 수 있다.

② 관계 당사자는 중앙노동위원회의 중재재정이나 제1항의 규정에 의한 재심결정이 위법이거나 월권에 의한 것이라고 인정하는 경우에는 행정소송법 제20조의 규정에 불구하고 그 중재재정서 또는 재심결정서의 송달을 받은 날부터 15일 이내에 행정소송을 제기할 수 있다.

③ 제1항 및 제2항에 규정된 기간내에 재심을 신청하지 아니하거나 행정소송을 제기하지 아니한 때에는 그 중재재정 또는 재심결정은 확정된다.

④ 제3항의 규정에 의하여 중재재정이나 재심결정이 확정된 때에는 관계 당사자는 이에 따라야 한다.

제70조(중재재정 등의 효력)

① 제68조 제1항의 규정에 따른 중재재정의 내용은 단체협약과 동일한 효력을 가진다.

② 노동위원회의 중재재정 또는 재심결정은 제69조 제1항 및 제2항의 규정에 따른 중앙노동위원회에의 재심신청 또는 행정소송의 제기에 의하여 그 효력이 정지되지 아니한다.

PART 2

노사관계론 핫이슈

01 한국의 노사관계 - 노동개혁

1 들어가기

(1) 최근 노사문제가 우리나라의 최대의 화두로 등장

(2) 노동개혁이 점차 4대 개혁의 핵심으로 대두

(3) 노동계에서는 재벌개혁이 선행되어야 한다고 주장

(4) 경영계에서는 3대 선물을 먼저 줬다고 주장. 일반해고 요건완화 법제화 요구

　① 통상임금은 대법원 판결로 범위가 이미 확대됨

　② 법원이 휴일근로가 연장근로라는 판결로 3년간 연장근로수당 50% 지급하게 되어 근로시간 단축

　③ 법 개정으로 정년 60세로 연장

2 우리나라 노동개혁의 필요성(정부)

(1) 노동시장의 구조적 문제

　① 저성장 기조 고착화, 고용 창출력 저하

　　• 똑같은 성장에도 일자리는 덜 느는 상황

　　• 고용절감형 산업구조화 + 서비스 산업의 활성화 지연

　　• 중국 등 후발개도국 약진, 주력산업 경쟁 심화

　② 낮은 고용률(특히 OECD국가 평균 70%인데, 우리나라는 66.1%(2016년)로 현저히 낮은 편임)

　③ 근로시간은 길고, 생산성은 낮음

　④ 일하는 사람들간 불공정한 격차 심화

　　• 이익극대화(자사, 노동조합) : 스펙경쟁, 강한 보호, 높은 보상

　　• 근로조건 저하(2, 3차 하청) : 인력부족, 약한 보호, 낮은 보상

(2) 경직적, 불공정한 노동시장의 관행적 구조 문제

① 낙후된 임금체계

- 능력, 성과를 반영하지 못하는 연 공급형 임금체계
  - 호봉급 현황 : 기업의 43.1%(2017년) 시행, 직능급도 근속중심 승진, 직무급도 '호봉급+직무 수당'의 형태

② 경직된 고용보호제도 + 불합리한 노사관행

- 경직된 고용보호제도
  - 합리적 인사관리 원칙의 결여
  - 하도급. 용역증가 등 의도하지 않은 부작용(풍선효과)
- 불합리한 노사관행
  - 사측 : 부당노동행위, 지나친 하도급화 등
  - 노측 : 고용세습, 인사경영권 침해 등

(3) 청년 고용 어려움 심화 우려

① 정년 60세 의무화

② 에코세대(1955년~1963년생 베이비붐 세대의 자식세대로 1979년~1992년대까지 태어난 세대로 대체로 풍족한 환경과 패션 및 IT 분야에 민감함)의 노동시장 대거 진입

02 비정규직과 최저임금

1 비정규직 문제 개선 및 해결은 왜 어려운가?

(1) 비정규직 문제의 심각성에 대한 전 국민적 공감대가 상당히 확산되었음에도 실질적인 문제해결은 지지부진하다.

(2) 그 이유는 다음과 같다.
① 지나치게 낮은 노조 조직률 : 10% 내외
② 비정규투쟁의 공식처럼 자리잡은 장기투쟁 및 극단적 투쟁
③ 양대노총·산별노조의 한계 : 정규직 중심
④ 사용주의 불법·탈법·편법적인 비정규직 남용과 악용
⑤ 정부·국회의 문제 해결 의지의 박약

2 왜 간접고용 비정규직이 사회적 화두가 되고 있는가?

(1) 전국적으로 격화되고 있는 노동자 투쟁의 중심

(2) 전체 노동자의 10% 이상 점유하면서 가장 열악한 노동조건에 처해있고 급격하게 팽창

(3) 한국 사회 노동인권의 대표적 사각지대

(4) 1997년 IMF 경제 위기 이후 한국 사회 최대의 화두는 비정규직 양산과 차별의 문제
① 대표적인 차별의 문제는 노동문제
② 특히 「기간제 및 단시간근로자 보호 등에 관한 법률」 및 「파견근로자보호 등에 관한 법률」 시행 이후 두드러지고 있는 문제는 바로 파견·용역으로 대표되는 간접 고용 비정규 노동의 확대·증가(풍선효과)

3 대형마트 계산원 불법파견 인정(2017.7.27. 의정부지방법원 고양지원)

(1) 유통업체(세이브존)이 표준화된 영업규칙에 따라 단순 반복적인 업무를 처리하는 캐셔(계산원)을 직접 고용하지 않고 용역업체에서 공급받아 사용하였다면 이는 불법파견에 해당한다고 판결함

(2) 이는 백화점·대형마트 등 매장인력의 간접고용의 '최후의 보루'로 일컬어져온 캐셔 직종에서도 불법파견 판정이 나온 것임

03 경제 민주화

1 경제민주화의 의미

(1) 경제 관련 제도 설계, 정책 결정, 조직 운영을 민주적으로 하는 것

① 경제민주화는 정치민주화의 당연한 귀결

② 경제민주화가 실현되지 않는 이유는 금권정치, 엘리트 정치, 기득권 정치 등에 의해 정치적 민주주의가 제대로 구현되지 못하였기 때문

(2) 실제에 있어 이는 모두가 최대한 자유롭고 최대한 평등하게 만드는 것

① 완전한 자유와 완전한 평등은 불가능하며 상호모순

② 적절한 자유와 평등의 조합을 민주적으로 결정해야 함

2 한국 경제의 현 상황

(1) 한국경제의 조로현상 : 성장률 추락, 인구고령화, 기득권 사회, 노동소득 분배의 불균형, 노동분배율의 하락

(2) 자본소득의 집중양상(상위 1%와 상위 10% 소득점유율이 이를 입증함)

3 경제민주화는 한국 경제의 조로현상을 살리는 길

(1) 경제민주화는 어떻게 경제활성화를 불러오는가?

① 수요기간 안정화

② 인적 자본 투자 효율화

③ 도전정신과 혁신 촉진(창조경제)

④ 중장기적으로는 출산율 제고

4 경제민주화의 핵심과제

(1) 교육기회의 균등 확보

① 대학입시 개혁으로 사교육 수요 감축

② 고교평준화 회복

③ 기회균등선발 확대

(2) 공정한 시장질서 확립

① 대기업 집단 내부거래, 일감 몰아주기 규제 강화

② 하도급 거래 및 갑을관계에 대한 규제 강화

③ 경쟁정책 강화

④ 금융, 통신, 에너지 등 독과점 산업 규제 강화

(3) 노동시장 제도 개혁

① 노동3권 강화로 교섭력 균형 달성

② 산별교섭 추진, 기업규모별 임금격차 완화

③ 비정규직 사용 제한 및 차별해소책 강화

④ 최저임금 인상

(4) 기업지배구조 개혁

① 종업원 대표의 이사회 참여 혹은 이사추천권 부여

② 경영진 보수에 대한 주주승인 투표제도(say-on-pay ; 주주발언권) 의무화

③ 재분배 확대

④ 소득세 및 법인세의 세율 인상

⑤ 부유세 도입의 검토

여기서 멈출 거예요? 고지가 바로 눈앞에 있어요.
마지막 한 걸음까지 시대에듀가 함께할게요!

시대북 통합서비스 앱 안내

연간 1,500여 종의 수험서와 실용서를 출간하는 시대고시기획, 시대교육, 시대인에서
출간 도서 구매 고객에 대하여 도서와 관련한 "실시간 푸시 알림" 앱 서비스를 개시합니다.

이제 시험정보와 함께 도서와 관련한 다양한 서비스를 찾아다닐 필요 없이
스마트폰에서 실시간으로 받을 수 있습니다.

❓ 사용방법 안내

1. 메인 및 설정화면

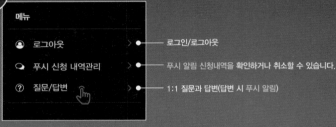

메뉴		
👤 로그아웃	>	로그인/로그아웃
💬 푸시 신청 내역관리	>	푸시 알림 신청내역을 확인하거나 취소할 수 있습니다.
❓ 질문/답변	>	1:1 질문과 답변(답변 시 푸시 알림)

2. 도서별 세부 서비스 신청화면

메인의 "도서명으로 찾기" 또는 "ISBN으로 찾기"로 도서를 검색,
선택하여 이동 후 신청 화면입니다.

제공서비스

- 최신 이슈&상식 : 최신 이슈와 상식 제공(주 1회)
- 뉴스로 배우는 필수 한자성어 : 시사 뉴스로 배우기 쉬운 한자성어(주 1회)
- 정오표 : 수험서 관련 정오 자료 업로드 시
- MP3 파일 : 어학 및 강의 관련 MP3 파일 업로드 시
- 시험일정 : 수험서 관련 시험 일정이 공고되고 게시될 때
- 기출문제 : 수험서 관련 기출문제가 게시될 때
- 도서업데이트 : 도서 부가 자료가 파일로 제공되어 게시될 때
- 개정법령 : 수험서 관련 법령이 개정되어 게시될 때
- 동영상강의 : 도서와 관련한 동영상강의 제공, 변경 정보가 발생한 경우

* 향후 서비스 자동 알림 신청 : 추가 서비스가 개발될 경우 추가된 서비스에
대한 알림을 자동으로 발송해 드립니다.

* 질문과 답변 서비스 : 도서와 동영상강의 등에 대한 1:1 고객상담

❓ **앱 설치방법** ▶ Google Play   Available on the App Store

← 시대에듀로 검색 🎤

🎧 [고객센터]

1:1문의 http://www.sdedu.co.kr/cs

대표전화 1600-3600

본 앱 및 제공 서비스는 사전 예고 없이 수정, 변경되거나 제외될 수 있고, 푸시 알림 발송의 경우 기기변경이나 앱 권한 설정, 네트워크
및 서비스 상황에 따라 지연, 누락될 수 있으므로 참고하여 주시기 바랍니다.